临朐年鉴

LINQU YEARBOOK 2017

临朐县人民政府　主管

临朐县史志办公室　　编

方志出版社

Publishing House of Local Records

图书在版编目（CIP）数据

临朐年鉴．2017 / 临朐县史志办公室编． -- 北京：方志出版社，2018.2
ISBN 978-7-5144-3048-6

Ⅰ．①临… Ⅱ．① 临… Ⅲ．①临朐—2017—年鉴 Ⅳ．①Z525.24

中国版本图书馆CIP数据核字（2018）第077934号

临朐年鉴（2017）

编　　者：	临朐县史志办公室
责任编辑：	刘方圆
出 版 人：	冀祥德
出 版 者：	方志出版社
	地址 北京市朝阳区潘家园东里9号（国家方志馆4层）
	邮编 100021
	网址 http://www.fzph.org
发　　行：	方志出版社图书经销中心
	电话（010）67110500
经　　销：	各地新华书店
印　　刷：	山东星海彩印有限公司
版面设计：	潍坊方志年鉴制作有限公司
开　　本：	889×1194　1/16
印　　张：	23.25
字　　数：	617千字
版　　次：	2018年4月第1版　2018年4月第1次印刷
印　　数：	1000册

ISBN 978-7-5144-3048-6　　**定价：** 280元

临朐县地方志编纂委员会

《临朐年鉴（2017）》编审人员

编辑说明

一、《临朐年鉴（2017）》（以下简称《临朐年鉴》）旨在全面、系统、客观的反映临朐县政治、经济、文化、社会等各方面的发展变化，反映临朐县地方特色，为各行各业提供咨询服务，为各级领导科学决策提供可靠依据，同时也为社会各界全面了解临朐提供丰富、准确、实用的地情资料。

二、《临朐年鉴》的编纂，坚持以马克思列宁主义、毛泽东思想、邓小平理论、“三个代表”重要思想、科学发展观和习近平新时代中国特色社会主义思想为指导，坚持辩证唯物主义和历史唯物主义的立场、观点和方法，实事求是地反映全县各行各业发展的历史进程。务求做到观点正确，内容翔实，分类科学，结构严谨，特点鲜明，语言精炼，文图并茂，实用性强。

三、《临朐年鉴》主要记述2016年全县政治、经济、政法、军事、科技、教育、文化、体育、社会、人物等方面的内容，力求多层次、多角度、全方位的反映出全县的总体面貌和特点。

四、《临朐年鉴》设类目、分目、条目三个层次。条目为记述的基本单元。为查阅方便，条目标题采用黑体字并加【】表示。

五、《临朐年鉴》刊用的稿件，由临朐县各镇（街、园、区），县直各部门以及省、市驻临各单位提供，由专人撰写，并经供稿单位主要负责人审核。所用数据，以县统计局正式公布的数字为准，统计局未列入的，以部门认定的数据为准。涉及的省、市、县内容，若未作特别说明，均指山东省、潍坊市、临朐县。

六、《临朐年鉴》的编纂出版是在各级领导的关心支持下，各供稿单位的大力协助下，以及潍坊市史志办公室、方志出版社领导和专家的具体指导下，经过广大年鉴工作者的通力合作、辛勤劳动所取得的成果。谨向关心、支持年鉴编纂工作的单位和个人表示衷心感谢。

七、《临朐年鉴》内容涉及各行各业，面广量大，受编纂经验、水平、时间等因素所限，错误与疏漏之处在所难免，敬请广大读者给予批评指正。

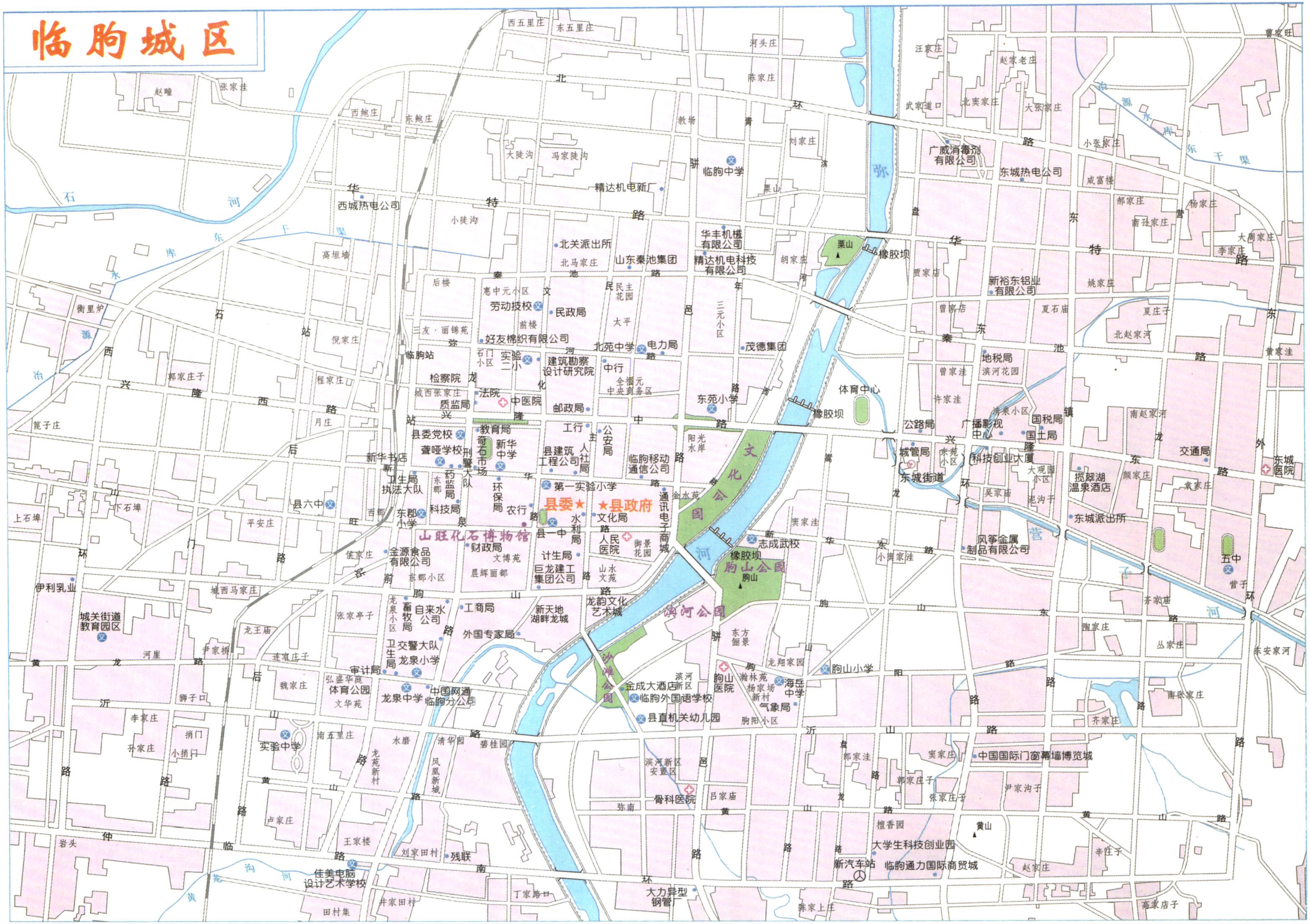

审图号：鲁 SG（2015）170 号

临朐县国土资源局组编　山东省地图出版社编制

- 全国文化模范县
- 全国绿化模范县
- 国家级生态示范区
- 中国最佳生态旅游县
- 中国绿色名县
- 中国民间文化艺术之乡
- 中国观赏石之乡
- 中国（江北）铝型材第一县
- 中国铝型材产业基地
- 中国金融生态县
- 全国科普示范县
- 全国绿色能源示范县
- 全国科技工作先进县
- 中国优质果品基地重点县
- 全国果品生产百强县
- 全国牛奶生产50强县

临朐名片

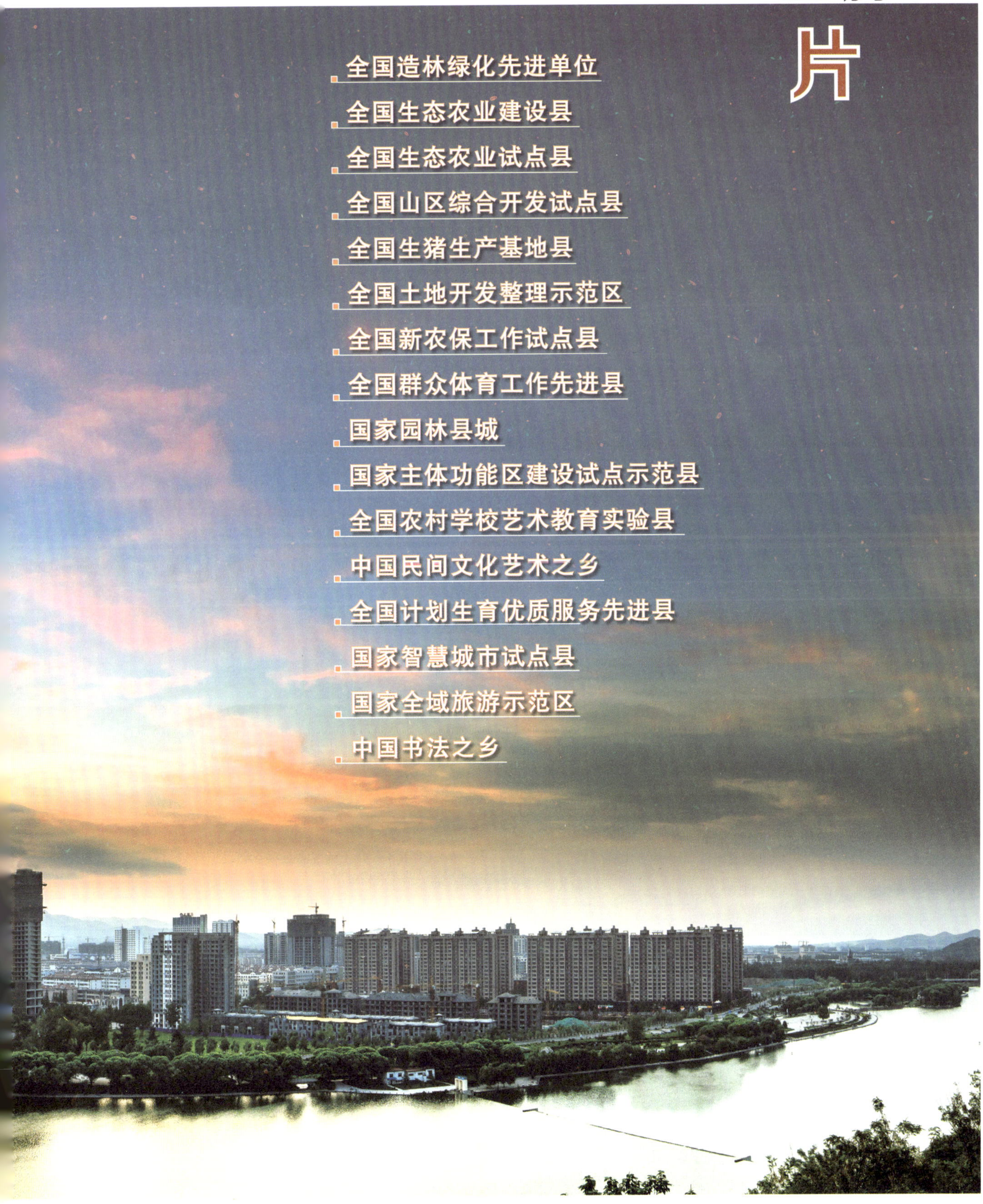

- 全国造林绿化先进单位
- 全国生态农业建设县
- 全国生态农业试点县
- 全国山区综合开发试点县
- 全国生猪生产基地县
- 全国土地开发整理示范区
- 全国新农保工作试点县
- 全国群众体育工作先进县
- 国家园林县城
- 国家主体功能区建设试点示范县
- 全国农村学校艺术教育实验县
- 中国民间文化艺术之乡
- 全国计划生育优质服务先进县
- 国家智慧城市试点县
- 国家全域旅游示范区
- 中国书法之乡

2016年6月2日，北部战区政委褚益民上将（右二）率机关人员一行，途经临朐县进行视察
（供稿：临朐县人武部）

2016 年 11 月 8 日，国防大学校长张仕波上将（左二）到临朐县调研

（供稿：临朐县人武部）

2016 年 12 月 1 日，省委常委、统战部部长吴翠云（左三）到临朐县调研经济社会发展和统战工作
（供稿：临朐报社）

2016 年 3 月 29 日，副省长赵润田（左四）到临朐县调研森林防火、春季抗旱、精准扶贫等工作
（供稿：临朐报社）

2016 年 6 月 14 日，市委书记杜昌文（右三）到临朐县对精准扶贫工作进行专题调研

（供稿：临朐报社）

2016年12月8日，市委副书记、市长刘曙光（中）到临朐县调研精准扶贫工作

（供稿：临朐报社）

2016年7月5日，县委书记、县人大常委会主任顾建华（左）到临朐（滨海）工业园调研
（供稿：临朐滨海工业园）

2016 年 2 月 5 日，县委副书记、县长刘裕斌（左二）到嵩山林场和沂山林场检查森林防火工作
（供稿：临朐报社）

城关街道
（2016）

- 总面积 90 平方公里
- 总人口 14.9 万人
- 财政总收入 3.71 亿元
- 一般公共预算收入 2.37 亿元

东城街道
（2016）

- 总面积 144 平方公里
- 总人口 11.5 万人
- 财政总收入 5.95 亿元
- 一般公共预算收入 3.5 亿元

五井镇
（2016）

- 总面积 102 平方公里
- 总人口 5.2 万人
- 财政总收入 10257 万元
- 一般公共预算收入 6076 万元

冶源镇
（2016）

- 总面积 153.2 平方公里
- 总人口 10.7 万人
- 财政总收入 7169 万元
- 一般公共预算收入 4467 万元

寺 头 镇
（2016）

- 总面积 276 平方公里
- 总人口 7.5 万人
- 财政总收入 3229.35 万元
- 一般公共预算收入 1917 万元

九 山 镇
（2016）

- 总面积 254 平方公里
- 总人口 5.3 万人
- 财政总收入 2228.3 万元
- 一般公共预算收入 1669.3 万元

辛 寨 镇
（2016）

- 总面积 230 平方公里
- 总人口 12.8 万人
- 财政总收入 11666.2 万元
- 一般公共预算收入 7287 万元

蒋 峪 镇
（2016）

- 总面积 178 平方公里
- 总人口 6.1 万人
- 财政总收入 2458 万元
- 一般公共预算收入 1807 万元

柳山镇
（2016）

- 总面积 97.1 平方公里
- 总人口 4.2 万人
- 财政总收入 1739.5 万元
- 一般公共预算收入 1362.4 万元

山旺镇
（2016）

- 总面积 108 平方公里
- 总人口 3.7 万人
- 财政总收入 2136 万元
- 一般公共预算收入 1474 万元

沂山风景区
（2016）

- 总面积 148 平方公里
- 总人口 2.9 万人
- 财政总收入 1450.5 万元
- 一般公共预算收入 1018.2 万元

龙山高新技术产业园
（2016）

- 总面积 67 平方公里
- 总人口 3.5 万人
- 财政总收入 2924 万元
- 一般公共预算收入 1883 万元

嵩山生态旅游区

（2016）

- 总面积 89 平方公里
- 总人口 2.1 万人
- 财政总收入 781.64 万元
- 一般公共预算收入 708 万元

2016 年 12 月 23 日，临朐县被中国书法家协会授予“中国书法之乡”称号

2016 年 5 月 12 日，《冶源镇志》被列入“中国名镇志文化工程”

目录
CONTENTS

特载

大事记

全县概况

中共临朐县委

临朐县人民代表大会

临朐县人民政府

政协临朐县委员会

中共临朐县纪律检查委员会

社会团体

军事

法治

经济监督管理

工 业

交通 邮政 通信

建设 环保

商贸流通

旅游

财税　金融

科学技术

教育

文化体育

医疗卫生

社会民生

镇（街、园、区）概况

人 物

附 录

索 引

特载

顾建华同志

在全县经济工作暨作风建设会议上的讲话

（2016年2月14日）

这次会议主要任务是传达贯彻中央和省、市经济工作会议精神，总结全县去年工作，安排部署今年经济工作和干部作风建设。下面，根据县委常委会研究的意见，我讲三个方面的问题。

一、认清形势，统一思想，切实增强加快发展的信心和决心

去年以来，全县上下紧紧围绕“稳中求进”工作总基调，认真组织实施“一四三五”思路举措，经济社会保持了健康协调发展的良好势头。

一是综合实力显著增强。2015年，全县实现地区生产总值244亿元，同比增长8.1%，是2010年140.6亿元的1.7倍，按可比价格计算，年均增长10%；完成固定资产投资277亿元，同比增长14.2%，是2010年147.1亿元的1.9倍；实现社会消费品零售总额137.5亿元，同比增长12.8%，是2010年73亿元的1.9倍；金融机构本外币存、贷款余额分别达到317.4亿元、220.7亿元，较年初分别增加42.4亿元、11.9亿元，分别是2010年150.2亿元、94.1亿元的2.1倍、2.3倍；完成财政总收入21.6亿元、一般公共预算收入14.2亿元，同比分别增长7%、15.1%，分别是2010年的2.5倍、3.3倍，年均可比增幅分别达到19.3%、22.8%。二是质量效益不断提升。经济结构持续优化，三次产业比例由2010年的17.9∶48.9∶33.2调整为14.2∶43.7∶42.1。企业效益进一步提升，全县240家规模以上工业企业实现主营业务收入448.5亿元、利税24.9亿元、利润14.8亿元，同比分别增长6.3%、4.8%、7.3%。转型升级步伐明显加快，完成工业技改及固定资产投资98亿元，增长25%；主导产业铝型材产能达到126万吨，工业铝材比重提高到40%。收入保持合理结构，税收收入完成12.6亿元，增长7.7%，税收收入、四大主体税种收入占公共财政收入的比重分别达到88.6%、56.9%，分别高于全市9.3、18.5个百分点，均居全市第一位。三是发展后劲不断增强。大项目建设成效显著，全县新落户重点项目22个，其中投资过3亿元项目10个、过5亿元项目5个，重点在建项目达到48个。骨干企业支撑作用日益增强，主营业务收入过亿元的工业企业达到137家，纳税过千万元企业12家。企业核心竞争力持续提升，市级以上各类创新研发平台达到52家，省级以上高新技术企业发展到23家，高新技术产业产值占规模以

上工业总产值的比重将达到41.3%，比2010年提高9个百分点。完成进出口总额4亿美元，实际到账外资4607万美元。四是城镇化进程明显加快。加快改造提升中心城区，新建续建城市道路15条，改造老旧小区2处，城区绿化覆盖率达到40.3%，新增房地产开发面积21.4万平方米，交付安置楼85栋、2269户，被住建部、科技部确定为第三批国家智慧城市试点县。新型城镇化加快推进，完成小城镇建设投资40亿元，城镇建成区面积达到90平方公里，九山镇被评为“山东省宜居小镇”，寺头镇、嵩山生态旅游区被评为“山东最美旅游风情小镇”。加强农村基础设施建设，规划建设农村新型社区64个，新修农村公路72条、110公里，完成农村危房改造410户。五是生态建设成效显著。深入开展“三八六”环保行动，县第二污水处理厂及人工湿地、第三污水处理厂和冶源、辛寨2处污水处理厂建成并投入运行；建成标准化养殖场10家、粪污处理示范工程10个，被评为“山东省畜产品质量安全示范县”；淘汰熔铸炉72台，建成创新合金循环利用中心，减少二氧化硫、氮氧化合物、粉尘等排放近万吨。持续加强“两河”综合开发，新建拦河坝16座，滨水绿道24.5公里，治理河道21.3公里，整治规范养殖场1055家，实现了“路平、水清、河通、洁净”的阶段性目标。大力实施造林绿化工程，完成成片造林3万亩、森林抚育3万亩。六是民本民生持续改善。完成民生支出26.3亿元，同比增长14.2%，占全部财政支出的88.3%，全年减少贫困人口4.95万人。居民收入同步增长，城乡居民人均可支配收入分别达到27176元、13606元，同比增长8.6%、9.5%。深入实施教育、文化、卫生、养老等系列惠民工程，民生事业全面进步，社会保持和谐稳定。

去年，在全县广大干部群众的共同努力下，我县各项工作取得了新的成绩，许多重点工作实现了新突破。一是大项目建设实现新突破，伊利乳业二期、华铝高性能特种铝材、伟盛高档工业铝材、米兰之窗等8个项目建成投产，鑫顺风光伏发电、金城铝合金轮毂、高铁轨道大板等项目开工建设，抽水蓄能电站项目通过预可行性评审。二是公路交通实现新突破，省道仲临路改线工程建成通车，城市框架进一步拉开，发展空间进一步拓展；完成潍九路吕匣至白沙段、东红路、冶石路大修工程，兴隆弥河大桥竣工通车，群众出行更加便捷。三是弥河综合治理实现新突破，投资2.4亿元实施弥河综合开发项目，打造了一条县城至冶源水库的绿色生态长廊；全市“两河”开发经验交流会议在我县召开，弥河风景区成功创建为“国家水利风景区”。四是乡村旅游实现新突破，成功举办山东省第二届乡村旅游节，我县被评为“全国休闲农业与乡村旅游示范县”，寨子崮村、牛寨村分别被评为“全国休闲农业与乡村旅游示范点”“中国乡村旅游模范村”。五是文化临朐建设实现新突破，成功创建“中国书法之乡”，被省委、省政府表彰为“文化强省建设先进县”；扎实开展乡村文明行动，在全省城乡环卫一体化群众满意度调查中，获得全市第1、全省第28名的好成绩。六是农村饮水安全工作实现新突破，建成冶源水库东水厂、嵩山水库供水和汶河应急调水工程，全县农村规模化集中供水覆盖率达到88.4%，为全国农村饮水安全会议提供现场。七是县委作出学习和弘扬“淌水崖水库精神”的决定，淌水崖水库纪念馆建成投入使用，淌水崖水库建设群体被确定为全市重大典型，“同心同德、艰苦奋斗、自强不息、开拓创新”的淌水崖水库精神在全县蔚然成风。八是党的建设不断加强，扎实开展千名干部“进千村、入万户、察民情、解民忧”活动，全县1162名副科级以上干部联系940个建制村，走访群众5.2万户，解决民生问题6896件；全面完成村“两委”换届工作，对1963名新一届村“两委”干部全部进行了轮训，基层基础工作进一步夯实。

回顾过去一年的工作，我们深深体会到，要不断推进全县的改革发展稳定，必须坚持做到以下五点：一是必须牢牢把握正确的工作方向。要深刻理解、准确把握中央和省、市委决策部署，正确处理好稳增长与调结构的关系，做到有质量有效益的速度能搞多快搞多快，有活力有后劲的发展能搞多好搞多好。二是必须坚持走符合临朐实际的发展路子。实践证明，县委、县政府确立的“立足实际、发挥优势，突出重点、整体推进”的工作方针和“一四三五”思路举措，完全符合上级部署要求、符合临朐县情实际、符合干部群众愿望，必须毫不动摇、一以贯之地坚持下去。三是必须要有一支作风扎实、敢打硬仗的干部队伍。事业兴衰，关键在人。要大力学习弘扬淌水崖水库精神，继续坚持一年一个主题抓好作风教育整顿，巩固“三严三实”专题教育成效，进一步提升发展境界，凝聚发展力量，为全面建成小康社会提供根本保证。四是必须把党的建设作为根本保障。要发挥各级党组织在推进改革发展稳定中的领导核心作用，牢固树立党要管党、从严治党意识，不断夯实基层基础，增强各级党组织的凝聚力、战斗力和号召力，为经济社会发展提供坚强保障。五是必须紧紧团结和依靠广大群众。要强化共享发展的理念，坚持一切为了群众，一切依靠群众，就一定能够赢得广大群众的理解、拥护和支持，凝聚起推进改革发展稳定的强大力量。以上体会是我们在经济社会发展中取得的宝贵经验，也是我们在今后工作中必须坚持和遵循的基本原则。

在肯定成绩的同时，还必须清醒地看到工作中存在的困难和问题，主要是：经济总量小，人均占有水平低；支撑经济发展的大项目、好项目少；产业结构不尽合理，特别是第三产业占比低于全市平均水平；土地、资金制约较为突出，节能减排及环境保护压力较大；贫困人口总量较多，脱贫攻坚任务较重；部分党员干部责任、能力和作风还存在一些亟需解决的问题，等等。

解决好以上这些矛盾和问题，主动适应、科学引领经济发展新常态，必须把思想认识统一到中央和省、市委的重大判断和决策部署上来。在党的十八届五中全会上，中央提出了创新、协调、绿色、开放、共享五大发展理念，为我们开展工作指明了前进方向、提供了基本遵循。各级要认真学习、深刻领会，切实以五大发展理念指导实践、推动工作。一是坚持创新发展理念，增强转型发展新动力。坚持把创新作为发展基点和引领发展的第一动力，深入实施创新驱动战略，发挥科技创新在全面创新中的引领作用，加快推动经济转型升级、提质增效。二是坚持协调发展理念，构建均衡发展新格局。重点围绕城乡发展不协调、经济社会发展不平衡等矛盾问题，出台具体方案和措施，加快补齐短板，不断增强发展的协调性和系统性。三是坚持绿色发展理念，增创生态临朐新优势。坚定不移走生产发展、生活富裕、生态良好的文明发展道路，发挥绿色生态优势，大力实施“生态活县”战略，建设资源节约型、环境友好型社会。四是坚持开放发展理念，拓展经济发展新空间。积极顺应我国经济深度融入世界经济的趋势，充分利用国内国际两个市场、两种资源，深化重点区域和重点领域的合作，全面提升开放型经济发展水平。五是坚持共享发展理念，开创和谐发展新局面。按照人人参与、人人尽力、人人享有的要求，注重机会公平，保障基本民生，增进人民福祉，使人民群众在共建共享中有更多获得感，共同迈入全面小康社会。

二、突出重点，强化措施，全面推进经济社会转型发展

今年是全面建成小康社会决胜阶段的开局之年，也是推进结构性改革的攻坚之年。全县经济工作的总体要求是：全面贯彻落实党的十八大、十八届三中、四中、五中全会和中央、省、市经济工作会议精神，牢固树立和贯彻创新、协调、绿色、开放、共享的发展理念，积极适应经济发展新常态，坚持“稳中求进、好中求快、进位争先”总基调，坚持以提高发展质量和效益为中心，认真组织实施“一四三五”思路举措，全力打好稳增长、调结构主动仗，突出抓好大项目和财源建设、脱贫攻坚、社区建设、美丽乡村建设、基层党建五项重点工作，确保实现“十三五”良好开局，为建设富强临朐、文化临朐、生态临朐奠

定坚实基础。

经济社会发展的主要预期目标是：确保主要经济指标增幅高于全市平均水平、并位居前列，其中地区生产总值增长 8% 以上，一般公共预算收入增长 12%，全社会固定资产投资增长 12%，城镇和农村居民人均可支配收入分别增长 9% 和 10%，城镇登记失业率控制在 3.8% 以内，全面完成节能减排和环境保护等约束性指标。围绕实现上述任务目标，着力抓好以下八个方面的工作：

（一）突出大项目和财源建设，持续增强经济社会发展后劲。要始终坚持“大项目带动”战略不动摇，持之以恒抓投资，千方百计上项目，靠项目建设的新突破，筑牢财源建设基础，奠定发展后劲。

一要狠抓大项目引进。要坚定不移把招商引资作为稳增长调结构的首要措施，按照“每年在谈 10 个、储备 10 个、签约 10 个过亿元项目”的要求，聚焦国内外 500 强和行业领军企业，大力开展产业招商、以商招商、精准招商。要着力抓好汽车配件、家装五金配件、铝型材产业配套和产品转型升级等项目的洽谈引进，确保年内引进投资过亿元项目 10 个以上，过 5 亿元项目 2 个以上。要抢抓中央和省市政策机遇，集中谋划包装一批大项目，最大限度地争取支持，力争有更多项目纳入今年及“十三五”上级扶持发展的笼子，积蓄经济发展动力。

二要培强壮大骨干财源。要强化财源意识，围绕财源抓项目，加快构建完善现代财源体系。要按照“签约项目抓开工，开工项目抓投产，投产项目抓达效”的总体要求，逐一落实项目开工时限、工作责任、包靠领导和保障措施，加快推进抽水蓄能电站、高铁轨道大板、东临新材料、金成汽车轮毂等项目建设，推动米兰之窗、华建高性能特种铝材、伟盛高档工业铝材、鑫珂高分子材料等项目扩能增效，确保伊利液态奶复合加工等项目稳定达效，巩固壮大主体财源。要加快隆达商业广场、佳乐家综合商务楼等现代服务业项目建设，抓好华良种业育繁推一体化、蒋峪油用牡丹、顺宝食用菌等现代农业重点项目，加快培育新的财税增长点。要完善财源建设调度考核机制，认真落实激励政策，依法加强税收征管，全面提升财政保障能力。

三要推进园区转型升级。要按照集群布局、集成创新、集中突破、集约服务“四集”思路和科技化、国际化、生态化、法治化“四化”方向，建立工作协调机制，搞好要素资源整合，加快推进临朐经济开发区上档升级。要结合资源、产业基础，按照“一区四园”发展定位，落实“飞地”政策，引导符合园区发展要求的企业到园区落户，大力培育主导产业、主导产品，推动产业链条式发展。要积极争取上级支持园区发展的政策措施，搞好土地利用、产业布局规划调整，完善提升基础设施，提高园区的承载力和带动力。

四要实施全要素重点保障机制。要围绕破解资源要素制约，采取全要素筛选配置项目、竞争性配置建设用地指标、按行业环保先进标准管理重大项目等机制，把要素集中配置到最好的项目上。土地方面，要一手抓增量，一手抓挖潜，既要做好城乡建设用地增减挂钩和废弃工矿用地复垦工作，加大土地指标争取力度，又要加大闲置低效用地清理力度，集约高效利用土地资源。资金方面，要加强政银企合作，扩大过桥还贷基金和金财融资担保公司规模，充分发挥银行融资主渠道作用，有效解决企业资金问题。要抓住国家深化金融体制改革特别是 IPO（首次公开募股）注册制改革的机遇，鼓励支持企业用好主板、中小板、创业板、新三板、齐鲁股权交易中心、青岛蓝海股权交易中心等平台，通过上市、众筹、企业债等方式扩大直接融资，破解融资难题。人才方面，要全面落实人才强县意见，大力培养引进我县亟需的高层次创新创业人才、产业领军人才、专业技术人才，为企业发展提供人才支撑和智力保障。

（二）突出精准扶贫，全力打好脱贫攻坚战。要把脱贫攻坚作为今年工作的重中之重，举全县之力，采取超常规举措，坚决打好脱贫攻坚第一仗，确保年内 50 个贫困村摘帽、3.8 万人、60% 以上的贫困人口实现脱贫。

一要精准识别。要针对扶贫对象不准、核实不严的问题，进一步加强复核甄别，在工作中要根据“九六六三”工作法要求（即确定退出和脱贫人口做到“九必退”、留下的建档立卡贫困户做到“六不动”、新纳入贫困户做到“六必纳”、严格进退程序做到“三必须”），对建档立卡工作进行“回头看”，对贫困人口进行精准“再识别”，把贫困人口、贫困程度、贫困原因等真正搞清楚，确保真扶贫、扶真贫。要加强对贫困人口的动态管理，建立精准动态的扶贫台账，对扶贫对象进行全方位、全过程监测，脱贫的及时销号，返贫的及时挂号。要加快完善工作规划，按照全县脱贫攻坚三年行动计划和2016年度脱贫攻坚计划，围绕基础设施建设、产业发展、移民搬迁、培训就业等方面，努力推进脱贫攻坚任务落实。

二要精准施策。要按照“五个一批”的要求，坚持实事求是、因地制宜、一户一策、逐户逐人脱贫，把各项扶贫措施落到根上、落到点上。在产业扶贫上，要通过结对帮扶、资金支持、技术服务、订单收购等方式，扶持引导贫困户发展特色种养、乡村旅游、光伏发电、农村电商等项目，提高贫困群众的自我发展能力。在易地搬迁上，要结合城乡建设用地增减挂钩、地质灾害避险、大中型水库移民避险解困等政策，积极稳妥推进特殊地区搬迁脱贫，年内完成嵩山暖水河、沂山草山亭、山旺席家河 3 个贫困村的整体搬迁任务。在生态扶贫上，要建立健全生态补偿机制，开展贫困区域生态综合补偿试点，拓宽绿色脱贫渠道。在教育脱贫上，要加大农村贫困家庭学生资助力度，完善帮困包扶机制，落实贫困家庭学生资助政策，彻底解决贫困家庭的后顾之忧。在社会保障上，要推进农村扶贫标准和低保标准“两线合一”，落实新的城乡居民医疗救助制度，最大限度对孤、残贫困人员实行集中供养，切实兜住民生底线。

三要精准组织领导。要按照“两年基本完成，三年兜底全部完成”的要求，层层分解落实工作责任，真正把脱贫任务压到底，把责任压力传到底。县、镇、村扶贫开发工作领导小组要发挥好统筹协调、督促指导作用，在落实目标任务、工作重点、措施办法、责任主体和考核评价等方面加强协调指导，促进脱贫攻坚任务全面落实。领导小组成员单位要各司其职、各负其责，密切配合、通力协作，全面落实各项精准扶贫措施。县扶贫办要超前谋划，当好参谋、强化协调，加强上下联动，抓好督查调度，推动各项工作有序开展。要结合开展千名干部“进千村、入万户、察民情、解民忧”活动，按照县级领导帮扶 5 户、科级干部帮扶 4 户、一般干部帮扶 3 户的标准，广泛开展包村联户、党员结对帮扶等活动，根据贫困村需求精准选派“第一书记”，切实发挥好党员干部的带头作用。要建立健全社会力量动员机制和慈善事业促进机制，凝聚起打赢脱贫攻坚战的强大合力。

（三）突出转型升级，加快培育现代产业体系。要紧紧抓住国家、省、市实施“三去一降一补”和结构性改革带来的机遇，在转型发展上下更大力气、迈出更大步伐。

一要坚定不移实施“工业立县”战略。要保持我县经济快速发展的良好势头，必须坚持工业强县战略不能动摇，以实施“5141”工程为抓手，推动工业经济转型升级、提质增效。要加快提升传统产业。以有色金属高端加工、机电、汽车配件等五大优势主导产业为重点，鼓励支持企业通过技术改造、互联网 + 等手段，优化产品结构，提升生产技术水平，推动产业向价值链高端发展。突出抓好铝型材产业转型升级，成立铝型材技术委员会，不断增强产业竞争力。要积极培植新兴产业。以节能环保、磁电装备、新材料、海洋产业等为重点，以科技化、规模化、产业化、高端化为方向，充分发挥华特磁电、恒彩数码、东临新材料、宝龙达、恒远利废、鑫珂海洋生物等龙头企业、骨干项目的带动作用，推进战略合作，加强创新研发，延伸产业链条，尽快形成新的经济增长点，力争高新技术产业产值提高2个百分点以上。要培强壮大骨干企业。继续坚持“资源向重点企业配置、领导向重点企业倾斜、部门向重点企业服务”，强化40家重点企业动态管理。有关部门要对中央和省市出台的降低企业成本的有关政策加强跟踪研究，用足用好用到位，对行政事业性收费、中介服务费等，该取消的要立即取消，能降低的要降到最低，努力帮助企业降本增效，提升竞争力。要实施好中小企业成长计划和市场主体提升计划，以10家成长型企业为依托，集成资源要素，大力培育一批行业优势企业和科技型中小企业。要坚持创新驱动。充分发挥企业的创新主体作用，加强企业创新平台建设，力争年内新增产学研合作企业10家以上，新增市级以上企业技术中心、研发中心和重点实验室8家以上。要大力实施品牌战略和质量强县战略，年内争创驰名商标、名牌产品、著名商标4件以上，提高临朐品牌竞争力和影响力。要强化企业管理。要按照“个转企、小升规、规改股、股上市”的思路，引导支持个体工商户向个人独资企业、合伙制企业和公司升级，推动有条件的民营企业进行规范化股份制改造，帮助企业加快建立现代企业制度。要认真总结推广蓝帆、伊利、山水、米兰之窗、华建等创新企业治理的先进经验，引导更多的企业优化治理结构，激发内生动力。要加强企业家队伍建设，为企业发展和企业家成长营造良好环境。

二要加快推进农业现代化。要以发展“高产、优质、高效、生态、安全”农业为目标，不断壮大大棚果、奶牛、黄烟、冷水鱼等特色优势产业，年内新发展优质果品1万亩、优质黄烟基地2.2万亩。要加快发展品牌农业，着力培育绿色食品产业，提升农产品质量，力争新增“三品一标”农产品15个以上，打造3—5个有影响力的区域品牌，推动农业向更高层次迈进。要加强农产品质量安全监管，积极争创全省农产品质量安全示范县。要突出改革引领，把深化农村改革作为加快现代农业发展的重要抓手，深化农村产权制度改革，积极培育新型农业经营主体，发展多种形式的农业规模经营，争创市级以上示范合作社和家庭农场10家。要统筹推进农田水利设施建设，推进2016年“小农水重点县”、高效节水灌溉示范县、水土保持小流域综合治理等重点项目建设，夯实农业发展基础。

三要大力发展现代服务业。要按照“发展提速、比重提高、水平提升”的要求，找准方向，持续发力，力争在培植壮大现代服务业上实现新突破。要推动生活性服务业向精细化和高品质转变，加快培育家政服务、医疗护理、养老托老等新型服务业态；要加快推动生产性服务业向专业化和价值链高端延伸，着重发展物流、金融、会展、中介等服务业，着力构建多层次、多形式、多渠道的服务业发展格局。要加快商贸物流业发展，积极引进大型物流企业，搞好江北物流城运营管理，推进汽车4S店集中发展区建设，提升专业市场群发展层次。特别是要加快发展电子商务，抓住搭建服务平台、集聚经营主体、完善物流体系、创新政策支持、优化发展环境等关键环节，依托临朐电商众创家园，积极引进优质电商企业、专业机构和第三方服务平台，争创“省级电子商务示范县”。

四要着力抓好外经外贸工作。要抓住“一带一路”战略深入实施、中韩中澳自贸协定正式生效的重大机遇，以优进优出为方向，推动对外贸易稳定发展。要培强壮大骨干外贸企业，支持蓝帆新材料等企业加大科研投入，提升品牌形象，开拓多元化国际市场，培育外贸竞争新优势，力争全年实现外贸进出口4亿美元。要不断拓宽利用外资领域，实现利用外资5000万美元以上。要支持有条件的企业主动“走出去”发展，年内建成境外企业2家，境外实际投资500万美元以上。

（四）突出社区建设，加速新型城镇化进程。要紧紧抓住人这个新型城镇化的核心，突出社区建设这一重点，统筹推进新型城镇化建设，力争今年城镇化率提高2个百分点以上。

一要大力提升中心城区。要围绕打造“山水园林宜居城市”，全面完成新一轮城市总体规划修编，科学编制县城重点地段控制性详细规划，推动城区扩版提升。要加快实施基础设施提升工程，重点抓好仲临路与西环路、北环路重合段改造，滨河西路贯通，弥河两岸绿道延伸，黄龙沟改造等项目建设，对新仲临路、南二环路、营龙路等道路进行绿化亮化，规划建设加气储气站、供热换热站、公共卫生间等服务设施，提高城市载体功能。要尊重群众意愿，以街道和村居为主体，稳妥推进旧城旧村改造，改善群众居住条件。抓好安置楼后续工程建设，完善基础设施配套，打造宜居家园。要灵活运用政策性和市场化工具，有效提振市场信心，扩大住房消费需求，进一步活跃房地产市场。要加快“智慧城市”建设，有序推进海绵城市和地下管网建设，持续开展市容市貌集中整治，提高城市管理水平。

二要积极打造特色城镇。要继续按照“一四六”标准（即一个市民广场中心，社区布局、基础设施、产业发展、生态景观“四个规划”，农村产权交易、居民社会保障、市政管理、社区公共服务、金融服务、治安管理“六个体系”），改善小城镇基础设施和公共服务设施。要突出以产兴镇，大力发展特色产业，加快建设工业强镇、农业大镇、商贸重镇和旅游名镇。要积极破除制约小城镇发展的财政、金融、土地、人才等体制机制障碍，健全镇级规划建设管理、安全、环保、食药等职能，推动镇街科学发展。要深入开展“百镇建设示范行动”，全力提升东城、城关、辛寨、五井、冶源、蒋峪、龙山等重点镇，增强区域带动能力。要稳妥推进城镇棚户区改造，将其纳入政府购买服务目录，年内完成改造建设1899户，切实改善群众居住条件。要加强城乡道路交通建设，年内完成潍九路临朐段改线、潍九路田村至寺头段中修等项目立项，实施蒋峪大桥改造工程，新建改建农村公路70条、110公里。

三要加快推进社区建设。城市社区方面，要进一步调整优化社区布局，搞好社保、卫生、治安、文化等公共服务和购物、娱乐、信息等便民服务，构建立体化综合服务体系。要以“三有一化”为目标（“三有”即做到有人管事、有钱办事、有场所议事，“一化”即推进基层党建区域化），完善城市社区区域化党建组织体系和服务机制，提高城市社区管理服务水平。要坚持试点先行，年内抓好兴隆和吴家庙两个试点，条件具备后逐步推开。要稳妥推进村改居工作，加快兴隆、小陡沟、吴家庙、滨河等社区的集体经济产权制度改革，为城市社区发展奠定良好基础。农村社区方面，要认真落实农村社区服务中心建设三年行动计划，按照“一厅一校十室”标准，确保到2018年底，全县64个农村新型社区全部建成功能完善的社区服务中心，让农村居民享受与城镇居民同等的公共服务。要大力组织实施农村社区卫生室规范化建设三年行动计划，完善初级诊疗、康复、养老和健康管理功能，提高农村医疗服务水平和质量。要进一步完善社区村民会议、村民代表会议制度，强化村事民决社区监管机制，探索民情恳谈会、社区听证会、评议会等多种协商形式，提高农村社区治理法治化水平。

（五）突出美丽乡村建设，构筑绿色发展新优势。要以国家主体功能区建设试点示范县和创建国家森林城市为载体，把美丽乡村建设和生态文明建设有机结合起来，不断改善人居环境和生态环境。

一要扎实开展美丽乡村建设。县委、县政府对全县美丽乡村建设已进行了研究，并下发了专门文件。各级要认真组织实施“美丽乡村建设三年行动”，按照“三化、四好、五美”标准（“三化”即道路硬化、村庄净化、环境美化，“四好”即人居环境好、村庄容貌好、文明风尚好、服务管理好，“五美”即村庄布局协调美、村容整洁生态美、村强民富生活美、村风文明身心美、村稳民安和谐美），确保年内50%的村达到农村环境整洁村标准，10%的村达到生态文明村建设标准，46个村达到美丽乡村建设标准。要以实施“三清、四改、五化”为基础（“三清”即清理柴草堆、清理粪堆、清理垃圾堆，“四改”即改水、改厕、改灶、改圈，“五化”即硬化、净化、亮化、绿化、美化），加快构建覆盖全面、管理精细的城乡一体化垃圾集中处理体系，巩固提升城乡环卫一体化建设成果。要不断提高农村基础设施建设标准，搞好绿地公园、休闲广场、文体广场等公共服务场所建设，改善群众生活环境。要通过政府购买服务、财政补助、产权改革等多种有效形式，建立健全村庄道路养护、卫生保洁、污水处理、绿化美化亮化等管理机制，保证公共服务设施设备正常运转。

二要加强环境综合整治。要以“深化三八六、建立新常态”为主题，启动新一轮环保行动，全力实施好环境综合整治“十大重点工程”，彻底解决污水直排、农业面源污染、空气异味等环境污染问题，促进山水林田湖生态保护和修复。要以创建“国家森林城市”为契机，大力开展造林绿化，年内完成荒山绿化8000亩、水系绿化5000亩、道路绿化100公里，完成森林抚育和低效林改造1.6万亩。

三要抓好“两河”保护开发。弥河流域，要完成弥河综合开发工程，改造提升沿河道路、大坝和桥梁，开工建设弥河下游段治理项目；汶河流域，要组织实施莲湖公园二期工程，开工建设小关桥至县界段综合治理工程，建成蒋峪汶河省级湿地公园。要搞好沂山风景区、嵩山生态旅游区和大型社区污水处理设施建设，完善污水管网配套，扩大污水集中处理覆盖面。要大力推进集约节约用水，建立最严格的水资源管理制度，探索推进循环用水、阶梯水价等办法，发展节水型经济，建设节水型社会。

四要推进节能减排。要坚持走绿色、低碳发展道路，大力发展循环经济，积极推进煤改气工作，争创潍坊市循环经济示范县。要创新完善分阶段逐步加严的污染物排放标准，以此倒逼结构调整、产业转型，腾出更多环境容量支撑转型发展。要对环境违法案件进行严处重罚，今年市里对生态环境质量反弹或恶化的县市区要进行约谈，我县也要建立约谈制度，推动属地管理责任真正落到实处。

（六）突出乡村旅游，扎实推进旅游强县建设。要按照“打生态牌、唱文化戏、念山水经、走特色路”的总要求，深入实施“旅游强县”战略，加快构建大旅游发展格局。

一要大力发展乡村旅游。要发挥我县资源优势，进一步巩固提升乡村旅游示范点建设，加快城关寨子崮、沂山上寺院、嵩山北黄谷、九山牛寨、蒋峪大集等项目开发，精心设计打造休闲度假、乡村体验等旅游产品，完善“吃、住、行、游、购、娱”要素服务功能，打造一批乡村休闲度假游示范点，引导全县乡村旅游由观光游向休闲度假提档升级。要创新乡村旅游发展模式，采取“景区带农户”“公司＋农户”“合作社＋农户”等模式，推进乡村旅游开发，提高乡村旅游项目的规模和档次。要切实提升管理水平，强化对乡村旅游管理人员、经营业主和导游人员的培训，提高乡村旅游从业人员素质和水平。

二要抓好重点景区改造提升。要以“三山两园一谷”为重点，加快推进重点旅游项目建设，推动石门坊、老龙湾景区创建国家4A级旅游景区，不断增强旅游综合实力。沂山风景区，要抓好法云寺重建、沂山索道等项目建设，力争“齐鲁森林第一漂”项目五一前投入运营；嵩山生态旅游区，要继续完善景区基础服务设施，启动崔木水杉林书画基地建设，加快建设旅游小镇；老龙湾景区，要持续抓好泉域保护，抓好山（海浮山）、河（弥河）、湖（巨洋湖）、湾（老龙湾）一体化规划开发建设；石门坊景区，要完善景区设施配套，提升发展档次。

三要加大宣传营销力度。要立足我县旅游发展定位，搞好整体策划包装，不断加大与报纸、电视等传统媒体的合作交流，对临朐旅游进行全方位、立体化宣传推介。要积极顺应“互联网＋”和智慧旅游发展形势，拓宽新兴媒体宣传渠道，加快构建综合性旅游网上营销平台，提升旅游服务水平。要全力筹办好第四届沂山文化节、第九届观赏石展和第二十届红叶节，提高临朐旅游知名度和影响力。

四要深化旅游改革。要以推进全省旅游综合改革试点县建设为契机，创新旅游管理体制，组建县旅游发展委员会，从领导体制和管理体制上解决旅游多头管理、工作不顺不到位的问题。要充分发挥市场在资源配置中的决定性作用，深度整合旅游资源和关联产业，探索建立旅游发展公司和旅游投融资公司，加快建立多元化旅游投资机制，增强旅游发展活力。

（七）突出特色优势，提升临朐文化软实力和竞争力。要深入实施“文化兴县”战略，不断加强宣传思想文化工作，为改革发展稳定提供强大精神力量。

一要抓好精神文明建设。要大力开展“做文明有礼临朐人”等活动，深化“临朐好人”选树和“道德模范”评选，巩固提升村居善行义举四德榜建设成果，加快推动向城市社区、企业、机关、学校拓展延伸，使“三个倡导”深入人心。要以创建省级文明县为抓手，持续推进“文明新风沐千村”、“乡村文明一条街”建设、“星级文明户”创评等工作，扩大文明创建覆盖面。要加强诚信体系建设，健全志愿服务常态机制，加快公益广告示范点建设，营造良好的社会文化环境。

二要抓好文化事业建设。要积极推进县文化中心建设，切实抓好基层综合文化服务中心规划建设，优化提升镇街综合文化站、图书馆，加快农村文体广场建设，实施广播电视无线数字化等五大文化惠民工程，加快构建覆盖城乡、惠及全民的公共文化服务体系，更好满足群众精神文化需求。要积极推进历史动漫剧《东镇沂山传奇》和周姑戏《淌水崖》的制作排演，着力打造一批具有临朐特色的文艺精品。要加强文化遗产保护开发，扎实推进镇、村历史文化展示工程，进一步丰富我县文化资源。

三要抓好文化产业发展。要以壮大奇石、雕塑、红木工艺、临朐手绘年画四大特色文化产业为重点，用足用活扶持政策，积极推进中华文化雕塑园等重点文化产业项目，着力打造具有较强竞争力的龙头企业和产业品牌。要创新“互联网＋文化”模式，加大文化产业招商力度和重点文化项目推介力度，完善重点文化产业项目数据库，打造我县文化与科技深度融合发展的新亮点。

（八）突出民生优先，保持社会和谐稳定。要牢固树立共享发展理念，按照“守住底线、突出重点、完善制度、引导舆论”的思路，统筹做好新常态下各项民生工作。

一要大力发展社会事业。要坚持教育优先发展战略，加快普及学前三年教育，完成 26 处幼儿园新建改建任务，实施好 19 处学校建设改造项目，积极推进县中小学综合实践学校项目建设，不断提升教育发展质量。要继续加大医疗卫生投入，深化公立医院综合改革，尽快启用县妇幼保健院，加快县中医院门诊综合楼建设，改善群众就医条件。要坚持计划生育基本国策，全面落实“两孩”政策，进一步提高计划生育服务管理水平。要深入实施农村饮水安全提升工程，积极推进淌水崖水厂与沂山水厂联通等工程建设，强化农村公共供水服务。要广泛开展全民健身活动，认真办好第四届全民运动会。

二要健全完善社会保障。要坚持把就业作为民生之本，积极推进“大众创业、万众创新”，加快县创新创业孵化基地建设，扩大创业扶持资金规模，落实税费减免、社保补贴、援企稳岗等扶持政策，实现新增城镇就业 4000 人，转移农村劳动力 8000 人。要加快完善覆盖城乡的社保体系，抓好社会保险扩面征缴，提高城乡居民基本医疗保险财政补助和个人缴费标准，稳步推进职业年金管理和企业年金管理工作。要加强社会养老服务体系建设，搞好县社会福利服务中心公建民营，加强城市社区老年人日间照料中心和农村幸福院建设管理，实现老有所养、老有所乐。

三要着力加强社会治理。要深化“平安临朐”建设，加快推进视频监控全覆盖工程，扎实开展系列安民行动，严厉打击邪恶霸痞、两抢一盗、邪教组织等违法犯罪活动，维护全县社会大局稳定。要创新有效预防和化解社会矛盾体系，常态化推进领导干部基层群众工作日活动，深化“六个一”联系点制度，进一步畅通群众诉求表达、利益协调、权益保障渠道。要加强对重点信访案件的调度处理，着力解决好非访、越级访等信访突出问题，特别是强化特殊群体的教育管控，确保不发生群体性事件。

四要坚决守住安全底线。要全面落实安全生产责任制，深化安全生产标准化、规范化建设，扎实开展“生产经营单位安全生产主体责任落实年”活动和生产隐患“大排查、快整治、严执法”集中行动，确保全县安全生产形势持续稳定。要以创建“国家食品安全城市”为抓手，深入开展规范“六小”、打击“四黑”专项整治行动，推进“放心农资工程”实施，全面提升我县食品安全整体监管水平。要强化地方金融监管和风险防范体制机制建设，严厉打击非法集资、恶意逃废银行债务和转移隐匿资产行为，维护良好的金融生态环境。

三、加强领导，精心组织，确保将各项工作任务落到实处

做好今年的各项工作，根本在落实，关键在作风。全县广大党员干部要振奋精神，转变作风，更加自觉地担负起领导经济发展的重任，为加快科学发展提供强有力保障。

（一）提高引领新常态的能力。习近平总书记指出，目前认识适应引领新常态有三种情况：第一种是认识逐步深入，适应更加主动，引领已经开始。这种情况在不断增加，这是好的。第二种是认识还不到位，一知半解，适应不太主动，引领基本无为，流于口号化。这种情况还比较普遍。第三种是很不适应，没有摆脱“速度情结”“换挡焦虑”的思维定势，结果行动上自觉不自觉逆向而行。大家要对照镜子找差距，深化思想认识，加快提升引领新常态的能力水平。一要提高推动发展的能力。要深刻学习领会习总书记关于新常态的重要论述，系统把握供给侧结构性改革的内涵、方法和途径，在研判形势、把握方向上提高水平。要注重加强对新常态下重大经济问题的系统研究，把握经济运行的趋势和特点，及时发现苗头性、倾向性问题，在发现问题、超前应对上增强本领，对本辖区、本系统、本部门的优势条件、突出问题、方向重点了然于胸，注重研究产业、企业和产品，关注新增长点的培育，真正成为抓经济工作的明白人。二要提高改革创新的能力。要顺应新的发展形势和要求，不断解放思想，摒弃因循守旧的思维定势、按部就班的行为方式，更多地用改革的举措、统筹的方法、惠民的成效推动工作、破解难题。要抓好改革任务分解落实和分步推进，列出时间表，明确责任人，确保各项改革任务按照既定要求和时间节点稳步推进。三要提高依法办事的能力。要带头学法守法用法，更加自觉地运用法治思维和法治方式深化改革、推动发展、化解矛盾、维护稳定。要坚决克服习惯于依靠行政命令、超越法律法规等方式推动工作的做法，依法协调和处理各种利益问题，避免埋钉子、留尾巴，切实做到在法治轨道上想问题、做决策、办事情，不断提高领导水平和艺术。四要提高舆论引导和危机应对能力。各级领导干部要善于把握本质、主流和趋势，及时回应社会重大关切，有针对性地做好舆论引导工作，弘扬主旋律，传递正能量。

（二）加强干部作风建设。政治路线确定以后，干部就是决定性因素。要毫不放松地把干部作风建设抓在手上，常抓不懈，久久为功，以作风建设的新常态，推动各项工作任务落实。一要提振精神状态。同样面对困难，是进位争先还是止步不前，关键看信心、看干劲、看本领。各级党员干部对待每一项工作都要有一种攻无不克、战无不胜的战斗精神，全力靠上、拼上、豁上，一竿子到底，雷厉风行推进；要有一种敢打必胜的信心，困难面前敢闯敢试、矛盾面前敢抓敢管，困难越大、斗志越强，压力越大、干劲越足，甩开膀子抓工作，昂扬进取干事业，努力在攻坚克难中实现“弯道超车”。二要强化责任担当。当

前，在大环境相同的情况下，各镇街之间、部门之间工作差别很大。这里有不会为的问题，更有不想为、不敢为的问题。做好今年经济工作，必须明确各级各部门责任，引导各级党员干部增强责任意识和大局意识，敢于担当、勇于负责，力戒求稳怕乱思想，着力克服庸懒散、不作为现象。各级党委政府要旗帜鲜明地树立“为敢于担当者而担当”的正确导向，建立容错机制，切实保护好干部干事创业的积极性和主动性，在全县上下形成良好的政治生态。三要坚持领导带头。各级领导干部要充分发挥带头作用，以身作则，身先士卒，要求别人做到的，自己首先做到；要求别人不做的，自己坚决不做。要坚持亲力亲为，善于抓细、抓小、抓具体，对安排部署的工作，要拿出更多的时间和精力，多跑基层一线、多到项目现场、多下生产车间，决不能大而化之，只当指挥员、不当运动员，只挂帅、不出征，当甩手掌柜。四要坚持典型带动。县委决定，从现在开始，集中一个月的时间，以淌水崖水库建设英雄集体为榜样，在全县党员干部中集中开展“学先进、找差距，转作风、抓落实”主题教育活动。要通过集中教育，在各级各部门真正树立起“同心同德、艰苦奋斗、自强不息、开拓创新”的淌水崖水库精神，树立创先争优意识，不讲条件、不怕困难，不回避矛盾，以崭新的姿态和扎实的作风，落实落实再落实，实干实干再实干。要注重在工作中发现典型、培养典型，及时总结、宣传、推广一批各行各业涌现出来的先进典型和经验，以典型带动面上工作的平衡发展。

（三）着力夯实基层基础。要坚持问题导向，认真研究新常态下打牢基层基础的新思路新举措，全力做好抓基层、打基础工作。要强化基层党组织服务功能，以实施“基层服务型党组织建设三年行动计划”为抓手，规范提升“服务到社区”和“两托管一代办”为民服务机制，常态化抓好千名干部“进千村、入万户、察民情、解民忧”活动，扎实推进包村联户和选派“第一书记”工作，增强联系服务群众实效。要加大农村后进班子治理整顿力度，进一步健全完善软弱涣散党组织长效治理机制，按照不低于10%的比例，倒排软弱涣散党组织，落实县委常委、镇街党政正职分工包靠责任制，力促软弱涣散村转化销号，确保当年转化率达到80%以上。要加强村级治理能力建设，围绕解决中心村运行不顺畅问题，进一步调整优化中心村党组织设置，继续深入开展“两清理、两规范”活动，认真落实“四议两公开一监督”、村级事务决策执行监管办法，不断提升村级工作规范化水平。要发展壮大村集体经济，坚决克服等、靠、要的思想，与扶贫开发相结合，认真研究发展壮大村集体经济的办法措施，落实好基层干部待遇补贴，强化基层党组织工作和服务经费保障，确保村级组织正常运转。年内，集体经营性收入不足3万元的村要减少20%以上。要严格党员教育管理，探索推行农村党员积分制管理，优化党员队伍结构，保证发展党员质量，提升党员素质能力。要加快推进“两新”组织党的建设，大力开展“建组织、扩覆盖”活动，实现党组织应建尽建，不断扩大党建工作有形有效覆盖。各级党组织要切实履行党建主体责任，充实党建工作力量，推进党建办实体化运行，以党的组织优势和政治优势为经济社会发展提供强有力保证。

（四）完善推进工作落实机制。完成今年的目标任务，贵在落实，重在落实。要深化“三严三实”专题教育，自觉向中央看齐，切实把从严从实要求贯穿落实到各项工作中，确保各项决策部署全面落实。要健全完善责任落实机制。对今年的每一项工作任务，都要按照“工作项目化、项目目标化、目标责任化、责任奖惩化”的要求，进行细化、量化，分解责任到人，明确完成时限，务求有目标、有措施、有检查、有考核、有奖惩。特别是各级领导干部要把牵头负责的工作紧紧抓在手上，层层压实责任，逐级传导压力，一级抓一级，层层抓落实。要健全完善考核机制。年前，我们对全县的科学发展综合考核办法进行了调整完善，根据各镇街和部门不同的发展定位和基础条件实行差异化考核，提高了五项重点工作的比重，增强了考核的科学性和精准性。下步，要强化对考核结果的运用，切实在发展一线、项目一线、招商一线、扶贫一线检验干部，在大事要事难事面前、在急难险重任务面前识别干部，让工作干得好、成效大、守纪律、干事干净的干部受重用、得提拔，让安于现状、不思进取、工作平庸、干不成事的腾地方、挪位子，用鲜明的导向把各级干部的心思和精力凝聚到干事创业上来。要健全完善督查推进机制。要继续实行“三个重点”调度推进机制，对县委、县政府确定的重点项目、重点工程和重点工作，特别是对大项目和财源建设、脱贫攻坚、社区建设、美丽乡村建设、基层组织建设五项重点工作，每季度进行现场调度推进，形成抓重点、抓推进、抓落实的长效机制。县委、县政府督查室要发挥督查、调度、组织牵头作用，对重点工作任务，及时分解立项，每月跟上督查，发现问题及时通报、及时督促解决，确保各项工作落到实处。要健全完善追究问责机制。当前，从严问责已成为新常态。要切实用好责任追究这个利器，坚持有责必问、问责必严，进一步完善从决策、到执行、到督查、到问责的责任体系。凡是县委、县政府作出的重要决策，都要跟踪问效，落实不力的要问责，下决心抓一批不负责、不落实的典型。要坚持把守纪律讲规矩摆在更加重要的位置，深入落实党风廉政建设主体责任和监督责任，持续转变作风、纠正“四风”，严明党的纪律，坚决惩治腐败，为经济社会发展提供坚强保障。

同志们，做好今年的经济工作，任务艰巨、责任重大。县委、县政府要求，全县上下要进一步坚定信心、振奋精神，锐意进取、苦干实干，确保实现“十三五”良好开局，为加快建设富强临朐、文化临朐、生态临朐做出新的更大贡献！

（县委办公室）

政府工作报告

——2017年1月20日在临朐县第十七届人民代表大会第一次会议上

临朐县县长　刘裕斌

过去五年政府工作回顾

过去五年，是全县攻坚克难、竞进提质、突破发展的重要时期。面对复杂多变的宏观形势，在县委的坚强领导下，在县人大、县政协的监督支持下，县政府团结带领全县人民，凝心聚力抓发展，全力以赴稳增长，坚定不移保民生，实现了“十二五”圆满收官、“十三五”良好开局，谱写了富强临朐、文化临朐、生态临朐建设的新篇章。

——综合实力大幅提升。主要指标保持较高增幅。初步测算，2016年，全县完成地区生产总值263亿元、固定资产投资313亿元，年均增长9.4%、17.2%，是2011年的1.6倍和2.2倍；实现一般公共预算收入15.7亿元，年均增长22.8%，是2011年的2.8倍，在全省前移19个位次；实现社会消费品零售总额152.6亿元，年均增长12.9%，是2011年的1.8倍；金融机构存、贷款余额分别达到379.8亿元、232.7亿元，年均增长17.2%、14.4%，是2011年的2.2倍和2倍；实现进出口总额25.6亿元，年均增长12.5%，是2011年的1.8倍；城乡居民人均可支配收入分别达到29296元、14749元，年均增长11.3%、12.8%，是2011年的1.7倍和1.8倍。新获“中国铝型材产业基地”“全国休闲农业与乡村旅游示范县”“国家园林县城”“国家重点生态功能区”和“文化强省建设先进县”等荣誉称号。

——产业结构持续优化。牢牢把握发展第一要务，以供给侧结构性改革为主线，加快推进“三去一降一补”，全力打好稳增长调结构攻坚战，三次产业比重调整为14∶41∶45。工业实力显著增强。加快工业转型升级，铝型材等主导产业初具规模，高新技术产业产值占比达到42%，完成公司制改制企业129家，挂牌企业达到23家。2016年，规模以上工业企业主营业务收入、利税、利润分别达到428亿元、23亿元和14亿元，比2011年增长53.7%、59.2%和58.6%。现代农业加快发展。围绕农业增效、农民增收，大力发展特色优势产业，加快建设现代示范园区，培育壮大新型农业经营主体，发展市级以上农业龙头企业46家、专业合作社1694家、家庭农场149家、“三品一标”认证基地32.2万亩，国家地理标志产品达到17件。被评为“全省生态循环农业示范县”“全省畜产品质量安全示范县”和“全国平安农机示范县”。现代服务业上档升级。加快推进旅游业发展，“三山两园一谷”核心景区建设全面提升，成功举办三届山东省乡村旅游节和四届沂山文化节，沂山创建为全市首家国家AAAAA级旅游景区，揽翠湖温泉度假村晋升为AAAA级景区，被确定为“国家全域旅游示范区创建单位”和“全省旅游综合改革试点县”。商贸流通业加快发展，全福元、佳乐家等一批高端服务业项目投入运营；全面完成钢材市场、玻璃市场、东郡农贸市场搬迁改造，建成江北物流城、汽车4S店集中发展区等专业市场20处。与省电商促进会实现战略合作，建成启用临朐电商众创家园，电商交易额逐年攀升。金融产业发展迅速，聚丰村镇银行、民生银行、西部证券、盛丰资本等金融机构相继运行，县内金融机构发展到62家，较2011年增加24家。大力发展会展经济，成功举办四届中国（临朐）家居门窗博览会。华艺雕塑被评为“国家文化产业示范基地”，中国奇石城被评为“全国诚信示范市场”。

——发展后劲不断增强。坚持“大项目带动”战略不动摇，持续开展“三招三引”，累计引进过亿元项目81个，其中过10亿元项目16个，华建高性能特种铝材、伊利乳业二期、山水水泥二期、米兰之窗、高铁轨道大板等一批骨干财源项目投产达效，总投资76亿元的抽水蓄能电站项目顺利推进，大项目成为县域经济的重要支撑。创新驱动能力不断增强，53家企业与中科院、中南大学等科研院所和高校实现合作，市级以上创新研发平台达到67家，省级以上高新技术企业发展到27家，3人入选“国家万人计划”；争创中国驰名商标15件、省名牌产品和著名商标39件。园区建设取得新进展，临朐经济开发区加快转型升级，“一区四园”承载能力进一步提升。完成水库除险加固、农业综合开发、“小农水重点县”等一批农业基础设施项目，农业综合生产条件进一步改善。公路交通建设取得重大突破，长深高速临朐段建成通车，仲临路、潍九路等6条省道改线改建工程建成投用；创新探索“县管”农村公路模式，新建改建农村公路659条、1219公里，在全国农村公路现场会议上作了典型发言。

——城乡面貌显著变化。围绕打造“山水园林宜居城市”，完成新一轮城市总体规划修编，建成区面积扩大到36平方公里；强力推进旧城旧村搬迁和棚户区改造，完成中央商务区、东郡等22个片区、7642户搬迁任务；建设安置楼386栋，1万多户居民搬迁新居；建设保障性住房13000多户，房地产开发总面积470万平方米。改扩建城市道路38条，新建改造弥河大桥4处，建成城市公园4处，改造提升老旧小区6处，城区绿化率达到40.9%，城市功能显著增强。创新城市管理体制，加强城市智能化、精细化管理，被列为“国家智慧城市试点县”。加快新型城镇化进程，辛寨、冶源入选“全国重点镇”和省“百镇建设示范镇”，常住人口城镇化率达到50%，比2011年提高19.5个百分点。建成农村新型社区23个、环境整洁村382个、生态文明村99个、美丽乡村60个；城乡环卫一体化实现全覆盖，在全省群众满意度调查中，两次位居全市第一位、全省前列。

——生态优势更加鲜明。以生态理念统揽发展全局，深入推进“三八六”环保行动，关闭城区自备井161眼，建成投运4处污水处理厂和6处污水处理设施，被评为“山东省节水型城市”；县第二生活垃圾处理场和生活垃圾焚烧发电项目投入运营；建成创新合金循环利用中心，关闭铝型材行业熔铸炉72座，拆除禁燃区内20吨以下燃煤锅炉41座，完成节能减排工程13项，关停污染企业246家，圆满完成节能减排目标任务。深入推进弥河、汶河保护开发，投资3.7亿元实施弥河综合治理，建成滨水绿道36.5公里；封填深水井24眼，老龙湾泉域保护扎实有效；建设省级湿地公园5处，创建国家水利风景区4处，成为全国国家水利风景区最多的县。累计完成植树造林14.3万亩、森林抚育15.6万亩，被列为“国家主体功能区建设试点示范县”。

——社会事业全面进步。持续加大民生投入，年均民生支出占财政总支出的80%以上。脱贫攻坚稳步推进，“党支部+合作社+贫困户”脱贫模式被新华社等多家媒体报道，并在全市推广，6192户、13810名贫困群众实现脱贫，脱贫率84.5%。新建、改建临朐中学等学校91处，顺利通过“全国义务教育发展基本均衡县”达标验收，教育教学质量稳居全市前列。县人民医院、海浮山医院、辛寨中心卫生院等一批医疗卫生项目投入运营，县中医院、糖尿病医院、妇幼保健院建设加快推进，被评为“全国计划生育优质服务先进县”。“文化临朐”建设卓有成效，顺利通过“全国文化先进县”复评验收，被评为“中国民间文化艺术之乡”“中国书法之乡”和“中华诗词之乡”，东镇沂山祭仪入选第四批国家级非遗名录。新解决358个村、24.4万人饮水安全问题，农村集中供水覆盖率达到88.4%，提前两年实现“十二五”农村饮水安全目标，为全国农村饮水安全工作现场会议提供了观摩现场。建成启用公共自行车运营系统，群众出行更加方便快捷。加快推进“大众创业、万众创新”，全县就业形势保持稳定。建成县社会福利中心和51处农村幸福院，改造提升10处镇街敬老院。城乡居民社会养老保险实现全覆盖，医疗保险参保率达到95%，被确定为“全国全民参保登记试点工作示范单位”。安装农村（社区）健身器材380套。国防动员制度不断健全，军地实现融合发展，连续五届被评为“全省双拥模范县”。统筹抓好安全生产和“食安临朐”“平安临朐”建设，社会保持和谐稳定。其他各项事业都取得新进展、新成效。

——政府效能不断提高。深入开展党的群众路线教育实践活动、“三严三实”专题教育和“两学一做”学习教育，牢固树立“临朐发展，我的责任”理念，大力践行“淌水崖水库精神”，狠抓工作推进落实，政府执行力不断提高。全面推行政务公开，自觉接受县人大、县政协和社会公众、新闻舆论监督，累计办理人大代表建议342件、政协提案656件。深入推进法治政府建设，修订完善政府工作规则，政府工作规范化、法治化水平不断提升。各项改革逐步深化，顺利完成工商药监质监、卫生计生、不动产统一登记等领域改革，机关事业单位保险制度改革全面落实。大力实施审批事项目录清单、政府部门权力清单和服务清单制度，承接上级下放事项127项。“营改增”改革稳步实施，PPP项目、政府购买服务加快推进，被纳入省“县级现代预算管理制度改革试点”。集体土地确权颁证、土地流转、农民专业合作社信用互助试点等农村改革扎实推进，农村发展活力进一步增强。成立县公共资源交易中心，累计完成政府采购737次，采购金额55.4亿元。规范完善土地出让、工程建设、产权交易等制度，完成重点领域项目审计389个。严格落实党风廉政建设“一岗双责”，积极探索镇街、部门主要负责同志任中经济责任审计，加大执法监察和执纪办案力度，树立了政府“为民、务实、清廉”的良好形象。

各位代表，五年的艰辛努力，奠定了更加坚实的发展基础，积蓄了更加强劲的发展动力。回顾五年来的生动实践，经验弥足珍贵：必须保持战略定力不动摇，紧紧围绕县委工作思路和决策部署，咬定发展，抢抓机遇，加压奋进，牢牢把握新常态下经济发展的主动权。必须坚持突出工业抓招商上项目不动摇，强力聚资源促转调，打造工业支撑发展的持久动力。必须坚守民生情怀不动摇，始终坚持以人民为中心的发展思想，以民之所望为施政之要，致力于增进人民群众的获得感，不断提升广大群众的幸福指数。必须锤炼实干作风不动摇，坚持真抓实干促发展，敢于担当破难题，持续用力转作风，努力凝聚克难前行的强大合力。

各位代表，成绩来之不易，令人鼓舞，催人奋进。这是县委统揽全局、坚强领导的结果，是全县上下合力攻坚、共同奋斗的结果。在此，我代表县政府，向积极支持政府工作的人大代表、政协委员，向全县广大干部群众，向所有参与、支持临朐发展的同志们、朋友们，表示衷心感谢并致以崇高敬意！

肯定成绩的同时，我们也清醒地看到发展中存在的一些困难和问题，主要表现在：经济总量小、人均占有低；产业结构不尽合理，稳增长调结构任务艰巨；企业自主创新能力不强，产业整体层次不高；资源环境约束趋紧，节能减排压力较大；基础设施建设还不够完善，民生保障、财政收支压力较大；部分干部法治思维、服务意识、工作效率和执行能力有待加强等。对于这些问题，县政府将采取有效措施，认真加以解决。

今后五年政府工作的指导思想和奋斗目标

各位代表，今后五年，是我县转变经济发展方式、提高发展质效的关键期，是全面完成脱贫攻坚任务、全面建成小康社会的决胜期。我们既面临经济下行、矛盾叠加的严峻挑战，也迎来活力释放、动力增强的发展机遇。经过五年来全县人民的共同努力，产业发展、基础设施建设、社会事业取得显著成效，发展的基础更加厚实；我县被纳入国家重点生态功能区，“红、蓝、绿”三区政策叠加的优势更加凸显。只要我们积极适应新常态，准确把握新方位，始终专注发展，积极应对挑战，厚植发展优势，就一定能够实现经济社会发展新跨越！

根据县十四次党代会精神，今后五年政府工作总的指导思想是：坚持以党的十八大、十八届三中、四中、五中、六中全会和习近平总书记系列重要讲话精神为指导，紧紧围绕“全面建成小康社会”总目标，坚决贯彻落实创新、协调、绿色、开放、共享五大发展理念，坚持“稳中求进、进位争先”目标要求，以生态理念统揽发展全局，以提高发展质量和效益为中心，以改革创新为动力，以大项目建设为重点，大力实施工业强县、文化兴县、旅游富县和生态立县“四大战略”，坚定不移稳增长、促改革、调结构、惠民生、防风险，奋力开创富强临朐、文化临朐、生态临朐建设新局面。

未来五年，我们的主要奋斗目标是：

——**经济基础更加坚实**。主要经济指标增幅保持全市前列，地区生产总值年均增长 8% 左右，一般公共预算收入年均增长 10% 以上，固定资产投资年均增长 10% 以上，提前三年实现经济总量翻一番。大项目建设取得新突破，工业支撑带动能力不断增强，经济转型取得明显成效，科技创新能力显著提升，县域综合实力进一步壮大。

——**城乡发展更加协调**。以新一轮城市总体规划为引领，以弥河城区段综合开发为重点，上下延伸，梯次推进，实现中心城区扩版提升，到 2021 年建成区面积扩大到 48 平方公里，城市集聚辐射能力进一步增强。城镇发展更具特色和活力，一批重点中心镇和特色镇加快崛起，具有地域特色的美丽乡村建设持续推进，基本形成功能互补、特色鲜明、和谐相融的城乡一体发展新格局。

——**生态优势更加凸显**。国家重点生态功能区建设扎实推进，林木覆盖率达到 47%，城乡环境明显改善。单位地区生产总值能耗下降和主要污染物排放总量控减等指标位居全市前列，基本形成节约能源资源、保护生态环境的产业结构和发展方式。

——人民生活更加幸福。城乡居民人均可支配收入年均分别增长8%和8.5%，教育、医疗、养老等社会保障更为健全，社会就业更加充分，基本公共服务均等化水平稳步提高，人民群众的获得感和幸福感进一步增强。

——社会环境更加和谐。社会管理体制机制更趋完善，群众合法权益得到切实保障，社会公平正义得到有效维护。“平安临朐”“食安临朐”建设成果不断巩固，安全生产形势持续平稳，民主法治和廉政建设进一步加强，社会文明程度和公民道德素质普遍提升。

各位代表，站在新起点，展现新作为。我们坚信，有县委的坚强领导，有广大群众的信任和支持，只要我们用心用力，真抓实干，久久为功，就一定能够开创临朐更加美好的明天！

2017年经济社会发展主要任务

2017年，是供给侧结构性改革的深化之年，是新一届政府的开局之年，做好全年工作具有重要意义。主要预期目标是：地区生产总值增长8%左右，一般公共预算收入增长10%以上，全社会固定资产投资增长11%以上，城乡居民人均可支配收入分别增长8%和8.5%，城镇登记失业率控制在3.5%，完成节能减排和环境保护等约束性指标。

围绕实现上述目标，着力做好以下八个方面的工作：

一、加快推进产业转型，全力提升发展质效。突出产业支撑和大项目带动，全力以赴壮大产业规模、提升产业层次、优化产业结构，着力构建现代产业体系，为经济发展迈上中高端水平夯基蓄势。

（一）强力推进项目建设。牢固树立“抓项目就是抓发展”理念，加快实施“大项目建设突破年”活动，持续增加优质投入，推动经济稳定增长。狠抓招商引资。坚持招大引强选优，积极参加香港（山东）周、中日韩产业博览会、鲁台会等重点节会，主动对接国内外500强、央属省属和知名品牌企业，以京津冀、江浙沪、珠三角等区域为重点，大力推进以商招商、产业招商、精准招商，加快推动轻量化车体加工、全铝家具、铝合金表面处理设备等一批重点项目签约落地，年内引进投资过5亿元项目3个以上。聚力项目建设。完善“五个一”推进机制，强化资源要素配置，积极破解土地、资金、能耗、环境容量等瓶颈制约，全力推动抽水蓄能电站、中欧节能门窗产业园、华建铝业铝模板、高铁轨道大板二期、米兰之窗被动房门窗系统、东临新材料MBS树脂等重点产业项目建设，力促项目早开工、快建成、早达效。抓好平台建设。立足“一区四园”发展定位，深入落实“飞地”政策，大力实施“突破龙山”战略，更大力度推进项目集聚、产业提升，推动临朐经济开发区转型升级。以争创省级“执法模范县”和“集约节约用地模范县”为目标，组织实施城乡建设用地整治挖潜，推进存量土地开发，努力拓展发展空间。积极对上争取。充分发挥沂蒙革命老区、国家重点生态功能区和现代预算管理制度改革试点县等优势，深入研究上级产业政策和投资导向，精心策划包装一批大项目、好项目，加强对上沟通对接，力争更多项目进入国家和省、市“盘子”，借势借力加快发展。

（二）全力发展工业经济。坚持工业主导地位不动摇，以“5141”工程为抓手，大力实施工业强县战略，积极改造传统产业，优化提升主导产业，加快培育新兴产业，不断壮大工业整体实力。年内完成工业技改及新上项目固定资产投资180亿元以上，实现规模以上工业企业主营业务收入、利税、利润增长10%以上。加快发展主导优势产业。发挥“中国铝型材产业基地”优势和中欧节能门窗产业园带动作用，进一步拉长、加宽、增厚产业链条，争创国家铝型材质量监督检验中心，持续推进铝型材产业提质增效。培育壮大龙头企业。大力实施现有企业提升计划，以华建铝业、伊利乳业、山水水泥、高速轨道设备、蓝帆新材料、雷奥新能源、华特磁电等企业为重点，鼓励企业应用新技术、研发新产品、开拓新市场，着力降成本、提质量、增后劲。年内主营业务收入过10亿元企业发展到5家以上，其中过40亿元1家；实缴税金过千万元企业15家以上，力争过亿元4家以上。深入实施创新驱动战略。强化企业创新主体地位，加大招院引校力度，深化产学研合作，鼓励企业积极对接科研院所和高校，年内实现项目合作20项以上，新建市级以上创新平台5家以上，申请专利400项以上。大力发扬“工匠精神”，全面推进质量建设和品牌建设，争创驰名商标、名牌产品、著名商标4件以上。引导企业学习借鉴先进管理模式，积极推进企业规范化公司制改制，加强企业家队伍建设，为企业做大做强打牢根基。完善经济运行调度机制，强化骨干企业和重点成长型企业包靠服务与动态监管，深入实施“711”专项行动，保障企业健康运行。

（三）全面繁荣现代服务业。坚持把现代服务业作为转调创的主攻方向，积极推动传统业态转型和新兴业态培育，努力实现服务业提速发展。大力发展商贸流通业。建成运营佳乐家综合商务楼、隆达商业广场，积极推进鼎基国际城市广场、鸿运物流园区建设，进一步配套完善汽车4S店集中发展区、农贸综合批发市场。加快发展电子商务。以创建省级“电子商务示范县”为目标，不断提升电商众创家园载体服务功能，完善县、镇、村三级电子商务公共服务体系，加强电商人才培训，推动电子商务与实体经济深度融合发展，全年实现电子商务交易额150亿元。加快发展会展经济，举办第五届、第六届中国（临朐）家居门窗博览会。深入推进开放发展。抢抓“一带一路”重大机遇，加快东兴跨境电商产业园建设，建成乌干达、肯尼亚等“海外仓”，推动铝型材、磁电装备、新能源新材料等优势产业“走出去”，完成进出口总额27亿元，实际利用外资3.3亿元。

（四）着力提升现代农业。坚持“以市场为导向、以质量效益为中心、以科技为支撑、以服务为保障”，深入推进农业供给侧结构性改革，培育农业农村发展新动能，提高农业综合效益和竞争力，努力构建农村一二三产业融合发展新格局。转变农业发展方式，突出“规模化种植、标准化生产、品牌化打造、市场化增收”，加快农村土地流转，抓好奶牛、果品、黄烟、中药材等特色优势产业，扩大无公害农产品、绿色有机食品生产。年内新发展优质果品1万亩、黄烟基地2.3万亩，新增“三品一标”农产品5个以上。深入推进农业产业化经营，扶优培强华良种业等农业龙头企业105家，新发展农民专业合作社50个、家庭农场30个，争创市级以上示范合作社15个。大力发展农村电子商务，加快建设北江•鲁中农副产品交易市场，拓宽农副产品销售渠道。严抓农产品质量安全监管，加强检验检测，增加绿色优质农产品供给，争创“全国农产品质量安全示范县”。搞好畜禽养殖废弃物处理和资源化利用，改善农业资源环境。实施好高标准农田、小流域治理、农业综合开发、农田水利重点县等项目，建成启用县气象观测站，不断改善农业生产条件。扎实搞好第三次全国农业普查。

二、统筹城乡一体发展，提升新型城镇化水平。坚持以人的城镇化为核心，努力打造品质城市、特色城镇、新型社区、美丽乡村，着力构建城乡一体、产城融合的新型城镇化格局。

（一）提升县城品质。围绕建设“山水园林宜居城市”，大力实施城市品位提升工程，完善城市功能分区和空间布局规划，推动城市建设规范有序发展。抓住棚户区改造历史机遇，用足用好政策资金，加快旧城旧村改造，年内完成棚户区改造5000户。加快安置楼后续工程建设，完善基础设施配套，提升回迁群众生活品质。准确把握国家房地产调控政策，加强房地产市场监管，引导鼓励企业发展高品质楼盘，进一步释放刚性需求和改善性需求，推动房地产市场持续健康发展。抓好市政工程建设，打通南环路、文化路、黄龙路等“梗阻路”，改善城市微循环；开工建设城市地下综合管廊，有序推进海绵城市建设；搞好城区绿化亮化工程，拓展城区供热、燃气、供水设施，进一步增强城市载体功能。加强老旧小区改造。搞好兴隆、李家庄、吴家庙、滨河等4处城市社区建设，提升管理服务水平。

（二）打造特色镇村。引导各镇依托资源禀赋和自身优势，坚持因地制宜、产业支撑、差异发展，打造综合型、工业主导型、旅游型、涉农服务型等特色城镇。搞好九山薰衣草小镇等特色镇村建设，积极申报省级、国家级传统村落、历史文化名镇（村）和美丽宜居小镇。认真落实“一五五”三年行动方案，按照“一厅一校多室”标准，新建农村新型社区11个，不断提高社区便民利民服务水平。大力实施“美丽乡村建设三年行动计划”，加快推进“三清四改五化”工程，新建农村住房2000户，改造农村危房118户，提前完成农村改厕任务，新建美丽乡村60个，不断改善农村人居环境。全力抓好潍九路（县城至冶源段）改建立项、仲临路（五井至沂源界段）大修、县乡道路改造提升等交通基础设施建设，加快实施农村公路网化工程，新建、改建农村公路290公里。

（三）强化精细管理。加快推进“智慧城市”建设，实现城区公共区域免费WiFi全覆盖，提高城市智能化管理水平。创新城市治理方式，深化综合管理改革，加强占道经营、乱摆乱放、背街小巷等综合整治，严厉打击违法占地和违法建设行为。建设一批城区便民市场，合理设置早市、夜市，积极推进城区公共卫生间建设，切实方便群众生活。严格交通秩序管理，规划建设一批绿荫停车场，引导居民绿色文明出行，有效解决城区“停车难”问题。加强小区业主委员会建设，推进小区物业规范化管理。创新监管模式，巩固提高城乡环卫一体化水平，进一步提升群众满意度。

三、深入实施旅游富县战略，推进旅游提档升级。以创建“国家全域旅游示范区”为契机，大力实施“旅游+”行动计划，扎实开展“全域旅游创建工作推进年”活动，创新体制机制，完善设施配套，提升服务水平，打造旅游经济升级版。

（一）深化旅游综合改革。按照“建设大集团、培育大市场、发展大旅游”的思路，成立旅游发展委员会，加大旅游资源统筹整合力度，推动旅游部门由单一行业管理向产业促进、资源统筹、发展协调、服务监管转变。坚持“政府引导、市场运作、社会参与”，整合沂山、嵩山、老龙湾、石门坊等景区，组建文化旅游公司，实行“投资、建设、管理、运营”一体化运作，打造县级专业开发运营平台，积极构建运行高效、充满活力的旅游市场运行机制。

（二）加快旅游项目建设。编制完成《全域旅游发展提升规划》。持续抓好“三山两园一谷”开发提升，建设全县旅游集散中心和旅游数据中心，全方位优化旅游市场环境，推动石门坊、老龙湾创建国家AAAA级景区。加快城关寨子崮、五井隐士、九山牛寨、沂山上寺院、嵩山淹子岭和北黄谷等旅游重点村建设，积极推进宋香园生态旅游世界、蒋峪大集、官护山、凤凰谷等新景区开发，打通环西部乡村旅游专线，高标准搞好景区厕所改造，不断提升全域旅游发展档次和水平。积极发展养生养老休闲度假产品，重点打造沂山、辛寨松泉湖、嵩山揽月岛养生度假基地，促进旅游业与养老服务业互动发展。

（三）加大宣传推介力度。加快“智慧旅游”建设，完善旅游微信、微博等新媒体宣传平台，建立方便快捷的网络化宣传营销渠道。举办第四届山东省乡村旅游节和沂山文化节、观赏石博览会、石门坊红叶节、嵩山桃花节等节会活动，着力引进知名品牌赛事，拓展会展旅游、商务旅游市场。调整充实旅游营销队伍，加强与旅行社对接合作，主攻济南、青岛、东营、淄博等地客源市场，不断提高临朐旅游知名度和吸引力。

四、加快建设文化临朐，不断提升文化实力。大力实施文化兴县战略，深入整合县域文化资源，促进文化与其他产业融合发展，不断增强临朐文化影响力。

（一）繁荣发展文化事业。坚持高点定位，开工建设县文化中心和新档案馆，积极推进基层综合文化服务中心和农村文化广场建设。开展县文化馆、图书馆总分馆制试点，优化提升镇街综合文化站、图书馆，完成农村广播“村村响”工程。推广“三位一体”公共文化服务模式，实施“十百千”文化人才培训工程，抓好文艺精品创作展演，做好《东镇沂山传奇》央视播出工作，举办第四届群众文化艺术节，开展文化艺术政府奖评选。积极发展文博事业，丰富县博物馆馆藏文物，推进非国有博物馆建设。加强文化遗产保护开发，完成崔芬墓、太平崮、江南亭等7处文化保护项目建设，积极申报国家和省、市非遗保护项目名录。

（二）培育壮大文化产业。深入实施重大项目、骨干企业、特色园区带动战略，推进奇石、雕塑、红木工艺、临朐手绘年画等文化产业发展，加快中华文化雕塑园建设，抓好中国奇石城二期项目运营，不断壮大文化产业整体实力。积极开展国家和省、市文化产业示范基地（园、区）创建，加强临朐手绘年画等对外文化交流，打响临朐文化品牌。大力发展“互联网+文化产业”，加快发展动漫、游戏、数字娱乐等新型文化业态，开通地面无线数字业务，推动广播电视与新兴媒体融合发展，提升文化产业发展层次。进一步加强文化市场综合执法，促进文化市场健康有序发展。

（三）加强精神文明建设。深入推进公民道德建设工程，广泛宣传道德模范、身边好人等先进典型，积极践行社会主义核心价值观，夯实价值根基，凝聚前行力量。以争创省级文明县为目标，积极开展文明村镇、文明单位、文明社区、文明校园等群众性精神文明创建活动，全方位提升城乡文明指数。加大家庭教育力度，引导全社会自觉树立、传承优良家风家训，以良好家风促政风带民风。聚焦政务诚信、商务诚信、社会诚信、司法公信四大领域，加快构建社会信用体系，努力打造“诚信临朐”。

五、大力实施生态立县战略，巩固放大发展优势。生态是临朐最宝贵的资源和最大的发展优势。必须牢固树立“绿水青山就是金山银山”的强烈意识，坚定不移走生态优先、绿色发展之路，不断提升生态文明建设水平。

（一）狠抓环境综合治理。以深化“三八六”环保行动为抓手，深入推进“十大环保工程”，全面加强污染治理，切实改善生态环境。加快推进污水处理设施建设，完善污水管网配套，城区和重点镇区污水实现全部收集处理。大力实施清洁能源替代改造工程，积极推广农村节能环保型炉具，整治规范煤炭市场，压减煤炭消费总量。加强车辆污染综合管控，全面抑制城市扬尘，进一步改善空气质量。加快网格化环境监管体系建设，持续开展环保执法大检查，始终保持高压态势，从严查处各类环境违法行为。

（二）深化“两河”保护开发。持续推进弥河河道修复和基础设施建设，加强湿地生态保护，完成弥河国家湿地公园申报。规划建设汶河流域生态旅游开发项目，加快推进汶河、五井石河、蒋峪河等河道治理。实行最严格的水资源管理制度，加大饮用水水源地保护力度，规范取水许可审批管理，增强全社会节水意识，争创“国家节水型城市”。

（三）加强生态造林绿化。实施长江防护林工程，突出荒山、河道、园区造林绿化，完成新造林1.1万亩、森林抚育2.3万亩。全面完成国有林场改革，开展森林资源清理清查。建立健全县、镇、村三级森林防火队伍，严格落实各项防火措施，扎实做好林业有害生物防控，不断巩固造林绿化成果。

六、强化财税金融工作，提升发展保障能力。持之以恒推进财源建设，加强收入征管，强化金融服务，全面提升发展保障水平。

（一）加强财税管理。牢固树立财源意识，主动适应“营改增”改革新形势，扶优培强重点产业和重点企业，加快发展新产业新业态，巩固壮大主体财源，有效培植新兴财源，积极涵养后续财源，保证财政收入稳步增长。深入开展社会综合治税，完善税源管控体系，确保应收尽收、税负公平。创新投融资方式，探索财政资金、政府基金、信贷资金综合利用机制，加强 PPP 项目运作，确保重点项目建设资金需求。全面推动现代预算管理制度改革，盘活财政存量资金，优化财政支出结构，加强项目实施绩效考核，提高资金使用效益。完善考核激励机制，强化收入调度，提高县镇两级财政保障能力。严格政府性债务管理，努力压减存量债务，严控新增债务，有效防范债务风险。

（二）强化金融支持。加强政银企合作力度，提高精准施贷水平，力争更多信贷资金投入实体经济，年内新增贷款 30 亿元。持续推动企业挂牌上市，年内新增挂牌上市企业 6 家以上，拓宽企业直接融资渠道。稳妥开展新型农村合作金融试点，规范管理新型地方金融组织，不断提高金融服务水平。依法整治恶意逃废金融债务和非法集资行为，切实维护金融生态安全。

（三）严格审计监督。坚持依法审计，加大公共资金、国有资源、民本民生、经济责任等领域审计力度，进一步完善投资评审制度，实现审计监督全覆盖。加强重大政策措施落实情况和重大政府投资项目跟踪审计，强化财政资金风险控制。

七、强力推进精准扶贫，坚决打赢脱贫攻坚战。坚持把脱贫攻坚作为第一民生工程，精准发力施策，确保年内兜底完成脱贫攻坚任务，引导贫困户在脱贫基础上致富奔小康。

（一）坚持精细管理。健全完善扶贫动态管理制度，对建档立卡贫困人口进行精准“再识别”，健全“脱贫账本”，做到退出有标准、纳入有程序，确保贫困村、贫困户“脱真贫、真脱贫”。

（二）强力脱贫攻坚。始终把产业扶贫作为重中之重，大力推行“党支部 + 合作社 + 贫困户”扶贫模式，突出特色种养、农村电商、乡村旅游等扶贫产业培育，实现村集体经济壮大、贫困户脱贫、合作社发展三方共赢。健全完善项目收益与贫困户利益链接机制，加快 141 个扶贫项目建设，重点抓好 101 个光伏扶贫项目推进，确保上半年全部完成验收。加大政策扶持和金融支持力度，落实贫困线与低保线“两线合一”，强化教育、医疗、住房等政策兜底作用，确保贫困人口稳定实现“两不愁、三保障”目标。

（三）扎实高效推动。结合“进千村、入万户、察民情、解民忧”活动，进一步完善扶贫脱贫包靠全覆盖机制，压紧压实帮扶责任，做到不脱贫不脱钩，凝聚扶贫开发强大合力。加强对扶贫资金项目管理、产业发展项目实施、小额扶贫贷款使用和结对帮扶等考核力度，严格督查评价问责，推动扶贫工作深入开展。广泛宣传九山牛寨村等脱贫致富典型，激发贫困户脱贫致富内生动力。

八、统筹发展社会事业，持续增进民生福祉。牢固树立共享发展理念，加大民生投入力度，织密扎牢民生保障网，不断扩大群众的获得感和幸福感。

（一）加快发展社会事业。坚持教育优先发展，以“全面改薄”和破解“大班额”为重点，深入实施“中小学幼儿园三年行动计划”，新建、改扩建龙泉中学、朐阳学校、蒋峪初中等中小学、幼儿园 30 处。推进县中医院、糖尿病医院改扩建工程，建成启用县妇幼保健院，改造提升基层卫生院（室），满足群众医疗需求。加强出生人口动态监测，提升计划生育服务管理水平。大力实施农村饮水安全提升工程，建设大关水厂。开工建设民兵训练基地，深入推进“双拥”共建。改造提升县体育中心，广泛开展全民健身活动。

（二）提高社会保障水平。全面落实困难残疾人生活补贴和重度残疾人护理补贴制度。积极推进养老机构改革，扎实搞好县社会福利服务中心运营，抓好医养结合综合体建设和敬老院服务设施改造提升，推进养老事业健康发展。加强社会保险管理服务，全面落实各项政策，不断扩大社会保险覆盖范围。持续推动“大众创业、万众创新”，新增城镇就业 4000 人。

（三）创新社会治理机制。围绕建设“法

治临朐”，深入实施“七五”普法规划，加快构建公共法律服务体系，全面提升社会治理法治化水平。完善社会矛盾排查调处机制，畅通群众利益协调、权益保障法律渠道，有效预防和化解矛盾纠纷。积极争创“国家食品安全城市”和“省食品安全先进县”，不断加强食品药品全过程监管，切实保障人民群众“舌尖上的安全”。强化“红线意识”和“底线思维”，严格落实“党政同责、一岗双责、常务分管、齐抓共管、失职追责”要求，持续推进安全生产标准化规范化建设，大力开展“大快严”集中行动和“打非治违”专项行动，夯实安全监管基层基础，全力提升安全发展保障能力。加强突发事件应急处置，强化社会治安综合治理，严厉打击各类违法犯罪行为，统筹做好民族宗教工作，全力维护社会和谐稳定。

全面加强政府自身建设

发展的重任、人民的期盼，对政府工作提出了更高要求。我们将牢记宗旨使命，恪守为民之责，勇担发展重任，积极履职作为，切实提升政府各项工作水平。

强化政治意识，坚定正确政治方向。把讲政治作为政府工作的根本要求，牢固树立政治意识、大局意识、核心意识、看齐意识，更加自觉的在思想上政治上行动上同以习近平同志为核心的党中央保持高度一致，始终保持政治上的清醒和坚定。全面抓好政府系统党的建设，加强政治理论学习，以新思想新理念新战略武装头脑、指导实践、推动工作。坚决服从和维护县委领导，在忠诚履职中全面贯彻落实县委各项决策部署。

严格依法行政，努力建设法治政府。牢固树立法治理念，坚持“法定职责必须为、法无授权不可为”，运用法治思维和法治方式深化改革、推动发展、化解矛盾。自觉接受县人大、县政协和社会公众、新闻舆论监督，高效办理人大代表建议和政协提案。认真执行“三重一大”决策程序，完善重大行政决策专家咨询和法律顾问制度，提升政府决策科学化、民主化、法治化水平。深化行政执法体制改革，加强行政复议规范化建设，全面推进政务公开，主动回应社会关切，不断提高政府执行力和公信力。

坚持务实高效，努力建设服务政府。加快推进“放管服”改革，进一步优化审批流程，大力推行“服务企业，马上就办”，打造一流的营商环境。按照“工作项目化、项目目标化、目标责任化、责任奖惩化”的要求，健全完善领导包靠、督查督办、现场调度等工作机制，深入一线、提高效率，把全部心思和精力用在谋发展、抓落实、求实效上，全力解决产业发展、项目推进、要素配置中的困难和问题。健全完善政务信息发布和重要事项听证、公示制度，畅通联系服务群众通道，确保政府工作合民心、顺民意。

秉持严实作风，努力建设责任政府。坚持把推进发展作为政府首要职责，始终保持强烈的事业心和责任感，勇于担当，积极作为，不断提高攻坚克难、转型发展和应对复杂问题的能力。巩固拓展“三严三实”和“两学一做”学习教育成果，大力践行“淌水崖水库精神”，持续锤炼实干作风，建立严格的追责机制、合理的容错机制、及时的纠错机制，为担当者担当，鼓励先行先试，褒奖主动作为，惩治庸懒散浮，推动形成想作为、敢作为、善作为的良好风尚。

严守纪律规矩，努力建设廉洁政府。坚持把纪律和规矩挺在前面，严格落实中央“八项规定”精神，持之以恒反“四风”，弛而不息肃政纪。严格落实党风廉政建设“一岗双责”，强化政府工作人员廉政教育，持续抓好惩治和预防腐败体系建设。加强对工程招投标、土地出让、公共资源交易和领导干部经济责任等重点领域的监督监察，加大政府公共资金和国有资产资源监管力度，严肃查处各类违纪违法案件，营造干净干事、风清气正的政务环境。

各位代表，实干铸就伟业，奋斗成就梦想！让我们在县委的坚强领导下，在县人大、县政协的监督支持下，紧紧团结依靠全县人民，不忘初心、继续前进，为加快建设富强临朐、文化临朐、生态临朐而努力奋斗！（县政府办公室）

临朐县人民代表大会常务委员会工作报告

——2017年1月21日在临朐县第十七届人民代表大会第一次会议上

临朐县人大常委会第一副主任　王晋成

过去一年的主要工作

2015年，县人大常委会在县委的坚强领导下，深入贯彻落实党的十八大和十八届三中、四中、五中全会精神，紧紧围绕全县工作大局，认真行使宪法法律赋予的职权，充分发挥地方国家权力机关作用，为推进全县经济社会健康协调发展做出了应有贡献。

一、始终坚持正确政治方向，努力提高人大工作水平

党的十八届四中全会开启了全面推进依法治国的新征程，进一步明确了人大在依法治国中的重要地位和作用。习近平总书记在庆祝全国人民代表大会成立60周年大会上的重要讲话，鲜明提出了坚持和完善人民代表大会制度、做好新形势下人大工作的根本要求和重点任务。中央和省市县委高度重视县乡人大工作，先后下发文件就加强县乡人大工作和建设作出安排部署。全国人大常委会、省委分别召开加强县乡人大工作座谈会，对提高县乡人大工作水平、充分发挥县乡人大的作用，提出具体要求。这些意见和要求，给我们指明了做好县乡人大工作的方向，指导性、针对性非常强。县委常委会先后4次研究人大工作，并专题听取了县人大常委会党组的工作汇报，就做好新形势下的全县人大工作提出了明确要求。召开了全县人大工作会议，制定了进一步加强和改进人大工作的意见。强化人大组织建设，设立县人大常委会预算工委，配齐配强专职工作人员，对常委会机关工作人员进行了调整充实；在全市率先对镇人大主席、街道人大工作室主任进行专职配备，明确了园、区具体负责人大工作的人员。新形势、新任务、新要求，既为人大工作提供了科学指导和政策保障，也为人大工作创新发展提供了重要机遇和强大动力，使我们倍感自豪和光荣，同时也深感责任重大。

常委会及时组织学习习近平总书记系列重要讲话精神，学习中央、省市县委文件和会议精神，不断深化对人民代表大会制度的认识，牢牢把握坚持党的领导、人民当家作主、依法治国有机统一，切实增强做好人大工作的责任感和自觉性，找准定位、务实进取，努力推动人大工作创新发展。一是坚持正确政治方向。始终把坚持党的领导贯穿于人大工作各方面、全过程，重要事项和重大活动及时向县委请示汇报，作出重要决议决定，事先报县委同意。开展工作、履行职权，不折不扣地贯彻县委的决策部署。坚持党管干部原则与人大依法行使选举任免权相统一，先后任命国家机关工作人员80人次，免职29人次，接受和批准辞职3人次。二是服务全县大局。把县委重大决策、政府着力推进、群众普遍关注的事项作为履职重点，积极运用法治思维和法治方式谋划开展工作，使人大履职与全局工作同步合拍，更好地回应社会关切，取得良好效果。一年来，围绕经济转型发展、民本民生改善、社会管理、节能环保等，组织调查、执法检查20次，开展视察7次，听取审议专项工作报告29项，作出决议决定13项。三是积极探索创新。按照推动人大工作与时俱进的要求，常委会深入思考、创新实践，努力把握工作规律，增强履职效能。完善监督方式，实现工作评议常态化、热点问题针对化、会议审议规范化。首次开展了专题询问，进一步加大了监督力度。增加了会议审议时间，规范分组审议程序，逐项讨论、人人发言，提高了议事决策的质量和水平。推进信息化建设，全面提升常委会网站运行质量，开设常委会微信公众账号，积极引入电子表决系统。聘任3名法律咨询员和8名预算审查监督咨询员，充分发挥专业人员的咨询辅助作用，促进常委会履职于法有据、专业规范。

二、围绕工作大局，全力促进科学发展、转型发展

*推动经济社会发展。*工业立县是县委“四大战略”决策的重中之重。常委会主动适应经济发展新常态，从人大的职能定位出发，积极跟进，全力推进工业经济稳健发展提质增效。3月份组织4个调研组，对人大代表所在的工业企业进行了走访调研，向县委写出报告，指出了当前企业面临的困难和问题，提出了破解难题、推进工业经济发展的建议意见。县委非常重视，主要领导作了重要批示，充分肯定了常委会提出的建议，将调研报告转发给有关部门进行落实，促进了全县工业经济发展。为鼓励县外人士对我县经济社会发展作出贡献，常委会及时审议通过了《授予临朐县荣誉市民称号的办法》，并根据各方面的提名推荐，依法作出决定，授予在工业经济和社会事业发展中作出突出贡献的4位县外人士“临朐县荣誉市民”称号。对城市规划建设情况进行调查，审查通过新修编的《临朐县城市总体规划》，为推动城乡一体化发展、拓宽经济发展空间提供了保证。常委会还组织对“5141”工程实施情况、安全生产、科技创新平台建设进行调查或视察，听取审议了县政府的专项报告。围绕促进经济协调发展，加大了对专业市场建设、乡村旅游发展、现代农业示范园区建设、畜禽养殖业和动物防疫等工作的监督推进力度。持续关注社会事业发展，对社会保险、学前教育、“智慧临朐”建设等工作进行了调查、视察和检查。

*助推生态环境改善。*把大气环境质量改善作为监督推动的重点，从4月份开始集中1个多月时间，分四个专题进行了深入调研，组织全县各级人大代表参与，通过各种方式收集问题和建议842条，在此基础上，组织对全县大气污染防治工作进行了专题询问。县委主要领导亲自参加了专题询问会，县长和分管副县长、有关部门的主要负责人到会回答了代表和委员的询问。县政府针对常委会调研和专题询问中反映的问题，加大工业废气、机动车尾气、扬尘、畜禽养殖异味等防治工作力度，有效提高了全县大气环境质量。为促进保护好、管理好、利用好全县的生态林场，常委会对重点林场的森林保护工作进行了检查，并对严重危害生态林业建设的病虫害防治工作进行了专题调研，向县委提出了严格落实防控责任、加大病虫害防治资金投入、加强林业管护队伍建设等建议，得到县委的高度重视，县政府拨出专款购买设备、物资，有效促进了林业有害生物防控工作的开展。围绕推动弥河保护开发战略的实施，专题视察了弥河流域综合整治情况，对常委会审议通过的《弥河流域保护管理办法》《弥河流域保护开发总体规划》和《畜牧养殖布局规划》落实情况进行了检查，推动加快消灭污水直排、大力整治农业面源污染，提升了弥河河流水质和流域生态环境。高度重视老龙湾泉域保护工作，及时对老龙湾流域内取水情况和水资源保护情况进行调查，审议通过了《老龙湾泉域水资源保护管理办法》，并对该办法的落实情况进行跟踪督查，使老龙湾泉域保护工作有据可依、扎实推进。

*加强预算审查和监督。*去年开始实施的新预算法，从初步审查、审查批准、执行、决算等各个环节都强化了人大监督。常委会认真贯彻新预算法，加强了对预算编制、执行、决算全口径全过程的监督。完善包括一般公共预算、政府性基金预算、国有资本运营预算、社保基金预算在内的全口径预决算编制和监督体系，推进部门预决算和“三公”经费公开，对街道预算决算单独进行列示。强化预算全过程审查监督职能，对预算草案进行预先审查，听取审议县级财政预算执行和县级财政决算报告、审计工作报告，规范财政支出，增强了公共财政资金的使用绩效。注重发挥审计监督作用，对贯彻实施审计法情况进行

了调查审议，重点听取了上年度审计发现问题整改情况的报告，强调加强对重点领域、重点部门、重点资金的审计监督，确保财政资金合理高效使用。

三、强化法治思维，积极推动依法治县进程

倡树法治意识。常委会牢牢把握维护宪法和法律权威这一重要任务，带头强化法治思维，开展调查、视察、执法检查，提前学好法律，紧扣法律找问题、提建议，做到法言法语，依法说理、以理服人。编印《领导干部任前法律知识考试法律选编》，坚持任前考法、供职发言制度，增强国家机关工作人员学法自觉性，发挥带头学法、模范守法的引领作用。积极参与普法宣传教育的组织领导，推进法治宣传教育重心下移，扩大对基层群众的法律宣传，弘扬法治精神，增强全社会厉行法治的积极性和主动性。

推进严格执法、公正司法。对安全生产法、社会保险法、消费者权益保护法、人口与计划生育法开展执法检查，要求强化基层基础工作，依法严厉打击危害群众利益的行为，维护群众的合法权益。听取审议动物防疫法、森林法贯彻实施情况的报告，指出要强化对基层干部群众的宣传教育，增强依法防疫防控意识，促进畜牧养殖和生态林业健康发展。组织113名人大代表，对环保、交通运输、住房和城乡建设、国土资源4个部门工作进行了评议，有力推动了相关部门依法办事、严格执法。加强对司法工作的监督，对法院执行工作情况进行调查，听取审议了县法院的专项报告。认真做好备案审查工作，全年共完成8件规范性文件的备案审查。

依法做好信访工作。先后受理人民来信来访56起，对重点信访问题，特别是涉法涉诉问题跟踪督办，督促解决群众的合理诉求，为有效化解社会矛盾，维护社会稳定发挥了积极作用。

四、搭建履职载体，充分发挥代表主体作用

一是密切与代表的联系。创新完善联系代表机制，制定常委会组成人员、“一府两院”领导成员分工联系代表办法，定期走访代表，征询代表的意见，自觉接受代表监督。首次向人大代表和社会各界公开征集常委会监督议题，使人大工作更接地气、顺民意，提升了监督工作的针对性和实效性。升级改造代表短信平台，新开发民意互动、代表联络电子系统，增强了常委会、代表与人民群众的交流互动。

二是拓展代表活动空间。坚持代表集中活动日制度，每次代表集中活动，事前下发活动建议内容，分工到各代表小组现场指导开展活动。全县68个代表小组围绕工业经济发展、生态环保、现代农业、城乡环境卫生等，积极开展调查、视察活动，提出建议意见820余条。创新代表活动方式，组织企业界人大代表与金融部门进行对接，密切了企业与金融部门的联系。扩大代表对常委会工作的参与，邀请代表参加调查、视察活动137人次，列席常委会会议216人次，提出建议意见232条。

三是强化代表履职的激励约束。对代表履职档案管理情况进行检查，督促加强对代表履职情况的监督管理，新开发使用代表履职电子管理系统，方便了对代表履职的监督管理。常委会对10名市人大代表进行了述职评议，组织270名县、镇人大代表向原选区选民进行了述职并接受评议。评选表彰56名优秀县人大代表，进一步激发了代表履职积极性。

四是增强代表建议办理实效。以解决问题、促进工作、代表满意为目标，对县十六届人大四次会议期间代表提出的79件代表建议，进行了跟踪督办。先后开展现场督查9次，书面、电话调度60多次，7月份对办理情况进行了联合督查，对办理工作不力的，约谈单位负责人，指出问题，督促整改。9月份对代表建议办理情况进行了全面调查，10月份视察了部分重点建议落实情况，促进了代表建议的落实。代表提出的建议全部给予答复，代表比较满意。

五、加强自身建设，不断提高履职能力和水平

（一）加强政治和业务知识学习。始终把

思想政治建设摆在首位，深入系统学习党的政治理论，学习习近平总书记系列重要讲话精神，不断坚定理想信念和政治立场，牢固树立了政治意识、大局意识、责任意识和担当意识。健全集中学习制度，认真学习人民代表大会制度理论、学习人大工作法律法规、学习中央和省市文件精神，增强了代表人民行使管理国家权力的政治责任感，提升了运用法治思维和法治方式推进工作的能力。组织到外地县市学习先进经验，积极借鉴加强和改进工作的新思路、好办法，推动了工作创新发展。

（二）不断改进思想作风。认真开展“三严三实”专题教育，积极参加学习研讨，强化思想修养，增强了践行“三严三实”的思想自觉和行动自觉。坚持边学边查边改，向人大代表、人民群众征求意见建议95条，组织召开党组民主生活会，查摆“不严不实”问题13个，建立问题台账，落实长效机制，认真抓好整改。组织常委会组成人员和机关干部参观了淌水崖水库纪念馆，提出了“对照先进找差距、努力工作争一流”的目标要求，着力整改查摆出的“低、松、粗、拖、懒”现象，大力弘扬淌水崖水库精神，用心用力、真抓实干，形成了全力推进创新发展的新合力。不断完善依法履职的规则和程序，制定了专题询问、预算审查监督、审议评议意见办理程序，完善了常委会会议规范，保证了各项工作规范运行。深入开展“进千村、入万户、察民情、解民忧”活动和包村帮扶工作，倾听群众意愿和呼声，提供资金和物资近50万元，帮助群众办实事、解难题。

（三）指导提高基层人大工作水平。认真落实常委会组成人员分工联系镇街人大工作制度，召开两次镇街人大交流会，加强日常联系和指导，促进了镇街人大有效规范履职。对镇（街、园、区）人大工作进行全面调研，有针对性地落实加强和改进工作的具体措施。制定印发镇人代会日程规范、会议文件材料样本，指导各镇依法召开人代会，促进了基层人大职能作用的有效发挥。

各位代表，常委会一年来各项工作所取得的成绩，是县委正确领导的结果，是县政府及各部门、县法院、县检察院积极配合的结果，是各镇、街、园、区大力支持的结果，是全体代表和常委会组成人员、机关工作人员共同努力的结果。在此，我代表县人大常委会，向大家表示衷心的感谢！

在肯定成绩的同时，我们也清醒地认识到，我县的人大工作，与新形势、新要求相比，还有许多不足和问题。主要是：县镇人大工作与中央和省市县委的要求还有较大差距，存在职权行使不到位、不规范的现象，特别是镇（街、园、区）人大活动场所不规范、工作制度不健全，镇人代会会议质量不高，人大主席团作用发挥不够；监督工作不够有力，对一些群众关心的热点问题没有及时有效地跟踪监督，监督方式单一，法律赋予的监督手段没有充分利用，监督意见整改落实的效果不明显；人大代表主体作用发挥不够充分，代表活动开展不经常，代表与选民的联系不密切，对代表的管理和约束机制不健全，部分代表为民代言、依法履职的热情不高。对此，我们要不断研究新形势对人大工作的新要求，采取切实措施加以解决。

今年的主要工作任务

2016年是全面实施“十三五”规划的开局之年。县人大常委会要在县委的领导下，紧紧围绕“一四三五”思路举措，把依法办事、履职为民、转变作风、改革创新贯穿于人大工作的各个方面，依法履行职责，充分发挥职能作用，努力促进全县经济社会健康协调发展。

一是围绕大局，扎实有效地开展监督工作。突出重点，紧扣县委确定的目标任务和思路举措，高度关注大项目建设和财源建设，促进工业经济、现代服务业、现代农业发展，着力推动经济转型升级、提质增效。扎实推进环境保护、扶贫攻坚、弥河流域综合整治、医疗卫生和美丽乡村建设、社区建设等方面的工作，努力改善民本民生。深入推进民主法治建设，审查批准“七五”普法和

“六五”依法治县规划，加强对行政执法和司法工作的监督。加大评议力度，实现对政府工作部门评议的全覆盖。

二是积极组织开展代表活动，充分发挥人大代表作用。深入开展“脱贫攻坚人大代表在行动”主题实践活动，组织各级人大代表进行结对帮扶，落实“一户一策”精准帮扶措施，为我县提前完成脱贫攻坚任务贡献力量。积极开展“双联”活动，密切常委会组成人员和“一府两院”领导成员与人大代表、人大代表与群众的联系，拓宽民意反映渠道。深化人大代表进社区活动，以社区为依托积极组织代表开展活动、接待联系选民，了解群众诉求，积极反映社情民意。坚持代表集中活动制度，加强对代表小组活动的指导，丰富内容和方式，增强代表活动实效。加大对代表建议的督办力度，将代表建议办理工作纳入全县科学发展考核体系，强化调度考核，增强办理实效。认真做好县乡人大换届选举有关工作。

三是深化规范化、制度化建设，提升人大工作水平。确定今年为“人大工作规范化、制度化建设提升年”，通过召开会议、典型带动、现场观摩、调度检查等形式，落实具体措施，促进人大工作依法规范开展。加强代表活动室、代表小组活动室建设，为代表履职提供服务、搭建平台。修改完善学习培训、联系选民、调查视察等各项工作制度，明确人大主席团的工作职责、履职方式和内容，提升人大工作实效。研究制定镇人代会规范，依法规范会议流程、议事规则、审议程序，保证严格履行法定程序，提高人代会质量，尊重和维护人大代表的民主权利。

四是加快推进信息化建设，畅通人民当家作主渠道。以信息化技术为支撑，积极建设代表履职服务网络系统，搭建人大常委会与人大代表、社会公众互联互通的民意平台。办好县人大常委会信息网站，完善栏目设置，及时更新信息，向社会公开人大常委会的重要活动、监督事项、监督结果。充分利用微信公众账号、手机信息短信平台，加强与人大代表的沟通联系，扩大人大代表对常委会工作的参与。全面实现常委会会议表决电子化，提高议事决策的民主化水平。加强人大常委会机关信息综合能力建设，整合资源，提升设施配备水平，提高民意征集归纳和研究处理能力，夯实人大工作的群众基础。

五是加强自身建设，不断提高履职能力和水平。适应新形势，坚持抓好政治理论学习，抓好宪法、法律、人大业务知识学习，熟悉和把握人大工作的特点和规律，努力提高思想政治素质和围绕大局谋划人大工作的本领。深入开展“学先进、找差距、转作风、抓落实”主题教育活动，学习先进典型，查找整改自身存在的问题和不足，组织实施“双争”活动，努力争创一流机关、争创文明单位。完善人大专门委员会运行机制，强化常委会办事机构建设，积极外出考察学习先进经验做法，加大机关干部学习培训力度，提高服务效能。

各位代表，让我们在县委的正确领导下，以攻坚克难、奋发有为的精神状态，凝心聚力、扎实苦干，奋力拼搏、开拓进取，为加快建设富强临朐、文化临朐、生态临朐而努力奋斗！

（县人大办公室）

中国人民政治协商会议
第九届临朐县委员会常务委员会工作报告
——2017 年 1 月 19 日在县政协十届一次会议上

临朐县政协主席　赵永娟

过去五年工作的回顾

九届县政协任期的五年，是我县经济快速发展、人民生活持续改善、社会事业全面进步、小康社会建设迈出坚实步伐的五年，也是政协事业求真务实、锐意进取、开拓创新的五年。

五年来，九届县政协在中共临朐县委的坚强领导下，深入贯彻落实中共十八大、十八届三中、四中、五中、六中全会和习近平总书记系列重要讲话精神，牢牢把握团结和民主两大主题，充分发挥优势，认真履行职能，调查研究扎实深入，民主监督实效增强，协商议政成果丰硕，为促进全县经济社会健康协调发展作出了积极贡献。

一、围绕中心，服务大局，全面推进富强临朐建设

常委会始终坚持把服务发展作为履行职能的第一要务，以供给侧结构性改革为主线，坚持不懈地推动全县经济在新常态下更有效率、更有质量、更可持续地发展。

助力工业转型升级、提质增效。围绕“5141”工程实施，4 次开展视察，提出加大资金投入、强化资源要素配置、高效集约利用土地、着力培植壮大优势产业和骨干企业等 30 多条建议，促进了工业经济稳健发展；围绕园区建设，每年组织委员深入“一区四园”调研、视察，从提升承载能力、提高产业层次、严格项目准入等方面建言献策；着眼于大项目建设，就破解融资难题、拓展市场空间、实施创新驱动战略等开展调研，并进行专题协商讨论，形成的调研报告，得到县委主要领导的充分肯定。

关注农业增效、农村发展、农民增收。围绕农业特色优势产业发展、龙头企业发展、畜产品质量安全等课题，组织委员深入调研，提出以“优质、高效、生态、安全”为目标，推动规模化种植、标准化生产、产业化经营、品牌化打造等建议。为促进城乡环卫一体化和美丽乡村建设，按照县委确定的“时间表”“路线图”，持续跟踪监督，提出强化规划引领、坚持因地制宜、搞好示范带动、推进“三清四改五化”工程等建议。常委会把助力脱贫攻坚作为工作重点，按照“六个精准”“五个一批”的思路举措，运用专题调研、组织视察、协商议政等方式，强力推进，组织了“发挥委员优势、助力脱贫攻坚”活动，315 名市、县委员与 630 户贫困群众结成帮扶对子，发挥优势，精准施策，开展了生活帮扶、岗位帮扶、产业帮扶，累计捐助资金 80 多万元，助推了精准扶贫、精准脱贫工作的开展。

推动城市建设和旅游服务业发展。致力于打造山水园林宜居城市，先后就基础设施建设、城市管理综合整治、“智慧临朐”、旧城旧村搬迁和棚户区改造等开展视察 20 余次。为推动我县旅游业加快发展，每年组织委员深入各大景区实地调研，围绕推进旅游提档升级持续建言；针对发展乡村旅游，着眼建设乡村旅游专线、打造乡村旅游品牌、提升农家乐经营服务水平献计献策；配合沂山创建 AAAAA 景区，编辑出版《东镇沂山碑拓集锦》和《潍坊人文自然遗产·沂山专辑》；委员们还以提案方式为旅游业发展建言，提出的实施“临朐人免费游临朐”等建议，得到县委、县政府的采纳。聚焦现代服务业发展，就发展电子商务进行调研，提出壮大运营主体、优化发展环境、完善服务体系、加强人才培训等多项意见。着眼做大做强金融产业，组织专题调研，围绕扩大金融总量、防范金融风险、发展地方性金融机构等提出建议。

献计献策县域发展。在县政协九届二次会议上，王学全、王兆连、马连涛等20名委员，围绕城市建设、企业科技创新、资源综合利用等进行书面或大会发言；在县政协九届四次会议上，曾庆铭、胡文茂等6位委员，围绕产业结构优化、专业市场建设、小微企业发展等进行大会发言，提出的100多条建议，涉及临朐发展的方方面面，多数具有全局性、战略性、前瞻性，闪烁着委员们的真知灼见，为县委、县政府科学决策提供了参考。

积极参与重点工作。按照县委安排，县政协领导班子成员，分别担任兴隆东路公共服务区建设、综合教育园区搬迁改造、中央商务区改造建设、田村片区搬迁改造、三里庄搬迁安置等指挥部指挥、副指挥，工作中真抓实干，攻坚克难，圆满完成各项任务。同时，扎实做好联系镇街、联系企业等工作。广大政协委员带头做好稳增长、促改革、调结构、防风险的各项工作，其中，企业界委员奋力开拓、创业创新，6家企业在“新三板”或齐鲁股权交易中心挂牌，12家企业拥有中国驰名商标、省著名商标16件，为工业经济创新发展发挥了引领带头作用。

二、发挥优势，主动作为，全面推进文化临朐建设

常委会坚持先进文化的发展方向，以高度的文化自觉和文化自信，倾力推进全县文化大发展、大繁荣。

助力文化产业壮大。持续关注奇石、雕塑、红木工艺、临朐手绘年画等特色文化产业发展，组织委员多次深入文化企业和文化市场调研，建议实施园区聚集、特色带动，加强对外文化交流，加快新型文化业态发展，提升文化产业层次；加大对有关文化产业发展提案的督办力度，委员们提出的关于申创全国书法之乡、加强民间艺术保护和传承的建议，得到相关部门的强力推进，“中国书法之乡”“中国民间艺术之乡”花落临朐，凝结着委员们的心血和智慧。

推动文化事业发展。常委会以文化惠民为重点，围绕县文化中心、基层综合文化服务中心和农村文化广场建设，“一三六三”乡风文明工程实施，非物质文化遗产保护，文艺精品创作展演，广播电视村村通等组织开展调研视察，提出建议20多条，推动了文化民生工程的深入实施，日益完善的基层文化设施，繁荣发展的文化活动，正在更深更广地惠及广大群众。

打造文化精品力作。发挥政协文史资料“存史、资政、团结、育人”的功能，立足临朐，研究临朐，挖掘文化资源，传承历史文脉，编辑出版的《临朐方言》专著，填补了在方言收集、整理、研究方面的空白，获得第三届风筝都文化奖；编辑出版的我县第一部《临朐民俗》专著，较好地抢救和保护了优秀传统文化；编辑出版的《临朐历代吟咏》，收录自春秋至当代吟咏临朐风物的诗词歌赋615首；编辑出版的《临朐当代诗词选》，精选佳作893篇；编辑出版的《历史名人与临朐》，从中可悟临朐精神之血脉，可知临朐文化之深邃，一系列叫得响、传得开、留得住的文化精品，为临朐文化百花园增添了绚丽的光彩。

用心讲好政协故事。搞好政协舆论宣传，既是党的新闻宣传工作的重要组成部分，也是提升我县文化软实力的重要方面，充分运用传统媒体和新兴媒体，精心策划宣传主题，不断丰富宣传内容，积极创新宣传形式，在市以上新闻媒体发表稿件610余篇，在更高层次上宣传了我县经济社会发展成就和政协工作取得的成绩，弘扬了主旋律，传播了正能量，连续五年被省、市政协评为宣传工作先进单位。

三、汇聚共识，精诚用力，全面推进生态

临朐建设

常委会秉承可持续发展的理念，以主体功能区建设为引领，以保护青山绿水为己任，助推临朐走好生态优先、绿色发展之路。

关注“三八六”环保行动。对这场始于2013年的攻坚战役，常委会持续予以关注，驰而不息推动各项举措的落实，围绕“三个目标”，召开专题议政性常委会议协商讨论，建言献策；围绕“八大战役”，就综合施治、刚性减排、铁腕治污等课题深入调研，出招助力；委员们积极参与“保护生态环境、共建美丽家园”等公益活动，宣传环保理念，倡导绿色低碳生活，较好地配合了环保行动的开展。

助力弥河治理和保护。围绕县委提出的将弥河打造成景观之河、生态之河等目标，常委会始终予以高度关注，着眼“三乱”治理，开展专题调研，就搞好宣传动员、加强联合执法等提出建议；针对保护开发，开展协商议政，围绕高起点制定生态修复规划、科学布局沿线产业等献计献策；紧盯综合治理工程建设，组织委员深入一线进行视察，就加快工程进度、确保工程质量提出意见；致力于巩固治理成果，就建立管理长效机制、完善网格化环境监管体系等积极建言。

推进造林绿化工程。为促进全县城乡绿化的深入开展，就加强绿色公益宣传、加大荒山植树力度、提高造林绿化质量、推广林木绿地认建认养等提出建议；致力于推动林业稳步健康发展，围绕国有林场改革、加强林木管护、搞好病虫害防控、保护古树名木等课题协商议政；着眼巩固绿化成果，就抓好森林防火、打击毁林毁绿不法行为等，持续开展监督。

四、履职为民，凝心聚力，全面推进和谐临朐建设

常委会坚持共享发展的理念，把维护群众利益、促进社会和谐作为应尽之责，善谋利民之策，多献安民之计，力促惠民之举。

助力民生改善。关注教育事业发展，就群众普遍关心的城区学校大班额问题、农村小学及幼儿园布局调整等问题进行4次调研；关注社会保障体系建设，就加快养老服务体系建设、完善基本养老保险及推进社会福利事业发展议政建言；关注道路建设，就仲临路改建、兴隆路弥河大桥改造、冶石路大修等进行4次视察；关注人口和计划生育工作，连续5年开展调研、视察，就加强优生优育指导、做好计划生育家庭帮扶等问题提出建议；围绕保障群众健康，针对农村新型合作医疗实施中存在的问题，深入调查研究，形成了高质量的调研报告。

强化民主监督。坚持以群众满意为导向，不断创新监督形式，提高监督实效。制定出台《县政协常委会民主评议暂行办法》，先后对县发改局、经信局、住建局等42个县政府重点部门的工作进行民主评议，评议结果报送县委、县政府，并向被评议部门反馈，既保障了常委的知情权、监督权，又促进了相关部门的工作开展和作风转变。制定出台《关于聘任特约监督员暂行办法》，推荐87名委员担任有关部门的监督员，支持他们依法依章切实履行监督职能。选派政协委员413人次，参与事业单位公开招考及各类招标会、听证会、拍卖会等监督活动，维护了群众利益，促进了公平公正。

加强提案工作。始终把政协提案作为履职为民的重要载体，立案讲求质量，办理注重实效，实行主席会议督办重点提案制度，表彰优秀提案承办单位、先进提案工作者。九届一次会议以来，共收到提案717件，经审查立案661件，全部得到办复，促进了许多重要民生问题的解决，回应了人民群众的诉求和期盼，架起了党和政府与百姓之间的“连心桥”。

推进社会治理。围绕法治临朐建设，就县法院司法公开、县检察院查办和预防职务犯罪、县公安局应急处突等工作开展调研、视察，提出增强司法公信力、提高干警队伍素质等18条建议；致力于推进平安临朐建设，就创新治安防控体系、强化社会治安综合治理等积极建言；着眼推动防灾减灾能力建设，就完善自然灾害救助制

度、应急管理体制和加强减灾防灾宣传等开展协商议政；高度关注安全生产，连续3年组织委员开展视察，就落实企业主体责任、夯实基层基础工作等建言献策。

畅达社情民意。充分发挥政协信息的“直通车”作用，深入体察民情，广泛倾听民声，积极反映民意。五年来，向上级政协报送信息780余条，其中，“基层对取消药品定价的反映”“在土地流转中加强对土地经营权管控的建议”“‘全面二孩’还需配套政策保驾护航”等79条关注民生的重要信息被全国、省、市政协采用，为党委、政府了解民情、集中民智、科学决策提供了重要参考。连续五年被省、市政协评为信息工作先进单位。

办好民生实事。发挥委员主体作用，持续组织开展了“委员进校园、爱心献儿童”“委员献爱心、助圆大学梦”“九九重阳节、浓浓敬老情”以及送科技、文化、卫生“三下乡”等一系列主题活动，捐资助学、尊老助残、扶贫济困，累计捐款410多万元，受益群众达9000多人次；2012年8月，我县遭受“达维”台风袭击，广大委员第一时间捐资近百万元，及时向受灾群众伸出了援助之手；扎实做好“包村联户”工作，深入开展“进千村、入万户、察民情、解民忧”活动，走访群众近2000户（次），协调帮扶资金160多万元，改善了所包村的生产生活条件。

五、保持定力，强基固本，全面推进政协自身建设

常委会按照忠诚、干净、担当的要求，内强素质，外树形象，事竞一流，着力打造过硬素质、过硬作风、过硬队伍。

加强思想政治建设。深入学习习近平总书记系列重要讲话精神，不断坚定理想信念和政治立场，牢固树立政治意识、大局意识、核心意识、看齐意识；认真学习习近平总书记在庆祝人民政协成立65周年大会上的重要讲话，学习中央关于加强人民政协协商民主建设的实施意见和省、市、县委政协工作会议精神，坚持政协性质定位，把握正确履职方向；扎实开展党的群众路线教育实践活动、“三严三实”专题教育、“两学一做”学习教育，进一步增强了践行党的群众路线、恪守“三严三实”、争做合格党员的自觉性。

加强制度机制建设。先后制定了常委会自身建设、政协委员参加活动履行职责以及调研、视察、提案、信息、民主监督、机关运行等方面的规章制度，形成了以《政协章程》为核心，覆盖履行职能、会议组织、日常工作、机关建设等全方位的制度体系，为规范有序地履行职能、开展工作奠定了基础。

加强服务能力建设。密切与委员的联系，充分利用信息化手段，拓宽联系渠道，加强交流互动，更好地为委员知情议政创造条件；完善委员履职档案，评选表彰优秀政协委员和优秀提案，进一步激发委员履职积极性；严格遵守中央“八项规定”，认真开展“解放思想、加快发展”大讨论、“增强责任、用心落实”、“学先进、找差距、转作风、抓落实”等主题教育活动，大力弘扬和践行淌水崖水库精神，推动作风建设常态化；进一步健全完善目标任务、岗位责任和监督考核体系，政协机关服务管理更加规范，工作效率明显提升。2016年县政协机关被评为市级文明单位。

各位委员，五年砥砺前行，五年拼搏奋进，成绩来之不易，这是县委正确领导的结果，是县人大、县政府、镇（街、园、区）、各部门、社会各界大力支持的结果，是广大委员和机关工作人员团结奋斗的结果，是历届政协班子持续努力、不断夯实基础的结果。在此，我代表九届县政协常委会表示衷心的感谢！

在肯定成绩的同时，我们也清醒地看到，与新形势新任务的要求相比，还存在一些差距和不足。主要是，制度机制不够健全，履行职能不够规范有序；协商议政的实效性有待提高，协商成果转化有待进一步加强；民主监督还需探索、改进，力度还需进一步加大；开展界别活动、发挥界别作用还不够充分等。这些问题，都需要我们高度重视，认真加以解决。

五年来的主要经验和体会

五年来，常委会在履行职能的实践中，与时俱进、继承创新，积累了一些经验和体会。概括起来，主要有：

——必须坚持和依靠党的领导。这是做好政协工作的根本保证。县委切实加强对政协工作的领导，全面支持政协开展工作，制定出台《关于加强人民政协协商民主建设的实施意见》，为政协深化民主协商提供了保障。县政协始终牢牢把握毫不动摇地坚持党的领导这一根本原则，自觉把县委的决策部署贯彻到政协履行职能的各方面和全过程。实践使我们进一步认识到，只有做到与党的事业思想同心、目标同向、工作同步，对党忠诚、为党分忧、为党担责、为党尽责，政协事业才能沿着正确的政治方向不断前进。

——必须坚持服务发展。实干为先，发展为要。五年来，我们致力于围绕壮大县域经济实力，以新发展理念引领经济发展新常态，促进发展方式转变，促进发展结构调整，促进发展质量和效益提高，推动经济又好又快发展，建睿智之言、献务实之策、尽切实之力。实践使我们进一步认识到，只有牢牢把握发展这个第一要务，始终心系发展、服务发展、推动发展，政协事业才能彰显优势，体现价值。

——必须坚持履职为民。悠悠万事，民生为重。五年来，我们顺应群众对美好生活的向往，坚持以人民为中心的发展思想，助力人民生活改善，助力社会事业发展，促进发展成果更多更公平惠及广大群众。实践使我们进一步认识到，只有始终坚持一切为了人民、一切依靠人民，常怀为民之心，恪尽为民之责，政协事业才能有深厚的社会根基和不竭的力量源泉。

——必须坚持改革创新。往复推移，新故相换。五年来，我们不断推进实践创新、制度创新和工作创新，变中求新，变中求进。常委会民主评议部门工作，擦亮民主监督品牌；打造网上政协，扩大社会影响；推动提案办理纳入全县工作考核体系，促进协商成果落实；界别活动纳入年度计划，提高委员参与度。实践使我们进一步认识到，只有不断解放思想，实事求是，开拓创新，政协事业才能始终保持蓬勃的生机与旺盛的活力。

今后五年工作的建议

今后五年，是实施“十三五”规划的关键时期，也是全面建成小康社会的决胜阶段。人民政协肩负的使命光荣，履职的前景广阔。新一届县政协要在中共临朐县委的坚强领导下，紧紧围绕县十四次党代会提出的目标任务，深入调查研究，有效协商议政，扎实开展监督，为促进全县经济社会健康协调发展作出不懈努力。

一、加强理论武装，凝聚思想共识，进一步坚定正确的政治方向

要坚持把加强思想政治建设摆在首位，深入学习十八大以来中共中央治国理政的新理念、新思想、新战略，毫不动摇地坚持中国特色社会主义政治发展道路，坚定中国特色社会主义道路自信、理论自信、制度自信、文化自信，始终保持在理想追求上的政治定力，提升忠诚人民政协事业的理论素养、思想觉悟、品格境界。新一届政协委员要切实把牢思想之舵，高扬理想之旗，增强委员意识，珍惜委员荣誉，维护委员形象，实现委员价值。要按照习近平总书记提出的“懂政协、会协商、善议政”的要求，在政协、爱政协、为政协，不负重托，不辱使命，不断为政协事业增光添彩。

二、聚焦中心任务，全面助力小康，进一步推动经济社会发展

要更加自觉主动地服务“工业强县”战略，围绕实施“大项目建设突破年”，把厚植发展优势、构建现代产业体系、加快产业转型、实施创新驱动等作为履职重点；要更加自觉主动地服务“文化兴县”战略，着力在推进社会主义核心价值体系建设、加快发展文化事业和壮大文化产业、推动文化与其他产业的融合发展等方面积极建言；要更加主动地服务“旅游富县”战略，重点围绕

深化旅游综合改革、改造提升重点景区、大力发展乡村旅游等方面献计出力；要更加主动自觉地服务“生态立县”战略，重点围绕落实主体功能区制度、加强自然生态系统保护和深化环境治理、加快绿色能源开发利用等重大课题务实献策；要更加自觉地主动服务和谐临朐建设，紧紧围绕全面深化改革、推进农村发展、加快新型城镇化进程、做大做强服务业、创新社会治理机制等重点工作，积极开展协商议政。

三、关注群众期待，汇聚发展合力，进一步推动民生改善和协调发展

要始终坚持以人为本、履职为民，心系基层、心系群众，更加关注脱贫攻坚、教育发展、社会保障、食品安全和人口均衡发展等民生问题，多谋民生之利，多解民生之忧；要始终坚持团结和民主两大主题，更加关注社会事业发展，多做减少阻力、形成合力的工作，多做减少杂音、增强和声的工作，推动各项改革发展举措落到实处；要广纳群言，广集民智，及时反映群众诉求，畅达社情民意，努力寻求全社会意愿和要求的最大公约数，凝聚正能量，画出同心圆；要大力弘扬乐善好施的优良传统，关心关注困难群众、弱势群体的生活，扎实组织开展捐资助学、扶贫济困、尊老助残以及“三下乡”等活动，奉献爱心，回馈社会。

四、适应发展要求，提升自身素质，进一步推进履职能力建设

要提高政治把握能力，坚定理想信念，增进政治认同，紧跟县委决策部署，增强运用科学理论分析研判形势、研究解决问题的能力和水平；要提高调查研究能力，坚持问题导向，深入实际，深入基层，把情况摸透，把问题找准，努力使提出的意见建议有的放矢、切实可行；要提高联系群众能力，健全联系制度，创新工作方法，发挥桥梁纽带作用，协力做好理顺情绪、化解矛盾、促进和谐的工作；要提高合作共事能力，贯彻民主协商、平等议事的工作原则，与各方面搞好协调配合，加强协商互动和讨论沟通，努力营造心情舒畅、团结协作的良好氛围；要提高廉洁自律能力，恪守宪法法律，遵循政协章程，锤炼道德品行，做到心中有党、心中有民、心中有责、心中有戒，严以律己，严以修身；要提高委员履职能力和机关服务保障能力，在政协委员中大力倡导“严”的精神、“实”的作风，抓好委员的教育培训和履职管理，增强委员履职意识和履职水平。进一步加强政协机关建设，深化“两学一做”学习教育成果，提高工作效率和服务质量，为政协履行职能提供优质服务和可靠保障。

各位委员，新形势赋予新使命，新起点开启新征程。让我们在县委的坚强领导下，同心同德、锐意进取，不忘初心、继续前进，为建设富强临朐、文化临朐、生态临朐做出新的更大的贡献！

（县政协办公室）

2016年临朐县国民经济和社会发展统计公报

临朐县统计局　国家统计局临朐调查队

2017年3月13日

2016年，面对错综复杂的经济环境，全县上下在县委、县政府坚强领导下，紧紧围绕“又好又快、进位争先”工作总基调，认真组织实施“一四三五”思路举措，全县经济社会呈现出健康协调发展的态势，实现了“十三五”良好开局。

一、综合

经济运行稳中有进。初步核算，全年实现地区生产总值（GDP）261.1亿元，按可比价格计算，比上年增长8%，其中第一产业增加值36.2亿元，增长4.3%；第二产业增加值106亿元，增长7.4%；第三产业增加值118.9亿元，增长9.8%。按常住人口计算，人均生产总值30647元（按年均汇率折算为4614美元），增长7.4%。三次产业比例由14.18∶42.37∶43.45调整为13.86∶40.61∶45.53，三产比重提高2.08个百分点。一、二、三产业对经济增长的贡献率为7.66%、39.16%和53.18%，分别拉动GDP增长0.61、3.13和4.26个百分点。

人口保持低速增长。全县出生15097人，人口出生率为16.8‰，自然增长率为11.1‰，出生人口性别比（女性为100）为103.3。年末全县户籍总户数为296144户，总人口为905622人，其中：男性466339人，女性439283人。据人口抽样调查，年末全县常住人口85.59万人。

市场主体稳步增长。年末全县私营企业8582家，比上年增长8.2%，注册资金258.4亿元，增长49.7%，从业人员11.3万人，增长7.7%；个体工商户27714户，增长8.5%，从业人员7万人，增长9.8%；农民专业合作社1732家，增长3.8%，出资总额49.2亿元，增长8.4%。

非公有经济稳中有升。全县非公有经济总数达到3.8万户，比上年增长8.2%，从业人员22.3万人，下降2.6%。全县非公有经济上缴税金16.7亿元，增长3.9%，占全部税收的比重为76.2%，同比提高1.3个百分点。

二、农业

全年完成农林牧渔业总产值74亿元，按可比价格计算比上年增长4%。

农业生产总体平稳。据抽样调查，全县粮食播种面积54.1万亩，比上年减少24.2%，粮食总产量19万吨，减少23.7%。其中夏粮21.3万亩，单产363.5公斤，增长0.3%，总产7.8万吨，减少32.8%；秋粮32.9万亩，单产342.4公斤，减少1.3%，总产11.3万吨，减少15.7%。全县果园面积16.9万亩，水果产量23.6万吨，增长15.7%。

主要农产品产量如下：

品　种	2016年	比上年±%
粮食（万吨）	19.0	-23.7
其中：夏粮（万吨）	7.8	-32.8
秋粮（万吨）	11.3	-15.7
烤烟（吨）	3473.6	5.7
水果（万吨）	23.6	15.7
油料（吨）	17458.9	20.8
蔬菜（万吨）	24.0	14.3
瓜类（万吨）	12.3	-20.4

林业生态建设稳步推进。完成荒山造林、水系绿化、道路绿化、森林抚育等4项创建国家森林城市重点工程。全年完成造林1.5万亩，新建完善绿色通道106公里，四旁植树120万株，义务植树165万株，森林抚育1万亩，全县林木

覆盖率达到45.8%。

畜牧业发展总体稳定。发展畜禽养殖标准化示范场85家，其中国家级3家、省级13家、市级69家。新建畜禽粪污处理设施示范工程4处，改建、扩建畜禽标准化规模养殖场4处。年末全县奶牛存栏2.9万头，奶类产量6.9万吨，比上年减少16.2%；禽蛋产量4.4万吨，增长11.6%；肉类产量10.3万吨，减少17.6%；蚕茧产量238吨，减少5.9%。

主要畜禽出栏、存栏情况如下：

品种	2016年	比上年±%
羊出栏（万只）	19.6	-7.1
生猪出栏（万头）	61.5	0.5
家禽出栏（万只）	4602.9	-14.2
羊年末存栏（万只）	14.6	-24.0
生猪年末存栏（万头）	35.0	-2.5
家禽年末存栏（万只）	1076.7	2.7

渔业生产运行平稳。积极争取上级资金，完成了冶源水库增殖放流工作，积极做好基层渔业技术推广体系改革与建设项目工作。全县水产品产量达2万吨。

农业示范园区建设实现新突破。建成山旺镇市级农产品质量安全示范镇、相亮山楂等5家市级农产品质量安全示范园，其中相亮山楂、盛世果蔬获评省级农业标准化示范基地，实现了我县省级农业标准化基地"零"的突破。盛世果蔬合作社建成国家级水果（桃）标准示范园区，金果家庭农场等3家示范园区建成市级水果标准化示范园，其中鑫泉果蔬专业合作社为市级精准扶贫示范园。盛临蔬菜种植专业合作社创建为省级生态循环农业示范点，振华果品等7家单位建成市级生态循环农业示范基地，乐丰家庭农场等8家单位建成市级休闲农业示范园区。寺头镇河口村被评为第四批省级"一村一品"示范村，临朐大樱桃获2016年中国樱桃年会优质大樱桃品评一等奖。

年末全县耕地面积89.8万亩。全年平均气温14.4℃，总降水量709毫米，全年日照时间2519.9小时。

三、工业

工业生产稳步增长。全县259家规模以上企业完成工业总产值434.2亿元，比上年增长8.6%；产品销售率为98%，比上年下降0.5个百分点。

主要工业产品产量如下：

名 称	2016年	比上年±%
铝 材（万吨）	68.6	11.9
乳制品（万吨）	34.1	15.3
机制纸（万吨）	9.9	-50.1
水 泥（万吨）	63.1	3.0
饲 料（万吨）	26.5	4.5
服 装（万件）	1853	-53.6
饮料酒（千升）	6265	2.0
罐 头（吨）	5779	13.4
中空玻璃（万平方米）	12.2	0.1

经济效益不断改善。全县规模以上企业实现主营业务收入437.3亿元，比上年增长8.5%；实现利润13.9亿元、利税23.3亿元，分别增长10.4%和11.5%。主营业务收入过亿元的企业120家，其中过10亿元的2家，分别为华建铝业、伊利乳业，其中华建铝业主营业务收入超过30亿元。利税过500万元的企业121家，其中过千万元的63家。实交税金过百万元的企业102家，其中过千万元的12家。

企业竞争力逐步增强。国一铝材的"国一"商标新认定为山东省著名商标，华星铸造、华新机电、九昌重工、信泰节能等4家企业5个产品争创为山东名牌产品，全县拥有中国驰名商标15件、山东省著名商标20件，山东省名牌产品达到19件。

全县工业用电量14.3亿千瓦时，比上年增长6.4%。

四、投资和建筑业

固定资产投资较快增长。全县完成固定资产投资330亿元，比上年增长13.6%。其中第一产业投资6.4亿元，下降11.8%；第二产业投资186.2亿元，增长9.1%；第三产业投资137.4亿元，增长22.1%。全年累计完成民间投资161.5亿元，增长4.9%，占固定资产投资的79.2%；基础设施建设投资65.4亿元，增长77%。工业投资184.7亿元，增长8.6%，全县工业在建项目332个，计划投资5000万以上项目104个，其中过亿元项目56个，累计完成投资117亿元，占固定资产投资的35.5%。伊利二期、高铁轨道大板、米兰之窗等7个项目竣工投产，总投资76亿元的抽水蓄能电站项目进入可研阶段，总投资20亿元的中欧节能门窗产业园项目顺利推进。

房地产销售形势良好。全县纳入联网直报的房地产企业达到26家，全年完成房地产开发投资12.1亿元，比上年下降16.9%，其中住宅投资9.6亿元，下降15.2%。商品房销售面积48.4万平方米，增长37.5%，其中住宅销售面积40.3万平方米，增长27%。商品房销售额22.8亿元，增长52%，其中住宅销售额18.7亿元，增长36.5%。

建筑业运行平稳。全县资质以上建筑企业发展到41家，完成建筑业总产值24.1亿元，比上年增长5.1%，其中建筑工程产值21.5亿元，增长1.4%；安装工程产值1.9亿元，增长27.4%。签订合同额30.5亿元，下降17.6%，其中本年新签订合同额18.2亿元，增长4.2%。

五、国内外贸易

国内市场繁荣稳定。全年实现社会消费品零售总额158.7亿元，比上年增长11.3%。分地域看，城镇市场112亿元、乡村市场46.7亿元，分别增长10.3%和13.6%；分行业看，批发和零售业128.4亿元、住宿和餐饮业30.3亿元，分别增长10.1%和16%。全县限额以上贸易业实现零售额36.6亿元，比上年增长9.6%。按行业看，批发零售业35.4亿元，增长9.6%；住宿餐饮业1.2亿元，增长9.5%；从商品分类情况看，在全部22类商品中有18类呈现不同幅度增长，其中服装鞋帽类增长13.2%，中西药品类增长13.2%，烟酒类增长10.4%，粮油、食品类增长3.1%。

对外贸易相对稳定。新办理自营进出口备案企业65家，支持东兴实业等企业利用跨境电商平台助推企业出口。全年完成进出口总额24.3亿元，比上年下降1.2%。其中进口2.7亿元，下降17.3%，出口21.6亿元，增长1.3%。实际到账外资3.1亿元，增长8.1%。

六、交通、邮电和旅游

交通运输综合能力进一步提升。柳高路、东石路、冶石路改建工程建成通车，境内公路通车里程达2560.9公里。全县拥有客运班车319辆，运营线路95条，日发班次728个；货运企业31家，营运货车5438台。全社会运输业完成公路货运量1624万吨，货物周转量345000万吨公里；客运量702万人，旅客周转量49232万人公里。年末民用运输车辆拥有量6264辆。

城市公共交通体系建设不断完善。新开通26路石门坊风景区公交专线，全县拥有公交线路8条，营运里程227公里，覆盖96%的城区。临朐至冶源公交线路3条，营运里程68公里。新上纯电动新能源公交车120辆，更新现有车辆达90%，出租车企业4家，出租车249辆，综合一级汽车驾驶员培训学校3所。新建弥河绿道公共自行车站点16处，锁车桩530个，投放自行车400辆。全县公共自行车站点达到120处，锁车桩3130个，公共自行车2600辆。全县初步形成了公交、出租、客运、绿色出行互为补充的道路运输服务网络。

邮政通信业务快速增长。全县邮政业务收入3437万元，比上年增长9.7%；快递业务40万件，增长27%。全县电信企业实现电信业务收入4亿元，年末固定电话用户9.4万户，减少0.3万户；移动电话用户83.2万户，增加0.8万户。宽带上网用户发展到13.8万户，增加0.7万户。

旅游业发展实现新突破。“临朐人免费游临朐”活动正式实施，成功举办山东省第三届乡村旅游节、第四届中国（临朐）沂山文化节暨丙申年东镇沂山祀山大典等节庆活动，在嵩山、神牛谷等景区举办首届桃花节、杏花节、槐花节等活动。开通临朐旅游手机网站，积极推进与旅游电商合作，沂山、老龙湾、石门坊、山旺、揽翠湖等重点景区与智慧临朐e点通完成对接，实现网上购票。临朐县被国家旅游局确定为全域旅游示范区创建单位。牛寨村被列为全国旅游精准扶贫重点支持村，铜峪村、黄谷村、隐士村、东镇庙村被列为全省旅游精准扶贫重点支持村。全县A级旅游景区达14家，其中AAAAA级景区1家、AAAA级1家、AAA级6家、AA级6家。全年共接待旅游人数562.3万人，比上年增长8.8%，实现旅游消费总额66.3亿元，增长15.7%。

七、财政和金融

财政收支保持较快增长。全年完成财政总收入22.6亿元，比上年增长4.9%。其中一般公共预算收入15.7亿元，增长12.1%。一般公共预算支出32.3亿元，增长8.6%。其中教育、社会保障和就业、医疗卫生与计划生育、农林水事务支出23.9亿元，增长8.2%，占财政总支出的74%。

金融市场运行平稳。年末全县金融机构本外币各项存款余额379.8亿元，比年初增加62.4亿元，比上年增长19.7%，其中住户存款余额277.6亿元，比年初增加34.1亿元，增长14%，人均储蓄存款32586元，增长13.4%。全县金融机构本外币各项贷款余额232.6亿元，比年初增加12亿元，增长5.4%。

八、科技、教育、文化、卫生和体育

科技创新取得新进展。新认定高新技术企业13家，全县高新技术企业发展到27家。全县规模以上工业高新技术产业产值占工业总产值的比重达43.9%，比年初提高2.8个百分点。新认定省级工程技术研究中心1家、市级3家，市级重点实验室2家、科技企业孵化器1家。华特磁电、宝龙达等16家企业分别与山东大学、齐鲁工业大学等19所高校院所进行了产学研对接，签订合作协议25项。组织申报市级以上科技计划项目17项，其中国家“十三五”重大专项1项，已获批立项10项。获市级科技进步奖7项，其中二等奖4项，三等奖3项。全县专利申请700件，专利授权370件，其中发明专利授权42件。

教育事业成效显著。开工建设21所学校33个项目，新建、改扩建幼儿园26处，创建6处省级示范幼儿园，申报11处市级示范幼儿园。中小学互联网接入率100%，实现百兆光纤“校校通”，多媒体教室普及率100%，学生用电脑达到6358台，教师实现人手一机，24处学校达到市“互联网+教育”示范校验收标准。3处学校被评为全国足球特色学校，九山小学被评为首批全国学校体育教学工作示范学校。普通高考再创新高，全县普通文理一本进线1540人，一本上线率34%，14人被清华、北大录取。科技创新教育取得新突破，获全国优秀创意奖1个、一等奖28个。招收新教师150人，自主招聘教师72人，引进实习支教师范生130名。全县在校学生93898人，其中普通中学32851人，中等职业教育学校4961人，小学55978人。

文化事业快速发展。成功创评“中华诗词之乡”和“齐鲁诗词之乡”，县文化中心建设稳步推进，县文化馆顺利通过国家一级馆复评，淌水崖水库纪念馆被评为市委党性教育基地。全县10处镇街均建成符合国家标准的综合文化站，镇街文化广场建设陆续展开，蒋峪镇、山旺镇“一村一广场”、龙山高新技术产业园“一村一舞台”等文化广场建设项目基本完成。全年公益电影放映3802场，完成30个贫困村的农家书屋图书更新，深入贫困村送戏下乡60场次，惠及群众3.8万余人次。70个省定贫困村建成文化活动室。全面完成第一次可移动文物普查任务目标，共完成数据采集、平台报送97649件（组），对陈家河、盘阳小学工地等10余处遗址和墓葬进行抢救性发掘清理，齐长城抢修保护、崔芬墓维修保护工程、魏家庄遗址保护规划编制、西朱封遗址保护规划编制等文保项目稳步推进，新成立“大唐红丝砚博物馆”1处非国有博物馆并免费对外开放。启动中华文化雕塑园项目。组织举办了首届临朐县传统工艺培训班，对红丝砚、桑皮纸、手绘年画等传统工艺人才进行培训。创作编排周姑戏《淌水崖》，组织展演近30场，动画片《东镇沂山传奇》进入后期制作阶段。先后获得国家级奖项11项、省级30余项、市级50余项，其中小品《招聘婆婆》获“中华颂”第七届全国小戏小品曲艺大展银奖、第十三届“华东六省一市戏剧小品大赛”银奖，小品《巧遇》、小戏《守望》获“中华颂”第七届全国小戏小品曲艺大展银奖，《古城游》获“第三届山东省农民书画艺术作品展”优秀奖。举办春节联欢晚会、“农村大舞台”文艺巡演、“文明之夏”广场文艺演出等各类文化活动200余场次，送戏下乡300余场次。在2016年乡村文明、移风易俗群众满意度调查中，临朐县取得全省第8名、全市第1名的好成绩。

卫生计生事业实现新发展。积极推进县人民医院、县中医院、县海浮山医院3处县级公立医院综合改革试点，县中医院门诊病房综合楼、糖尿病医院综合楼、县妇幼保健计生服务中心医疗综合楼进展顺利，辛寨中心卫生院医疗综合楼、冶源中心卫生院病房楼改扩建竣工投入使用，九山中心卫生院公共卫生服务楼主体完成施工。县人民医院重症医学科开通床边无线移动远程会诊系统，成为继山东省立医院之后全省第二家数字化重症监护病房。完成22处标准化社区卫生室的年度建设任务。新建城乡居民健康档案1.3万份，实施家庭医生签约60.6万人，免费为65岁及以上老年人健康查体6.6万人，更新建立规范化电子健康档案68万人份，开展老年人中医体质辨识和中医药保健指导4.1万人。开展农村妇女“两癌”筛查1.8万人次，为5097名待孕妇女免费发放叶酸。完成3008例的免费胃镜项目。

体育工作成绩突出。成功举办全县第四届全运会，历时6个月，共设拔河、钓鱼、田径等13个大项，400个小项，67个代表团比赛，参赛人员达9000人，观众3万人次。先后举办体育比赛、健身活动120多场次，参与人数达10万人。为中心村（社区）配备健身器材83套，维修器材200余件。全县在册体育协会12个、俱乐部18个，全年开展体育活动300多场次。全年累计完成体育彩票销售8000万元。

九、人民生活、就业和社会保障

城乡居民收入稳步增长。据抽样调查，全县居民人均可支配收入21465元，比去年增长9%。其中城镇居民人均可支配收入29356元，增长8%，农村居民人均可支配收入14700元，增长8%。

就业形势保持稳定。举办“精准扶贫、就业帮扶”招聘会11场、提供岗位5326个，实现转移困难群众就业571人。开发安置公益性岗位410人，组织市场招聘会51场，提供就业岗位16680个，实现城镇新增就业4795人，城镇登记失业率3%以下，实现农村劳动力转移8844人。发放失业保险金22569人次、2179.9万元，为134家企业8786人申请稳岗补贴资金135.1万元。

社会保障水平不断提高。全县新增参保职工5519人，参加城乡居民养老保险51万人、医疗保险79.3万人，征缴各项社会保险费18.2亿元，累计拨付各项社会保险13.9亿元，拨付率100%。连续12年提高企业离退休人员待遇水平，人均养老金达到2044元。城乡居民社会养老保险基础养老金提高至每人每月100元。建成农村幸福院51处，县养老服务信息平台签约服务老人930人，为老年人提供各类服务1000余次。

社会救助体系进一步完善。城市低保标准提高到每人每月500元，农村低保标准提高到每人每年3700元，共为城市低保335户624人、农村低保4598户8106人发放城乡低保金2335.8万元。全县现有农村五保供养对象1426人，发放五保供养资金652.9万元。全面建立重特大疾病医疗救助制度，为1263名城乡医疗救助对象发放医疗救助资金419万元，为961名临时救助对象发放临时救助金238.8万元。发放残疾人两项补贴75073人次、598.9万元。

精准扶贫工作成效明显。大力实施精准扶贫、精准脱贫，全县3078名县镇村三级党员干部组成387个帮扶小组和796个关爱小组，联系对接贫困户7584户，实现了贫困户结对帮扶全覆盖。创新实施“党支部+合作社+贫困户”扶贫模式，在全市范围内推广。通过实行“合作社+特色农业”“合作社+乡村旅游”“合作社+农村电商”等一系列措施，全县所有贫困村均成立合作社，贫困户入社率达80%以上。实施金融信贷推动脱贫，全县审批发放“富民农户贷”92笔396.6万元，“富民生产贷”10笔1775万元。全县84个省定贫困村全部“摘帽”，6192户、13810人实现精准脱贫，占贫困人口总数的84.5%。

十、城镇建设、环境保护和安全生产

城市建设扎实推进。新建、续建城市道路5条、1.8公里，新建供水管网3.2公里，对骈邑路、兴隆路等15条主要道路进行维修改造。对黄龙沟田村桥进行了改造拓宽，完成站前路交朐山路口、站前路交工业街路口、站前路交黄龙路口节点绿地建设，新建南环路交临九路节点绿地，完成仲临路、南二环路及营龙路绿化任务，新增绿地面积40万平方米。在营龙路安装路灯398基，箱式变压器5台。棚户区改造实现新突破，交付吴家庙、咸富楼等多层住宅安置楼51栋、1200户，中央商务区三期、张家庄高层住宅安置楼3栋、290户，中央商务区二期沿街楼商业安置楼4栋。

新型城镇建设步伐加快。在全县启动农村社区服务中心建设三年行动计划，34个农村新型社区服务中心按照“一厅一校十室”的标准进行建设提升，新建6个社区服务中心，完成农村危房改造290户、新建住房2400户，完成村庄整治30个，23个农村新型社区建设污水处理设施或污水处理管网，日处理能力3200吨，配套管网97.3公里。培强辛寨镇、冶源镇两个省级示范镇和全国重点镇，寺头镇大时家庄村入选第三批省级“传统村落”，九山镇大花龙潭村、寺头镇大时家庄村被命名为第三批省级“美丽宜居小镇”。申报冶源镇、九山镇为国家级“历史文化名镇”和省级“特色小镇”。九山社区、寺头社区被确定为省级“农村新型示范社区”。全县常住人口城镇化率达50.35%，比上年提高1.91个百分点。

美丽乡村建设成效显著。大力开展美丽乡村建设行动，按照“三化”“四好”“五美”标准，规划建成环境整洁村382个、生态文明村99个、美丽乡村60个。全年共完成村内道路硬化318.5公里，栽植绿化树木33.7万株，改厨改厕1110户，安装路灯3927盏，建成文化墙面1257处，文化广场419处、10.2万平方米，配套文体设施807件，农村生活垃圾全部实现压缩转运、集中清运。在2016年全省城乡环卫一体化群众满意度测评中，临朐县取得全省第23名、全市第1名的成绩。全市乡村文明行动城乡环卫一体化暨铁路沿线环境综合整治现场推进会议、全市美丽乡村标准化建设暨社区建设现场推进会议先后在我县召开。

“两河”保护开发稳步推进。持续抓好防洪、水资源开发、道路交通等“十大工程”建设，完成冶源水库至县城南环路段生态整治任务，蒋峪汶河水源地保护、东镇湖湿地公园、丹阳湖湿地公园工程完成投资4500万元。完成滨河西路、广威弥河大桥至第二污水处理厂路灯、人行道等附属设施升级工作。完成弥河沂山大桥至冶源水库段综合治理及两岸绿化工程，形成了连续20公里的绿色生态长廊。

环境保护工作取得新进展。每月定期开展弥河流域、冶源水库饮用水水源地等重点区域水质监测，取得监测数据2300个。联合开展集中行动63次，依法取缔石灰窑、小淀粉、小铸造、小炼铁、小炼油等土小企业93家。全年启动重污染天气应急预案6次，出动检查人员270人次，检查重点企业135次。深入开展化工、液氨制冷、危化品仓储经营、107胶、铝型材等企业专项整治工作，检查排污单位246家，抽查重点企业56家，一般企业147家，监察1746次，依法立案查处环境违法案件136件，对35家企业下达限期改正通知书，移交法院强制执行63家。新建智慧环保管理平台，对35家重点污染物排放企业，全部安装24小时自动在线监测设施，全年“蓝繁”天数达到273天。

全县累计发生各类生产安全事故21起，比上年下降19.2%，死亡6人，下降14.3%。

（县统计局）

注：1. 公报所列地区生产总值及一、二、三产业增加值绝对数按当年价格计算，增长速度按可比价格计算。

2. 规模以上工业企业是指年主营业务收入2000万元以上的工业企业；限额以上贸易业企业指年主营业务收入2000万元以上的批发业、500万元以上的零售业和200万元以上的住宿餐饮业企业。

3. 本公报所列数据为年快报数或初步统计数字，最终数据以《2016年临朐统计年鉴》为准。

山东临朐：让贫困户聚在合作社富在产业链

（新华社济南2016年5月12日电）

革命老区山东省临朐县是个山区县，山区丘陵面积占比近九成，有省定贫困村84个、贫困户6976户，扶贫开发任务较重。这几年，临朐县坚持开方前先把脉，在精准识别基础上，为贫困户“私人定制”脱贫策，把贫困户聚在合作社、富在产业链上，扶贫开发成效显著。

合作社上“见”支部　大手拉小手

“这个蔬菜大棚才一亩地，但是个‘取款机’嘞。”在大棚里忙活的井东刚，说起自家姬菇的收益，高兴得合不拢嘴，“一天能采300多斤，今年少说也挣个2万多元。”

捐款捐物只管一时，搞好产业才能造血。发展食用菌种植，村党支部书记彭文国琢磨了好久，“这考察，那学习，终于找到个门路。”

去年到今春，几十个白色大棚在村头拔地而起，33户贫困户也有了主心骨——村党支部领办的合作社。

彭文国说：“贫困户加入合作社后啥也不用操心，合作社帮着建好棚、发菌种，技术指导。出菇了，往合作社一交就来钱儿。”

“单打独斗”种山楂经历，让寺头镇河口村贫困户高明亮直喊“卖难”。去年，高明亮身体查出疾患，无法劳作，他将5亩山楂树托管给当地相亮山楂专业合作社。“自己从没用过的太阳能杀虫灯装上了，施肥管理都是统一的，省心！”高明亮说。

为了帮高明亮致富，相亮合作社不但与他签订了保底收购协议，还把他老伴吸收到合作社当上了“产业工人”；而合作社并不吃亏，对吸收贫困户的合作社，临朐县从资金帮扶、土地流转、基地建设、技术服务等方面给予优惠扶持。

临朐县扶贫办主任王保利说，当地充分发挥基层党组织的核心作用，把扶贫政策与镇村发展结合，把合作社与农户紧密地联结在一起，努力让贫困户走上致富路。目前，全县1638家农民专业合作社，正努力以合作社的“大手”，拉起贫困户的“小手”。

产业链上环环生金　助贫困户脱贫

“3月中旬就零星上市了，最贵一斤卖到了100多块钱。”5月初，在山旺镇东上林村辛志胜的樱桃大棚里，一家人正忙活着采摘缀满枝头的樱桃。

辛志胜实在想不到，红彤彤的大樱桃竟让十里八村的乡亲们，特别是贫困户陡增了那么多致富门路。

蜜蜂授粉可大大提高坐果率，让当地3.5万箱蜂成了抢手宝贝，养蜂户出租每箱蜂一个月就收入450元；大棚提温带起了100多家木柴和煤炭供应商，1亩大棚可让木柴销售户纯挣200元；樱桃销售旺季时，一家个体运输户可赚2至3万元……

山旺镇的干部说，一业兴，多业旺，产业链上的贫困户也尝到了甜头，环环生金。

产业链上的财路远不止于此。因樱桃采摘期短，用工集中，山旺镇月庄、杭山、倪家台等几十个大棚果专业村附近的家庭妇女，因种植户争抢而身价倍增，工钱涨到每天120元还一工难求。

为让贫困户富在产业链，临朐推广“一村一品、一镇一业”模式，为贫困户量体裁衣，村村发展特色产业，户户新上增收项目，一个产业带动一方富裕。

目前，临朐发展生态种植果蔬基地已达6万亩，涉及大樱桃、葡萄、核桃等十几个种类、50多个品种，年产量达4000多万公斤，年可增加农民收入16.5亿元。

新模式不断涌现　因地制宜“拔穷根”

在干了16年党支部书记的于兴平眼中，大山让九山镇牛寨村曾经穷得“家家户户都有出门要饭的”，如今大山也让牛寨村成为远近闻名的旅游特色村。

旅游大发展，岗位就多了。村里69岁的贫困户高玉荣去年开始成了“上班族”，承担村里大街小巷的卫生工作。“家里二亩山地，自己还享受着低保，再加上这个新工作，今年脱贫没问题！”高玉荣说。

临朐正以成功创建为“国家全域旅游示范区”为契机，大力发展以“采摘体验、休闲观光”为主要内容的乡村旅游，带动贫困户脱贫致富。

除了旅游，临朐扶贫实践中新模式不断涌现。依托临朐县国税局驻村帮扶建起了“互联网＋培训室”，寺头镇雕窝村村民杨秀花家的早春红香椿刚刚采摘，就被来自辽宁、吉林等省的网上客户抢订一空。“这在以前，哪敢想呢！”杨秀花高兴地说。

当地企业在扶贫战略中也没“闲着”。蒋峪镇鼓励企业在4个贫困村流转土地500亩，组建新桃园，把分散种植连成片。盛安食品董事长王庆安介绍，公司已帮助56户贫困户走上脱贫致富路，使他们年人均收入增加3000元以上。

县镇村三级干部成立“帮扶小组”；大力实施小额扶贫信贷工作；山区、库区等不适宜居住由政府异地集中安置……临朐扶贫攻坚工作他助互助自助齐上阵，多措并举“拔穷根”。

（新华社记者　张志龙　王　阳　邓仙来）

大事记

1月

3日 市委副书记王献玲到临朐县调研精准扶贫工作。

5日 2015年镇（街、园、区）党（工）委书记抓基层党建工作述职评议会议召开。县委书记、县人大常委会主任顾建华主持会议并作点评，县委副书记、县长刘裕斌出席会议，市委组织部派员到会指导。

同日 临朐县书法家协会第四次会员代表大会召开。大会选举产生由67人组成的新一届理事会和由12人组成的新一届主席团。张俊庆当选临朐县书法家协会第四届主席。县委书记、县人大常委会主任顾建华出席会议并讲话。

9日 市人口计生调查考核组到临朐县考核2015年度人口和计划生育工作。

同日 临朐县摄影家协会第三次会员代表大会召开。大会审议并通过摄影家协会第二届主席许孝义作的工作报告，选举产生临朐县摄影家协会第三届理事会和新一届主席团。吴绍森当选临朐县摄影家协会第三届主席。

11日 县委书记、县人大常委会主任顾建华带队到五井镇检查2015年度落实党风廉政建设责任制工作情况。

12日 县委副书记、县长刘裕斌到城关街道进行走访慰问。

13日 市委常委、统战部部长张小梅一行，到临朐县检查2015年度落实党风廉政建设责任制情况。

同日 县委副书记、县长刘裕斌带队到县审计局和城关街道检查2015年度落实党风廉政建设责任制工作情况。

14日 市委常委、统战部部长张小梅一行到临朐县开展下派干部包村工作调研。

同日 临朐县美术协会第四次会员代表大会召开。大会选举产生由95人组成的县美协第四届理事会和由17人组成的第四届主席团。傅立当选临朐县美协第四届主席。

15日 县委书记、县人大常委会主任顾建华到部分重点企业进行调研。

同日 临朐县作协成立暨第一次会员代表大会召开。大会选举产生由53人组成的县作协第一届理事会和由8人组成的第一届主席团。张克奇当选临朐县作家协会第一届主席。

16日 县委书记、县人大常委会主任顾建华到辛寨镇、蒋峪镇调研精准扶贫工作。

19日 市人大常委会党组书记、第一副主任胡岗一行，到临朐县辛寨镇盘阳村视察市人大机关包村帮扶情况。

21日 韩国客商海帝之金株式会社社长金顺基一行到临朐县进行考察。

26日 临朐县民间文艺家协会成立暨第一次会员代表大会召开。山东省民间文艺家协会常务副主席王映雪，潍坊市文联调研员、民协副主席王治喜，县委常委、宣传部部长郭宝花出席会议并讲话。大会选举并产生由21人组成的县民协第一届理事会和由7人组成的第一届主席团。

傅绍相当选临朐县民间文艺家协会第一届主席。

27日 县委书记、县人大常委会主任顾建华到五井镇走访慰问部分老党员、残疾人和敬老院老人。

29日 县委书记、县人大常委会主任顾建华走访慰问驻潍部队官兵。

30日 临朐县老干部迎新春座谈会召开。

同日 县委副书记、县长刘裕斌到部分重点企业进行走访调研。

是月 山旺国家地质公园被命名为“全国科普教育基地”。

是月 临朐县档案局获“全省档案系统先进集体”称号。

是月 临朐县华茂农产品专业合作社副理事长杨兆波获2015年度“齐鲁乡村之星”称号。

2月

1日 市委常委、统战部部长张小梅到临朐县走访生活困难党员和敬老院老人。

2日 县委副书记、县长刘裕斌到城关街道走访慰问老党员和敬老院老人。

4日 县委书记、县人大常委会主任顾建华，县委副书记、县长刘裕斌带队走访部分重点企业。

5日 县委书记、县人大常委会主任顾建华到城关街道石门坊、寨子崮检查调度护林防火工作，对景区防火物资配备、监控设施运行等情况进行详细检查。

同日 县委副书记、县长刘裕斌到国有嵩山林场和国有沂山林场实地检查森林防火工作。

14日 全县经济工作暨作风建设会议召开。县委书记、县人大常委会主任顾建华出席会议并讲话，县委副书记、县长刘裕斌主持会议。

19日 全县金融机构精准服务企业工作会议召开。县委常委、常务副县长衣利民出席会议并讲话。

24日—25日 政协第九届临朐县委员会第五次会议在县广电大厦会议中心召开。

25日—26日 临朐县第十六届人民代表大会第五次会议在县广电大厦会议中心召开。

29日 县委书记、县人大常委会主任顾建华，县委常委、常务副县长衣利民到中小企业创业产业园调研。

同日 县政府全体（扩大）会议召开。县委副书记、县长刘裕斌主持会议并讲话。会议的主要任务是进一步动员政府系统各级干部和全县企业家，紧紧围绕县委决策部署和县人代会通过的《政府工作报告》确定的目标任务，突出重点、强化措施，转变作风、狠抓落实，确保各项工作开好局、起好步。

是月 临朐县入围首批创建“国家全域旅游示范区”。

3月

1日 临朐县房地产开发企业座谈交流会召开。县委书记、县人大常委会主任顾建华，县委副书记、县长刘裕斌出席会议并讲话。

2日 省农业厅副厅长王登启一行到临朐县对“十二五”时期扶贫工作重点村退出情况进行督查。

同日 县委副书记、县长刘裕斌到东城街道调研财源建设情况。

3日 县委、县政府第24次联席会议召开。县委书记、县人大常委会主任顾建华主持会议。会议对促进房地产业发展、加快存量土地开发建设、推进棚户区改造、加快供给侧结构性改革、作风建设、政法、宣传文化、党组织建设、统战等工作进行安排部署。

4日 省节能办主任刘绪聪一行，到临朐县调研循环经济工作。

4日—5日 省林业厅党组书记、副厅长董书华到临朐县检查春季林业生产工作。

6日—10日 县委书记、县人大常委会主任顾建华带领有关镇街、部门和企业负责人，赴深圳、广州、佛山等地开展专题招商对接。

7 日　“朐山医院”杯临朐 2015“最美家庭”颁奖盛典在县广播影视中心一号演播大厅举行。

同日　县委副书记、县长刘裕斌带队到辛寨镇调研财源建设情况。

同日　“凝聚巾帼力量　助力精准扶贫”主题实践活动动员会议举行。县委副书记田元君出席会议并讲话。

9 日　县委书记、县人大常委会主任顾建华带领有关镇街、部门和企业的负责人，在佛山南海参加山东万豪纸业集团用户恳谈会。

11 日　省检察院副检察长王环海到临朐县调研，市检察院党组书记、检察长杨洪旭陪同活动。

同日　全县民兵预备役暨党管武装述职工作会议召开。县委书记、县人武部党委第一书记顾建华出席并讲话。

同日　以淌水崖水库建设为题材创作的大型现代周姑戏《淌水崖》在县广播影视中心一号演播大厅汇报演出。

16 日　县委书记、县人大常委会主任顾建华调研创建国家森林城市暨春季植树造林工作。

同日　全县扶贫脱贫工作调度会议召开。县委书记、县人大常委会主任顾建华，县委副书记、县长刘裕斌出席会议并讲话。

同日　县委副书记、县长刘裕斌到冶源镇调研弥河开发、旅游、财源建设工作。

17 日　县委、县政府第 25 次联席会议召开。县委书记、县人大常委会主任顾建华主持会议。

同日　县委书记、县人大常委会主任顾建华到龙山高新技术产业园调研部分重点企业。

同日　全县宣传思想文化工作暨学先进找差距转作风抓落实主题教育活动总结会议召开。

19 日　全县农村干部和“第一书记”培训班在市委党校开班。县委书记、县人大常委会主任顾建华出席开学典礼并作党课辅导。

21 日　县委书记、县人大常委会主任顾建华调研全县电子商务工作。

同日　全县春季林业生产现场会召开。县委书记、县人大常委会主任顾建华出席会议并讲话。

22 日　市政协副主席王继怀一行，到临朐县专题调研“节水型社会建设”情况。

同日　全县基层党建工作推进会议召开。县委书记、县人大常委会主任、县委党建工作领导小组组长顾建华出席并讲话。

23 日　市委副书记、市长刘曙光到临朐县调研精准扶贫和创建国家森林城市工作。刘曙光察看了沂山风景区西草山亭村整体搬迁安置项目，听取有关情况汇报；走访看望省定贫困村沂山风景区上寺院村贫困户李忠娥；详细了解蒋峪镇华唐油用牡丹示范园项目发展前景。

24 日　市委常委、常务副市长邹庆忠到临朐县佳福奶牛养殖专业合作社调研。

同日　全县精准扶贫结对帮扶暨“进千村、入万户、察民情、解民忧”活动工作会议召开。

25 日　县委副书记、县长刘裕斌到五井镇、嵩山生态旅游区调研财源建设和旅游业发展等工作。

26 日　县委副书记、县长刘裕斌到山旺镇调研财源建设工作。

29 日　副省长赵润田到临朐县调研森林防火、春季抗旱、精准扶贫等工作，市委常委、常务副市长邹庆忠陪同调研。

同日　市政协副主席李传恒一行，到临朐县调研加快全市山丘地区经济社会协调发展情况。

30 日　市委常委、常务副市长邹庆忠到临朐门窗幕墙博览城调研。

同日　县委副书记、县长刘裕斌到柳山镇调研财源建设工作。

31 日　副市长刘建国带领全市棚户区改造工作推进会与会人员，到临朐县观摩棚户区改造项目。

4 月

1 日　县委书记、县人大常委会主任顾建华到嵩山生态旅游区调度精准扶贫工作，走访慰问困难群众。

同日 临朐县文化馆创编的大型现代周姑戏《淌水崖》在市委党校演出。

同日 临朐县组织干部群众到县烈士陵园开展清明节祭扫活动。

2日 省政协原副主席王久祜到临朐县调研经济社会发展情况。

5日 县委副书记、县长刘裕斌到寺头镇调研财源建设工作。

6日 县委书记、县人大常委会主任顾建华到辛寨镇检查调度大项目和财源建设、脱贫攻坚、社区建设、美丽乡村建设、基层党建五项重点工作开展情况。

同日 县委副书记、县长刘裕斌到城关街道调研财源建设工作。

7日 县委书记、县人大常委会主任顾建华到包靠联系企业进行调研。

同日 全县消防工作会议召开。县委常委、常务副县长衣利民主持会议，县政府副县长、县公安局局长李倪出席会议并讲话。

8日 县委书记、县人大常委会主任顾建华到五井镇检查调度大项目和财源建设、脱贫攻坚、社区建设、美丽乡村建设、基层党建五项重点工作开展情况。

11日 晚11时，临朐县沂山林场发生森林火灾。省委副书记、省长郭树清，副省长赵润田、张务锋分别作出批示，要求立即调集力量，全力科学施救，尽快扑灭明火，彻底清除隐患。副省长赵润田，省林业厅厅长刘均刚、副厅长亓文辉、刘建武，省森林公安局局长刘得，市委书记杜昌文和市委副书记、市长刘曙光以及市领导孙明亮、刘建国，潍坊军分区司令员万伟峰、市林业局局长张金玉等连夜赶赴现场。县委、县政府主要领导及县级领导班子成员第一时间赶到现场，迅速启动县级应急响应，成立县指挥部及救援、消防等8个工作组，调集各镇（街、园、区）和国有林场17支专业扑火队，组织3100余名干部群众，划定14个责任区域，全力开展扑火工作。此次救火，出动直升机2架，协调驻地部队直升机2架，协调驻地部队出动兵力650人、装备50台（套），并调集烟台、青岛、济南、淄博、日照、临沂等地森林消防专业队520人，投入串联水泵50台，实施扑火作业；市森林防火指挥部紧急调集青州、安丘、昌乐等周边县市森林消防专业队220人、公安消防员180人、消防车运输车38辆。此次火灾起火原因为音响电源线短路。经奋力扑救，明火全部扑灭，无人员伤亡，沂山主景区未受影响，火灾起火点位于林场百丈崖顶北膀子北侧，过火面积合计620亩，造成直接经济损失40.4万元。

同日 全县深化“三八六”环保行动实施“十大工程”加快绿色发展调度会议召开。县委副书记田元君出席会议并讲话。

16日 在深圳会展中心召开的第十四届中国国际人才交流大会上，临朐县潍坊杰高长纤维制品科技有限公司与德国退休专家组织实现对接。

18日 第三届中国（临朐）国际门窗幕墙博览会开幕。副市长刘建国出席开幕仪式，中国建筑金属结构协会原会长姚兵宣布第三届窗博会开幕，县委书记、县人大常委会主任顾建华在开幕式上致辞。

18日—19日 第三届中国房地产业与门窗幕墙行业高峰论坛在中国国际门窗幕墙博览城举办。

19日 省人大常委会委员、财经委副主任委员王同生带领执法检查组，到临朐县检查大气污染防治法贯彻实施情况。市人大常委会副主任毛秀凤陪同活动。

20日 县委书记、县人大常委会主任顾建华到柳山镇检查调度大项目和财源建设、脱贫攻坚、社区建设、美丽乡村建设、基层党建五项重点工作开展情况。

同日 全县事业单位实施绩效工资工作部署会议召开。县委常委、常务副县长衣利民出席会议并讲话。

同日 县人大常委会组织部分委员和人大代表对全县社会治安防控体系建设情况进行视察。

21日 县委副书记、县长刘裕斌到城关街道检查调度大项目和财源建设、社区建设、美丽乡村建设、脱贫攻坚、基层党建五项重点工作开展情况。

22日 全县第一季度金融工作调度会议召开。县委副书记、县长刘裕斌出席会议并讲话。

同日 徐州农副产品中心批发市场副总经理沈皓与临朐县樱桃专业合作社联合社负责人签订产销意向书，副县长王永刚出席签字仪式。

23日 中共临朐县第十三届委员会第124次常委会议召开。县委书记、县人大常委会主任顾建华主持会议。

26日 全市森林防火工作现场推进会议在沂山林场召开。市森林防火指挥部副指挥、市政府党组成员陈汝孝出席会议并讲话。

同日 全县庆“五一”暨“五一”劳动奖章命名表彰大会召开。县委副书记田元君出席会议并讲话。会上，对全县39名“五一”劳动奖章获得者进行颁奖。

27日 临朐县精准扶贫暨电子商务现场会议召开。

28日 总后勤部原副部长谭悦新中将到临朐县调研经济社会发展情况。

29日 中共临朐县第十三届委员会第125次常委（扩大）会议召开。县委书记顾建华主持会议。会议研究全县经济运行情况，听取全市党校工作会议精神、关于加快推进立体化治安防控体系建设工作和《关于推进村（社区）党组织书记“四诺履职”管理实施意见》的有关工作汇报，听取全县“两学一做”学习教育推进落实情况汇报，研究做好潍坊市和临朐县优秀共产党员、优秀党务工作者、先进基层党组织推荐工作事宜。

5月

1日 临朐县在县国税局办税服务厅举办“营改增”试点企业代开发票活动。县委副书记、县长刘裕斌出席活动。

3日 市关工委主任、市政协原主席赵兴涛一行到临朐县调研经济社会发展情况。

同日 市扶贫办调研组到临朐县调研扶贫工作。

4日 “潍坊市青少年教育基地”挂牌仪式在淌水崖水库举行。市关工委主任、市政协原主席赵兴涛，县委书记、县人大常委会主任顾建华为“潍坊市青少年教育基地”揭牌。

5日 市人大常委会副主任李世光一行，到临朐县对贯彻实施《中华人民共和国旅游法》和《山东省旅游条例》情况进行执法检查。

6日 县委常委会开展“两学一做”学习教育第一次集体学习。县委书记、县人大常委会主任顾建华主持会议并讲话。

7日 第四届中国（临朐）沂山文化节开幕式暨丙申年东镇沂山祀山大典在沂山风景区东镇庙举行。省旅游行业协会秘书长尚玉轩，潍坊市军分区原政委刘洪清出席活动。

8日 《潍坊日报·临朐新闻》获“2015年度山东省优秀县市报”称号。

9日 县政府党组开展“两学一做”学习教育第一次集体学习，县委副书记、县长刘裕斌主持会议并讲话。

10日 省防总防汛督导组到临朐县进行防汛综合检查。副市长刘建国陪同活动。

同日 全县经济工作调度会议召开。县委书记、县人大常委会主任顾建华出席会议并讲话。

11日 市委常委、市纪委书记李在武到临朐县调研落实市纪委十一届八次全会精神、推进党风廉政建设和反腐败工作情况。

同日 青州市委书记、市人大常委会主任韩幸福带领党政考察团到临朐县参观考察。

同日 枣庄市峄城区人大常委会主任、党组书记任建民，住建部标准化协会建材分会常务副秘书长任其勇一行17人，到临朐县考察新型建材构件生产工厂化和建筑产品工业化情况。

12日 全县骨干财源项目、成长型企业、重点招商项目调度会召开。县委书记、县人大常委会主任顾建华出席会议并讲话。

同日 首届全国名镇论坛暨中国名镇志丛书出版座谈会在北京人民大会堂开幕。副县长赵同祥，县史志办公室主任、《中国名镇志丛书•冶源镇志》主编刘建国，冶源镇党委书记赵洪军参加会议。

13日 县委书记、县人大常委会主任顾建华调研教育工作“全面改薄”、解决城镇中小学“大班额”、中小学幼儿园建设和教师队伍建设工作。

15日 “2016中国•巴西青少年国际足球友谊赛（临朐中学站）”活动在临朐中学举行。中华全国体育基金会理事长、中国奥委会副主席吴齐，中华全国体育基金会企业联盟专家委员会主任胡建国等出席开幕式。中国宋庆龄基金会事业发展中心主任陈月仙为临朐中学颁发“大手拉小手，非遗传后人教育示范园”铭牌，县委书记、县人大常委会主任顾建华为中巴青少年国际足球友谊赛开球。

19日 农业部农研中心领导到临朐县调研农民合作社联合社发展情况。

同日 临朐县召开立体化治安防控体系建设现场推进会议。县委副书记田元君出席会议并讲话。

20日 市委常委、统战部部长张小梅到九山镇调研。

同日 全市统战系统“百企帮百村”暨临朐扶贫项目推介会在临朐县召开。市委常委、统战部部长张小梅出席会议并讲话，县委书记、县人大常委会主任顾建华致辞。

23日 市委宣传部副调研员吴兴晋带领市“两学一做”学习教育督导组，到临朐县对“两学一做”学习教育开展情况进行督查指导。

24日 县委书记、县人大常委会主任顾建华，县委副书记、县长刘裕斌带队，赴临沂市蒙山考察学习旅游经营管理和森林防火体系建设等方面经验。

同日 县人大常委会组织对镇（街、园、区）人大规范化建设进行现场观摩交流。

25日 全县棚户区改造、去库存、存量土地开发工作调度会议召开。县委书记、县人大常委会主任顾建华出席会议并讲话。

26日 省委统战工作领导小组成员、省国资委党委副书记、纪委书记、监察专员时民一行，到临朐县就贯彻落实中央、省委关于统一战线系列重大决策部署进行调研。

同日 市委督查室、市人大常委会办公室联合督查组，到临朐县对全县贯彻落实《十一届市委第136次常委会议关于全省县乡人大工作座谈会精神贯彻落实意见的会议纪要》精神情况进行专项督查。

27日 2016“中国梦校园情”山东省中小学生校园艺术节“走进临朐”展演活动在临朐县举行。省教育厅副厅长张志勇、省教育电视台台长邢顺峰观看演出。

同日 中共临朐县第十三届委员会第128次常委（扩大）会议召开。对党群服务体系建设、“两学一做”学习教育、加强和改进机关党建等工作进行研究部署。

28日 全县社区美丽乡村基层党建工作现场会议召开。县委书记、县人大常委会主任顾建华出席会议并讲话。

6月

1日 全市脱贫攻坚现场会议在临朐县召开。市委副书记王献玲出席会议并讲话，副市长刘建国主持会议，县委书记、县人大常委会主任顾建华作典型发言。

同日 省人大工作理论研究会常务副秘书长张力一行，对临朐县贯彻落实中发〔2015〕18号文件、鲁发〔2015〕17号文件精神情况进行调研。

2日 县委书记、县人大常委会主任顾建华，县委副书记、县长刘裕斌带队检查调度市政重点工程。

同日 北部战区政委褚益民上将率机关人员一行，途经临朐进行视察。

3日 全县森林防火体系建设调度会召开。县委书记、县人大常委会主任顾建华，县委副书记、县长刘裕斌出席会议并讲话。

3日—4日 齐鲁交通发展集团董事长、党委书记徐春福一行，到临朐县考察旅游工作。

6日 县委书记、县人大常委会主任顾建华带队到山旺镇调研大项目和财源建设、社区建设、美丽乡村建设、棚户区改造及中小学幼儿园建设等重点工作。

7日 全县立体化治安防控体系建设工作调度会召开。县委书记、县人大常委会主任顾建华出席会议并讲话。

同日 诸城市委副书记孙吉海一行36人，到临朐县考察精准扶贫工作。

8日 中共临朐县第十三届委员会第129次常委（扩大）会议召开。县委书记、县人大常委会主任顾建华主持会议。会议研究部署脱贫攻坚、学习牛寨村党支部典型、加强和改进党校工作、美丽乡村建设考核办法等工作事项。

13日 山东省商业集团有限公司与临朐县人民政府旅游战略合作框架协议签约仪式举行。山东省商业集团有限公司董事长、党委书记王仁泉，县委书记、县人大常委会主任顾建华出席签约仪式并致辞。县委副书记、县长刘裕斌与鲁商集团副总经理、山东银座旅游集团董事长赵西亮正式签订旅游战略合作框架协议。

14日 市委书记杜昌文，市委常委、秘书长孙明亮到临朐县对精准扶贫工作进行专题调研。杜昌文一行先后深入寺头镇山河食品有限公司、九山镇牛寨村等地，访真贫、看产业、察实情，实地了解脱贫攻坚成效，并主持召开座谈会。县委书记、县人大常委会主任顾建华汇报临朐县脱贫攻坚及经济社会发展情况。

同日 全县深化“三八六”环保行动实施“十大工程”加快绿色发展调度会议召开。县委副书记、县长刘裕斌出席会议并讲话。

同日 市委督查室、市政协办公室联合督查组到临朐县贯彻落实市委政协工作会议精神情况进行专项督查。

15日 县委常委会开展“两学一做”学习教育第一次集中研讨。县委书记、县人大常委会主任顾建华主持学习研讨会并讲话。

同日 冶源水库防汛工作会议召开。县委副书记、县长刘裕斌出席会议并讲话。

16日 县委书记、县人大常委会主任顾建华到嵩山生态旅游区调研，并在黄谷中心村会议室给全体党员上党课。

17日 县委副书记、县长刘裕斌到城关街道谭马社区给全体党员讲“两学一做”党课。

同日 全县收入组织工作座谈会召开。县委副书记、县长刘裕斌出席会议并讲话。

同日 县政协组织部分政协委员对全县安全生产情况进行视察。

20日 全县经济运行调度会召开。县委书记、县人大常委会主任顾建华出席会议并讲话。

21日 全县城市建设三项重点任务、中小学幼儿园建设现场调度会议召开。县委书记、县人大常委会主任顾建华，县委副书记、县长刘裕斌出席会议并讲话。

22日 全县招商引资工作调度会召开。县委书记、县人大常委会主任顾建华出席会议并讲话。

23日 市政协副主席、市总工会主席吴建民到临朐县调研跨境电商及“查保促”工作。

同日 县委副书记、县长刘裕斌到城关街道走访慰问建国前老党员、生活困难党员和贫困户，并到万豪集团进行走访调研。

24日 省委统战部副部长、省工商联党组书记李法信一行到临朐县调研非公有制企业发展、基层商会建设及非公有制企业精准扶贫工作。市委常委、统战部部长张小梅陪同调研。

同日 市委常委、统战部部长张小梅到临朐县走访慰问老党员和生活困难党员。

25日 县委书记、县人大常委会主任顾建华到五井镇、嵩山生态旅游区走访慰问部分老党员和生活困难党员。

同日 全县党政机关公务用车制度改革动员会议召开。县委常委、办公室主任刘世海，县委常委、常务副县长衣利民出席会议并讲话。

30日 市人大常委会党组书记、第一副主任、市委政法委书记苏立科到临朐县看望慰问建国前老党员、生活困难党员，并到市人大机关对口帮扶的辛寨镇盘阳村走访调研。

7月

1日 全县第一书记精准扶贫专题培训班开班，县委副书记田元君出席会议并讲话。主要对市、县选派的“第一书记”进行精准扶贫业务培训，专题推广“党支部+合作社+贫困户”扶贫模式。

同日 2016年度全县防汛工作会议召开。

4日 临朐县淌水崖水库防汛工作会召开。县政府副县长、县公安局局长李倪出席会议并到淌水崖水库实地查看淌水崖水库防汛工作准备情况。

5日 市政协副主席、市工商联主席李传恒一行到临朐县调研企业发展情况。

同日 全市园区转型发展工作组到临朐县对全市省级开发区转型升级创新发展工作进行现场观摩。

同日 临朐县县级党政班子成员向县纪委全委会述廉述责会议召开。县委书记、县人大常委会主任顾建华主持会议并讲话。市纪委第四纪检监察室主任高崇华到会指导。

同日 县委书记、县人大常委会主任顾建华到临朐（滨海）工业园调研。

6日 省委统战部常务副部长赵强一行在市委常委、统战部部长张小梅的陪同下，到临朐县调研精准扶贫工作。

8日 县委书记、县人大常委会主任顾建华带队检查调度城市管理和绿化工作。

同日 县委书记、县人大常委会主任顾建华到五井镇调研大项目和财源建设、社区建设、美丽乡村建设、中小学幼儿园建设、乡村旅游、脱贫攻坚、基层党建等重点工作开展情况。

10日 中国童车行业论坛暨山东祺月成立30周年庆典大会在临朐县举行。中国玩具和婴童用品协会会长梁梅，省工商联党组成员、非公有制经济组织党工委副书记张永法，省政府办公厅文秘处处长张全仁，山东理工大学机械学院院长王好臣，市委统战部副部长、市工商联党组书记胡立，县委书记、县人大常委会主任顾建华等出席开幕式。梁梅、王好臣为“山东理工大学祺月智能制造研究所”揭牌，顾建华、张永法为“临朐景福养老护理院”揭牌。

11日—13日 临朐县对五井镇、嵩山生态旅游区、冶源镇、寺头镇、九山镇、龙山高新技术产业园、山旺镇、柳山镇、辛寨镇、蒋峪镇、沂山风景区、城关街道、东城街道2016年度上半年重点工作进展情况进行现场观摩交流。

22日 市委宣传部调研组到临朐县对美丽乡村、乡村文明建设等方面工作进行调研。

25日 全县棚户区改造、去库存、存量土地开发调度会议召开。县委副书记、县长刘裕斌出席会议并讲话。

26日 县委副书记、县长刘裕斌到山东华建铝业集团进行调研。

27日—28日 省住建厅副厅长李兴军带领督查组到临朐县督查上半年脱贫攻坚工作进展和落实情况。

28日—29日 全市就业创业工作暨就业与社会保障精准扶贫工作现场推进会在临朐县召开。县委常委、常务副县长衣利民出席会议并致辞。

29日 “同庆建党建军·共叙鱼水深情”纪念建党95周年建军89周年红军长征胜利80周年军警民联欢晚会，在临朐县广播影视中心一号演播大厅举行。

同日 临朐县庆“八一”军地座谈会召开。县委书记、县人大常委会主任顾建华，县委副书记、县长刘裕斌出席座谈会并分别讲话。

30日 县委书记、县人大常委会主任顾建华，县委副书记、县长刘裕斌等县领导走访慰问驻潍部队官兵。

是月 县委书记、县人大常委会主任顾建华带队赴复旦大学举办党政领导干部领导力提升专题培训班。

是月 临朐县潍坊恒彩数码影像材料有限公司被批准设立省博士后创新实践基地（省博士后科研工作站）。

8月

3日 全县城市环境综合整治工作动员会议召开。县委副书记、县长刘裕斌出席会议并讲话。

同日 潍坊市妇联系统精准扶贫暨“百企（岗）联百村（户）”活动推进会在寺头镇召开。县委副书记田元君出席会议并致辞。

4日 县人大常委会组织部分委员和人大代表对全县安全生产情况进行视察。

5日 中共临朐县第十三届委员会第134次常委（扩大）会议召开。县委书记顾建华主持会议。会议研究当前经济工作、开发区建设、开放发展、文艺和意识形态建设等方面工作。

同日 在全市“中国梦·小康情”百姓宣讲比赛中，临朐县刘保平获得一等奖、王竹青获得三等奖。

8日 市人大常委会委员、教科文卫委副主任委员任洪武一行，到临朐县对《潍坊市文物保护条例（草案）》进行立法调研。

10日 省水利厅党组副书记、副厅长刘建良带领督查组，到临朐县对城乡环卫一体化工作进行督查。

12日 临朐经济开发区“三转”（向主导产业集群转变、向公共服务型转变、向产业园区形态转变）现场推进会议召开。县委书记、县人大常委会主任顾建华主持会议并讲话。

13日 临朐县邀请江苏省政府研究室顾问、苏州市委农工办专家卢水生教授到临朐县作专题辅导报告。县委书记、县人大常委会主任顾建华主持报告会。

15日 市政协主席崔建平到临朐县调研文化旅游产业发展情况。

17日 华建铝模板项目调度会议召开。县委书记、县人大常委会主任顾建华，县委副书记、县长刘裕斌出席会议并分别讲话。

18日 县委全面深化改革领导小组会议召开。县委书记、县人大常委会主任、县委改革领导小组组长顾建华主持会议并讲话。会议听取县委改革办关于《县委全面深化改革领导小组2016年上半年改革督察总结报告》的汇报，审议并原则同意《关于深化供销合作社综合改革的实施意见》《加强农村社区卫生室规范化建设，实施提升基层医疗卫生服务能力三年行动计划》《关于加快推进公共法律服务体系建设的意见》的改革方案。

同日 县政协在临朐一中举行“委员献爱心·助圆大学梦”捐赠仪式。县政协主席赵永娟出席仪式。

20日 临朐县举办自贸区战略与外经贸工作专题讲座。上海对外经贸大学研究生部主任、国际经济与贸易专业教授、硕士生导师张鸿作《自贸区战略与外经贸工作——以更大的开放促进更深的改革》专题报告。

24日 市科协主办，县科协、山东富山集团生态体验中心承办的第十一期鸢都科技论坛在临朐县举行。县委常委、宣传部部长郭宝花出席会议并致辞。

26日 昌乐县人大常委会党组书记、第一副主任王备带领住昌乐县部分省、市人大代表到临朐县调研美丽乡村建设。

29日 临朐县老龙湾风景区新建改造工程调度会议召开。县委副书记、县长刘裕斌出席会议并讲话。

31日 市政府原市长王伯祥、市人大常委会原副主任李本跃到临朐县调研经济社会发展情况。

9月

8月31日—9月1日 全县基层党建暨社区建设美丽乡村建设观摩推进会召开。

1日 潍坊市"中国梦·小康情"百姓宣讲团临朐县宣讲报告会在县委大会议室举行。

同日 全县"两学一做"学习教育工作推进会召开。县委副书记田元君出席会议并讲话。

2日 国家电网新源控股有限公司与临朐县人民政府举行潍坊（临朐）抽水蓄能电站项目签约仪式。国家电网新源控股有限公司副总经济师吕少杰等投资方代表出席签约仪式，潍坊市副市长刘建国出席签约仪式并致辞。县委书记、县人大常委会主任顾建华主持仪式。

2日—3日 省节水城市考评组到临朐县对创建省级节水城市进行考评。

3日 县委书记、县人大常委会主任顾建华到辛寨镇进行调研。

7日 副市长刘建国到临朐县调研宋香园生态世界景区开发建设情况。

8日 安丘市委副书记、市长杜建华率考察团，到临朐县就农业产品结构调整、农业大棚生产等进行考察学习。

同日 全县第三十二个教师节庆祝大会召开。县委书记、县人大常委会主任顾建华出席会议并讲话。

同日 县委书记、县人大常委会主任顾建华到寺头镇调研。

9日 县委书记、县人大常委会主任顾建华带队，赴泰安市考察抽水蓄能电站项目。

同日 全县中小学校建设推进会议召开。县委副书记、县长刘裕斌出席会议并讲话。

9日—10日 第九届中国村镇银行发展论坛、第三届全国村镇银行综合业务发展情况暨全国百强村镇银行颁奖活动在内蒙古自治区鄂尔多斯市举行。临朐聚丰村镇银行获"全国百强村镇银行"称号。

13日 全市乡村文明行动城乡环卫一体化暨铁路沿线环境综合治理工作现场推进会在临朐县召开。市委常委、宣传部部长、高新区党工委书记初宝杰主持会议，副市长刘建国出席并讲话。

18日—20日 省诗词学会到临朐县对申创"齐鲁诗词之乡"工作情况进行检查验收。中华诗词学会顾问、省诗词学会会长、省政协原副主席李殿魁参加检查验收。

20日 县委书记、县人大常委会主任顾建华到嵩山生态旅游区调研。

同日 县委副书记、县长刘裕斌到城关街道西坦社区走访并调度城关街道重点工作推进情况。

同日 全县危化品企业主要负责人谈心对话会议在县委大会议室召开。县委副书记、县长刘裕斌出席会议并讲话。

21日 全县城市环境综合整治调度会议召开。县委副书记、县长刘裕斌出席会议并讲话。

24日 临朐县城市建设三项重点任务现场调度会召开。县委书记、县人大常委会主任顾建华，县委副书记、县长刘裕斌出席会议并讲话。

同日 第九届中国观赏石展销博览会在临朐奇石文化城开幕。市政协原副主席王庆德，中国观赏石协会外展部主任仲天举，山东省观赏石协会常务副会长、秘书长徐孟军出席开幕式。

27日 "文泰苑杯"第四届全民运动会在县体育场开幕。县委书记、县人大常委会主任顾建华宣布第四届全民运动会开幕，县委副书记、县长刘裕斌致开幕词。来自67支代表团的5000多名运动员参加比赛。

同日 市人大常委会委员、农业与农村委副主任委员徐松萃带领视察组，到临朐县对全市森林城市建设情况进行视察。

27日—28日 全省农民合作社创新发展经验交流暨扶贫推进月活动启动会议在临朐县召开。省农业厅副巡视员姜卫良出席会议并讲话，县委副书记、县长刘裕斌出席会议并致辞。

28日 第三届山东省乡村旅游节在嵩山生态旅游区淹子岭开幕。山东省旅游发展委员会副主任张鲲，《旅游世界》杂志社社长兼总编辑、山东省旅游摄影协会会长刘建波，潍坊市旅游局副局长李相群等出席开幕式。

同日 市化工建材行业办公室主任、党委书记李葆东带领调研组，到临朐县调研化工产业发展及化工园区建设情况，并对临朐县申报的化工项目进行现场会审。

同日 临朐县县镇两级人大换届选举工作学习班举办。

29日 临朐县人民政府与山东广电网络有限公司战略合作协议签约仪式举行。山东广电网络有限公司党委书记、董事长刘保聚，县委书记、县人大常委会主任顾建华出席签约仪式并致辞。

同日 市人大常委会副主任、城建环资委主任委员毛秀凤到辛寨镇盘阳村视察市人大机关包村帮扶情况。

同日 全市社会组织参与精准扶贫现场会在嵩山生态旅游区召开。

30日 临朐县烈士纪念日公祭仪式在县烈士陵园举行。

10月

1日 临朐台农商贸有限公司台湾馆开业庆典仪式在全福元商业中心举行。县委副书记田元君出席并致辞。台农商贸有限公司总投资1.5亿元，一期建成台湾馆项目，营业面积1.6万平方米。

10日 全县政法系统“十佳政法干警”、“十佳政法单位”颁奖晚会在临朐县广播影视中心一号演播大厅举行。县委书记、县人大常委会主任顾建华，县委副书记、县长刘裕斌，县政协主席赵永娟等出席晚会并为获奖干警和单位颁奖。

同日 太平养老保险潍坊公司与临朐县进行战略合作对接，县委副书记、县长刘裕斌出席座谈会并讲话。

11日—12日 贵州省毕节市七星关区区委常委、副区长卜令冲一行8人，到临朐县考察大棚樱桃发展及农村金融等工作。

12日 市政协副主席李传恒带领视察组，到临朐县视察精准扶贫、精准脱贫工作情况。

同日 省人大常委会委员、农委副主任委员侯英民、宋玉山带领调研组，到临朐县专题调研水利改革发展情况。市人大常委会委员、农业与农村委副主任委员徐松萃陪同活动。

同日 市政协原主席迟昭厚到临朐县考察。先后到阳光爱德老年健康城、山水水泥公司、高铁轨道大板项目等进行实地察看。

同日 2016中国（临朐）秋季家居门窗展销会在窗博城开幕。中国有色金属工业协会副会长、中国有色金属加工工业协会理事长文献军，县委书记、县人大常委会主任顾建华出席开幕式并致辞。

17日 全市创建国家食品安全城市检查培训工作临朐县动员会议召开。市政府党组成员、市食品药品监管局党组书记陈汝孝出席会议并讲话，县委副书记、县长刘裕斌主持会议。

18日 临朐县创建国家食品安全城市调度会议召开。县委书记、县人大常委会主任顾建华出席并讲话。

同日 全县财政收入工作调度会议召开。县委副书记、县长刘裕斌出席会议并讲话。

19日 县委书记、县人大常委会主任顾建华到五井镇调研部分重点工作。

20日 全省产业集群工作会议在临朐县召开。省中小企业局局长王兆春出席会议并讲话，市委常委、常务副市长邹庆忠出席并致辞，县委书记、县人大常委会主任顾建华出席会议，县委副书记、县长刘裕斌作典型发言。

22日 “焕彩京华·不忘初心”北京临朐籍国画家作品展在华建文化艺术中心开展。国防大学教授房忠贤少将，县委副书记、县长刘裕斌出席开幕式并致辞。

23日 沂山风景区荣获“中国森林氧吧”称号。

24日 全县经济运行分析会议召开。县委副书记、县长刘裕斌出席会议并讲话。

25日 县人大常委会组织部分委员和人大代表对县检察院刑罚执行监督工作情况进行视察。

26日 市人大常委会党组副书记、副主任刘明珂到临朐县调研文化旅游、医疗养老、城市管网建设等工作。

28日 全县森林防火工作会议召开。县委副书记、县长刘裕斌出席会议并讲话。会上，县政府与相关责任单位签订森林防火责任书。

同日 县委副书记、县长刘裕斌带队调度创建国家食品安全城市工作。

29日 全县计划生育工作会议召开。县委书记、县人大常委会主任顾建华出席会议并讲话。

31日 县级领导干部会议在县委常委会议室召开。专题传达学习中共十八届六中全会精神。县委书记、县人大常委会主任顾建华主持会议并讲话。

同日 县政协党组（扩大）会议召开。专题传达学习中共十八届六中全会精神，研究贯彻落实措施。县政协主席、党组书记赵永娟主持会议并讲话。

11月

2日 县委书记、县人大常委会主任顾建华到东城街道调研部分重点工作。

3日 全市美丽乡村标准化建设暨农村社区建设现场推进会在临朐县召开。市委副书记王献玲出席会议并讲话，副市长刘建国主持会议，县委书记、县人大常委会主任顾建华出席并作典型发言。

7日—9日 县委副书记、县长刘裕斌带领有关镇街、部门、企业负责人赴北京开展专题招商对接。

8日 国防大学校长张仕波上将到临朐县调研。

8日—9日 国家电网公司发展部处长何永胜一行到临朐县考察抽水蓄能电站项目。

10日 潍坊军分区司令员万伟锋到临朐县考察。

同日 县委全面深化改革领导小组会议在县委常委会议室召开。县委书记、县人大常委会主任、县委改革领导小组组长顾建华主持会议并讲话。

同日 “山水相依”青州农民画——临朐手绘年画作品联展在青州农民画画院展览馆开展。

11日 县委书记、县人大常委会主任顾建华到柳山镇调研部分重点工作。

同日 全县普法依法治理工作会议在县委大会议室召开。

16日 全县公路交通工程调度会召开。县委书记、县人大常委会主任顾建华，县委副书记、县长刘裕斌出席会议并讲话。

17日 县委副书记、县长刘裕斌带队对临朐县违法违规用地情况进行现场检查调度。

18日 县委书记、县人大常委会主任顾建华到五井镇和嵩山生态旅游区，对骨干财源项目建设、乡村旅游、精准扶贫等部分重点工作进行调研。

同日 县委全面深化改革领导小组会议在县委常委会议室召开。县委书记、县人大常委会主任、县委全面深化改革领导小组组长顾建华主持会议并讲话。

19日 临朐第一届中国·韩国青少年校园足球邀请赛在临朐中学举行。副县长赵同祥出席开幕式并致辞，为中韩青少年校园足球邀请赛开球，为县校园足球训练营揭牌。

25 日 市委常委、统战部部长张小梅到包靠的冶源镇对村党支部“两学一做”学习教育和脱贫攻坚情况进行督导。

29 日 县委全面深化改革领导小组会议召开。县委书记、县人大常委会主任、县委改革领导小组组长顾建华主持会议并讲话。

30 日 临朐县跨境电商产业园综合服务中心正式启用。县委副书记、县长刘裕斌出席启用仪式，副县长黄芳出席并致辞。

30 日—12 月 2 日 县委书记、县人大常委会主任顾建华带领县党政考察团赴浙江绍兴，考察学习旅游集团公司组建运营情况。

12 月

1 日 省委常委、统战部部长吴翠云一行到临朐县调研经济社会发展和统战工作。市委书记、市人大常委会主任杜昌文，市委常委、统战部部长张小梅陪同调研。

同日 市政府教育督导团到临朐县对 2016 年教育工作进行综合督导评估。

2 日 全县金融支持实体经济发展工作会议召开。县委副书记、县长刘裕斌出席会议并讲话。

8 日 市委副书记、市长刘曙光一行到临朐县专题调研精准扶贫工作。刘曙光一行先后到辛寨镇河北村、冶源镇白塔村、寺头镇福泉村、九山镇牛寨村，对临朐县创新实践的“党支部 + 合作社 + 贫困户”的扶贫模式给予高度评价。

11 日 临朐籍文化学者、书画家张生太正在创作的巨幅历史画卷《中国梦·泱泱中华五千年》被山东省美协正式立项，成为山东美协主抓推出的大型文化项目。

12 日 市人大常委会法制工作委员会主任胡景东带领调研组，到临朐县对建立生态补偿机制和制定生态红线等有关立法项目进行调研。

14 日 县委常委会开展“两学一做”学习教育第九次集体学习及研讨交流，县委书记、县人大常委会主任顾建华主持并讲话。

15 日 临朐县博物馆获“全省第一次可移动文物普查先进集体”称号。

21 日 中欧节能门窗产业园考察交流会举行。县委副书记、县长刘裕斌出席并致辞，北京、河北、广东等地 100 多位企业家参加交流会。

同日 临朐县顺利通过国家三类城市语言文字工作初步评估。

23 日 “中国书法之乡——山东·临朐”命名授牌仪式举行。中国书协副主席、省文联副主席、省书协主席顾亚龙，中国书法家协会党组成员、副秘书长曹建明出席，县委书记、县人大常委会主任顾建华出席并致辞。

25 日 县博物馆和中国美术学院战略合作框架协议签约仪式举行。县委常委、宣传部部长郭宝花出席仪式并揭牌。

26 日 临朐县第四届全民运动会总结表彰会议在县委大会议室召开。县委常委、宣传部部长郭宝花出席会议并讲话。

27 日 全县扶贫开发推进会议在县委大会议室召开。县委副书记田元君出席会议并讲话。

30 日 县委书记、县人大常委会主任顾建华，县委副书记、县长刘裕斌，县人大常委会党组书记、第一副主任王晋成，县政协主席赵永娟，县委副书记田元君到财税金融部门进行走访慰问。

是月 九山镇村民林凤珍获“全国敬老爱老助老模范人物”称号。

是月 临朐县获“山东省节水型城市”称号。

是月 临朐县被山东诗词学会授予“齐鲁诗词之乡”称号。东城街道七贤小学、城关街道北苑小学、蒋峪镇蒋峪初中、辛寨镇、柳山镇、沂山风景区、山旺镇桃花诗社、东镇诗社、县教育局、山东秦池集团被评为“齐鲁诗教先进单位”。

是月 县法律援助中心被授予“山东省老年人公益维权服务示范岗”称号。

（县档案局）

全县概况

区域环境

【建制沿革】 临朐历史悠久，境内已发现北辛、大汶口、龙山文化遗址64处，文化遗存丰富。史料载，黄帝曾登封沂山，帝尧之子丹朱封于丹水。夏、商分别为季荝氏、逄伯陵封地。西周为骈邑。春秋战国时属齐国，为齐相管仲封地。秦朝分属齐郡和琅琊郡。西汉设有临朐、朱虚、挍三县和缾、临原两个侯国。东汉，有临朐、朱虚二县，皆属青州。三国及魏晋，境内仍设临朐、朱虚二县，初临朐属徐州东莞郡、朱虚属青州城阳郡，后同属东莞郡。南北朝时期，境内设昌国、朱虚、般阳、西安、安平五县。隋朝将各县统一为临朐县。唐、宋属青州。元朝属益都路。明、清属青州府。民国初，废府设道，临朐县属胶东道。1925年改属淄青道。1928年废道，临朐县为省直辖。1938年改属山东省第八行政督察区所辖。1940年4月，临朐县抗日民主政府成立。1943年9月，共产党领导的临朐县政府建立，隶属鲁中行政区第四（沂山）专区。1945年10月，原第三专区撤销，第四专区改为第三专区，临朐亦随之改属第三专区。1948年7月，属鲁中南行政公署第三（沂山）专区。1949年7月改属昌潍专区。1967年3月改属昌潍地区。1981年7月，昌潍地区改名为潍坊地区，临朐县亦改属潍坊地区。1983年10月，潍坊地区改称潍坊市，临朐县改属潍坊市辖。

【位置面积】 临朐县地处山东省中部，潍坊市西南部，沂山北麓，弥河上游，地处北纬36°04′—36°37′，东经118°14′—118°49′。东接昌乐县、安丘市，南连临沂市沂水县、淄博市沂源县，西南与淄博市沂源县相邻，西接淄博市淄川区，北与青州市接壤。总面积1833.72平方千米。县城位于县境北部。（刘世忠　王光芹）

【地质地貌】 临朐县地处鲁西台背斜东部沂山隆起区，东接郯庐深大断裂带，北连昌乐凹陷，西跨五井断裂，具有隆起、凹陷、深大断裂三个级构造单元和断裂、褶皱等构造形态。境内地形南高北低，山地占总面积的47%，丘陵占33%，平地占20%。共有大小山头2000余座，仅海拔500米以上的山峰就有84座。出露地层主要有太古界泰山群，元古界震旦系，古生界寒武系、奥陶系、石炭系，中生界侏罗系、白垩系，新生界第三系、第四系。截至2016年底，全县共发现矿产40余种，探明储量19种，已开发利用17种，金属矿产以金、银、铜、铁为主，非金属矿产主要有石灰石、白云岩、花岗石、河砂、煤炭等，主要分布在境内南部山区。（安同瑞　付广青）

【土地资源】 截至2016年底，全县总面积为183123.29公顷，其中耕地面积59913.05公顷，园地17404.11公顷，林地37881.52公顷，草地20520.44公顷，城镇村及工矿用地17327.39公顷，交通运输用地4477.05公顷，水域及水利设施用地5787.41公顷，其他用地19812.32公顷。

（安同瑞　付广青）

【水资源】 截至2016年底，全县共建有大、中、小型水库153座，总库容3.48亿立方米，兴利库容1.87亿立方米，其中大型水库1座，总库容1.69亿立方米，兴利库容0.84亿立方米；小一型水库23座，总库容3900万立方米，兴利库容2300万立方米；小（二）型水库124座，总库容2800万立方米，兴利库容1300万立方米。塘坝工程443座，总库容1355万立方米，兴利库容842万立方米。大型拦河橡胶坝10处，拦蓄水量可达700万立方米，在冶源水库下游形成6000多亩水面，连续20公里的绿色生态长廊。

全县多年平均水资源总量约3.94亿立方米，其中地表水资源量为3.10亿立方米，地下水资源量为2.02亿立方米，两者的重复利用量为1.19亿立方米。人均占有水资源量438立方米。多年平均水资源可利用量为3.22亿立方米，其中地表水可利用量为1.837亿立方米，地下水可利用量为1.46亿立方米。（张效庆 李 政）

【动植物资源】

动物资源 临朐县在世界陆地动物区系中属古北界，动物种群以古北界动物为主，也含有东洋界成分。在中国动物地理区划中，属华北区，黄淮亚区的山东丘陵亚区。动物群落属于暖温带森林—森林草原、农田动物群。在山东省陆栖脊椎动物地理小区区划中属于鲁中南丘陵区。据调查资料，临朐县记录野生动物（不含淡水浮游动物和鱼类）有9纲43目198科876种（含亚种）。其中：陆栖脊椎动物4纲23目58科227种，陆栖无脊椎动物5纲20目140科649种。

植物资源 临朐县属泛北极植物区的中国—日本森林植物亚区，华北地区中的辽东山东半岛亚地区。在中国植被区划分为：暖温带落叶阔叶林区域—暖温带落叶阔叶林地带—南部落叶栎林亚地带—山地丘陵栽培植被—赤松麻栎林区。由于受历史上地质变动及人为生产活动的影响，县内原始植被类型已分布很少，现主要为天然次生林和人工林。据调查资料，临朐县共记录有维管植物137科509属929种。其中，国家Ⅰ、Ⅱ级保护植物8种，列入《濒危野生动植物种国际贸易公约》植物6种，山东省"稀有濒危植物"30种，分别隶属于蕨类植物门、裸子植物门、被子植物门。

县内维管植物各门、科、属、种统计表

表1

类别		科数	属数	种数
蕨类植物门		16	17	28
裸子植物门		4	8	12
被子植物门		117	484	889
其中	单子叶植物纲	18	102	482
	双子叶植物纲	99	382	407
合计		137	509	929
山东省		183	896	2321
占山东省比例%		74.9	56.8	40.0

（孙文波 赵德刚）

【河流】 临朐县主要河流分弥河、汶河两大水系。

弥河发源于沂山西麓，纵贯全县南北，出境流经青州、寿光、滨海三市（区）入海。县内全长82公里，流域面积1438平方公里，大小支流36条，计长360公里。雨季最大流量4950立方

米／秒，枯季最小流量0.2立方米／秒，下游干枯。

汶河发源于沂山东麓，向东流经沂山、蒋峪两镇（区），县境内全长约30公里，流域面积375平方公里，大小支流共21条，全长41.5公里，雨季最大流量505立方米／秒，枯季最小流量0.24立方米／秒。（张效庆　李　政）

【气候】 2016年，全县平均气温14.4℃，较常年偏高1.6℃。降水量709.0毫米，较常年偏多117.0毫米。日照时数2519.9小时，较常年偏多47.0小时。极端最高气温37.1℃，出现在7月25日，比历史极值偏低3.4℃。极端最低气温-16.6℃，出现在1月24日，比历史极值偏高7.2℃。终霜日期3月26日，初霜日期11月1日，全年无霜期219天。最大冻土深度27厘米。年内大风出现1天，雾6天，暴雨1天。（孙丽娟）

【自然灾害】 受低涡影响，6月14日18时至15日6时，出现暴雨天气过程，并伴有冰雹和雷雨天气，城关街道、东城街道、辛寨镇、蒋峪镇、柳山镇部分农田、房屋受损成灾，受灾人口14213人，农作物受灾面积1448.99公顷，成灾面积1057.44公顷，绝收面积105.72公顷。倒塌房屋7间，严重损坏14间。直接经济损失2933.63万元，其中农业损失2619.63万元，基础设施损失281万元，家庭财产损失33万元。

7月31日，部分乡镇出现雷电、短时强降水、大风天气，局部出现软冰雹，五井镇、嵩山风景区管委会部分农田、房屋受损成灾，受灾人口20073人，农作物受灾面积698.72公顷，其中成灾面积668.22公顷，绝收面积300公顷。严重损坏房屋1间，严重损坏农房户数1户；一般损坏房屋15间，一般损坏房屋户数10户。直接经济损失853.2275万元，其中农业损失844.9675万元，基础设施损失6.95万元，家庭财产损失1.31万元。

8月6日—7日，部分镇街出现暴雨天气，城关街道、蒋峪镇、柳山镇部分农田、公路、房屋受损成灾，受灾人口6541人，农作物受灾面积122公顷，其中成灾面积64.59公顷，绝收面积15.11公顷。倒塌损坏房屋71间。直接经济损失610.3万元，其中农业损失108.5万元，基础设施损失491万元，家庭财产损失10.8万元。

（孙丽娟）

区划　人口

【行政区划】 2016年，临朐县辖辛寨、柳山、寺头、冶源、山旺、五井、九山、蒋峪8个镇，东城、城关2个街道，350个村（居）委会，其中31个居委会，319个村委会。

（刘世忠　王光芹）

【人口】 2016年末，全县总户数为296144户，总人口数为905622人，其中男性466339人、女性439283人，性别比106。非农业人口数为399329人，年城镇化率为44.09%，比2015年城镇化率增长0.04%。年平均人口数901378人，总人口比2015年增加8487人。年人口增长率为9.41‰，比2015年人口增长率增长2.25‰。

2016年，出生16467人，男婴8843人，女婴7624人。出生人口数比2015年增加1256人，人口出生率为18.26‰。死亡5626人，比2015年减少1674人，死亡率为6.24‰。人口自然增长率为12.02‰，比2015年上升3.85‰。迁入人口为3343人，其中省内迁入2795人，省外迁入548人，迁入人口比2015年减少1103人。迁出人口为5779人，其中迁往省内4843人，迁往省外936人，迁出人口数比2015年减少316人。机械增长人数为-2436人，机械增长率为-2.70‰。

（杨维护　王好仑）

组织机构及领导成员

中国共产党临朐县委员会

书　　记　顾建华
副 书 记　刘裕斌
　　　　　马常春（1 月止）
　　　　　田元君（1 月起）
常　　委　顾建华
　　　　　刘裕斌
　　　　　马常春（1 月止）
　　　　　田元君（1 月起）
　　　　　刘世海（12 月止）
　　　　　衣利民
　　　　　郭家荣
　　　　　郭宝花（女）
　　　　　冯　波
　　　　　周书坤（12 月止）
　　　　　孙启军
　　　　　于飞奇
　　　　　李志为（12 月起）
　　　　　桑海强（12 月起）
　　　　　张晓乙（挂职）

临朐县人民代表大会常务委员会

主　　任　顾建华
第一副主任　王晋成
副 主 任　衣　萍（女）
　　　　　许孝新（不驻会）
　　　　　张元平
　　　　　段庆孔

临朐县人民政府

县　　长　刘裕斌
副 县 长　衣利民
　　　　　郭家荣
　　　　　张晓乙（挂职）
　　　　　赵同祥（12 月止）
　　　　　王永刚
　　　　　黄　芳（女）
　　　　　李　倪
　　　　　鲁在君（挂职）

中国人民政治协商会议临朐县委员会

主　　席　赵永娟（女）
副 主 席　刘学海
　　　　　张惠玉（女，不驻会）
　　　　　倪若强（不驻会）
　　　　　白雪峰（不驻会）
　　　　　傅来昌
　　　　　许佃永
秘 书 长　李富华
副秘书长　赵玉国　郎　涛　林绍海

县委办公室

主　　任　刘世海（12 月止）
　　　　　李志为（12 月起）
常务副主任　杨维政（6 月止）
　　　　　　唐江然（12 月起）
副 主 任　卢　勇（6 月止）
　　　　　王明奋
　　　　　王艾元（12 月起）
　　　　　杨先凯（6 月起）

研究室

主　　任　杨先凯
副 主 任　张　学

督查室

主　　任　唐江然（12 月止）
副 主 任　杨维刚

保密办

主　　任　王艾元
副 主 任　郭　栋

机要局

局　　长　刘国强（12 月止）
副 局 长　倪国庆

改革办

主　　任　刘世海（兼，12 月止）
　　　　　李志为（兼，12 月起）
副 主 任　谭　甲（兼）　杨先凯（兼）
　　　　　张　林（6 月止）
　　　　　王　兵
　　　　　杜先涛（6 月起）

信息调研室

主　　任　唐行宝

接待处

主　　任　陈德利（6 月起）
副 主 任　陈德利（6 月止）
　　　　　曾　真（女，6 月起）

县政协机关及各专门委员会

办公室

主　　任　李富华
副 主 任　王　刚
　　　　　王　艳（女）

研究室

主　　任　赵玉国（12 月止）
　　　　　林绍海（12 月起）
副 主 任　瞿德莹

政协委员活动工作室

主　　任　张　萍（女）

提案委

主　　任　安兆东

经济科技委员会

主　　任　林绍海（12 月止）
　　　　　刘建国（12 月起）

文教卫生和社会法制委员会

主　　任　吕新枝（女）

人口资源环境外事委员会

主　　任　郎　涛

文史资料委员会

主　　任　张永宏

老干部科

科　　长　张树磊

中共临朐县纪律检查委员会

书　　记　冯　波
常务副书记　毕义忠
副 书 记　李法军
常　　委　朱　宏（女，12 月止）
　　　　　李兴国
　　　　　徐　伟（12 月止）
　　　　　赵文洪（6 月起）

办公室

主　　任　窦振海（2 月起）

干部室（5 月止）

主　　任　李兴国（5 月止）

组织部（5 月起）

部　　长　李兴国（6 月起）

宣传部（5 月起）

部　　长　李春辉（6 月起）

党风政风监督室

主　　任　宗　敏（女，2 月起）

信访室

主　　任　韩　冬（6 月止）
　　　　　徐　亭（6 月起）

案件监督管理室

主　　任　徐　伟（6 月起，12 月止）

第一纪检监察室

主　　任　王晓东（2 月止）
　　　　　赵文洪（6 月起）

第二纪检监察室

主　　任　赵文洪（6 月止）
　　　　　高向东（6 月起）

第三纪检监察室

主　　任　冯英梓（6 月止）
　　　　　韩　冬（6 月起）

第四纪检监察室（5 月止）

主　　任　高向东（5 月止）

案件审理室

主　　任　刘学智（6 月止）
　　　　　朱　宏（女，6 月起，12 月止）

县廉政教育中心（原县执法和效能监察中心）

主　　任　朱　宏（女，2月止）
　　　　　秦好奎（2月起）
副 主 任　张　亮（2月起，12月止）

派驻第一纪检组、监察室

书　　记（主　任）　赵　军
副 书 记（副主任）　宋金强

派驻第二纪检组、监察室

书　　记（主　任）　刘瑞军
副 书 记（副主任）　王成民
　　　　　　　　　　刘　斌

派驻第三纪检组、监察室

书　　记（主　任）　王志军（6月止）
　　　　　　　　　　冯英梓（6月起）
副 书 记（副主任）　秦好奎（2月止）
　　　　　　　　　　张　平

派驻第四纪检组、监察室

书　　记（主　任）　冯益利
副 书 记（副主任）　韩建国
　　　　　　　　　　宿万通

派驻第五纪检组、监察室

书　　记（主　任）　王晓东（2月起）
副 书 记（副主任）　徐　亭（6月止）

派驻第六纪检组

书　　记　高连文（6月止）
　　　　　刘学智（6月起）
副 书 记　王　辉
　　　　　韩其俊

县委巡察办（12月起）

主　　任　朱　宏（女，12月起）
副 主 任　王　波（12月起）

临朐县人民武装部

部　　长　姜先福
政治委员　于飞奇
副 部 长　王宗功
党委第一书记　顾建华（兼）
党委书记　于飞奇
党委副书记　姜先福

中共临朐县委组织部

部　　长　周书坤（12月止）
　　　　　桑海强（12月起）
副 部 长　邢岳文　张　杰　韩其刚
　　　　　王者岭（12月起）

老干部局

局　　长　张　杰
副 局 长　张永信

县委统战部

部　　长　周书坤（12月止）
常务副部长　陈　强（12月止）
　　　　　　赵玉国（12月起）
副 部 长　王来超
　　　　　陈仁增（12月止）
　　　　　侯秋玲（女，6月起）
　　　　　许忠良（12月起）

民族宗教局

局　　长　王来超
副 局 长　侯秋玲（女，7月止）
　　　　　祝洪刚（7月起）

县直机关党工委

书　　记　窦　超（12月止）
　　　　　宋洪福（12月起）
副 书 记　聂芳坤
　　　　　傅有文

县直机关武装部

部　　长　杨景民

机构编制委员会办公室

主　　任　周世彬
副 主 任　顾廷礼　吕学伦

党史研究室

主　　任　孟繁胜
副 主 任　郝德权（12月起）
党支部书记　时会来

档案馆（局）

馆（局）长　李培玉
副馆（局）长　张敬华
　　　　　　李　群（女）

信访局

局　　长　陈安和（12月止）
　　　　　徐　伟（12月起）
副 局 长　王宗峰

总工会

主　　席　许佃永
常务副主席　王孔新
副 主 席　王承学
党组书记　许佃永

团县委

书　　记　王　楷（12月止）
　　　　　高　帅（12月起）
副 书 记　高　帅（12月止）

妇女联合会

主　　席　高金贵（女）
副 主 席　谭丽红（女）　陈玉梅（女）
党组书记　高金贵（女）

科学技术协会

主　　席　马　勇（1月止）
　　　　　倪若强（兼，1月起）
副 主 席　刘兴堂
　　　　　郑承静（女）
党组书记　马　勇（1月止）
　　　　　史太白（1月起）

反邪教协会

会　　长　刘兴堂
秘 书 长　西宝旺

台湾工作办公室

主　　任　陈晓东
副 主 任　王爱荣（女）
党支部书记　王爱荣（女）

工商联

主席（会长）　衣利民
常务副主席　陈仁增（12月止）
　　　　　　许忠良（12月起）
副 主 席　刘大章
党组书记　陈仁增（12月止）
　　　　　许忠良（12月起）
秘 书 长　陈洪普

扶贫办（1月起）

主　　任　王保利（1月起，12月止）
　　　　　窦圣健（12月起）
副 主 任　李华培（1月起）
　　　　　辛　伟（1月起）
　　　　　刘兆鹏（2月起）

县人大常委会机关及各专门委员会

办公室

主　　任　叶东生（1月止）
　　　　　赵　憬（1月起）
副 主 任　马世宝　赵文奎

老干科

科　　长　郭金鑫

人事代表室

主　　任　李继艳（女）
副 主 任　李　刚

调查研究室

主　　任　张正瑜
副 主 任　刘　涛

信访工作室

主　　任　王宗华

副 主 任　张本凯

预算工作委员会

主　　任　张世军

副 主 任　王秀美（女）

内务司法委员会

主任委员　　叶同国

副主任委员　邢岳文　马庆荣（女）

财政经济工作委员会

主任委员　　王元孟

副主任委员　张爱俊

农业与农村工作委员会

主任委员　　李吉孝

副主任委员　孙铭远

城乡建设环境资源保护工作委员会

主任委员　　高士军

副主任委员　苏现利（1月起）

教育科学文化卫生工作委员会

主任委员　　李储光

副主任委员　尹秀荣（女，1月起）

县政府办公室

主　　任　王德胜

副 主 任　周世德

　　　　　朱占花（女）

　　　　　林召江（7月止）

　　　　　许美新（7月起）

督查室

主　　任　朱占花（女，7月止）

　　　　　李延彬（7月起）

应急管理办公室

主　　任　周世德（1月止）

　　　　　林召江（7月起）

副 主 任　张　锋

法制办公室

主　　任　杨佃锁

副 主 任　王明增　宿万巡

县长公开电话受理中心

主　　任　辛万玉（11月起）

政务服务中心管理办公室

主　　任　车会臣

副 主 任　辛志国

　　　　　张　林（7月起）

党组书记　车会臣

公共资源交易中心

主　　任　王庆波

金融工作办公室

主　　任　高凌利

副 主 任　窦雪莲（女）

　　　　　李德鹏

党组书记　高凌利

县级机关事务管理局

局　　长　赵　憬（1月止）

　　　　　马　勇（1月起）

副 局 长　高枫林　魏　鹏　姬广翔

副 书 记　马斌太

人民防空办公室

主　　任　傅绍学

副 主 任　刘吉坤

党支部书记　朱有德（6月起）

旅游局

局　　长　李　瑜

副 局 长　王端国

　　　　　范玉海（12月止）

党组书记　李　瑜

审计局

局　　长　郎咸强

副 局 长　孟祥君

　　　　　朱松华（11月止）

党组书记　郎咸强
总审计师　于延海

地震局

局　　长　冯向琳
副 局 长　沈汝建　张同川
党组书记　冯向琳

国土资源局

局　　长　王　强（9 月止）
　　　　　瞿志敏（9 月起）
副 局 长　安同瑞　张成舜
党委书记　王　强（9 月止）
　　　　　瞿志敏（9 月起）

规划局

局　　长　赵春堂
副 局 长　赵立良　陈　伟
党组书记　赵春堂
总规划师　颜　林

科技局

局　　长　尹秀荣（女，1 月止）
　　　　　师俊刚（1 月起）
副 局 长　沈汝伟　王孔刚
党组书记　尹秀荣（女，1 月止）
　　　　　师俊刚（1 月起，12 月止）
　　　　　李贤军（12 月起）

监察局（与纪委机关合署）

局　　长　毕义忠
副 局 长　倪若强（1 月止）
　　　　　王晓东（3 月止）
　　　　　赵文洪

卫生和计划生育局

局　　长　苏现利（1 月止）
　　　　　叶东生（1 月起）
副 局 长　刘晓丹（女）　李正喜
　　　　　吴玉坚
党工委书记　苏现利（1 月止）
　　　　　　叶东生（1 月起）
副 书 记　张立辉

民政局

局　　长　白星超（1 月止）
　　　　　齐宝金（1 月起）
副 局 长　刘世忠　殷天强
党组书记　白星超（1 月止）
　　　　　齐宝金（1 月起，12 月止）
　　　　　毕义忠（12 月起）

残疾人联合会

理 事 长　李贤军（12 月止）
　　　　　陈　强（12 月起）
副理事长　周立俭
　　　　　聂清渠
党组书记　李贤军（12 月止）
　　　　　陈　强（12 月起）

史志办公室

主　　任　刘建国（12 月止）
　　　　　张孝友（12 月起）
副 主 任　徐传国
党支部书记　刘建国（12 月止）
　　　　　　张孝友（12 月起）
副 书 记　刘冠伟

滨海产业园

主　　任　徐光斌
副 主 任　胡文昌　王晓阳

检验检测中心

主　　任　赵兴廷
副 主 任　倪　华　王花亭　西华昆
党组书记　赵兴廷

智慧城市建设管理中心（4月起）

主　　任　朱占花（女，6月起）
副 主 任　李　燕（女，6月起）

宣传部

部　　长　郭宝花（女）
常务副部长　傅光正
副部长　魏淑娟（女，12月止）　沈汝虎
　　　　马世波（12月起）

精神文明建设委员会办公室

主　　任　衣学强（6月起）
副 主 任　王贵龙　衣学强（6月止）

潍坊日报社临朐分社

社　　长　傅越鹏
副 社 长　孙　波　李　燕（女，6月起）

网络文化管理办公室

主　　任　马世波（12月止）
副 主 任　祝红蕾（女）

文学艺术界联合会和社会科学界联合会

主　　席　沈汝虎
副 主 席　张克奇

党　校

校　　长　顾建华（兼）
常务副校长　王　军
副 校 长　张文同
　　　　　李　萍（女）
　　　　　潘好香（女）
党委书记　王　军
副 书 记　张广远

文化广电新闻出版局

局　　长　孙秉明（6月止）
　　　　　杨维政（6月起）
副 局 长　白雪峰　傅　立
党委书记　孙秉明（6月止）
　　　　　杨维政（6月起）
副 书 记　王吉臣

文化市场综合执法局

局　　长　史太白（1月止）
　　　　　王兆剑（6月起）
副 局 长　王兆剑（6月止）　朱树民
　　　　　周元刚（12月起）

教育局

局　　长　王学鹏
副 局 长　张惠玉（女）
　　　　　马学东　张太林
党工委书记　王学鹏
副 书 记　窦文纲
工会主任　王永春

体育局

局　　长　赵立田
副 局 长　邱艾明

广播影视中心

主　　任　高庆良（6月止）
　　　　　孙秉明（6月起）
副 主 任　刘富家
　　　　　刘　涛（女）
　　　　　李　燕（女，6月止）
党委书记　高庆良（6月止）
　　　　　孙秉明（6月起）
副 书 记　王　娟（女）

政法委

书　　记　孙启军
常务副书记　马庆荣（女，12月止）
　　　　　　张佃平（12月起）
副 书 记　郑　丛　万志勇
　　　　　史红霞（女，12月起）
政治处主任　武忠兴

维稳办

主　　任　孙启军
副 主 任　王秀杰

综治办

主　　任　张佃平（12 月止）

副 主 任　吴洪富

防邪办

主　　任　郑　丛

副 主 任　郝大川　王学花（女）

法　院

院　　长　孙绍军

副 院 长　李方勇　沈汝浩　尹洪茂

党组书记　孙绍军

副 书 记　李方勇

纪检组长　李乐彬

政治处主任　冯继华

执行局局长　陈树山

检察院

检 察 长　季运忠

副检察长　张永军　潘维志　徐建永

党组书记　季运忠

副 书 记　张永军

纪检组长　郝兴川

反贪污贿赂局局长　冯江华

政治处主任　冯恩国

检委会专职委员　张增春

公安局

局　　长　李　倪（兼）

政　　委　马连芝（12 月止）

　　　　　杨维护（12 月起）

副 局 长　杨维护　林孝伟　丁国强

党委书记　李　倪

副 书 记　马连芝（12 月止）　曾庆昌

武警临朐县中队

中 队 长　张金强

指 导 员　王兆君

副中队长　王亚男

司法局

局　　长　谭宝良

副 局 长　徐光民　李钦政

党组书记　谭宝良（12 月止）

　　　　　王祖阳（12 月起）

发展和改革局

局　　长　谭　甲

副 局 长　李宪国　杨洪法　曾现忠

党委书记　谭　甲

副 书 记　刘建峰

物价局

局　　长　师俊刚（1 月止）

副 局 长　赵志远　马立芳（女）

招商局

局　　长　李　平

副 局 长　夏光超　傅廷孟

党组书记　李　平

人力资源和社会保障局

局　　长　段　清

副 局 长　聂春升　裴　欣　王敬涛

党委书记　段　清

副 书 记　赵云高

人力资源管理服务中心

主　　任　陈世文

社会保险事业管理中心

主　　任　马光国

党支部书记　谭月红（女）

老龄工作委员会办公室

主　　任　孟　慧（女）

技工学校

校　　长　孙传文

粮食局

局　　长　史炳忠

副 局 长　胡德敏　　张传增
党委书记　史炳忠
副 书 记　王少军

统计局

局　　长　孟凡政
副 局 长　高立业　张洪茂
党组书记　孟凡政
总统计师　马长明

国家统计局临朐调查队

队　　长　李志东（1 月起）

经济和信息化局

局　　长　梅传杰
副 局 长　冯学海　谭宝海
党工委书记　梅传杰
副 书 记　　姬光飞

安全生产监督管理局

局　　长　马立军
副 局 长　董建生　巨学军
党组书记　马立军（12 月止）
　　　　　窦　超（12 月起）

中小企业办

主　　任　许忠良（12 月止）
　　　　　魏淑娟（女，12 月起）
副 主 任　吉国荣

交通运输局

局　　长　　刘瑞永（6 月止）
　　　　　　马建平（6 月起）
副 局 长　　刘相永　曾凡伟
党工委书记　刘瑞永（6 月止）
　　　　　　马建平（6 月起）
副 书 记　　石好山

公路局

局　　长　刘西利
副 局 长　高玉生　刘佃永　刘延宝
党委书记　井西亮

供电公司

总 经 理　姜国骏
副总经理　付光成
　　　　　刘　军（3 月止）
　　　　　王兆太（3 月止）
　　　　　张海龙（3 月起）
党委书记　田建利（3 月止）
　　　　　刘　军（3 月起）
纪委书记　徐晓东
工会主席　张丽华（女，3 月止）
　　　　　王爱娥（女，3 月起）

邮政公司

总 经 理　李　炜（5 月止）
　　　　　刘　建（5 月起）
副总经理　张长青（2 月止）
　　　　　李宪勤（2 月起）
党委书记　李　炜（5 月止）
　　　　　刘　建（5 月起）

联通公司

总 经 理　杨　杰
副总经理　宿立波　刘波亭
　　　　　郑世鹏　刘国栋
党委书记　张宝信

移动公司

总 经 理　　肖洪磊
副总经理　　陈光利
党支部书记　肖洪磊

电信公司

总 经 理　李建斌

农工办

主　　任　窦军华
副 主 任　郝德权（12月止）
　　　　　王守友（12月起）
党支部书记　郝德权（12月止）
　　　　　王守友（12月起）

农业局

局　　长　王明成
副 局 长　刘福亮　李　伟
党委书记　王明成
副 书 记　王成平

农村经济管理办公室

主　　任　王保利（1月止）
　　　　　王炳涛（1月起）
副 主 任　张子举　林兴亭（6月起）

畜牧局

局　　长　王金栋（12月止）
　　　　　马立军（12月起）
副 局 长　董志军（6月止）
　　　　　张培东　王明宝
党委书记　王金栋（12月止）
　　　　　马立军（12月起）
副 书 记　王兆华（6月起）

农机局

局　　长　王孝宝
副 局 长　刘玉华　张临华
党委书记　王孝宝

农业综合开发办公室

主　　任　井明伟
副 主 任　马文贵　谭润民

林业局

局　　长　齐宝金（1月止）　周世德（1月起）
副 局 长　郎益钦　董志军（6月起）
　　　　　李　新
党委书记　齐宝金（1月止）
　　　　　周世德（1月起）
副 书 记　孙文波

水利局

局　　长　张　炜（10月止）
副 局 长　王兴起　倪中谦
党委书记　张　炜（10月止）
　　　　　赵洪军（12月起）
副 书 记　扈炳俊

气象局

局　　长　秦　涛
副 局 长　孙丽娟（女）
党支部书记　秦　涛

烟草专卖局（分公司）

经　　理　孙培和
副 经 理　左恒昌　杨焕友
　　　　　韩中波　马光磊
副 局 长　裴广福
党委书记　孙培和

商务局

局　　长　薛光利（12月止）
副 局 长　谭乐富　赵明花（女）
党委书记　薛光利（12月止）
　　　　　马庆荣（12月起）
副 书 记　王守友（12月止）
　　　　　王振华（12月起）

财政局

局　　长　谭茂村
副 局 长　张成兵　冯元民　王兆亮
党委书记　谭茂村
副 书 记　潘海军

市住房公积金管理中心临朐分中心

主　　任　翟淑法
副 主 任　朱志新　张汉川
党组书记　翟淑法

市场监督管理局

局　　长　郑　勃
副 局 长　尹兴明　刘　谦　吕学聪
　　　　　徐　强　王明辉
党委书记　郑　勃
副 书 记　许　盛
工会主任　张志强
食药局专职副局长、卫计局副局长　贺志远
食安办专职副主任　宋洪法

砂管局

局　　长　王祖阳（12 月止）
　　　　　李法军（12 月起）
副 局 长　孙传国
党组书记　王祖阳（12 月止）
　　　　　李法军（12 月起）

国税局

局　　长　王海军
副 局 长　魏明先　冀明庆
纪检组长　王洪庆

地税局

局　　长　刘英鹏
副 局 长　孙　岗（4 月止）　付　强（4 月止）
　　　　　刘爱新（4 月止）　尹兆明
　　　　　陈安庆（4 月起）　付　伟（4 月起）
纪检组长　王志刚（4 月起）

供销合作社

主　　任　宋洪福（12 月止）
　　　　　王金栋（12 月起）
副 主 任　王春亮　李　诚
党委书记　宋洪福（12 月止）
　　　　　王金栋（12 月起）
副 书 记　马玉彬（6 月起）

盐业公司（盐务局）

经　理（局　长）　谭音奎
副经理（副局长）　高同军　刘光军
　　　　　　　　　秦景丽（女）
党支部书记　谭音奎

住房和城乡建设局

局　　长　傅士建
副 局 长　王世刚　刘国明　王立永
总工程师　马荣杰
党工委书记　傅士建
副 书 记　张孝荣（女）

环保局

局　　长　王玉军
副 局 长　张全堂
党组书记　王玉军

弥河风景区管理服务中心

主　　任　郭宝亭
副 主 任　王建军　徐　磊
党支部书记　熊建凯

中国人民银行临朐县支行

行　　长　井光祥（7 月止）
　　　　　邓大海（8 月起）
副 行 长　宗先克　李振国
党组书记　井光祥（7 月止）
　　　　　邓大海（8 月起）
纪检组长（总稽核）　何同文

经济开发区

党工委书记　黄　芳（女，2 月起）
副 书 记　沈明新（1 月止）

管委会主任　陈　军（3月止）
白文玉（3月起）
副 主 任　沈明新（1月止）
马光亮（12月止）
尹德忠（12月起）
李丹阳（3月止）
王立志（3月起）
招商联络处主任　巨　伟
经济发展处主任　翟慎宝（3月止）
井小娟（女，3月起）
综合处主任　辛　庆
规划建设处主任　刘复春
安全生产监督管理办公室主任　魏志刚

沂山生态林场

党委书记　谭　甲
副 书 记　王成德
王树军（2月止）
蒋发永（2月起，12月止）
管委会主任　王成德
副 主 任　张孝友（12月止）
李　刚（12月止）
王国明（12月起）

黑山生态林场

党委书记　沈明新
副 书 记　陈传安
管委会主任　孙传坤
副 主 任　陈大伟（7月止）

尧山生态林场

党委书记　邓世华
管委会主任　张　伟
副 主 任　衣光东　王登亮

城关街道

党工委书记　沈明新（1月止）
白文玉（1月起）
副 书 记　窦圣健（12月止）
马光亮（12月起）
常敬伟
纪工委书记　王成龙（12月止）
张新伟（12月起）
委　员　王兆波（12月止）
尹德忠（12月起）
王立志（12月起）
王　霞（女）
翟慎宝（12月起）
张永亮　刘焕波
尹宏飞（3月起）
人大工作室主任　顾廷政
办事处主任　窦圣健（12月止）
马光亮（12月起）
副 主 任　王兆波（12月止）
王　霞（女）
马云斌（3月止）
翟慎宝（3月起，12月止）
刘艳华（女，12月起）
杜　伟（12月起）
王大成（12月起）
张立辉（挂职）

石门坊风景区管理服务中心

主　任　马光亮（12月止）
从湘泉（12月起）
副 主 任　张铭钦
党支部书记　王化军

东城街道

党工委书记　孙传坤
副 书 记　王金来　孙中强
纪工委书记　张继祥（12月止）
高　辉（12月起）
委　员　臧继升（12月止）
冯建花（女，2月起）
刘宝臣（12月起）
李　勇（12月起）

王　静（女，12 月起）
夏家华
党奎林
扈　涛（12 月起）
人大工作室主任　傅廷国
办事处主任　王金来
副 主 任　臧继升（12 月止）
冯建花（女）
李　勇（12 月止）
蒋　涛（12 月起）
高　鑫（12 月起）
孙　凯（12 月起）

五井镇

党委书记　马建平（6 月止）
吕学志（6 月起）
副 书 记　王炳涛（1 月止）
董树华（2 月起）
郭守平（女）
纪委书记　马晓伟（2 月止）
吴　艳（女，2 月起，12 月止）
刘　静（女，12 月起）
委　　员　马云斌（2 月起，12 月止）
张召发（2 月止，12 月起）
李　峰
孟庆宝（12 月止）
刘　静（女，12 起）
刘瑞芹（12 月起）
温娜娜（女，12 月起）
郭保永（12 月起）
人大主席　范文友（12 月止）
吴　艳（女，12 月起）
镇　　长　王炳涛（1 月止）
董树华（2 月起）
副 镇 长　马云斌（2 月起，12 月止）
吴　艳（女，2 月止）
王德军（2 月止）
张召发（2 月起，12 月止）
刘瑞芹（12 月起）
孟庆宝（12 月起）
郑成军（12 月起）
孔范芬（女，12 月起）

冶源镇

党委书记　赵洪军（12 月止）
王保利（12 月起）
副 书 记　贺志健（12 月止）
李　斌（12 月起）
王兆民（2 月止）
马晓伟（2 月起）
纪委书记　刘世民
委　　员　王春喜（12 月止）
张在皎（2 月起，12 月止）
祝曰胜（12 月止）
井小娟（女，2 月止）
范玉海（12 月起）
王　军（12 月起）
刘玉姣（女）
曾宪凯
聂　飞（12 月起）
人大主席　丛湘泉（12 月止）
王立强（12 月起）
人大副主席　于安泽（12 月起）
镇　　长　贺志健（12 月止）
李　斌（12 月起）
副 镇 长　王春喜（12 月止）
张在皎（12 月止）
井小娟（女，2 月止）
程振健（2 月起，12 月止）
范玉海（12 月起）
李丁丁（12 月起）
窦玉江（12 月起）
谭　斌（12 月起）

寺头镇

党委书记　瞿志敏（10 月止）

刘万军（12月起）
副 书 记　窦海燕（女，12月止）
袁海涛（12月起）
王士法（12月止）
刘国强（12月起）
纪委书记　徐太永
委　　员　冯新艳（女，12月止）
周希成（2月起）
王　静（女，12月止）
李昌敬
张召福
刘　红（女，12月起）
赵勇翔（12月起）
人大主席　王立志（2月止）
王树军（2月起，12月止）
王士法（12月起）
镇　　长　窦海燕（女，12月止）
袁海涛（12月起）
副 镇 长　冯新艳（女，12月止）
周希成
王　军（12月起）
吴　振（12月起）
付瑞芹（女，12月起）
于志秀（女，12月起）

九山镇

党委书记　张守兵（12月止）
贺志健（12月起）
副 书 记　李　斌（12月止）
王　楷（12月起）
史红霞（女，12月止）
刘永鑫（12月起）
纪委书记　刘永鑫（12月止）
冯新艳（12月起）
委　　员　刘兆鹏（2月止）
段连刚（12月止）
温娜娜（女，12月止）
王德军（2月起）
李　磊（12月起）
张建永（12月起）
吕　营
李兴政（12月起）
人大主席　王立强（12月止）
王春喜（12月起）
镇　　长　李　斌（12月止）
王　楷（12月起）
副 镇 长　刘兆鹏（2月止）
程振健（2月止）
王德军（2月起）
张建永（2月起，12月止）
李　磊（12月止）
毕义东（12月起）
祝介贵（12月起）
申福玲（女，12月起）

辛寨镇

党委书记　白文玉（1月止）
沈明新（1月起）
副 书 记　刘万军（12月止）
蒋发永（12月起）
董树华（2月止）
王兆民（2月起，6月止）
马振海（12月起）
纪委书记　高　辉（12月止）
吴小伟（12月起）
委　　员　林庆华（2月起，12月止）
李爱霞（女，12月止）
井洪波（12月起）
张　萍（女，12月起）
黄　坤
刘晓翠（女，12月起）
宋　健（12月起）
人大主席　尹德忠（12月止）
王成龙（12月起）
副 主 席　苏　明（12月起）
镇　　长　刘万军（12月止）

蒋发永（12月起）
副 镇 长　马振海（12月止）
林庆华（12月止）
井洪波
梁德宾（12月起）
王　亮（12月起）
张继波（12月起）

蒋峪镇

党委书记　王锡利（12月止）
张忠刚（12月起）
副 书 记　张忠刚（12月止）
李　霞（女，12月起）
苏召波
纪委书记　王晓雨（12月止）
林庆华（12月起）
委　　员　王晓雨（12月止）
段秀梅（女， 12月止）
林　青（2月起，12月止）
刘晓霞（女，12月起）
曾现华（12月起）
高文亮
许致林
张　萍（女，12月止）
刘　进（12月起）
人大主席　张　强（12月止）
李　刚（12月起）
镇　　长　张忠刚（12月止）
李　霞（女，12月起）
副 镇 长　段秀梅（女，12月止）
林　青（12月止）
傅廷斌（12月止）
刘晓霞（女，12月起）
田乐琴（女，12月起）
王　利（12月起）
马惠昌（12月起）

柳山镇

党委书记　耿怀金（12月止）
窦海燕（女，12月起）
副 书 记　刘洪科
李　霞（女，12月止）
王晓雨（12月起）
纪委书记　马立文（12月止）
臧纪升（12月起）
委　　员　李　明（2月止）
张新伟（12月止）
魏长金（2月起，12月止）
曾现华（12月止）
姚俊叶（女，12月止）
石立林（12月起）
杨文博（12月起）
高瑞志
人大主席　李福田
镇　　长　刘洪科
副 镇 长　张新伟（12月止）
魏长金（12月止）
石立林
刘珍玉（女，12月起）
贾圣洁（女，12月起）
尹　梅（女，12月起）

山旺镇

党委书记　李守成
副 书 记　吕学志（6月止）
刘胜山
赵兴勇（12月起）
纪委书记　鞠光明（12月止）
张　亮（12月起）
委　　员　张海宁（2月止）
赵春东（2月起）
潘连法
刘桂燕（女）
人大主席　瞿　涛
镇　　长　吕学志（6月止）

刘胜山（12月起）
副镇长　赵兴勇（12月止）
赵春东
杨文博（12月止）
张春红（女，12月起）
张姗姗（女，12月起）
刘光华（12月起）

沂山风景区

党工委书记　王成德
副书记　刘　阳
蒋发永（12月止）
李　刚（12月起）
纪工委书记　王　波（12月止）
马洪学（12月起）
委　员　王国明
张在皎（12月起）
王国栋
刘作京
管委会主任　刘　阳
副主任　辛　伟（1月止）
王国明（12月止）
张在皎（12月起）
林　青（12月起）
衣光国（2月起）

沂山国有林场

场　长　张　强（12月起）
副场长　毕安利
刘国庆
刘兆伦

龙山高新技术产业园

党工委书记　王　军
副书记　李本元
王振华（12月止）
张继祥（12月起）
纪工委书记　周元刚（12月止）
张志祥（12月起）
委　员　苏　明（12月止）
刘瑞芹（12月止）
李国伟
陈　丽（女）
人大工作室主任　李国伟
管委会主任　李本元
副主任　苏　明（12月止）
魏长金（12月起）
刘瑞芹（12月止）
高明贵（12月起）
陈西富

嵩山生态旅游区

党工委书记　刘建安
副书记　夏树英
刘景海（12月止）
王兴波（12月起）
纪工委书记　吴小伟（12月止）
魏立明（12月起）
委　员　王太国
刘振兴
张素霞（女，12月起）
管委会主任　夏树英
副主任　王兴波（12月止）
魏立明（12月止）
张素霞（女）
孙德军（12月起）
高　芳（女，12月起）

中共临朐县委

概　述

2016年，临朐县紧紧围绕“稳中求进、进位争先”工作总基调，认真组织实施“一四三五”思路举措，全县经济社会呈现出健康协调发展的态势，实现“十三五”规划良好开局。全县实现地区生产总值261.1亿元，同比增长8%；完成固定资产投资330亿元，同比增长13.6%；实现社会消费品零售总额158.7亿元，同比增长11.3%；实现一般公共预算收入15.7亿元，同比增长12.1%；城乡居民人均可支配收入分别达到29356元、14700元，同比均增长8%。

转型升级步伐加快。坚持“工业立县”战略不动摇，全县259家规模以上工业企业实现主营业务收入437.3亿元、利税23.3亿元、利润13.9亿元，同比分别增长8.5%、11.5%和10.4%。深入实施创新驱动战略，95个项目列入市级以上重点产业技术改造计划，全县高新技术产业产值占比达到43.9%。大力发展现代农业，“三品一标”优质农产品发展到180个、认证面积32.2万亩，农民专业合作社发展到1792家，被评为全国第一批区域性良种繁育基地和全省第一批生态循环农业示范县。繁荣发展现代服务业，佳乐家商务区商住楼、隆达商业广场等商贸服务业重点项目进展顺利，临朐跨境电商产业园投入使用，新型地方金融组织发展到62家。深入实施“旅游+”三年行动计划，成功举办山东省第三届乡村旅游节，被确定为“国家全域旅游示范区创建单位”。

城乡面貌日新月异。有序推进棚户区改造，完成2个片区、1211户居民搬迁，全县棚改任务开工率达到100%。积极化解房地产库存，全县新建商品房网签10264套、79.8万平方米；消化房地产库存5000余套、64万平方米。着力打造特色城镇，全县小城镇建成区面积达到49平方公里，常住人口城镇化率达到50%，冶源、辛寨入选全国重点镇，九山社区、寺头社区被确定为省级“农村新型示范社区”。大力推进美丽乡村建设，深入实施美丽乡村建设三年行动计划，在全省城乡环卫一体化群众满意度电话调查中，临朐县取得全省第23名、全市第1名的成绩，经验做法在全市推广。

文化建设扎实推进。深入实施“一三六三”乡风文明培育工程，“星级文明户”创评村达到98%以上，在全省乡村文明、移风易俗群众满意度调查中，临朐县获得全省第8名、全市第1名的好成绩。大力发展文化产业，投资12亿元的中华文化雕塑园项目正式启动，7家企业入选省重点文化企业项目库。繁荣发展文化事业，县文化中心完成规划勘探，改造提升镇村文化设施1000余处，组织举办各类文化活动500余场次，大型现代周姑戏《淌水崖》在全市巡回演出，历史动漫剧《东镇沂山传奇》进入后期制作阶段，成功创评为“全国书法之乡”“中华诗词之乡”。

生态建设成效显著。坚持以生态理念统揽发展全局，深入实施主体功能区战略，被确定为“国家重点生态功能区”。启动新一轮“三八六”环保行动，全力推进“十大重点工程”，拒批高污染、高能耗项目40余个，拆除土小项目90余家，新建农村污水处理设施23处，全县人居环境质量明显提升。持续加强“两河”综合开发，集中整治弥河、汶河“三乱”问题，建成汶河省级湿地公园，完成冶源水库至县城段综合治理及两岸绿化工程。大力实施造林绿化工程，新增造林面积1万亩，完成森林抚育3.8万亩。

脱贫攻坚成果丰硕。把脱贫攻坚作为第一民生工程，整合各方资源，创新体制机制，脱贫攻坚工作取得显著成效。全县贫困人口16353人、7584户中，到2016年底，精准脱贫6192户、13810人，脱贫率达84.5%，84个省定贫困村全部实现摘帽。深入开展结对帮扶活动，全县3078名党员干部组成1183个帮扶小组和关爱小组，实现贫困户结对帮扶全覆盖。加快扶贫项目实施，2015年实施的247个扶贫项目完成验收并发挥效益，2016年度141个扶贫项目全部开工建设。大力推广“党支部+合作社+贫困户”扶贫模式，所有贫困村全部建有合作社，贫困户入社率达到80%以上。“党支部+合作社+贫困户”这一做法被新华社、大众日报等多家媒体报道，并在全市进行推广。

民本民生持续改善。全年完成民生支出30.2亿元，同比增长15.2%，占全部财政支出的比重达到85.1%。认真落实中小学幼儿园三年行动方案，新建改建中小学8所、标准化幼儿园19处；高考再创佳绩，14名考生被清华大学、北京大学录取，一本上线率和名生录取率均居全市第一位。加快卫生重点项目建设，县妇幼保健院医疗综合楼完成建设，建成标准化社区卫生室22处。加强保障性安居工程建设，建成经济适用房535户、公共租赁房190户。加大困难群众和弱势群体帮扶救助力度，城市和农村低保每人每年分别提高240元、400元。深入开展“平安临朐”建设，社会大局保持和谐稳定。在省、市组织的群众安全感满意度调查中，临朐县连续6年位居全省前列、全市前三。

党的建设全面加强。深入开展“两学一做”学习教育，全县受教育党员达4.7万人次，查摆整改问题1.9万个，推动了党内教育从关键少数向广大党员拓展，从集中性教育向经常性教育延伸。加强党群服务体系建设，巩固提升“两托管一代办”“服务到社区”等经验做法，建成镇、社区、村三级服务平台500处，进一步增强了基层党组织的战斗堡垒作用。强化村级治理能力建设，严格落实“四议两公开一监督”、村级审计督查等制度，组织开展“两清理、两规范”活动，有效提升了村级组织科学化规范化建设水平。加强干部作风建设，积极开展“学先进、找差距，转作风、抓落实”主题教育、“千名干部进千村、入万户、察民情、解民忧”、向牛寨村党支部学习等活动，在全县党员干部中大力弘扬“同心同德、艰苦奋斗、自强不息、开拓创新”的淌水崖水库精神，“用心用力、真抓实干，自强不息、攻坚克难”的工作作风在全县蔚然成风。

（张　学　李荣基）

重要会议

【全县扶贫开发工作会议】 2016年1月19日，全县扶贫开发工作会议召开。县委书记、县人大常委会主任顾建华出席并讲话，县委副书记、县长刘裕斌主持会议。顾建华在讲话中指出，要统一思想，坚定信心，切实增强做好新时期扶贫开发工作的责任感和紧迫感。各级各部门要认真学习领会习近平总书记重要讲话以及省市扶贫开发工作会议精神，把思想和行动高度统一到扶贫开发事关巩固党的执政基础和社会主义制度的战略定位上来，统一到中央和省、市委对新时期扶贫开发形势任务的科学判断上来，统一到必须坚持精准扶贫、精准脱贫的基本方略上来，统一到必须坚持激发内力、调动贫困地区和贫困群众积极性的明确要求上来，切实增强贯彻落实的思想自觉和行动自觉。要把打赢脱贫攻坚战作为重大政治任务，以对党和人民事业高度负责的精神，以坚强的党性和顽强拼搏的作风，科学谋划，全力推进，确保提前完成脱贫攻坚任务，让贫困群众与全县人民一道迈入全面小康社会。副县长王永刚传达全市扶贫开发工作会议精神。县委、县政府与各镇（街、园、区）签订《脱贫攻坚责任书》，部分镇（街、园、区）、县直有关部门和县委派驻督导工作组代表作表态发言，群团组织代表宣读《倡议书》。

【全县经济工作暨作风建设会议】 2016年2月14日，全县经济工作暨作风建设会议召开。县委书记、县人大常委会主任顾建华出席会议并讲话，县委副书记、县长刘裕斌主持会议。顾建华要求，2016年是全面建成小康社会决胜阶段的开局之年，也是推进结构性改革的攻坚之年。全县经济工作的总体要求是：全面贯彻落实中共十八大、十八届三中、四中、五中全会和中央、省、市经济工作会议精神，牢固树立和贯彻创新、协调、绿色、开放、共享的发展理念，积极适应经济发展新常态，坚持“稳中求进、好中求快、进位争先”总基调，坚持以提高发展质量和效益为中心，认真组织实施“一四三五”思路举措，全力打好稳增长、调结构主动仗，突出抓好大项目和财源建设、脱贫攻坚、社区建设、美丽乡村建设、基层党建五项重点工作，确保实现“十三五”规划良好开局，为建设富强临朐、文化临朐、生态临朐奠定坚实基础。顾建华强调，做好2016年的各项工作，根本在落实，关键在作风。全县广大党员干部要振奋精神，转变作风，更加自觉地担负起领导经济发展的重任，为加快科学发展提供强有力保障。刘裕斌就贯彻落实会议精神和下步经济工作进行安排部署。县委副书记田元君就开展“学先进、找差距，转作风、抓落实”教育活动进行安排部署。县委常委、宣传部部长郭宝花宣读“学先进、找差距，转作风、抓落实”教育活动实施方案。与会人员还观看淌水崖水库建设纪实片《聆听大地的心跳》，听取“淌水崖水库精神”事迹报告。

【县委政法工作会议】 2016年3月7日，县委政法工作会议召开。县委副书记田元君出席会议并讲话，县委常委、政法委书记孙启军主持会议。田元君在讲话中指出，2015年以来，全县各级各部门特别是政法机关坚持打防结合，标本兼治，深入推进平安临朐、法治临朐和过硬政法队伍建设，为维护全县社会大局稳定、经济持续健康发展做出突出贡献。下步，要认清形势，统一思想，增强推进政法工作的信心和决心。会上传达了县委书记顾建华在党政联席会上对政法工作的指示精神，宣读平安建设和信访工作表彰决定，通报当前全县信访情况。

【全县组织工作会议】 2016年3月12日，全县组织工作会议召开。县委副书记田元君，县委常委、组织部长、统战部部长周书坤出席会议并讲话。田元君指出，2016年是落实“十三五”规划、决胜全面建成小康社会的开局之年，是推进结构性改革的攻坚之年，也是县镇领导班子换届之年。田元君要求，全县各级党组织和广大党员干部要围绕中心，服务大局，充分发挥党建和组织工作在推动经济社会科学发展、转型发展中的作用，紧紧围绕推动全县经济社会科学发展、转型发展，选干部、配班子，育人才、聚贤能，抓基层、打基础，为经济社会健康协调发展提供有力组织保证。田元君强调，抓好党建和组织工作，是各级党组织的首要职责。要不断总结近年来抓党建和组织工作的成功经验，完善管党机制，狠抓责任落实，推进工作创新发展。周书坤在讲话中总结2015年工作，分析当前形势，部署2016年任务。会上，授予辛寨镇党委等23个党（工）委“基层党组织建设先进单位”荣誉称号。

【全县深化“三八六”环保行动实施“十大工程”加快绿色发展会议】 2016年3月18日，全县深化“三八六”环保行动实施“十大工程”加快绿色发展会议召开。县委书记、县人大常委会主任顾建华主持会议并讲话。县委副书记、县长刘裕斌出席会议并讲话。顾建华指出，实施“三八六”环保行动以来，全县上下坚持以生态理念统揽经济社会发展全局，经济社会保持健康协调发展的良好势头，生态环境质量大幅改善，综合实力显著增强，质量效益不断提升。顾建华要求，要在推动绿色经济发展上精准发力。顾建华强调，实施“十大工程”、推动绿色发展是一项复杂的系统工程，各级各部门要善于运用改革的思维、创新的办法、法治的方式来组织推进，确保新一轮环保行动目标任务落实。在充分肯定“三八六”环保行动取得的显著成果后，刘裕斌要求，要以更大的决心、更高的境界、更严的标准，持续推动生态建设和绿色发展，以“深化三八六、建立新常态”为主题，启动新一轮环保行动，进一步提高全县生态环境质量和水平。在工作推进中，要以“十大工程”为重点，扎实推进新一轮环保行动。刘裕斌强调，要坚持项目化推进，实施多元化投入，建立长效机制，严格依法治理，强化工作责任和协调调度，确保新一轮环保行动目标任务落到实处。会上，副县长、县公安局局长李倪传达全市深化“三八六”环保行动实施“十大工程”加快绿色发展会议精神，宣读《关于表彰全县“三八六”环保行动先进单位和先进个人的通报》。县环保局、住建局、东城街道、蓝帆新材料有限公司作交流发言。

【全县“两学一做”学习教育工作座谈会】
2016年4月26日，全县“两学一做”学习教育工作座谈会召开，深入学习贯彻习近平总书记系列重要讲话和关于开展“两学一做”学习教育的重要指示精神，认真贯彻落实中央和省、市委有关部署要求，对全县“两学一做”学习教育工作进行安排部署。县委书记、县人大常委会主任顾建华出席并讲话，县委副书记、县长刘裕斌主持会议。会议指出，要认真学习领会习近平总书记关于“两学一做”学习教育的重要指示和中央、省、市座谈会议精神，把握精神实质，深刻认识到开展“两学一做”学习教育是推进党的思想政治建设常态化、制度化的重要举措，是全面推进从严治党、提升基层党建水平的重要抓手，是推动经济社会健康协调发展、实现“又好又快、进位争先”目标要求的重要保障。会议强调，搞好“两学一做”学习教育，要打牢“学”这个基础，抓实“做”这个关键，以学促做、知行合一，把学习教育放到协调推进“四个全面”战略布局中来谋划推进，与大项目和财源建设、脱贫攻坚、社区建设、美丽乡村等2016年县委、县政府提出的重点工作结合起来，用改革发展成果检验学习教育成效。会议要求，要坚持抓在日常、严在经常，把学习教育与党的建设基础性工作有机融合起来，严格党员队伍教育管理，聚焦推进基层服务型党组织建设三年行动计划，着力建设过硬党支部，真正把全面从严治党落实到每个支部、每名党员。

【全县庆祝中国共产党成立95周年大会】
2016年6月28日，全县庆祝中国共产党成立95周年大会举行。县委书记、县人大常委会主任顾建华出席会议并讲话，县委副书记田元君主持会议。会议回顾了中国共产党走过的95年光辉历程，总结了临朐人民投身革命和社会主义建设事业的光荣历史以及取得的成就。会议指出，要认真总结党的实践经验，牢牢把握推进党的伟大事业的正确方向。一是必须以党的建设统领工作全局，用党的强大感召力凝聚干部群众，促进全县各项工作扎实推进。二是必须坚持以经济建设为中心不动摇，围绕“又好又快、进位争先”工作总基调，认真组织实施“一四三五”思路举措，推动全县经济社会持续、协调、健康发展。三是必须牢固树立以人为本的执政理念，把群众高兴不高兴、满意不满意、答应不答应作为工作的出发点和落脚点，积极探索加强和改进群众工作的新途径、新方法。四是必须持之以恒地抓好党的基层组织建设，充分发挥基层党组织的战斗堡垒作用和党员的先锋模范作用，保证党的路线方针政策和县委工作部署的贯彻落实。五是必须将干部作风建设作为推动发展的关键，大力倡树“同心同德、艰苦奋斗、自强不息、开拓创新”的“淌水崖水库精神”，打造出一支想干事、会干事、能成事的党员干部队伍。会议强调，要加强党的自身建设，突出抓好思想政治建设、干部队伍建设、基层组织建设、党风廉政建设，为推进党的伟大事业提供坚强组织保证。

【县委工作会议】 2016年7月18日，县委工作会议召开。县委书记、县人大常委会主任顾建华出席会议并讲话，县委副书记、县长刘裕斌主持会议。会议指出，2016年，全县经济社会保持健康协调发展的良好态势，在发展速度、发展质量、动能转换、“三招三引”、大项目和财源建设、民本民生等方面都取得显著成绩。会议要求，要以中共十八大，十八届三中、四中、五中全会和习近平总书记系列重要讲话精神为指针，牢固树立和贯彻创新、协调、绿色、开放、共享的发展理念，紧紧围绕“一四三五”思路举措，坚持“又好又快、进位争先”工作总基调，突出供给侧结构性改革“一条主线”，抓好大项目和财源建设、脱贫攻坚、社区建设、美丽乡村建设、棚户区改造、中小学幼儿园建设“六项重点工作”，强化开发区转型升级、创新创业环境、平安临朐建设、科学推进机制、干部作风、基层组织建设“六项保障”，确保圆满完成全年各项任务目标。

【全县开放发展大会】 2016年8月19日，全县开放发展大会召开，动员全县以新的理念为引领，进一步把握形势、开阔视野，更加主动地落实国家开放战略，更大力度地推动对外合作，更有成效地提升开放质量，以开放发展的新作为引领经济发展新常态，为全县经济社会发展注入新动力、增添新活力。县委书记、县人大常委会主任顾建华主持会议并讲话，县委副书记、县长刘裕斌出席会议并讲话。会议强调，推进开放发展是贯彻落实新发展理念的要求，是推动全县经济社会又好又快发展的要求，是推动供给侧结构性改革、打好产业转型升级攻坚战的要求，要切实增强做好对外开放工作的责任感和紧迫感，提高领导新常态下开放发展的水平，支持企业当好开放发展的主角，把开发区打造成开放发展的平台，以开放倒逼改革，以开放促进转型，不断构筑和积累新的发展优势，为经济转型发展注入新的蓬勃动力。

【全县旅游工作暨全域旅游创建工作动员会议】 2016年9月6日，全县旅游工作暨全域旅游创建工作动员会议召开。县委书记、县人大常委会主任顾建华出席会议并讲话，县委副书记、县长刘裕斌主持会议。市旅游局副局长邱兆水到会指导。会议强调，全县上下要充分认识到发展全域旅游是拉动县域经济增长的重要动力，是发挥临朐特色优势的重要途径，是统筹城乡一体发展的重要举措，是建设生态临朐的重要抓手，进一步统一思想，提高认识，加快推进“旅游强县”战略实施，全力争创国家级全域旅游示范区。会议要求，各级各部门要以创建“国家全域旅游示范区”为目标，深入实施“旅游+”三年行动计划，全力推进旅游综合改革、旅游与产业融合、乡村旅游发展和旅游产品开发等各项工作，为全县经济社会快速协调发展提供有力支撑。会议强调，要科学制定规划，加大投入力度，强化宣传营销，注重人才培养，优化发展环境，确保将旅游业发展和全域旅游示范区创建各项任务落到实处。

【县级领导干部会议】 2016年10月31日，县级领导干部会议召开，专题传达学习中共十八届六中全会精神。县委书记、县人大常委会主任顾建华主持会议并讲话。会议指出，学习好、宣传好、贯彻好六中全会特别是习近平总书记重要讲话精神，是当前和今后一个时期的重要政治任务，全县各级必须要按照中央和省、市委要求，精心组织，周密安排，迅速掀起学习宣传贯彻中共十八届六中全会特别是习近平总书记重要讲话精神的热潮。紧密结合临朐实际，精心组织好中共十八届六中全会精神的学习，采取培训班、学习班、读书会、报告会、讲坛讲座等多种形式，充分利用网络学习平台和渠道，组织好基层党员、干部的学习，把“准则”和“条例”作为干部教育培训的必修课，推动全会精神进教材、进课堂、进头脑。会议要求，要深刻认识中共十八届六中全会的重大意义，把思想和行动统一到全会精神上来，把力量凝聚到实现全会确定的各项任务上来，坚定不移推进全面从严治党，切实加强和规范党内政治生活，全面落实党内监督责任，突出抓好领导干部这个“关键少数”，共同营造风清气正的政治生态，确保党始终成为中国特色社会主义事业的坚强领导核心。（刘 鑫 刘 真）

重大决策

【一个目标】 即确保主要经济指标增幅高于全市平均水平并位居前列。2016年，实现地区生产总值（GDP）261.1亿元，按可比口径计算，比2015年增长8%。分产业看，第一产业增加值36.2亿元，增长4.3%，第二产业增加值106亿元，增长7.4%，第三产业增加值118.9亿元，增长9.8%。三次产业比例由14.18∶42.37∶43.45调整为13.86∶40.61∶45.53，三产比重提高2.08个百分点。259家规模以上工业企业完成工业总产值434.2亿元，比2015年增长8.6%。固定资产投资330亿元，比2015年增长13.6%，增幅高于全市0.4个百分点，居全市第一位。完成一般公共预算收入15.7亿元，比2015年增长12.1%，增幅高于全市3个百分点，居全市第一位。

【四大战略】 即工业立县、文化兴县、旅游强县、生态活县。工业立县：大力实施“5141”工程，全县259家规模以上工业企业预计实现主营业务收入428.3亿元、利税23.4亿元、利润14.2亿元，同比分别增长8.4%、9.3%和10.1%。“三招三引”成效显著，新引进落户北江鲁中农副产品批发交易市场、华建铝合金建筑模板、富达新型防火保温建材等过亿元项目20个，其中过5亿元项目8个，过10亿元项目4个。骨干财源项目建设扎实推进，10大骨干财源项目中，高铁轨道大板等6个项目竣工投产，宏铝科技、华铝高性能特种铝材等3个项目进入试生产阶段，总投资76亿元的抽水蓄能电站项目进入可研阶段，总投资20亿元的中欧节能门窗产业园项目顺利推进。铝型材产业结构进一步优化，中高端建筑型材和工业型材产品产值占比达到42%，同比提高17个百分点。强力推进企业改制和挂牌上市工作，完成股份制改制企业93家，挂牌企业发展到23家，实现直接融资17.7亿元。文化兴县：深入实施“一三六三”乡风文明培育工程，在2016年全省乡村文明、移风易俗群众满意度调查中，获得全市第1名的成绩。繁荣发展文化事业，组织举办纪念建党95周年等大型文化活动500余场次，大型现代周姑戏《淌水崖》在全市巡回演出，临朐手绘年画、临朐全羊制作技艺、洼子跑麒麟等3个项目入选省级非物质文化遗产，成功创评“中华诗词之乡”“齐鲁诗词之乡”。以培育发展奇石、雕塑、红木工艺、临朐手绘年画四大文化产业为重点，深入实施重大项目、特色园区、骨干企业带动战略，中华文化雕塑园项目正式启动，华艺雕塑、红叶地毯等7家企业成功申报省重点文化企业项目库。旅游强县：深入实施“旅游+”三年行动计划，与鲁商集团签订旅游战略合作框架协议，被确定为“国家全域旅游示范区创建单位”。以“三山两园一谷”为重点，扎实推进重点景区改造提升，沂山景区建成齐鲁森林漂流和山水景观栈道，嵩山生态旅游区建成暖淹路、西部环山路和环湖东路。着力提升乡村旅游发展水平，牛寨村被评为“全国旅游精准扶贫重点支持村”，成功举办山东省第三届乡村旅游节、第四届沂山文化节等大型节庆活动，“灵气所钟、山水临朐”品牌进一步打响。2016年，全县六大景区接待购票游客80.3万人次，实现门票收入4230万元，同比分别增长13.2%和12.5%。生态活县：深入实施主体功能区战略，被确定为“国家重点生态功能区”。

启动新一轮“三八六”环保行动，全力推进工业点源深度治理、城建环卫精细管理等“十大重点工程”。扎实推进治污减排工作，拒批高污染、高能耗项目40余个，拆除石灰窑、冲天炉等土小项目90余家，对6家企业实施强制性清洁生产，购置新能源公交车140辆。强力推进砂资源整治，全县26家到期砂场全部关停，47处洗砂点全部拆除。加强“两河”综合开发，对弥河、汶河“三乱”进行集中整治，建成汶河省级湿地公园。大力实施造林绿化工程，新增造林面积1万亩，完成森林抚育3.8万亩。

【三大体系】 即新型城镇化、现代农业、现代服务业。新型城镇化：加快推进城区道路建设，组织实施滨河西路、赋海街、黄龙沟桥改造等项目建设，改造县城易涝积水路段13处。有序推进棚户区改造，完成魏家庄、皇山2个片区、1211户居民搬迁，全县棚改任务开工率达到100%。制定出台优惠补贴政策，积极化解房地产库存，全县新建商品房网签10264套、79.77万平方米，消化房地产库存5000余套、64万平方米。存量建设用地开发实现新突破，挂牌成交土地23宗、总面积936.6亩。“智慧临朐”建设成效明显，智慧管网、智慧园区网络等基础设施工程建设完成，被列为省改革试点案例。完成小城镇建设投资31.5亿元，全县小城镇建成区面积达到49平方公里，常住人口城镇化率达到50%，冶源、辛寨入选全国重点镇。制定《推进农村新型社区建设的实施意见》，以基础设施和公共服务设施建设为重点，新建和改造提升农村社区34个，九山社区和寺头社区被确定为省级“农村新型示范社区”。现代农业：积极培育壮大奶牛、黄烟、有机果品、生态观光农业等特色优势产业，新发展优质果品基地1.4万亩，落实黄烟种植面积2.3万亩，奶牛存栏量达到3.8万头，“三品一标”优质农产品发展到180个、认证面积32.2万亩，被评为全国第一批区域性良种繁育基地和全省第一批生态循环农业示范县。加强农产品质量安全监管，建成市级以上农产品质量安全示范园5处，农产品抽检合格率达到100%。大力提升农业组织化程度，建成市级以上农业龙头企业46家，农民专业合作社发展到1792家，家庭农场发展到173家，现代农业示范基地达到26处。加强农业基础设施建设，全面建成“小农水重点县”项目，新增高效节水灌溉面积2万亩，22个农业综合开发项目通过市级验收。现代服务业：加快推进商贸服务业重点项目建设，佳乐家商务区商住楼、隆达商业广场等项目进展顺利，鸿运物流园完成主体建设，金源等3家汽车4S店项目基本建成。电子商务快速发展，77家电商经营主体入驻临朐电商众创家园，建成县级电子商务公共服务中心，农村电商服务体系不断完善，实现电子商务交易额120亿元，同比增长29.8%。大力发展会展经济，成功举办第三届中国（临朐）国际门窗幕墙博览会、第九届观赏石展销博览会等大型节会活动。狠抓外经外贸工作，临朐跨境电商产业园建成启用，出台支持创建自主出口品牌、鼓励企业开拓国际市场等7项外贸扶持政策，实现进出口总额25.6亿元，同比增长3.5%。规范发展现代金融业，各类金融机构等发展到62家。

【五个保障】 即产业园区、科技人才、创业环境、社会治理、党的建设。产业园区：深化实施《关于推进临朐开发区转型升级创新发展实施意见》，对临朐经济开发区、东城工业园、龙山高新技术产业园、县中小企业创业产业园、临朐滨海工业园等“一区四园”平台进行有效整合，园区承载能力进一步提升。科技人才：16家企业与中科院、中南大学等科研院所开展产学研合作23项，市级以上创新研发平台发展到67家，3名科技人才入选第二批国家“万人计划”领军人才。创业环境：积极推进大众创业、万众创新，发放各类创业补贴77.9万元，提供小额担保贷款1.6亿元，县全民创业园通过省级创业示范园区复审。突出企业在科技创新中的主体地位，引导支持企业建立了一批创新平台与载体，新增市级以上创新研发平台15家，高新技术产业产值占比预计达到42%。大众创业万众创新取得新进展，新登记各类市场主体6171户，同比增长30.3%；注册资本（金）84.7亿元，同比增长61.5%。社会治理：制定《2016—2020年依法治县规划》，启动"七五"普法工作，依法治县深入推进。加强"平安临朐"建设，大力开展系列安民行动，破获各类刑事案件520余起，抓获犯罪嫌疑人114人，群众安全感和满意度连续六年位居全省前列、全市前三。加大信访积案化解和非访治理工作力度，梳理化解重点案件87起，全县非访总量同比下降53.1%。严格落实安全生产责任制，集中开展"打非治违""大排查快整治严执法"等专项行动，发现整改各类隐患1300多处，打击非法违法行为23起。围绕创建"国家食品安全城市"，深入开展规范"六小"、打击"四黑"和"放心农资工程"等专项整治，查处各类食品安全案件359起。党的建设：深入开展"两学一做"学习教育，全县各级党组织开展集中学习1.6万余次，专题交流讨论8700多次，送党课下基层1400多场次，受教育党员达4.7万人次。巩固提升"两托管一代办""服务到社区"等经验做法，编制完成为民服务"三个清单"，建成镇、社区、村三级服务平台442处，牛寨村党支部被省委授予"山东省先进基层党组织"荣誉称号。扎实开展"千名干部进千村、入万户、察民情、解民忧"、包村联户和选派"第一书记"等工作，累计走访群众5.1万户，解决民生难题1.7万件。紧盯新问题新动向，扎实开展专项正风肃纪，持之以恒纠治"四风"，先后完成支农惠农政策落实不到位、农村集体"三资"管理不规范等57项整治任务。加大党员干部违纪违法案件查处力度，共立案查处案件302件、给予党政纪处分302人，形成有力震慑。深化廉政教育，建成廉政临朐智慧监督平台，创新开通"廉政临朐"手机客户端，组织2400余名党员干部参加德廉知识测试，全县崇廉尚洁的氛围更加浓厚。　　（唐行宝　刘晓东）

县委办公室工作

【日常服务】　狠抓文风改进，从严控制文件规格和数量，高标准、高质量做好县委及办公室各类日常文字材料的组织起草、审核把关工作。先后起草、修改各类公文530余份，大型会议领导讲话、主持词200余篇，整理常委会、党政联席会会议纪要38期。撰写工作报告、汇报材料等各类综合性文字材料270余篇次。注重加强公文管理，全年收发、传阅上级各类公文、资料1.1万余份，清退文件6500余份，整理档案650卷1600余份。立足信息工作"三个服务"原则，坚持"求快、求真、求全、求精"，开展信息调研，共编发《临朐信息》（呈阅）33期，《临朐信息》（下发）20期，《信息工作情况通报》9期；上报市委信息1200余条次，直报省委信息1100余条次，被市以上信息刊物采用229条次，其中，省以上采用信息36条次，被省、市评为党委系统信息工作先进单位。按照工作"不误时、不误事"原则，搞好县级领导日工作、周工作汇总安排，统筹兼顾、沟通上下、联系左右，提高协调落实能力，改进服务质量。全年共协调县级领导活动360余次，处理电话记录、来宾报告单、请假报告单等各类文电1500份，分发各类报纸、杂志1.9万余份。先后筹备常委会、联席会38次，安排组织全县经济工作会、全委会、现场观摩会等各类会议活动500余次。全年共接待来宾116批3100余人次、客商25批350余人次。参与国际门窗幕墙博览会、东镇沂山祀山大典、山东省乡村旅游节等10余次重大活动的筹备组织并完成承担任务。加强车辆管理，健全完善用车制度，保证公务用车，做好出车登记，全年安全行车无事故。在全县率先封存公务用车、张贴公务车标志。进一步建立和完善财务管理制度，自觉遵守财经纪律，严把财务支出、报销关，合理使用人财物，确保机关工作正常运转。

【政策研究】 围绕县委提出的建设"富强临朐、文化临朐、生态临朐"以及"一四三五"等重大决策部署和"党支部 + 合作社 + 贫困户"扶贫模式、跨境电商产业园发展、美丽乡村建设等重点工作进行专题调研 60 余次，形成的《关于全县精准扶贫"十种模式"的报告》《关于我县跨境电商产业园发展情况的调查》《关于全县美丽乡村建设情况的调查》等报告获得县委领导高度重视，相关对策和建议被有关部门采纳。11 月，协助县党政考察团赴浙江绍兴考察学习，并完成《关于赴浙江绍兴考察旅游集团公司组建情况的报告》，获得市旅发委高度重视和重要批复，为组建文化旅游集团公司提供可借鉴的经验和启示。先后撰写县十四次党代会报告、县委全委会工作报告、经济工作会讲话等各类综合性文字材料 270 余篇次，300 余万字。先后编发《临朐通讯》24 期，《参阅件》13 期。完成 20 余篇领导署名文章和典型经验文章的起草和上报工作，7 篇文章被市级以上刊物选登。其中，《建设美丽乡村，打造幸福家园》在中央政策研究室主办的《学习与研究》上刊登，《贯彻落实五大发展理念，加快建设美好新临朐》在山东省委政研室主办的《山东通讯》上刊登，《创新机制，精准发力，坚决打赢脱贫攻坚战》《关于推进美丽乡村建设的报告》《建设美丽乡村，推进城乡一体发展》三篇文章得到市委主要领导批示肯定，先后被市委参阅件全文转发。经过持续宣传推介，在脱贫攻坚、基层党建、美丽乡村建设等方面的许多经验做法得到各级党委政府和新闻媒体的高度关注和充分认可。5 月，《新华社山东要情动态》刊载《一个将"光棍村"变作全县"领头羊"的党支部—临朐县牛寨村党支部带领穷村奔富路调查》一文。

【督查工作】 2016 年，共完成各类文字材料 150 多篇次，其中编发《督查专报》《督查通报》90 余期；办理市委领导批办件 30 件次；牵头落实中央八项规定精神、供给侧结构性改革、全市重点项目推进等重点督查 26 次；组织开展全县经济工作会议精神贯彻落实、"八项重点"工作、城乡环卫一体化、国土卫片专项整治、临朐滨海产业园项目建设等专项督查 100 余次。

深入实施"三个重点"调度推进机制。根据全县经济工作会议精神，结合《2016 年县委工作要点》和《2016 年政府工作报告》，确定大项目和财源建设、精准扶贫、美丽乡村建设、城市建设、社区建设、棚户区改造、教育全面改薄等 20 余项重点工作，作为督查调度的重点内容，明确任务目标、责任单位、责任人和完成时限，实行月调度、季通报制度，以调度促进度，以调度促质量，以调度促发展。每月由县委、县政府主要领导带队，采取看、听、议、决等方法进行调度。

突出重点工作责任落实机制。制定《2016 年全县经济工作会议任务目标分解落实和立项督查意见》，以县委文件下发到责任单位，对全县重点工作任务分解立项，落实分管领导，明确责任部门、工作时限和目标要求，对工作进展情况每季度进行一次通报，搞好跟踪督查，推动工作落实。围绕抓好全县十大工业骨干财源项目建设，实行"每月督查、掌握动态、反馈信息"，与县政府督查室及相关部门联手督查、协同作战，共同搞好跟踪督查，每周 1 次调度分析，及时报送县级领导，加快项目进度。对日常工作实行"每日督查、掌握动态、反馈信息"机制，雷厉风行，日事日毕，日事日清，确保时效性。对需要督查的重点事项，第一时间拟定工作方案，立项督办；对紧急事项，按照"急事急办、特事特办"原则，即接即办，提高办理落实效率。建立完善领导批件办理制度，围绕市委领导批办或县委领导关心、群众关注的民本民生、社会稳定等问题强化督查，突出领导批办、交办事项的督查，凡是领导批示的信件，及时下发督查通知单，限期办理，做到批则必查，查则必清，办则必果，确保各项重大决策、重要工作部署落到实处。搞好县级领导每日活动安排，明确时间、内容，形成《县级领导日工作安排》，并以手机短信形式及时发县级领导班子成员，以便于加强沟通交流，形成工作合力，进而带动和督促各级各部门把工作抓紧、抓细、抓实。同时，根据县委教育实践活动办公室安排，认真做好县委常委个人对照检查材料、整改方案及台账、建章立制统计、问题整改清单等内容的汇总、整理、上报工作。

完善联合督查工作机制。充分发挥县委督查室指导协调作用，按照“督查出题目、部门抓情况、联合做文章”工作思路，与县政府督查室、相关职能部门联手督查，提高督查效果。凡是全局性的重大决策和重要工作部署，采取党政联合督查的办法，即由县委督查室和县政府督查室共同研究制订督查方案，共同牵头组织有关部门联合开展督查活动，共同综合反馈督查情况、发督查通报，从而减少对基层多头下文、重复检查的现象，增加督查的权威性，提高督查力度和效果。对一些专业性、政策性较强的督查活动，在督查力量组织上，注意联合相关业务部门，吸收业务骨干参与督查，有效整合督查部门的综合优势和业务部门的专业优势，进一步提高专项督查的实效。

【机要工作】 电报办理工作。严格贯彻党的密码工作方针，执行双人值班、24小时服务制度，认真负责各类密码电报、明传电报、传真等的接收、登记、传办、反馈、管理工作，全部实现办理“零错情、零失误”。

加强普密、商密检查管理工作。坚持狠抓普密、商密工作不放松，定期由机要局长带队组织专人对普密工作及商密工作进行检查督导，对检查中发现的安全隐患及时限期整改，提高相关使用单位的安全防护能力。

加强机要队伍建设。认真学习贯彻习近平总书记系列讲话精神和对机要密码工作提出的重要指示批示精神，强化忠诚教育和保密教育。定期开展业务培训和岗位练兵活动，提高全员业务素质。

【保密工作】 狠抓保密宣传教育。认真做好国家保密局《保密工作》杂志的征订和学刊用刊工作。2016年，全县共征订《保密工作》136份，为全县各级各部门各单位开展保密宣传教育打下良好基础。积极做好上级保密刊物的投稿工作，全年共投稿7篇次，其中《临朐县开展涉密人员分类确定和保密审查工作》《临朐县认真做好高考期间保密检查工作》等2篇材料被《山东保密》刊物刊发。

扎实开展保密检查。围绕文件阅读传达、签收保管、清退销毁等环节是否符合保密要求，保密制度是否健全，计算机涉密网和非涉密网是否明确区分使用，互联网门户网站信息发布是否严格落实信息发布保密审查制度，互联网电子邮箱是否存在存储、处理、传输涉密文件资料和内部敏感信息，涉密计算机是否与互联网实现了完全物理隔离，非涉密计算机是否违规存储涉密信息等问题，组织技术人员深入县直有关部门单位进行保密检查6次，检查部门单位50个，计算机106台，移动存储介质60个，互联网电子邮箱30个，对检查中发现的问题立即落实整改措施。做好高考期间的保密检查工作，会同县公安局到县教育局高考试卷保密室实地检查5次，保证高考期间的保密工作安全。做好潍坊风筝会、鲁台经贸洽谈会等重大节会期间的保密工作。充分发挥互联网涉密信息监控系统作用，将全县正在运行的36个机关单位互联网门户网站网址统一录入到互联网涉密信息监控系统，每天实施远程检查2次，一旦发现问题，第一时间采取处理措施，确保上网信息不涉密、涉密信息不上网。

做好涉密人员分类、保密自查自评及其他工作。扎实做好涉密人员分类确定和保密审查，全面完成13处镇（街、园、区）、78个县直部门单位的256名涉密人员的分类确定、保密审查和登记备案工作，并将21名副县级及以上领导干部保密审查表上报市保密局。按照市委保密办、市保密局《关于开展保密自查自评工作的通知》要求，对照《机关、单位保密自查自评标准》，对全县13处镇（街、园、区）、78个机关事业单位的保密工作领导责任制落实情况、保密制度建设情况、保密宣传教育培训情况等16方面59项内容进行自查自评，并进行汇总整理，认真填写《机关、单位保密自查自评标准》表格上报市委保密办，顺利通过市委保密办检查验收。按照市委保密办、市保密局《关于组织开展重点骨干网络保密管理专项检查的通知》要求，专门下发通知，要求存在重点骨干网络的公安局、审计局、国税局、地税局等5家单位认真搞好自查，通过自查发现问题、整改问题，确保重点骨干网络严格按照保密管理规定运行。协助县检察院做好涉密网络检查验收工作，县检察院涉密网络顺利通过市保密局检查验收。（刘 鑫 张 鑫 张 学 李荣基 杨维刚 李文全 郭 栋）

组织工作

【概况】 总结九山镇牛寨村党支部抓党建促脱贫先进事迹，被《人民日报•内部参阅》、新华社《山东要情动态》、《山东组织工作》、《大众日报》、潍坊市委办公室《参阅件》刊发推介，潍坊市委市直机关工委、临朐县委分别作出决定，号召市直机关和全县各级党组织学习。推行以年初对岗定诺、月度依标践诺、季度按绩点诺、年底述职评诺为内容的村党组织书记“四诺履职”管理，被市委党建办《基层组织建设工作简报》刊发推介。《聆听大地的心跳》被评为全市“特别作品”、全省“优秀作品奖”，《阡陌坊间的奔走》被评为全市“最佳作品”。3人入选国家“万人计划”科技创业领军人才，实现了临朐县国家级高层次人才入选数量上的历史性突破。淌水崖水库党性教育基地被列为市委党校主体班次党性教育现场教学基地，被命名为“潍坊市理论宣教基地”“潍坊市爱国主义教育基地”“潍坊市青少年教育基地”。

【干部队伍建设】 扎实做好镇领导班子换届。围绕选出忠诚干净担当的好干部、配出结构优功能强的好班子，突出分析研判，开展经常性考察、专题调研、换届考察，综合运用数据分析、实绩分析、比较分析等方法，对镇街领导班子逐一分析研判，准确掌握领导班子运转情况和干部现实表现；突出优化结构，着眼改善镇街领导班子年龄、学历结构，采取组织推荐、择优比选的方式，从县直部门（单位）34周岁以下、全日制大学以上学历优秀年轻干部中选拔15名、从“三类”人员中选拔8名镇（街道）领导班子成员。突出从严选任，实行实名制推荐干部、单位党组织对提拔重用对象廉政情况作结论性评价制度和责任追究制度，落实档案必审、举报必查、纪检监察机关意见必听等要求，7名干部因学历或身份存疑、3名干部因信访举报、5名干部受党纪处分影响被取消提拔重用资格。积极稳妥做好镇党代会选举工作，组织提名的候选人全部高票当选。全年共调整县直和镇（街、园、区）领导干部296名，其中提拔重用干部112名。坚持严肃换届纪律。注重压实关键主体责任，协调县委常委、组织镇街领导班子及班子成员分别就严格遵守换届纪律向社会作出公开承诺。坚持教育在先、警示在先、预防在先，抓好“两片一书”学习教育，开展换届纪律知识测试，印制换届纪律提醒卡、鼠标垫，提醒严守换届纪律；在《潍坊日报•临朐新闻》、临朐e支部、党建手机报等媒体广泛宣传换届纪律要求，刊载述评文章5篇，发送短信1.6万余条。注重监督检查，聚焦换届中苗头性、倾向性问题，紧盯换届考察、代表推选、大会选举等关键环节，成立4个巡回督查组，采取个别访谈、查阅资料、实地督查等方式开展集中督查5次。

【干部监督工作】 从严加强干部管理监督。严格落实单位党组织干部管理主体责任，实行党组织负责人定期与干部谈心谈话制度；制定《调整不适宜担任现职科级领导干部办法》，明确18条“下”的情形，及时调整不担当、不作为、不胜任干部，7名干部免去领导职务，3名干部免去现职。制定《县管干部表现信息沟通办法》，建立买官卖官信息沟通机制，强化与纪委、法院、检察院等部门信息共享。认真落实诫勉谈话、函询等监督制度，抓好领导干部经济责任审计，召开干审联席会议3次，对55名领导干部进行经济责任审计。抓好组织系统信访隐患源头治理，完善信访工作考核机制，实行复杂信访听证办法，信访数量较上年同比下降27%。完成73名镇（街、园、区）党政正职和县直属部门（单位）主要负责人个人事项填报，清理公职人员违规在企业兼职（任职）和出资办企业57人，干部人事档案专项审核签字率达100%。

【基层党建工作】 深入开展“两学一做”学习教育。严格落实“三会一课”“支部生活日”制度，采取紧扣重点学、面对面辅导学、典型带动学的方式，各级党委（党组）均开展学习30余次，各级党员领导干部共在所在党支部讲党课620余次、到基层党支部送党课432次，县委宣讲团到基层宣讲69次；组织开展有奖征文活动；举办老干部庆“七一”“两学一做”学习教育主题书画展；总结九山镇牛寨村党支部抓党建促脱贫先进事迹，被《人民日报·内部参阅》、新华社《山东要情动态》、《山东组织工作》、《大众日报》、潍坊市委办公室《参阅件》刊发推介，潍坊市委市直机关工委、临朐县委分别作出决定，号召市直机关和全县各级党组织学习。组织采取“领学原文+逐人发言+交流讨论+小结点评”方式，带着问题开展专题交流研讨，各基层党支部共查摆党组织、班子成员、普通党员存在问题5615件、有效整改4930件，促进党内教育从关键少数到全体党员、从集中活动到经常性教育转变，党内政治生活原则性、组织生活的严肃性普遍增强。扎实推进党群服务体系建设。积极搭建镇、社区、村“三级服务平台”，建成镇级党群服务中心10处、社区党群服务中心79处，村级党群服务站409处；下沉镇街干部557名，完善社村集中议事、村事民决社区监管制度；配套建设社区矛盾调处中心，整合社区干部、司法干警和法律服务者等力量，推行人民调解、司法调解、行政调解“三调联动”矛盾调解，提升基层矛盾预防调处水平。区分一般镇街、强镇扩权试点镇，制定为民服务“三个清单”。结合深化“两托管一代办”为民服务，拓宽社区市场化、社会化服务，引导81家农民专业合作社、互助协会承接农事托管服务；创办四点半学校，开展邻里守望、青年志愿者等活动，加大对农村老、幼等留守群体的社会关爱服务；规范村党群服务站运行管理，采取村干部定期集中办公、轮流坐班、预约服务、老弱病残家庭上门服务等方式，为群众提供便捷服务。抓好村“两委”班子建设。推行以年初对岗定诺、月度依标践诺、季度按绩点诺、年底述职评诺为内容的村党组织书记“四诺履职”管理。共作出共性承诺2836项、个性承诺1119项，逐项制定月度阶段性目标，一季一次观摩点评践诺情况，通过列明履职清单、强化督促指导、量化考核实绩，激发基层党组织书记整体干事创业热情，市委党建办《基层组织建设工作简报》刊发推介。加强农村后备干部培养，针对村级班子“后继乏人”问题，制定《关于加强村级后备干部队伍建设的实施方案》，坚持“政治素质好、综合品质好、工作作风好、带头作用好、群众评价好”五个好标准，按每村储备1—2人要求，选配村级后备干部469名。稳妥做好大学生村官教育管理，先后有26名大学生村官考录为事业编制人员，13名大学生村官通过参加国家、省、市组织的公务员、事业编考试实现分流。创新村级组织治理机制。推行“党支部+合作社+贫困户”抓党建促脱贫工作模式，采取支部带头领办、引导创办和村社联办的方式创办合作社，通过流转土地、现有资产、贫困劳力、帮扶资金入社等多种渠道，把党支部政治优势、组织优势与合作社经济优势、市场资源结合起来，组织带领贫困户“抱团发展”，实现从“输血帮贫”到“造血扶贫”转变。截至2016年底，共有69家合作社吸收1300余户贫困户入社，覆盖59个省定贫困村。潍坊市在临朐县召开现场会推广，市委书记杜昌文实地调研肯定。着力加强后进村治理整顿，按照10%比例倒排35个后进村党组织，采取项目化运行模式，逐村落实县委常委和镇街党（工）委书记、副书记挂点包靠，牵头成立治理工作组，因村制定整治方案，35个后进村党组织全部完成转化。扎实推进“两清理、两规范”行动，350个村全部完成清理规范任务，新建、修缮公开栏529个，清理标牌牌匾1340余块。完善党员干部联系服务群众机制。深化“进千村、入万户、察民情、解民忧”活动，突出抓好致富项目、美丽乡村、村级班子等“五个好”，走访群众14077户，解决问题7455件；828名联村干部分别与镇村干部结成“帮扶小组”257个、“关爱小组”571个，与4638个贫困家庭、10119人结成对子，帮助184户发展果蔬、药材等经济作物种植，20户新上农家乐、电商、光伏发电项目，662人实现再就业。扎实推进包村联户和选派第一书记工作，增派34名“第一书记”，省定贫困村“第一书记”全覆盖，累计协调、投入帮扶资金1996万元，帮助贫困村发展集体经济增收项目47个，引进致富项目143个。强化基层组织运转保障。制定《发展壮大村集体经济保障村级组织运转经费的实施办法》《进一步发展壮大村级集体经济的实施方案》，配套经济扶持、经费保障、激励奖惩机制，55个集中攻坚村取得初步成效；按照1000人以上4万元、1000人以下3万元标准，县镇财政“兜底”补助350个村1397万元。开展村级组织运转经费专项督查，确保村级组织运转经费落实到位。从严抓好党员教育管理。在潍坊市委党校、苏州农村干部学院举办农村干部和“第一书记”培训班、基层党建专题培训班，培训村党组织书记、部分村党组织成员和县直选派“第一书记”800余人次；各镇（街、园、区）共举办党员集中培训班37期，培训党员31293人。搞好农村党员积分制管理，设立党员责任区、党员公益岗、党员义工，实施志愿服务项目，引导党员主动认领服务，奉献积分，党员主动参与村级事务管理积极性、致富带富的能力明显提升。做好发展党员工作，深入实施入党积极分子审核备案、发展对象集中公示和跨党委交叉考察，全年新发展党员505名。规范提升“两新”组织和区域化党建工作。全县306家非公企业、169家新社会组织实现党的组织和党的工作全覆盖。按示范型、标准型、一般型和后进型实行分类管理，高标准打造市级“两新”党建示范点10处、县级党建示范点15个，举办全县“两新”组织党务干部专题培训班，“两新”组织党建工作整体水平明显提升。区域化党建有序推进，成立2个街道“大工委”、4个社区“大党委”，建立网格党支部61个，在奇石市场、窗博城、建材市场设立区域性党组织3处。按每千户每年3万元标准，落实社区党组织工作和服务经费37.4万元，落实城市社区服务群众专项经费40万元。积极推进远程教育转型发展。加快平台建设，扩展网络服务渠道和覆盖面，构建临朐e支部、先锋频道、手机报、微信公众号“四位一体”智慧党建服务体系。加快“临朐e支部”与“鸢都先锋·党建云平台”有效整合，村“两委”成员、大学生村官、党员发展对象在线学习完成率均达到100%。完成远程教育先锋频道高清自办栏目改版。《聆听大地的心跳》被评为全市“特别作品”，获全省“优秀作品奖”，《阡陌坊间的奔走》被评为全市“最佳作品”。开通“临朐e支部”党建微信公众平台，订阅用户2000余人。做好农村“两委”成员专科学历教育招生工作，54人报考53人被录取。

【人才工作】 拓展引才聚才渠道，开展“2016百家企业高校行”活动，分批组织120余家企业到上海交通大学等高校院所对接，打开与苏沪高校全面合作局面；先后举办招才引智活动62次，对接高层次人才1370多人，达成合作意向310项。宝龙达集团等5家企业在12家高校院所设立奖学金，超前吸引行业优秀后备人才，柔性引进高层次人才17人。围绕科技兴农，从山农大、省农科院等高校院所聘请种养殖业专家教授13

名，担任科技副镇长（副主任）。着眼提高文教卫生水平，开展教育、卫生人才专项招聘活动，引进硕士以上高层次人才332名。全县硕士及副高以上职称高层次人才达2647人。统筹推进本土人才培育，实施企业家培养工程，筛选50名左右企业家及后备人才赴浙江大学举办转型发展专题培训班。落实好人才培养、使用和待遇保障，突出培育有较高科研诚信、业绩贡献和发展潜力的优秀人才，3人同时入选国家“万人计划”科技创业领军人才，实现临朐县国家级高层次人才入选数量上的历史性突破。实施高技能人才振兴计划，按照“育考赛带奖”模式，健全和完善以企业为主体、职业学校为基础、学校教育与企业培养紧密联系、政府推动与社会支持相结合的高技能人才培养选拔体系，先后培训各类技能人才1.2万人次。加强平台载体建设。新增博士后创新实践基地等省级平台2家、市级平台6家，全县省级以上平台载体共26家，集聚硕士及副高以上职称人才304人。依托高校、科研院所和社会中介组织等技术平台，建成潍坊蓝色智谷服务中心临朐分中心，11家企业与山东大学等13所高校院所开展产学研合作对接，建成“山东大学恒彩数码特种光学膜研究所”等3个校企合作科研机构。积极鼓励企业与海外企业及研发机构合作，鑫珂海洋生物收购美国HemCon医药科技公司，接纳博士及博士后高层次人才18名；华特集团与德国亚琛工业大学联合建设中德磁电选矿技术中心，与德国卡尔斯鲁尔大学超导材料与应用研究所就超导研究选矿装备达成合作意向。不断创新完善政策体系，坚持“人才优先”理念，出台《关于加快建设人才强县的若干意见》《关于加强卫生计生人才队伍建设的意见》《2016年临朐县“十百千”文化人才培训工程实施方案》《临朐县优秀会计人才选拔培养和管理办法》等文件；落实县级财政在人才投入上的主体责任，全年公共财政预算安排人才工作资金1.02亿元，其中人才引进与培养投入5503万元、财政科技资金3318万元、创业引导资金798万元、人才奖励资金593万元。设立人才工作基金和双创人才专项资金，年度列支2100万元，实际支出3110万元。落实领导联系专家制度，县镇两级领导干部共联系专家人才293名；规划建设人才公寓120套，落实人才健康查体制度，分批组织优秀人才休假考察，落实免费乘公交、免费游览、县级公立医院绿色就医通道服务等待遇。

【干部教育培训工作】 深入挖掘淌水崖水库建设过程中孕育形成的“同心同德、艰苦奋斗、自强不息、开拓创新”精神，着力打造以建设一座纪念馆、编撰一本培训教材、拍摄一部专题片、创作一台地方戏、组建一个报告团、打造一堂精品课“六个一”为主要内容的党性教育基地，被列为市委党校主体班次党性教育现场教学基地，命名为“潍坊市理论宣教基地”“潍坊市爱国主义教育基地”“潍坊市青少年教育基地”；市直机关工委专门下发通知号召市直各部门机关党组织学习弘扬“淌水崖水库精神”，分期分批到九山淌水崖水库现场学习，全省社科理论骨干暨高校哲学社会科学教学科研骨干研修班，市、县委党校主体班次学员，市、县机关干部4.5万人次现场参观学习。聚焦理论教育、党性教育和专业能力培训三个重点，实行训前自学、训中研讨、训后实践“三步教学”法，举办科级干部进修班4期，调训学员498人；突出抓好系列高层次专题培训，在浙江大学、复旦大学、山东大学、省社会主义学院等举办社区与美丽乡村建设、战略性投资及财源建设、党外代表人士能力提升、女性领导干部素质提升等系列高层次专题培训5期，培训干部220人。开展“临朐大讲堂”精准培训，设计5大类21个培训专题，组织全县科级干部自主选学，举办专题讲座27期，培训干部8300余人次。落实各级党委办党校、管党校、建党校主体责任，出台关于加强和改进新形势下党校工作的意见、全县基层党校（分校）规范化建设意见，完善基层党校（分校）教学评估办法、百分制考核办法等规章制度；按照“组织到位、制度到位、人员到位、设施到位”要求，13处镇（街、园、区）和7处重要县直系统部门党（工）委成立党校（分校），建立130人专兼职教师队伍，全年培训基层党员3.76万人。（县委组织部）

附文：

一个将“光棍村”变作全县“领头羊”的党支部

——临朐县牛寨村党支部带领穷村奔富路调查

（新华社山东要情动态 2016年6月27日 第9期）

坐落于偏远山区“山窝窝”里的牛寨村，作为远近闻名的“光棍村”，近年来成功打了翻身仗——羊肠道修成了宽阔平坦的“致富路”，童山秃岭变成了“花果山”，破损陈旧、七零八落的村落变成了拥有两个“国字号”旅游品牌的美丽乡村，一举成为临朐县乡村建设的“领头羊”。调研发现，正是这个村坚强有力的党支部带领村民以超卓之毅力、坚刚之猛志谱写了愚公移山的新篇。

全体党员群众“倾家修路”向贫穷宣战

位于潍坊、淄博、临沂三市交界偏远山区的牛寨村，隶属潍坊市临朐县九山镇，曾有11个自然村，散落在三条沟、五道岭、15平方公里的“山窝窝”里，村民居住点有100多个。“村里上世纪90年代前与外面仅有一条挂在山岭上的羊肠小道，一辆独轮车也要三人推一牛拉。到20里外的镇上卖猪，只能赶着走或者4个壮劳力抬着去，来回得一天。”82岁高龄的村民于恒友回忆说。面对如此恶劣的自然环境，急用的生产生活资料拉不进，农产品也运不出去，而本村的姑娘一茬茬远嫁他乡，外边的姑娘谁也不愿嫁进来，牛寨也就成了“光棍村”。

90年代，村里借助沂源县新修乡道，好歹沿河修了一条土路，出村终于不再爬650米高的神牛崮。可一到雨季，常被山洪冲断。“年年修路年年冲，走路就像玩龙灯”，一句顺口溜道出了牛寨人的辛酸与无奈。其间，两位正当壮年的村支书累倒在了工地上。2005年，省里实施“村村通工程”，乡村道路硬化每公里奖补8万元，这让牛寨人看到了希望。然而，当村党支部将申请递到镇党委后，镇党委实际一分析却给牛寨村浇了一盆冷水——“你们村这条路战线长、路基差，仅土石方就花几十万，还要建十几座桥涵，120万拿不下来；况且村里底子太薄，没有一分收入不说，5个村刚合并还欠债20多万；外边有的村向群众集资修路刚被责令退款，干部还受了处分。你们去哪里弄这80万的缺口啊？还是缓缓再说吧！”面对大家的垂头丧气，党支部书记于兴平嚯地站了起来：“只要支部班子还有一个在，今年就一定把路修起来！”

80万元资金，对于大山里的牛寨，无异于天文数字。支部班子坐下来闭门开会，大家集思广益商量对策。有的提出把即将撤并的小学校舍和村委办公室卖掉可以解决20万，有的建议把河道里、山崖上的风景石卖掉就够了。于兴平则斩钉截铁：“没有钱，我们可以发动群众捐、想办法借，但吃祖宗饭、断子孙粮的事坚决不能干！从明天起大家分头到各家各户去发动！”

接下来，连续七天七夜，支部成员跑遍了11个自然村、412户，发动村民自愿捐款。于兴平带头将家里仅有的1000块钱全拿出来，还向出嫁女儿借了1000元，第一个捐了款。当时，于兴平93岁的母亲突发脑血栓住院，三姐垫付村卫生室给母亲治病的800元钱，被于兴平偷偷借回来付了材料款，他在医院守着老人呆了五分钟便含泪离开。

在干部、党员的带动下，捐款的村民排起了长队。妻子病故、93岁老母长年卧病在床的于兴吉，将仅有的202元捐出；老伴失明、儿子病亡的刘长水把仅剩的305块钱送了过来；不少村民看到别人比自己捐的多，跑着回家再来补捐。3天时间，就筹到了30多万元。

有了这笔钱，牛寨村的出山路终于如期动工了！为把有限资金用在刀刃上，党支部决定将涵洞、边沟、砌河坝等土建工程留出来，带领党员发动群众义务干。52名党员，就像52面旗帜飘扬在工地。干活最卖力的，脏活累活抢着干的，都是党员干部。村民的积极性也调动了起来，纷纷走出家门，来到工地，搬石子、运水泥、砌石堰……工程进行到一半，筹到的钱很快就花光了。眼看着面临停工，党支部果断决定，大家白天靠在工地上，晚上分头投靠亲友去筹钱。本村的在外人员、镇上的领导以及在九山工作过的老同志，得知牛寨村拓宽硬化道路，深受感动，听说遇到了困难，纷纷来捐款，凑了十几万。但就在工程进行到最后一公里的关键期，再次面临无钱购料的窘境。于兴平带头跑出去，到周边村、老相识、亲朋好友那里去“化缘”，半个多月时间终于借到13万元。

经过六个月艰苦奋战，2005年10月，工程顺利竣工，被评为一级精品工程，命名为铜牛路。铜牛路的建成，改变了牛寨人的命运。

“支部投上五个工，病灾户就成不了贫困户”

打通出村路，牛寨村党支部接着带领村民拓展致富路。

村党支部分析，牛寨村的劣势在山，优势也在山。农林技术人员考察后认为这里“沙土地、海拔高，日照充足，昼夜温差大，适宜果品种植”，他们一致决定加快农业产业结构调整，从2006年起，让3000亩荒山“披绿”种果树。

据介绍，支部给每名班子成员下任务，每人种苹果、桃树500棵以上，同时发动村里52名党员带头开荒种苹果、栽桃树。尽管穷惯了的村民思想难通，但在党员干部的带领下，果品种植终于一步步成了气候。目前牛寨村发展果品5000多亩，其中1000多亩为有机果品，苹果通过了国家有机食品认证，取得了国家地理标志产品证明商标。全村苹果连年丰收，每年产量都在200-300万公斤。

经过几年发展，牛寨村党支部发现村民单靠种果树，难以发大财。2011年，牛寨村尚有贫困户263户。“这些年我们抓发展，重点发展了带头户，片面强调培强，忽视了扶弱，使一些贫困户落了伍、掉了队。”谈到被确定为省定贫困村，于兴平有些惭愧地说到。前几年，县里组织到南方、胶东等地学习，于兴平看到一些地方发展乡村旅游搞活了经济，很受启发。支部研究商议后，基于山村自然环境优势，决定通过发展旅游带动致富。

据介绍，牛寨村引入一家南方投资商开发了神牛谷生态旅游项目，开发出龙女峰、观音山、藏龙寺等十几处景点。此后，依托漫山果树建起了游客采摘园，同时引导有能力的村民开办农家乐。于兴平介绍说，村委适时成立了旅游专业合作社，将村里57户农家乐吸纳进来，既能提升经营品质，又避免了不当竞争，由合作社统一接待登记、统一分配客源、统一指导培训、统一管理开发、统一宣传营销。去年全村实现旅游收入200多万元，远走他乡打工的村民也回来了。

有了合作社，党支部就有了服务村民和带动脱贫的抓手。据了解，牛寨村的旅游专业合作社不只管旅游，还在果农遇上难题的时候派上了用场。“对于病灾户，给投上五个工，他们就成不了贫困户，如果不去管他们，那就长期脱不了贫。”于兴平介绍说，果树管理季节性比较强，假如种植户恰在春天遇上病灾住院，没有人去管理果树，招来蚜虫连续好几年收成都受影响，很有可能陷入贫困。支部通过旅游合作社，开出工钱，及时组织人替他打药、管理，只需五个工，就避免了这一户因病致贫情况的发生。

合作社带起贫困户 全体村民齐致富

越发红火的乡村旅游让牛寨部分村民尝到了甜头，但如何放大旅游的带动功能让贫困户也能分一杯羹？村支部动起了脑筋。

“牛寨村有这么好的旅游基础，但不以党支部为龙头加以组织、利用、提升，就难以得到高层次发展。”于兴平接着说，旅游专业合作社组建了一支专业队伍，将村里的闲置院落出资装修改造，统一经营高端农家乐。“有些房子闲置，即使把钱给住户做农家乐，他们自己也不会经营，倒不如由合作社集中统一运作。”

47岁的智障村民高玉全孤寡多年，没有收入，前些年被他的姐姐接到家中照料，留下了一套年久失修的老宅子。为帮他脱贫，村里将高玉全的三间危房以6万元价格入股旅游合作社，将其改建为农家乐。“合作社与高玉全签了20年合同，每年给他3000元的房租兜底收入。农家乐马上就能投入运营，以后赢利了，他还能分红20%。”于兴平说。

据介绍，不同于一家一户自办的农家乐，合作社创办的农家乐全部以星级酒店标准建设。对于高玉全的老房子，合作社投入22万元装修改建，屋外白墙灰瓦古朴雅致，屋内参照星级酒店装修，电器家具一应俱全，能同时入住三个家庭。院子里有两间厨房，一旁是菜园，游客可就地采摘下厨烹饪。目前村里6户的房屋正在进行改造，合作社的计划是发展到21户。

合作社还引进绍兴艺园园林有限公司，打造临朐首家特色“民宿”。这家专门从事民宿规划设计和村域景区化打造的公司，将51岁贫困户高付安的闲置房屋艺术化改造。同高玉全一样，高付安既能收到合作社的租金又能获得分红。公司负责人陈伟鑫说：“民宿是乡村旅游升级的方向，牛寨的自然条件非常适合建民宿，投入运营后每晚定价在2000元以上，即使这样也会供不应求。”

据了解，临朐正在全县推广牛寨村将贫困户聚在合作社周围的做法。“目前，临朐发展起1694家农民专业合作社，114个省定贫困村全部建有农民专业合作社，贫困户覆盖率90%以上。通过联租、入股、租赁经营等形式，贫困户把土地、房屋、果树等流转给合作社，在坐享租金、分红的同时，一部分人被聘为按月领钱的农业工人，将贫困户聚集到产业链上，让他们尽快走上致富路。”临朐县委书记顾建华说。

（新华社分析师 王汝堂 陈国峰）

宣传工作和精神文明建设

【概况】 2016年，临朐理论中心组学习工作被评为全市中心组学习典型；学习型党组织建设工作被确定为全市学习型党组织建设工作典型；周姑戏《淌水崖》被市委党校列入主体班次培训教材内容；文艺精品创作、移风易俗等工作在全市作典型交流。县委宣传部被表彰为省“舆情信息工作先进单位”“优秀调研和部刊工作联系点”和市“舆情信息工作先进单位”“调研部刊工作先进单位”；县社科联被评为“全国社科组织先进单位”。临朐创建为“齐鲁诗词之乡”“中华诗词之乡”。

【理论武装工作】 理论学习教育。制定《县委理论学习中心组集体学习安排意见》，采取集中学习、个人自学、专题讲座等方式，深入推进“两学一做”学习教育。巩固完善“理论大课堂”“社区大讲堂”等学习阵地，大力推行“破解问题学习法”“系统学习法”。临朐学习型党组织建设工作被确定为全市典型。

意识形态工作。制定《临朐县党委（党组）意识形态工作责任制实施方案》，将落实意识形态工作责任制情况纳入镇（街、园、区）科学发展考核和县直部门单位绩效考核；召开全县党委（党组）意识形态工作责任制座谈会，建立由县委宣传部牵头，县纪委、县委组织部、县委政法委、县委统战部等部门单位参加的联席会议制度，定期召开联席会议，全面加强意识形态工作。

理论惠民工程。通过举办理论报告会、座谈会等方式，开展形势任务宣讲300余场次；中共十八届六中全会召开后，组建县委学习贯彻中共十八届六中全会精神宣讲团，深入基层开展理论宣讲28场次，并组织县内媒体对全会精神进行集中宣传报道，营造浓厚学习氛围。持续深化理论“微宣讲”，指导各部门单位建立微宣讲队伍，广泛开展理论微宣讲活动；拓展电视理论专栏《关注》覆盖面，推动理论大众化、普及化。持续挖掘、宣传、推广“淌水崖水库精神”“牛寨村党支部先进事迹”等典型，全省社科和高校哲学教学科研骨干培训班两期280多人次到临朐开展异地教学。

牵头组织开展“学先进、找差距，转作风、抓落实”主题教育活动。重点组织开展“淌水崖水库精神”事迹报告会、“淌水崖水库精神”巡回演讲、大型现代周姑戏《淌水崖》基层巡演等活动，大力弘扬“淌水崖水库精神”。

【精神文明建设】 农村精神文明建设。抓好“星级文明户”“县级文明村”创评、城乡环卫一体化建设和“文明新风沐千村”活动，组织实施“一三六三”（一个主题，三大阵地，六项活动，三支队伍）乡风文明培育工程和农村文化广场宣传工程，巩固提升乡村文明建设成果。全县建成具有风尚之美、人文之美且各有特色的美丽乡村示范村25个，评选出年度县级文明户100户、镇村文明户2万余户；县级及以上文明村103个，达到县级文明村标准的村147个，占行政村总数的71.4%；城乡环卫一体化工作在上半年全省农村群众满意度电话调查中，获得全省第23名、全市第1名好成绩。临朐农村精神文明建设经验做法，被市委宣传部以基层创新案例的形式在全市予以宣传推介；《东朱封村持续加强精神文明建设调研》被省委宣传部《决策参考》单独刊载。深入开展“新农村(社区)新生活”培训，举办各类培训150余场次，培训妇女2万余人次。

围绕培育和践行社会主义核心价值观，广泛开展道德模范、最美人物、身边好人媒体宣传、公益广告展映等活动，使“三个倡导”更加深入人心。以四德工程建设示范点创建活动为抓手，完善提升善行义举四德榜，扎实推进道德体系建设。全县上榜人员达到12万人，1人被评为“全国敬老爱老助老模范人物”。加强未成年人思想道德建设，淌水崖水库纪念馆被确定为“潍坊市青少年教育基地”，6人被评为“潍坊市美德少年”。深入开展“厚道鲁商”倡树行动，引导企业守法诚信经营、履行社会责任。华建铝业被市委宣传部推荐为首批“厚道鲁商”形象榜候选企业。

志愿服务工作。实施志愿者队伍注册机制，构建“互联网+”志愿服务模式，推动志愿服务制度化、网络化。组织开展各类志愿活动200余次，打造志愿服务品牌，临朐“绿丝带”志愿服务中心被评为“潍坊市优秀志愿服务组织”，王骁宙被评为“潍坊市优秀志愿者”。

【舆论引导工作】 新闻宣传工作。对内，组织县内媒体采取多种形式对县委、县政府中心工作进行全方位、多角度宣传，增强时效性和导向性。《潍坊日报·临朐新闻》出版150期，被评为山东省优秀县市报；临朐电台、电视台自办栏目的每日制作、播出能力达到120分钟，被评为全省

● 2016年3月11日，现代周姑戏《淌水崖》进行汇报演出（供稿：沈汝虎　刘文纲）

● 2016年6月29日，“喜迎党的生日 共建美丽临朐”临朐县纪念建党95周年文艺汇演暨颁奖晚会举行　（供稿：沈汝虎　刘文纲）

“广播电视宣传先进集体”。对外，组织重点宣传战役10余次，在市级以上媒体发稿3800多篇，在《人民日报》《新华社每日电讯》《农民日报》等媒体发稿实现突破。其中，临朐脱贫攻坚经验做法在《新华社每日电讯》《人民日报》等媒体进行宣传报道；牛寨村党支部典型做法在新华社《山东要情动态》、《大众日报》等媒体进行专题报道。加强新媒体研究和运用，完善党政客户端、@临朐发布政务微博和“临朐宣传”“临朐文联”“临朐新闻”公众微信平台等宣传载体，有效提升宣传效果。

舆情监管工作。做好新闻监督预警，妥善处置《人民日报·海外版》《食品安全导刊》等媒体对临朐县的新闻监督；在网络监管方面，坚持24小时监控，对发现的涉临舆情进行及时处置。抓好网上舆论引导，发布网上正面引导信息。加强舆情信息提报工作，上报舆情信息6000余条。

基层队伍建设。完善新闻通稿送审制度，对县报社、电视台报送的通稿进行严格把关，保证县内新闻通稿及时高质刊播。调整充实网络评论员、舆情信息员、骨干通讯员队伍，举办全县舆情信息工作培训班、新闻宣传培训班，加强业务培训，提升基层工作水平。

【文化建设】 公共文化服务体系建设。扎实推进县文化中心、镇图书馆、村（社区）综合性文化服务中心、农村文化广场等文化设施建设，大力推广“三位一体”文化惠民模式。全县10处镇街均建成符合国家标准的综合文化站，305个村（社区）建成综合性文化服务中心，达标率87%；70%的行政村和农村社区建成农村文化广场。加强文艺协会建设，全县县级文艺协会达到11家。

文化惠民活动。组织举办2016年元宵节系列文化活动、中国（临朐）沂山文化节、纪念建党95周年系列文化活动、中华诗词·临朐金秋笔会、中国书法之乡华夏行书法作品展等各类文化活动200余场次。组织举办的纪念建党95周年系列文化活动，覆盖县直十大系统100多个部门单位、13个镇（街、园、区）200多个自然村，活动参与人员达10万余人；举办的中华诗词·临朐金秋笔会，有250余名全国诗词界知名人士参加。深入实施“十百千”文化人才培训工程，举办各类培训150余期，培训人员7000多人次。

文艺精品创作。全县文艺作品获得国家级奖项11项、省级30余项、市级50余项。创作编排的大型现代周姑戏《淌水崖》到中共潍坊市委党校、潍坊市市直机关进行汇报演出，被市委党校列入主体班次培训教材内容。扎实推进历史动漫剧《东镇沂山传奇》制作工作，创刊《临朐文学》杂志，出版长篇小说《冯惟敏轶事》，启动《临朐文化志》编纂工作。

文化产业。深入实施重大项目、特色园区、龙头企业带动战略，启动中华文化雕塑园等项目建设，着力打造集传统文化、雕塑艺术、摩崖石窟造像、观光旅游于一体的大型文化景观。

（沈汝虎　刘文纲）

统一战线工作

【概况】　2016年，县委统战部全力推进同心统战、经济统战、文化统战、和谐统战“四个统战”建设，被省委统战部授予“全省统战理论调研宣传‘四新工程’先进单位”“全省统战信息工作先进单位”“全省宣传工作先进单位”，被市委统战部分别评为全市信息、宣传、调研三项工作一等奖第一名。在全市统一战线科学发展考核中，获得第一名。

【同心统战工作】　1月7日，在县委党校举办统战干部专题培训班，参训180多人。2月，县委下发《关于调整统一战线工作领导小组组成人员的通知》（临委〔2016〕23号），成立以县委书记为组长的县委统一战线工作领导小组。3月，县委、县政府下发《临朐县落实省委、省政府〈关于加强和改进新形势下民族工作的实施意见〉职责分工方案》。县委于3月份委托县委统战部召开党外人士情况通报会，共征求意见建议23条，其中推进城市设施配套、完善市场群建设、发展生态旅游等6条意见建议纳入《全县“十三五”规划纲要》。5月16日—20日，在省社会主义学院举办党外代表人士培训班，全县部分党外干部、党外知识分子、党外非公经济人士和民族宗教界代表人士共40人参加。做好23名市政协委员的推荐提名及组织考察工作，对市县人大代表、市政协委员、市工商联执委中的116名非公经济人士进行综合评价。

【经济统战工作】　制定下发《全县统一战线参与精准扶贫工作方案》。5月20日，潍坊市统战系统“百企帮百村”暨临朐扶贫项目推介会在临朐县召开，由市各民主党派、市县有关非公企业共100家，通过“一帮一”“二帮一”模式精准帮扶全县84个省定贫困村。年内，全县统一战线精准扶贫投入物资500多万元，新上或技改项目59个，提供贫困人口就业岗位3200个。免费开展技术培训23次、培训1万多人次。开展党外知识分子“三下乡”活动32次、为5800多名贫困群众提供医疗救助或技术指导，救助贫困学生570多人，其中58名贫困生列入“泛海助学山东行动”受助对象，每人资助5000元。5月，组织新生代会员企业实施精准扶贫“百企帮百村”活动，58家会员企业分别与58个省定贫困村结成帮扶对子。11月22日—28日，组织50名非公经济人士及新生代创业者，在浙江大学举办“临朐县企业转型发展专题培训班”。加强与发达地区商会的联系，6个全联直属商会到临朐考察，全县5家企业加入全联直属商会。12月份，对牛寨村、隐士村24名贫困学生每人资助1000元。抓好新生代创业者商会、红木商会、窗博城商会等各类行业商会建设。组织全县非公经济人士及新生代会员参加“浙江行”“福建行”等考察洽谈活动4次，组织到井冈山革命根据地等接受理想信念教育3次。

【文化统战工作】　1月开通“临朐统战手机报”，年内编发12期。做好新媒体从业人员和网络意见人士统战工作，于3月进行调查摸底，全面掌握新媒体从业人员和网络意见人士基本情况，建立92人组成的新媒体从业人员和网络意见人士数据库。

【和谐统战工作】　组织非公企业开展“终身式”帮扶农村老党员活动，“七一”前夕，205名非公经济人士为205名农村老党员捐助款物70余万元。实行民族宗教“四定一包”创新工作法，即定期走访、定期培训、定期督查、定期研判和班子成员包靠责任制。年内，共收集各类问题诉求40多件，解决38件。深入开展民族团结进步示范点创建活动，年内完成寺头小学、寺头初中、冶源镇冶西村3处创建点创建工作，全年共争取各类民族团结进步资金10余万元，为九山镇青平峪少数民族聚居村争取省级少数民族发展专项资金20万元。2016年春节期间，为全县穆斯林群众发放牛羊肉价格补贴款3万元。落实民品企业贴息贷款优惠政策，做好红叶地毯1.9亿元的贴息贷款协调服务工作，使企业享受贴息2.88个百分点，年净减息500多万元。

【机关自身建设】 开展“统战干部能力提升年”活动，在市级以上统战媒体发表文章30多篇。认真做好包村工作，为帮扶村投资2万元用于美丽乡村建设，争取“一事一议”资金8万元。争取省海外联谊会无偿资金25万元，用于帮扶村龙山产业园宫家老庄等5处新农村卫生室建设。

（赵玉霞　王丽丽　徐　鹏）

全面深化改革工作

【健全完善改革推进机制】 健全工作体系，完善全面深化改革工作组织架构，将改革专项小组由8个调整为9个，县委改革办配齐1名主任、2名副主任（兼职）、2名专职副主任及工作人员；出台《提请改革领导小组会议审议的改革方案报审办法》《改革督察工作实施办法》和《改革领导小组议事规则》等工作制度，形成上下衔接、各负其责、协调有序的组织领导和工作推进体系，保证改革工作推进的制度化、规范化。搞好统筹谋划，先后召开6次改革领导小组会议学习传达中央和省、市委关于全面深化改革的重大部署，研究审议改革方案，对全面深化改革工作进行安排部署；围绕贯彻落实上级改革方案，组织各专项小组深入镇（街、园、区）、部门调查研究，先后制定并组织实施《2016年改革工作要点》《关于加快全县供给侧结构性改革的意见》《深化公共资源配置改革的意见》等重要改革文件102件，搞好全面深化改革的总体设计。加强督察考核，按照项目化管理、责任化落实的要求，及时将改革总体实施规划和年度工作要点进行分解落实，建立改革工作总台账，明确各项重要改革举措的责任单位、目标路径和完成时限；建立“月调度、季分析、半年总结”的定期调度和督查工作机制，各项重点改革任务进度均达到预期目标。强化舆论引导，各级各部门共在中央和省、市、县级各类新闻媒体发表宣传材料212篇次，在全社会营造理解、支持、参与改革的浓厚氛围；加强改革信息报送工作，向上级报送相关改革材料30余篇，报送的《创新机制精准发力坚决打赢脱贫攻坚战》等4篇信息被市委主要领导、分管领导批示，并以市委办《参阅件》刊发；山东省科协助力创新驱动发展座谈会、全省涉法涉诉信访工作暨信息化平台建设工作座谈会、全市精准扶贫现场会等在临朐县召开，相关经验做法被推广。

【统筹推进各领域年度改革任务】 各专项小组和牵头部门积极推动9大领域、219项重点改革任务落实，着力破除体制机制障碍。经济体制改革领域，深化行政审批制度改革，将审批、核准、备案的审批期限一律承诺为2个工作日，清理16个县直部门（单位）30项行政审批中介服务收费项目；出台《关于实施创新驱动发展战略加快建设创新型城市的意见》，市级以上创新研发平台发展到52家，3名科技人才入选第二批国家“万人计划”领军人才，高新技术产业产值占比达到42%；创新实施政府与社会资本合作PPP投融资模式，成立县PPP中心，上线运行PPP项目管理系统，完成改制企业93家，挂牌企业达到20家。农业农村改革领域，深化农村产权制度改革，流转农村土地24.1万亩；积极培育新型农业经营主体，建成市级以上农业龙头企业46家，全县农民专业合作社发展到1792家，家庭农场发展到173家；加强农产品质量安全监管，建成市级以上农产品质量安全示范园5处，农产品抽检合格率达到100%；积极推进“粮改饲”试点，完成全株玉米青贮10万吨。民主法制改革领域，加强社会主义协商民主建设，制定《关于加强人民政协协商民主建设的实施意见》；做好新形势下统战民族工作，对各领域的统战工作逐一明确责任、细化措施并切实督促落实；推进村（居）民主法治建设，完善议事、公开、述职、问责等机制；制定实施2016—2020年依法治县规划和法治政府建设实施纲要，广泛开展法治创建活动，全民普法工作扎实深入。文化体制改革领域，积极培育和践行社会主义核心价值观，建立健全理论学习研究和普及宣传工作机制，淌水崖水库纪念馆等8个单位被确定为市级理论宣教基地；深入实施“一三六三”乡风文明培育工程，在2016年全省乡村文明、移风易俗群众满意度调查中，临朐县获得全省第8、全市第1的好成绩；成功举办第四届中国（临朐）沂山文化节、第三届国际窗博会等节会文化活动。司法和社会治理体制改革领域，深化司法体制改革，建立健全常态化的“阳光司法”机制；深化检务公开，建立健全检察权透明运行制度；全面推进视频监控全覆盖工程，实现监控建设由城镇向社区、村庄延伸；扎实组织开展社会稳定风险评估，最大限度防范和减少不稳定因素。社会事业体制改革领域，全面推进中小学管理体制改革，优化区域师资配置；加快构建覆盖城乡全体居民的社会保障体系，全民参保登记入库率达到99.9%，处于全省领先水平；深化县级公立医院综合改革，巩固取消药品加成后实施成果，继续推进公立医院管理体制、补偿机制、运行监管机制等改革。生态文明体制改革领域，严格落实分阶段逐步加严的污染物排放标准，继续推进按行业环保先进标准管理重大项目；积极推进美丽乡村建设，在2016年全省城乡环卫一体化群众满意度电话调查中，临朐县取得全市第1名的好成绩；深化旅游综合改革，大力发展“旅游+”，加快推进旅游业市场化、产业化发展；与鲁商集团签订旅游战略合作框架协议，初步达成双方合作意向。党的建设制度改革领域，完善《临朐县调整不适宜担任现职科级领导干部办法（试行）》；制定《关于推行农村党员积分制管理的指导意见》《全县基层服务型党组织建设三年行动计划》《村党组织书记“四诺履职”管理办法》；加大高层次人才培养力度，3人入选国家“万人计划”科技创业领军人才，数量居全市之首。纪律检查体制改革领域，全面落实从严治党主体责任和监督责任；制定实施《关于准确把握和充分运用监督执纪四种形态的通知》《临朐县派驻机构巡查工作办法（试行）》，扎实开展专项正风肃纪，持之以恒纠治“四风”；深化廉政教育，建成廉政临朐智慧监督平台，创新开通“廉政临朐”手机客户端。

【国家和省改革试点工作】 抓好国家智慧城市试点，加强公共信息服务管理平台的应用推广，已录入65个单位的81类55万条数据；整合“3111234”县长热线、“12319”市民热线、城管通等服务平台，拓宽热线受理服务渠道；整合全县17个部门网站，建设“中国·临朐”政府网站群；完成智慧管网项目建设，实现与智慧国土三维平台无缝对接。抓好国家主体功能区建设试点，将“扎实推进国家主体功能区试点示范建设”明确列入全县“十三五”规划；出台《关于深化“三八六”环保行动实施十大工程加快绿色发展的意见》，调整完善《临朐县科学发展综合考核办法》，对不同主体功能区实行差异化绩效评价；2016年9月，成功申报国家重点生态功能区。抓好省级旅游综合改革试点，深入实施“旅游+”三年行动计划，临朐县被确定为“全国全域旅游示范创建单位”；着力提升乡村旅游发展水平，牛寨村被评为全国旅游精准扶贫重点支持村；成功举办山东省第三届乡村旅游节、第四届沂山文化节等大型节庆活动，实行重点景区对临朐居民免费开放。抓好山东省教育信息化区域综合试点，深入开展“优课、微课”制作活动，建成临朐数字教育云资源中心平台，搭建本地特色视频资源库；推广应用电子书包、“人人通”云教学平台，实现优质资源共享，促进城乡教育均衡发展；实行县校两级项目管理，一校一品牌，一校一特色。抓好农田水利设施产权制度改革和创新运行管护机制试点，建立项目建设管理公开公示制度；完成全县农田水利工程的调查摸底工作，对2601处农田水利工程产权信息进行登记；出台《关于开展农村产权制度改革工作的意见》，成立齐鲁农村产权交易中心临朐分中心；落实工程管护经费的长效机制，鼓励和扶持农民用水户协会等专业合作组织发展，成立20处农民灌溉和用水者协会。（杜先涛）

机构编制工作

【概况】 2016年，县编办坚持向深化改革要活力，向创新管理要动力，向编制资源挖潜力，充分发挥资源配置、机构优化、体制理顺作用，为全县经济社会发展提供体制机制保障。被评为“全省机构编制宣传工作先进单位”，在全省机构编制监督检查工作交流研讨会上作书面交流发言，编制农村社区“三个清单”获“全市机构编制系统工作创新三等奖”。

【行政审批制度改革】 规范行政许可事项调整和网上运行。分三批承接上级下放行政审批事项8项，整合2项，取消10项，相应调整行政权力事项1项，对县级行政许可事项目录及时做出调整。做好全县36个具有行政审批职能部门、单位行政许可事项要素录入工作。清理规范公共服务事项。完成团县委、市场监管局、广播影视中心、文化市场执法局等4个部门（单位）公共服务事项目录和服务指南模板编制工作。下发《关于印发〈临朐县简化优化公共服务流程方便基层群众办事创业实施方案〉的通知》，召开全县简化优化公共服务流程方便基层群众办事工作会议，全县57个部门（单位）、13处镇（街、园、区）完成公共服务事项目录编制，编制服务指南和清理证明盖章类材料工作有序推进。推广随机抽查规范事中事后监管。督促指导县直38个具有行政执法主体资格的部门（单位），分别研究制定《推广随机抽查工作实施方案》和抽查事项清单，建立执法人员和抽查对象两个数据库。对市场监管、安监、环保、住建等重点领域开展专项督导。创新编制农村社区为民服务“三个清单”。按照“区分层级、因事定单、全力服务”原则，分别选取4个镇（街道）和4个社区，采取召开座谈会、发放调查问卷、个别访谈等形式，征求意见建议160余条。在此基础上，形成一般镇（街、园、区）、扩权强镇试点镇农村社区即时办理、代为办理、指导办理为民服务“三个清单”。其中，一般镇（街、园、区）涉及服务事项74项，扩权强镇试点镇82项。清理涉审中介服务事项。会同县监察局开展“行政审批领域中介服务突出问题专项整治”活动，共清理出16个县直部门（单位）33项行政审批中介服务收费项目，对上级要求14项不再纳入行政审批中介收费项目，及时下发通知进行清理规范。开展建设项目区域化评估评审。印发实施方案，先期选定临朐经济开发区1300亩家居门窗产业园作为试点区域，对涉及到的评估评审事项进行摸底汇总。开展权力清单动态调整。印发《关于调整部分行政权力事项的通知》，共调整行政权力事项106项。抓好企业降成本专项工作。建立推进供给侧结构性改革任务台账，制定降低制度性交易成本具体措施。协助市职能办完成全县50家企业降成本措施征求意见工作，配合县委督查室完成市里降低企业成本专项督查工作。

【综合行政执法体制改革和事业单位改革】 加快推进综合行政执法体制改革。对住建、市场监管、农业、卫计、交通、国土等部门执法队伍的机构编制、主要职责、行政执法权限等进行调查摸底。研究拟订全县综合执法体制改革的初步方案。以县政府文件印发交通运输综合行政执法体制改革方案，印制改革配档表，对会议部署、人员划转、建立信息共享和协调配合机制、修订县交通运输局“三定”规定和所属事业单位主要职责等事项进行安排部署，全面完成县交通运输综合行政执法体制改革任务。加快推进事业单位分类改革。将不纳入分类范围的县科协等4个单位经费来源明确为财政拨款，从事生产经营活动事业单位不再明确经费来源。将暂缓分类的党史研究室等5个事业单位划分为公益一类。对承担行政职能的相关事业单位进行调查摸底。拟订公立医院人员控制总量备案管理办法。对2016年新招聘的84名人员进行备案，不再纳入实名制系统管理。加快推进政府购买服务工作。先后完成县环卫处、公共自行车管理处、殡仪馆等单位购买服务项目和服务岗位事项审核工作。下发《关于做好2017年度政府购买服务范围审核工作的通知》。推进扩权强镇改革试点工作。对放权事项进行调整完善，全年共下放90项。2016年，辛寨镇、冶源镇两试点镇新增办理扩权强镇事项达5000余件（次）。

【机构编制管理】 重新核定中小学教职工编制，共核定中小学教职工编制6145名。制定下发通知，抽调骨干力量组成2个工作小组，完成12个部门“三定”规定草案制定工作。召开专题会议，研究制定机构编制云平台基础建设工作实施方案，对全县各级党政群机关和事业单位的“三定文件”分门别类进行理顺、整理。共完成531个部门（单位）2165条三定信息、8000余条权力清单和责任清单数据录入工作。先后为264人办理编制调整手续，为615人办理减编手续；批准教育、卫生等所属事业单位用编322人，公务员用编计划75人，实际用编74名，截至2016年底，全县共有在编人员15847人，比2015年底减少122人；调整县智慧城市建设管理中心和县事业单位监督管理局机构规格。完成2017年度机关事业单位用编进人计划提报工作，共提报用编进人计划479名，其中党政群机关99名、参公单位5名、其他事业单位375名。探索实施“机构有破有立、职能有转有变、编制有增有减、人员有进有出”动态管理方法，先后整合、调整机构22个，动态调整行政编制31名、事业编制214名，保证重点领域机构编制需求。

【事业单位监督管理】 对纳入编制管理的357个县直事业单位进行绩效考核，确定绩效考核A级单位56个、B级单位272个、C级单位1个、不定等次单位28个，实现考核单位全覆盖。做好2015年度事业单位法人年度报告公开工作，共核准监督的事业单位法人279个，对应公开的257个单位进行年度报告公开。为县道路运输管理处等51家单位办理设立登记；为县新华中学等69家单位办理变更登记。为全县60家党政群机关统一发放统一社会信用代码证书，并进行赋码。对全县449家事业单位的法人登记管理、印章管理和使用等4个大项、43个小项进行监督检查全覆盖，对检查出的问题进行书面反馈，限期进行整改。会同县财政局、县教育局等分别在试点单位推行编制备案制管理、政府购买公益性岗位、自主办学等，进一步落实事业单位法人自主权。

● 县交通运输局审计现场　　（供稿：顾廷礼　林春生）

【机构编制监督检查】 做好集中清理“僵尸”事业单位工作，采取核对机构和人员编制台账、核实“三定”规定、查阅历史沿革资料、到有关单位实地调研等方式，对全县155个副科级及以上事业单位，逐一进行摸底排查，将符合清理“僵尸”事业单位情形的县个体私营经济发展服务中心、县房产交易中心确定为清理对象范围。制定股级事业单位集中清理方案，对294个事业单位开展排查清理工作。拟订并上报集中清理“僵尸”事业单位工作方案，对县个体私营经济发展服务中心进行撤并，将该中心职责、人员（含在职、离岗、离退休人员和遗属）、资产及债权债务等整建制并入县散装水泥办公室；撤销县房产交易中心。会同县组织、人社等部门对全县3处副县级林场进行排查。按照每年不少于5个政府工作部门的要求，对县农业局、安监局等5个政府工作部门机构编制进行评估检查。会同县审计局先后分两批对全县31个单位主要负责人离任、任中的机构编制管理和执行情况进行从严审计。

（顾廷礼　林春生）

县直机关党建工作

【概况】 2016年，县直机关工委先后被省直机关工委授予“机关党建宣传报道工作先进单位”，被市委、市政府授予“先进基层党组织”“文明单位”，被县委、县政府授予“基层党组织建设先进单位”“落实党风廉政建设责任制先进单位”“建设学习型党组织先进单位”等荣誉称号。

【基层组织建设】 开展基层组织规范化建设提升年活动，指导所属2个机关党委、11个党总支、40个独立党支部，全面提高机关党组织规范化水平，建设1个规范化的活动场所、建立1套规范化的组织制度、健全1套规范化的工作目标、开展一系列规范化的组织活动、完善1套党建工作责任机制、建立1套规范化的档案资料。年初制定下发机关事业单位、非公经济组织、社会组织《党建工作百分制考核标准》，对党组织自身建设和党员队伍建设进行细化量化。严格党内民主生活，下发《关于严格执行党的组织生活制度的意见》，进一步完善“三会一课”等党内基本生活制度。以“两学一做”学习教育为重点，抓好党员教育管理工作。先后召开“两学一做”学习教育部署会、县直机关“两学一做”学习教育培训会和“两学一做”学习教育推进会。举办“县直机关‘两学一做’学习教育学党章报告会”。认真核实各党支部所属党员身份信息，对所属党组织党员全部建立党员管理台账，共理顺党员党组织关系2264人，查找到失联党员10名。召开发展党员工作专题会议，指导有关党组织按照“两推一公示”和“六全程”制度要求，共发展党员14名。组织县直53个部门（单位）党组织开展党费自查和补缴工作，建立党费收缴工作台账，共补交2008年4月至2016年8月党费39.98万元。

【党建活动载体】 先后开展“弘扬淌水崖水库精神”和“学牛寨、当先锋、敢担当——我是共产党员”主题征文比赛。开展“面对面”服务群众宣传群众活动。举办以“喜迎党的生日 共建美丽临朐”为主题的党群系统建党95周年文艺晚会、庆“七一”“学党章党规、学系列讲话，做合格党员”主题书画展。发动党群系统党员干部职工踊跃参与县第四届全民运动会。与团县委开展“为绿奔跑·青春飞扬”环弥河10公里公益健康跑活动，共有600余名党员干部参加活动。

【党风廉政建设】 落实党风廉政建设主体责任和监督责任，深化反腐倡廉教育，组织学习新修订的《中国共产党纪律处分条例》和《中国共产党廉洁自律准则》，加强对党员干部的道德纪律教育。坚持民主集中制原则，维护党内政治生活准则严肃性、权威性，严格议事规则。开展形式多样教育活动，通过观看廉政教育专题片、报告会等形式，狠抓廉政警示教育，提高党员干部拒腐防变能力，筑牢思想防线。做好党务政务财务

公开工作。健全完善公开机制，加强党内监督和群众监督。（聂芳坤　蔺园园）

档案工作

【概况】 截至2016年底，县档案馆建筑面积1200平方米，其中，库房面积600平方米，办公区及附属设施面积600平方米。库房内安装密集架200立方米，配有空调5台、除湿机5台、吸尘器5台、臭氧杀菌机3台、灭火器14台、温湿度自记仪5台及烟雾报警器等档案保护设施设备。馆藏档案178个全宗，114481卷（件），排架长度1375米，资料13096册；有录音录相带1136盘，照片3175张。2016年，被省档案局评为“全省档案宣传工作先进集体”和“档案工作科学化管理先进单位”。

【档案文化建设】 在《中国档案报》《山东档案》《临朐新闻》《临朐电台》和中国档案网、中国档案资讯网、山东档案信息网、潍坊档案信息网等新闻媒体、网站发表消息、报道140余篇，两篇论文获“山东省档案学优秀成果奖”。6月9日“国际档案日”，组织160名基层文档人员和群众参观县档案馆。全年共征订档案报刊110份，其中《山东档案》80份、《中国档案报》16份、《中国档案》14份。编报《临朐县大事记》12期、3.8万字。为《齐鲁记忆·山东珍品丛书》提供《军鞋账》有关内容。

【档案规范化建设】 指导120个县直机关、企事业单位和13处镇（街、园、区）完成文件材料归档整理工作。县档案局（馆）、县公安局2个单位通过省级先进单位测评，9个单位通过省级合格单位验收，2个村达到“美丽乡村”建设档案工作县级示范村标准。指导相关涉民单位建立、完善社会保险、低保、计生、惠农补贴、不动产登记、土地确权登记颁证、精准扶贫、退休职工、下岗失业职工档案托管等民生档案。深入到华建铝业集团、华艺雕塑艺术公司等重点民营企业，进行全方位业务指导服务，提高企业档案标准化、规范化管理水平。与县纪委密切协作、分工负责，开展纪检监察档案整理归档工作，把纪律检查、党风廉政、案件审理、信访、执法监察、人事工资、机关事务等工作活动中形成的具有保存价值的文件材料，进行全面收集、整理、归档，共整理档案250余卷。扎实推进兴隆村室藏档案数字化工作。完成软件、硬件建设和档案数字化扫描加工任务，计590卷、35175页，录入目录4967条，并投入运行。兴隆村成为全县开展并实现室藏档案数字化、信息化管理第一村。

【基础业务建设】 全年接收进馆档案共计3974卷，其中县委（办公室）2001—2005年文书档案996卷，县政府（办公室）2001—2006年文书档案1595卷，缫丝厂档案1383卷；征集新老家谱、文学艺术作品、地方史料等地方特色档案资料31册。接收县直、镇（街、园、区）等单位现行公开文件108份，为社会各界提供便捷的政府信息和档案服务，共接待利用者930人次，提供档案资料2980卷（件），出具档案证明507份。建成数字档案馆，完成馆藏传统载体档案数字化加工任务。截至5月，馆藏178个全宗档案114208卷8232393页和123卷2874张照片档案已全部扫描完毕，共录入档案目录1214560条、资料目录9302条。

【档案馆新馆建设】 县委先后两次召开县委常委会研究落实档案馆新馆建设情况，成立档案馆新馆建设领导小组，确定档案馆新馆设在县文化中心，并列入2017年财政预算和2017年下半年开工建设项目。（井　波　郭中慧）

信访工作

【人民来信】 全年受理群众来信258件，办理中央第三巡视组在山东“回头看”期间转交群众来信17件，办理省委第六巡视组在潍坊“回头看”期间转交群众来信28件。

【网上信访】 全年受理网上信访923件（含领导信箱78件），其中县级网上投诉受理平台受理174件。纳入满意度评价243件（含领导信箱件17件），国家信访局纳入26件，省信访局纳入186件（含领导信箱件17件），市信访局纳入15件，县信访局纳入16件。

【排查机制】 健全完善县、镇（街、园、区）、社区、村（居）信访不安定因素排查制度，按照“发现得早、化解得了、控制得住、处理得好”总要求，采取条块结合、定期与不定期相结合，常规排查与重点时期排查相结合等多种排查方式，对全县不安定因素进行排查，重点对已发生到县去市到省进京上访、重复上访、非正常上访和信访老户进行周密排查，将所有不稳定因素排查出来，将所有重点人员纳入视线。排查出的问题，逐一登记造册，建立台账，区别不同情况，实施分类施治，综合运用政策、法律、经济、行政等手段，多措并举，及时化解稳控在当地。

【业务培训】 2016年2月29日始，利用50天时间，对13个镇（街、园、区）和部分县直部门的信访工作人员调到县信访局跟班学习，用“以干代训”方式，解决信访事项网上办理不规范问题。5月10日—12日，组织参加全市信访干部培训。

【县级领导接访】 县委下发《关于进一步加强县级领导公开接访工作的意见》（临发〔2016〕2号），规定从2016年3月开始，每月16日，县级领导根据工作分工和“一岗双责”要求，到所联系镇（街、园、区）和县直有关部门现场接访。对群众反映的问题，严格按照“三不限、三重新”（不限原领导表态、不限原调查事实依据、不限原调查结论，重新进行调查、重新进行认定、重新进行处理）原则解决。2016年，县级领导共接待上访群众57起。

【畅通信访渠道】 按照国家信访局和省、市信访局的统一部署，全面推进信访信息系统建设，搭建起覆盖县、乡二级的网上信访平台体系，全面落实信访业务网上办理，实现对全部信访形式、全部工作过程和全部工作范围的“三个全覆盖”。所有来信来访、督查督办、投诉评价等信访业务全部实行网上流转，受理、办理和结果等重要环节通过网络公开，实现信访事项“可查询、可跟踪、可督办、可评价”。8月3日，召开“全面打造‘网上信访’主渠道”新闻发布会，全面开放“临朐县网上信访受理平台”，在临朐县人民政府门户网站、“潍坊民声”网站等建立链接入口，方便群众登录平台反映诉求，降低群众信访成本，真正实现“数据多跑路、群众少跑腿”目标。

【积案化解】 县委办公室下发《关于做好2016年度重点案件及信访积案化解工作的通知》（临办字〔2016〕4号）文件，对全县31件重点信访案件及积案进行交办，逐案明确县级包案领导、责任单位、主要责任人、具体责任人，压实责任，借助警民联调、信访听证等措施，多管齐下，促进案件化解，截至2016年底，共化解重点信访案件及积案14件。2016年上级交办来信和网上信访积案32件（来信8件，网上信访24件），采取逐案交办，落实包案领导等措施，截至2016年底已经化解15件。

（冯长国　王玉太）

党史工作

【概况】 2016年，《中国共产党临朐历史》（第二卷1949—1978）出版发放1000余册；完成“社会主义建设时期县委书记口述史”资料征集、编撰、上报工作；充实完善《临朐县县级领导干部名录》资料。完成《改革开放实录》（潍坊卷）

临朐专题撰写上报工作，启动《临朐县改革开放实录（选题）》征编工作。对县委诞生地旧址进行规范改造提升，被命名为“潍坊市爱国主义教育基地”。

【《中国共产党临朐历史》（第二卷 1949—1978）】 该书在建党95周年前夕公开发放，记述了从新中国成立到中共十一届三中全会召开这一时期，县委及各级党组织领导全县人民探索社会主义革命和建设的历史轨迹。按不同历史时期分设四编。

【《改革开放实录》（潍坊卷）】 完成《改革开放实录》（潍坊卷）临朐专题的撰稿、审核及上报工作。临朐专题，以改革开放以来临朐历史发展为主线，注重反映县委、县政府贯彻执行党的路线方针政策，反映各部门在推进改革开放过程中一系列富有特色的重要举措和成就，从不同侧面为党委和政府决策提供参考，有效发挥《临朐县改革开放实录》存史、资政、教化、育人作用。

【社会主义建设时期县委书记口述史】 按照省委党史研究室部署，完成“社会主义建设时期县委书记口述史”有关资料、图片的征集及编撰上报工作，启动《临朐县县级领导干部名录》征编工作。截至2016年底，已征集近300名县级领导干部的简历资料。

【党史宣传教育】 中国共产党建党95周年前夕，与县委宣传部、县文联、县书协等部门联合举办庆祝建党95周年书法作品展，共展出作品115件。与县关工委、共青团临朐县委、县教育局等单位联合，举办纪念红军长征胜利80周年诗歌朗诵会。（田艳丽　尹继秀）

对台工作

【概况】 2016年，积极做好对台经贸、交往交流、对台宣传和涉台教育、涉台稳定等工作，在2016年潍坊市对台工作绩效考核中获得第二名。

【对台经贸】 为落户台资、台属企业搞好服务。定期对县内台资企业进行走访，及时掌握企业生产经营状况，主动帮助企业解决生产经营难题。宋香园现代农业是2013年引进的台资企业，2016年追加投资100万美元，建成薰衣草育苗基地，完成育苗200万株、盆栽10万盆。做好临台经贸交流。2016年，杏泰集团与临朐县人民医院合作建立的“两岸合作血液净化中心”正式运行。成立总投资1.5亿元人民币的台商独资企业“临朐台农商贸有限公司”，其中台湾馆项目于10月1日开业运营，营业面积1.6万平方米，主要规划建设台湾特色小吃美食广场、台湾食品超市、台湾茶艺馆和咖啡馆、台湾工艺文创馆、大型亲子游戏广场。在九山、沂山、冶源等乡镇建立600亩种植、养殖基地。

【对台交往交流】 推进赴台交流，学习台湾观光农业、农田水利、森林资源保护等方面先进经验，2016年，组织了1个赴台团组赴台进行经贸交流，重点考察台湾乡村旅游和农业合作社发展情况，共办理赴台手续10人次。广泛邀请台商来临朐交流，全年共有200余位台商、台胞到临朐考察、探亲。做好涉台稳定工作。不定期开展涉台稳定和涉台突发事件预防工作的监督检查，全年没有发生涉台突发事件。

【对台宣传和涉台教育】 发挥临朐县对台宣传和涉台教育工作指导协调小组职责，在东城双语学校举办涉台知识讲座1次，参会师生300余人，向师生们讲解台湾风俗民情、两岸关系新形势、最新对台方针政策等内容。

【包村联户】 建好民生工程，为群众办实事、好事。协调县水利局，争取资金10万元，将五井镇五井西村自来水管网进行全面改造提升；争取资金20万元，新打200米深机井1眼，并配套完工。结合“美丽乡村”建设，帮助村里硬化大街1.5万平方米；帮扶村集体1万元，配齐村委办公设施。 （刘明花）

党校工作

【概况】 2016年，突出主课主业，增强科研实效，坚持从严治校，加强教师队伍建设，促进基层党校建设，增强干训工作针对性和实效性，推进基层党员教育全覆盖。被评为“市级先进党校”，通过市级文明单位复查验收。

【干部培训】 突出主课地位，加强党的理论教育和党性教育。科级干部进修班安排习近平总书记系列重要讲话精神解读、党章、党规党纪、党史等课程。主体班次党的理论教育和党性教育课时达到总课时70%以上，其他班次设置“党性教育单元”。落实领导干部到党校讲课制度。每期主体班次开班由一位县委常委为学员作专题辅导，上第一堂党课。县纪委、县委组织部等有关县直部门领导干部到党校作专题授课，领导干部授课占主体班次总课时比例超过20%。构建专兼结合教师队伍，加大高层次师资选聘力度，加强本校青年教师培养。加强学风建设。构建组织部、党校、班主任、班委会、学习小组“五位一体”管理体系，抓好各项学员管理制度落实，加强学员考核结果运用。按照年度干训安排，举办科级干部进修班4期，培训科级干部498人；举办全县村（社区）党组织和部分党组织成员培训班、省定贫困村和已派“第一书记”软弱涣散村党员干部骨干培训班、组织员业务培训班、优秀党员示范培训班及“两新”组织党组织书记和部分党建工作指导员培训班，培训学员2000余人；部门联合办班20期，培训党员干部2800余人。

【科研调研】 加强理论研究。深入开展中共十八届五中、六中全会精神专题研究，申报省委党校课题8项。加强理论宣传。深入调研淌水崖水库精神，总结升华淌水崖水库精神，组织教师撰写《淌水崖水库精神的丰富内涵和时代价值》，在省《理论学习》上发表。加强重点工作调研。坚持党校与部门单位横向联合，结合全县重点工作，深入开展调研，全年申报省市党校系统课题6项，发表论文、信息等37篇，获得市委党校优秀社科成果奖3项。

【理论宣讲】 组织骨干教师深入全县各单位、农村（社区）开展“两学一做”学习教育，中共十八届五中、六中全会精神及淌水崖水库精神宣讲50余场次，听课党员群众1万余人次。

【基层党校】 制定《临朐县基层党校百分量化考核办法》《临朐县基层党校建设管理规范》，建立校委会成员联系基层党校工作制度，指导各基层党校(分校)制定校务委员会职责、校长职责、教员守则、学员守则等规章制度。与县委组织部抽调人员组成基层党校建设督导小组，对基层党校场地、设施、人员、师资、办学经费落实情况进行检查督导。2016年10月底，全县20处镇(街、园、区）和县直系统部门党（工）委党校全部挂牌成立并开展基层党员培训。（张广远 徐文强）

老干部工作

【两项待遇落实】 认真落实政治待遇。抓好离退休干部阅读文件、参加理论学习和邀请参加重大活动、重要会议，以及定期通报情况、就近组织参观考察、走访慰问等制度落实，保证政治待遇落实到位。1月30日，组织全县老干部迎新春座谈会，向老干部通报全县经济社会发展情况，征求他们对全县工作的意见建议。6月28日，

● 2016年9月22日，全县基层党校建设推进会议召开 （供稿：张玉政）

组织县级离退休干部视察全县重点工作推进情况，到威海等地学习考察。春节、“七一”、老年节等重大节日前夕下发通知，对走访离退休干部工作进行安排。

稳步提高生活待遇。离休干部护理费、医疗统筹金标准逐年提高，护理费在解放战争时期参加工作的每月为1700元，抗日战争时期参加工作的每月为2100元，医疗统筹金每人每年提高到18000元。4月中旬，组织全县38名县级老干部进行健康查体，各镇街、县直部门（单位）组织所属老干部进行健康查体。

优化提升服务管理。建立干部职工全员联系离退休干部制度，局工作人员每月上门走访老干部1次，了解老干部的生活情况和实际困难，力所能及帮助他们排忧解难。利用“12349”居家养老服务平台、社区卫生服务站、社区志愿者队伍等社会、社区资源，推进老干部“四就近”服务，各社区通过为老干部发放“联系卡”，提供志愿服务等形式，为老干部提供亲情化、零距离服务。做好老干部信访工作，认真落实首问首办负责制和责任追究制等制度，全年接待老干部来信来访80余人（次），解决信访问题20件，按期处结率100%，满意率100%。

【两项建设】 抓好离退休干部思想政治建设。加强理想信念和党性教育，采用党课辅导、支部学习、专题培训等形式，组织老干部深入学习党的政策理论、习近平总书记系列重要讲话精神。组织引导老干部学网用网、积极发声、扶正祛邪，维护党委政府形象。加强政策引导和形势教育，利用“健康有约”老干部公益讲座平台，开展健康养生、政策解读、老干部党建等知识培训，全年共举办6期，培训老干部600多人。老干部公益讲座资料《阳光学报》发行6期6000多份。

提升党支部规范化建设水平。创新党支部设置方式，推行原单位和社区“双重管理”老干部党员模式，引导老干部党员主动到社区报到，亮明党员身份，就近参与社区各项活动。以“五有”为重点，抓好党支部规范化建设。10月19日，举办离退休干部党支部书记及社团组织负责人培训班，培训离退休干部党建理论知识，培训203人次。加强老干部党费返还管理，全年共返还党费134500元，并对使用管理情况进行集中检查，保证返还党费使用合理、管理规范。

强化党建责任落实。制定《临朐县离退休干部党支部书记专项述职制度》，采取分级负责、口头与书面相结合方式，开展离退休干部党支部书记履行党建责任述职工作。10月25日，组织13个镇（街、园、区）雷锋离退休干部党总支、县直13个离退休干部党支部书记开展述职工作；各镇（街、园、区）、县直各系统组织所属其他离退休干部党支部书记进行述职。

【文化养老】 加强“两个阵地”建设。把老年大学、老干部活动中心作为老有所学、老有所教、老有所乐的主阵地，加大投入，强化管理，阵地建设实现新突破。新建傅家李召社区、吴家庙社区等老年大学分校、教学点2处，扩大教学规模；新开设书法初级班、葫芦丝班，学员人数达300多人。

规范老干部社团建设。坚持提质与增量并重，扩大社团规模，提升社团运行质量。帮助引导各老干部社团立足自身实际，制定完善本社团章程、会员管理、活动经费管理、外出活动管理等社团内部制度，规范老干部社团在经费、场地、活动等方面问题。指导老干部社团把思想素质好、工作能力强、服务热情高、专业素养过硬的老干部选进社团班子。截至2016年底，全县已建成老干部书画研究会、老年大学艺术团、摄影协会、观赏石协会、钓鱼协会等老干部文体社团9个，会员人数达1400多人。

广泛组织开展活动。围绕“五一”“七一”“老人节”“国庆节”，先后组织老干部开展门球比赛、钓鱼比赛等活动，老年大学成功举办以迎新春、庆“七一”等为主题的教学成果展，县老干部书画研究会、东镇诗社举办老干部书画展、诗词展，组织会员创作书画、诗词、摄影作品620多幅（篇）。

【发挥正能量】 开展“展示阳光心态、体验美好生活、畅谈发展变化、服务临朐发展”主题实践活动。组织老干部宣讲团进学校、进社区、进企业32次；围绕“如何为党的事业增添正能量”为主题，组织离退休干部召开座谈会，引导老干部谈感想、话改革，把他们所蕴藏的正能量挖掘好、发挥好；开展“向党说句心里话”主题征文活动，组织老干部积极投稿，抒发热爱党、热爱祖国、热爱家乡情怀。

主动为经济和社会事业发展建言献策。在全县迎新春、庆“七一”老干部座谈会上，老干部对全县工作提出意见建议18件。县农业、林业、畜牧、科技、医疗志愿专家团，定期开展文化下乡活动，为基层群众提供服务。

做好关心下一代工作。组织全县“五老”志愿者开展党史、国史教育活动，组织“五老”志愿者在各中小学校举办“党史、国史进校园”主题报告会35场次，受教育学生达3.5万人次；投资20万元，新建“四点半学校”12处，聘请16名“五老”志愿者担任副校长，关爱帮助留守儿童健康成长。

【老干部队伍建设】 加强政治理论学习。坚持集中学习制度，重点抓好中共十八届五中、六中全会精神，习近平总书记重要讲话精神，中央、省市重大方针政策的学习，深入推进“两学一做”学习教育常态化制度化活动，提高党员干部的理论素养。实施“干部能力素质提升工程”，针对年轻干部较多的实际，实行全员轮流上课制度，每名党员干部每周确定一个主题，根据主题内容，提前备课并制成PPT课件，授课结束后通过谈体会、提建议，互相促进，共同提高。全年共上课45次，人均授课5次。 （张玉政）

农工办工作

【“三农”工作】 加快农业发展方式转变，年内全县特色优势产业规模进一步壮大，农业经营主体数量迅猛增长，现代农业示范基地、休闲旅游基地建设初见成效，“三品一标”农产品品牌影响力不断扩大，粮改饲、粮改经取得新进展，农产品质量安全水平不断提升。传统农业稳中有进，实现健康发展。美丽乡村建设成效显著，取得全市科学发展综合考核第1名的好成绩。农村集体土地所有权等产权改革稳步推进，农业农村发展活力不断增强。“两河”保护开发扎实有效。建成市级生态循环农业示范基地等一批新项目，进一步引领和推动现代农业快速发展。

【综合督查】 年内累计下发各类文件、会议通知等3000多件（次）。牵头抓好农口系统业务考核、普法宣传、精神文明建设等工作，组织开展农业系统纪念中国共产党建党95周年文艺演出和第四届临朐县全民运动会参会等有关活动。会同县纪委开展2016年度支农惠农政策落实情况专项督查。承办全市美丽乡村标准化建设暨农村社区建设现场推进会议。争取上级生态文明建设无偿资金150万元。对县委、县政府确定的重点工作及单位中心工作进行分解立项，明确工作要求，落实专门人员包靠，加强工作调度督查，年内开展美丽乡村建设集中督查4次，协调报纸、电台、电视台等搞好农业农村工作宣传6次。

【信息调研】 先后开展以“美丽乡村建设”“农

● 蒋峪镇黄烟生产基地　　（供稿：魏学翀　陈　勇）

村社区建设”“特色优势产业发展”等为内容的专题调研活动6次，撰写调研材料被《潍坊农村工作》等市级以上刊物采用10篇；上报信息42条，被《临朐信息》《潍坊日报·临朐新闻》等刊发25条；下发《美丽乡村建设工作简报》16期，指导全县美丽乡村建设。

【机关建设】　加强学习型、服务型、创新型、规范型、廉洁型“五型”机关建设。在充分调研基础上，进一步健全完善会议、考勤、学习、卫生管理、督查、财务经费管理等20余项规章制度，突出抓好制度落实，构建形成以制度管人、按制度办事、制度面前人人平等的良好局面，促进机关管理制度化、规范化。认真贯彻中央“八项规定”，加强“三公”经费管理，严格执行“三重一大”事项公开，主动接受群众干部监督。

【包村联户】　扎实开展“进千村、入万户、察民情、解民忧”活动，认真落实党员干部联系服务群众长效机制，帮助群众解决生产生活困难87件。会同县人民银行积极开展九山镇大山东村包村联户工作，发放调查问卷250份，走访党员群众303人（户）、召开座谈会7次，发展党员4名，打机井1眼、建桥梁1座，新修道路2.6公里、完成输水灌溉工程1个，更换变压器1台，为群众开展科技培训30人次，投入各类项目资金80万元，争取体育健身器材1套，帮扶无偿资金7万元。

【党建工作】　以强化服务意识为重点，在机关全体党员中开展“学先进、找差距，转作风、抓落实”主题教育活动，通过学习、对标，进一步增强机关干部责任意识、大局意识、争先意识和服务意识。狠抓党建任务目标落实，党支部认真履行主体责任，坚持把党建工作摆在首要位置，与业务工作一起研究、一起部署、一起推动。及时调整充实工作机构，落实专人负责党建工作，先后召开班子成员会6次，对党建工作年度计划、上级安排的重点任务和阶段性工作进行专题研究。班子成员认真落实“一岗双责”，形成分工负责、齐抓共管良好局面。以“三会一课”等为基本形式，扎实开展“两学一做”学习教育，组织集体学习21次、讲党课5次、专题研讨6次，召开班子民主生活会2次、党员组织生活会2次，建立相应问题清单，制定整改措施、明确整改期限，党员日常管理实现标准化、规范化、制度化、常态化。　（魏学翀　陈　勇）

扶贫开发

【概况】　2016年，按照“六个精准”和“五个一批”要求，以增加农村贫困人口收入为核心，以扶志、扶技、增强造血功能为重点，采取超常规举措，因村制宜、因户施策，大力实施精准扶贫、精准脱贫。截至2016年底，全县84个省定贫困村全部“摘帽”，6192户、13810人实现脱贫，脱贫率84.5%。

【精准识别】 2016年1月—2月，临朐县创新实施“九六六三”精准识别工作法，对原建档立卡贫困村、贫困人口进行全面彻底精准识别。精准再识别后，全县共有省定贫困村84个，建档立卡贫困户7584户、贫困人口16353人，贫困发生率为1.8%。“九六六三”工作法被编入《山东省脱贫攻坚典型案例》和《潍坊市脱贫攻坚典型案例》。

【规划编制】 编制《县、镇、村精准扶贫三年规划》，对三年脱贫任务进行科学细化分解，确保2016年60%以上的贫困村摘帽、60%以上的贫困人口实现脱贫，2017年基本完成脱贫任务。对精准识别后的贫困户，逐户制定《贫困户精准脱贫工作方案》，明确脱贫责任人和脱贫措施、脱贫时效。

【信息管理】 完善建档立卡贫困户信息数据录入工作，在明确工作目标、工作对象、工作内容和工作步骤基础上，采集贫困户信息，全面完成纸质信息采集工作和电子信息录入工作。2016年扶贫开发所有档案资料整理归档，规范管理，做到“一村一档、一镇一橱、集中管存”。

【精准扶贫】 产业扶贫。立足特色产业规模优势，创新实施“党支部+合作社+贫困户”扶贫模式，通过实行“合作社+特色农业”“合作社+乡村旅游”“合作社+农村电商”“合作社+光伏发电”“合作社+转移就业”等一系列措施，将扶贫政策与产业发展相结合，真正让贫困户“聚在合作社、富在产业链”。截至2016年底，全县所有贫困村均建有合作社，贫困户入社率达到80%以上。社会扶贫。选派“第一书记”到省定贫困村抓党建促脱贫，实现省定贫困村“第一书记”全覆盖。全县3078名县镇村三级党员干部组成1183个帮扶（关爱）小组联系对接所有贫困户，实现贫困户结对帮扶全覆盖。县内外108家爱心企业在临朐开展“百企帮百村”活动，优先招聘贫困人口进厂就工，在贫困村及其周边设立“扶贫车间”20处，900名贫困人口实现就近就业脱贫。潍坊“鸢都义工”开展“黄谷生机”志愿帮扶活动。金融扶贫。制定出台《小额扶贫信贷工作实施方案》《小额扶贫信贷风险补偿金管理及风险补偿操作办法》等一系列政策措施，通过提供“富民生产贷”和“富民农户贷”，采取贷款贴息方式，带动贫困户脱贫。2016年，共审批发放“富民农户贷”92笔396.6万元，“富民生产贷”10笔1775万元。扶贫项目资金。2015年实施的247个扶贫项目全部建成并发挥脱贫带动作用。2016年实施扶贫项目141个。截至2016年底，40个产业扶贫项目、特色基金项

● 2016年5月29日，寺头镇春早红香椿专业合作社负责人到香椿种植基地进行技术指导 （供稿：辛 伟 赵 军）

目、中央资金项目全部完成，101个光伏项目整合为86处，全面开工建设。2016年，全县扶贫资金投入8611.3万元。其中，争取中央、省、市财政专项扶贫资金4385.3万元，县财政安排扶贫资金1200万元，整合行业部门涉农资金3026万元。政策兜底保障脱贫。推进农村低保线和贫困线“两线合一”，制定出台《临朐县农村建档立卡贫困户学生资助暂行办法》《临朐县农村建档立卡贫困人口基本医疗保障暂行办法》和《临朐县农村建档立卡贫困户危房改造暂行办法》，真正实现贫困户“吃不愁、穿不愁，教育医疗住房三保障”。2016年，资助贫困户学生1479人193.3万元，贫困人口全部参加居民基本医疗保险，改造贫困户危房30户。

● 龙山产业园龙兴绿化苗木合作社苗木基地

（供稿：辛　伟　赵　军）

【扶贫宣传】　5月12日，新华社以《山东临朐脱贫攻坚出实招：让贫困户聚在合作社富在产业链》为题编发通稿，《新华每日电讯》、凤凰网等100余家权威媒体和众多地方网站进行转发。6月5日，山东电视台《山东新闻联播》对牛寨村精准扶贫进行报道。6月6日、6月12日，《大众日报》连续在头版头条发表《“合作社+”精准帮扶贫困户脱贫》《牛寨有个“犟支部”》两篇文章，报道临朐县精准扶贫精准脱贫的做法和成效。《潍坊市脱贫攻坚典型案例》收录临朐县典型20例。2016年，临朐县在各级媒体刊发扶贫稿件信息650余篇。其中，在市级以上主流媒体刊发稿件350余篇，名列潍坊市第一。

【重大事件】　1月19日，全县扶贫开发工作会议召开。3月23日，潍坊市委副书记、市长刘曙光到临朐调研精准扶贫工作。3月29日，副省长赵润田到临朐调研精准扶贫等工作。6月1日，全市脱贫攻坚现场会在临朐召开，在全市推广临朐县创新实施的“党支部+合作社+贫困户”扶贫模式，市领导王献玲、刘建国出席。6月14日，市委书记杜昌文到临朐专题调研精准扶贫工作，对临朐创新实施“党支部+合作社+贫困户”扶贫模式给予充分肯定。10月17日，在县城及各镇（街、园、区）驻地开展“10.17”全国扶贫日系列活动。12月1日，省委常委、统战部长吴翠云到临朐调研，对“党支部+合作社+贫困户”扶贫模式给予高度评价。12月8日，潍坊市委副书记、市长刘曙光到临朐调研精准扶贫工作，要求继续深入实施“党支部+合作社+贫困户”扶贫模式。　（辛　伟　赵　军）

临朐县人民代表大会

概　述

2016年，县人大常委会始终坚持以邓小平理论、“三个代表”重要思想和科学发展观为指导，深入学习贯彻习近平总书记系列重要讲话精神，认真贯彻落实中央和省市县委部署要求，努力提高人大工作水平；2月25日，临朐县第十六届人民代表大会第五次会议召开，275名人大代表出席会议。围绕全县大局，积极发挥人大职能作用，全力推动县委决策部署的贯彻落实；促进法治建设，扎实推进依法治县进程；关注民生改善，持续推动社会事业发展；改进和完善代表工作，加强同人大代表的联系，不断提高代表活动实效，充分发挥人大代表的作用；加强联系指导，加大镇（街、园、区）人大工作规范化建设力度，努力提高基层人大工作水平；2月27日，全县镇（街、园、区）人大工作座谈会议召开。县人大常委会党组书记、第一副主任王晋成出席会议并讲话，副主任衣萍主持会议，副主任许孝新、张元平、段庆孔出席会议。会议学习传达中央18号文件、省委17号文件以及全国、全省县乡人大工作和建设座谈会精神，对镇（街、园、区）人大工作进行安排部署。4月29日，县人大常委会办公室召开“两学一做”学习教育动员部署大会，传达学习习近平总书记关于“两学一做”学习教育的重要指示精神和全县“两学一做”学习教育工作座谈会精神，对开展“两学一做”学习教育进行动员部署。10月27日，县、镇人大换届选举工作调度会议召开。会议传达《临朐县选举委员会关于做好选区划分和选民登记工作的意见》，安排部署下步人大换届选举工作任务。是年，先后召开县人大常委会议7次，县人大常委会机关紧紧围绕全县工作大局和常委会工作安排，充分发挥协调、参谋、管理和服务职能，团结一致、积极进取，圆满

● 2016年8月4日，县人大常委会组织对全县安全生产情况进行考察

（供稿：张正瑜　王秀美）

完成各项任务目标。2016 年，被省人大常委会评为《人民权利报》宣传工作先进单位、《山东人大工作》宣传工作先进单位、《山东省人民代表大会常务委员会公报》宣传工作先进单位，被市人大常委会评为人大信息工作先进单位、人大宣传工作先进单位。

重要会议

【县十六届人大五次会议】 2 月 25 日，临朐县第十六届人民代表大会第五次会议在县广电大厦会议中心召开，275 名人大代表出席会议。会议的指导思想是：在县委领导下，以邓小平理论、“三个代表”重要思想、科学发展观为指导，全面贯彻落实中共十八大和十八届三中、四中、五中全会及习近平总书记系列重要讲话精神，充分发扬民主，严格依法办事，认真回顾总结临朐县“十二五”期间、特别是 2015 年以来的工作，审查批准临朐县国民经济和社会发展第十三个五年规划纲要，审议决定 2016 年全县政治、经济、文化、社会和生态文明建设等方面的重大事项，动员全县人民进一步振奋精神，凝聚力量，锐意进取，拼搏实干，努力开创“十三五”时期经济社会发展新局面。大会开幕前举行的预备会议选举由于飞奇等 47 人组成的主席团主持会议，衣萍兼任大会秘书长。主席团第一次会议推选顾建华、王晋成、田元君、衣萍、许孝新、张元平、段庆孔为主席团常务主席。在第一次全体会议上，听取县长刘裕斌作的《临朐县政府工作报告》。报告共分四部分：一、“十二五”时期经济社会发展回顾；二、“十三五”时期经济社会发展目标任务；三、2016 年经济社会发展主要任务；四、切实加强政府自身建设。在第二次全体会议上，出席会议的 271 名县人大代表，听取县人大常委会党组书记、第一副主任王晋成作的《临朐县人民代表大会常务委员会工作报告》。报告从五个方面回顾了县人大常委会 2015 年的工作：（一）始终坚持正确政治方向，努力提高人大工作水平；（二）围绕工作大局，全力促进科学发展、转型发展；（三）强化法治思维，积极推动依法治县进程；（四）搭建履职载体，充分发挥代表主体作用；（五）加强自身建设，不断提高履职能力和水平。同时，听取县人民法院院长孙绍军作的《临朐县人民法院工作报告》，县人民检察院检察长季运忠作的《临朐县人民检察院工作报告》。在第三次全体会议上，投票补选尹秀荣、苏现利、李吉孝、张爱俊、赵憬为县第十六届人大常委会委员，通过关于《临朐县政府工作报告》的决议、关于《临朐县国民经济和社会发展第十三个五年规划纲要》的决议、关于《临朐县 2015 年国民经济和社会发展计划执行情况与 2016 年国民经济和社会发展计划》的决议、关于《临朐县 2015 年财政预算执行情况和 2016 年财政预算》的决议、关于《临朐县人大常委会工作报告》的决议、关于《临朐县人民

● 2016 年 2 月 26 日上午，县十六届人大五次会议第二次全体会议在县广电大厦会议中心举行 （供稿：张正瑜　王秀美）

法院工作报告》的决议、关于《临朐县人民检察院工作报告》的决议、关于设立县人大专门委员会的决定和县人大各专门委员会组成人员人选名单。县十六届人大五次会议期间，共收到代表建议84件，其中：道路交通20件，教育11件，卫生11件，城市管理5件，生态、环保、旅游18件，农业与农村8件，工业金融4件，其他7件。

【县十六届人大常委会第三十次会议】 1月20日，临朐县第十六届人大常委会第三十次会议召开。会议以举手表决的方式通过人事免职、辞职事项，以无记名投票的方式通过人事任命事项，王晋成向被任命的干部颁发任命书。

【县十六届人大常委会第三十一次会议】 2月22日，临朐县第十六届人大常委会第三十一次会议召开。会议审议通过《临朐县人民代表大会及其常务委员会宪法宣誓仪式组织细则》、县人大常委会代表资格审查委员会关于补选代表的代表资格审查报告、县人大常委会关于召开县十六届人大第五次会议的决定；听取审议县人大常委会主任会议关于县十六届人大五次会议筹备工作情况的报告；议定县人大常委会在县十六届人大五次会议上的工作报告，县十六届人大五次会议议程草案和日程草案，主席团和秘书长、主席团常务主席、大会副秘书长、议案审查委员会、计划预算审查委员会及各代表团召集人等建议名单；审议决定县十六届人大五次会议列席人员范围。会议表决通过人事任免事项。

【县十六届人大常委会第三十二次会议】 4月25日，临朐县第十六届人大常委会第三十二次会议召开。会议听取审议县政府关于《临朐县2015年财政决算情况的报告》、关于《临朐县2015年度县级预算执行和其他财政收支的审计工作报告》、关于《全县基层医疗卫生事业发展情况的报告》，审查批准临朐县2015年县级财政决算。

【县十六届人大常委会第三十三次会议】 6月22日，临朐县第十六届人大常委会第三十三次会议召开。会议表决通过人事任免事项，听取审议县财政局、审计局、统计局、金融办、市场监管局、科技局、民宗局工作情况的报告，根据《临朐县人大常委会关于强化监督职能对重点工作进行评议的意见》，对县财政局、审计局、统计局、金融办、市场监管局、科技局、民宗局工作情况进行评议。

【县十六届人大常委会第三十四次会议】 8月24日，临朐县第十六届人大常委会第三十四次会议召开。会议听取审议县政府关于《临朐县2016年上半年国民经济和社会发展计划执行情况的报告》、关于《临朐县2016年上半年财政预算执行情况的报告，县法院关于行政审判工作情况的报告》，听取县人大常委会城关街道和东城街道人大工作室工作情况的报告。

【县十六届人大常委会第三十五次会议】 9月26日，临朐县第十六届人大常委会第三十五次会议召开。会议表决通过县人大常委会关于县、镇两级人民代表大会换届选举的决定，关于任命县选举委员会组成人员的决定，关于任命镇（街、园、区）选举委员会、县直系统选举工作指导组组成人员的决定，关于县十七届人民代表大会代表名额分配意见和关于新一届镇（街、园、区）人民代表大会代表名额分配的决定。

【县十六届人大常委会第三十六次会议】 10月21日，临朐县第十六届人大常委会第三十六次会议召开。会议听取审议县政府关于《全县“六五”普法、“五五”依法治县情况和“七五”普法规划的报告》《临朐县2016—2020年依法治县规划（草案）》的说明及县人大常委会关于有关决议草案的说明，县人大常委会关于《全县贯彻实施环保法情况的执法检查报告》，县政府关于《县十六届人大五次会议代表所提建议、批评和意见办理情况的报告》，关于《全县精准扶贫工作情况的报告》。会议表决通过县人大常委会关于《在全县公民中深入开展第七个五年法制宣传教育的决议》、关于《临朐县2016—2020年依法治县规划》的决议和有关人事任免事项。

重要工作

【行使法定职权】 2016年，就5141工程实施、安全生产等工作进行视察，组织对县财政、审计、统计、金融、市场监管等工作进行调查和评议；围绕人民群众普遍关心的重要问题，对弥河综合治理、基层医疗卫生事业发展、精准扶贫等工作进行审议监督；围绕推进新农村建设，加强对美丽乡村建设、社区建设等工作的监督。坚持及时听取和审议县政府的计划、财政和审计报告，依法加强对全县国民经济和社会发展计划及财政预算执行情况的监督。

【依法治县】 贯彻落实依法治国基本方略，大力推进公正司法，对普法依法治理、法院行政审判、检察院刑罚执行监督等工作进行调查、视察和审议，并作出相关决议；组织对环保法贯彻实施情况进行执法检查，对社会治安防控体系建设情况进行视察。

【人大代表作用】 创新完善联系代表机制，制定落实常委会组成人员、“一府两院”领导成员分工联系代表制度，定期走访代表，征询代表意见，自觉接受代表监督。实行公开向代表征集监督议题、向社会公开调查视察和执法检查计划、公开评议结果、公开审议评议意见和代表建议落实情况等“四公开”制度，开通民意互动、代表联络电子系统，拓宽人大常委会与人大代表、社会公众互联互通的民意渠道。以集中活动日、脱贫攻坚人大代表在行动、在社区接待选民“三项活动”为抓手，为代表搭建履职平台，拓宽履职空间。坚持集中活动日制度，每季度组织代表开展一次集中活动；组织757名各级人大代表结对帮扶1045户贫困户，精准落实帮扶措施。研究制定人大代表履职守则，为每位人大代表建立履职档案，开发使用代表履职电子管理系统，加强对代表履职的监督管理。常委会听取住临市人大代表的述职报告，并进行评议，组织县、镇人大代表向原选区选民进行述职评议。对人代会期间收到的代表建议，及时转交有关部门办理。同时，选择部分重点建议，常委会各位主任分工进行重点督办。坚持对代表建议办理情况进行集中督查和全面调查，在常委会会议上听取审议县政府办理情况的报告，并将代表建议办理工作纳入全县部门和镇（街、园、区）科学发展综合考核内容。

【换届选举】 制定县人大换届选举工作安排意见，成立选举工作委员会，到各选区进行检查督导，通过试点示范、工作交流、以会代训等形式，推动工作开展。抓住宣传发动、选民登记、提名代表候选人、投票选举等关键环节，确保换届选举任务顺利完成。

【自身建设】 开展党的群众路线教育实践活动、“三严三实”专题教育、“两学一做”学习教育，强化思想修养，增强履职为民意识，提高工作能力和水平。深入开展“进千村、入万户、察民情、解民忧”活动和包村帮扶工作，认真倾听群众意愿和呼声，努力帮助群众办实事、解难题。践行“淌水崖水库精神”，提出“对照先进找差距、努力工作争一流”工作目标，打造一支政治强、业务精、能力高、作风硬的机关干部队伍，增强为常委会行使职权服务的能力和水平。常委会机关被评为“市级文明单位”。加强制度和组织建设，不断完善依法履职的规则和程序，制定专题询问、预算审查监督、审议评议意见办理程序，完善常委会会议规范，保证各项工作规范运行。设立县人民代表大会内务司法、财政经济、教科文卫、城建环保、农业和农村专门委员会，为更好地发挥国家权力机关的职能作用提供组织保障。结合换届，配备部分镇人大副主席、街道人大工作室副主任，为基层人大工作的开展奠定组织基础。加强信息化建设和宣传工作，建设标准、规范的县人大常委会会议室，安装电子表决系统，在全市率先实现常委会会议表决电子化。对县人大常委会网站进行改造提升，新开设常委会微信公众账号，升级改造代表短信平台，开发使用任前法律知识考试电子系统。充分利用各种媒体，加强对人民代表大会制度、人大工作的宣传，连年被省、市人大常委会授予人大宣传工作先进单位。撰写的关于加强县乡人大工作和建设的调研论文，被潍坊市人大工作理论研究会评为一等奖；信息稿件《换届之年履职忙》，被市人大常委会予以刊发在全市推广学习。

【基层人大工作】 适应新形势下基层人大工作的任务要求，对镇（街、园、区）人大工作进行全面调研，召开全县基层人大工作座谈会，有针对性地落实加强和改进工作的具体措施。研究制定基层人大工作考核办法，通过会议交流、典型带动、现场观摩、外出考察学习等方式，相互学习提高，促进基层人大工作平衡发展。常委会会议首次听取城关、东城街道人大工作室的工作报告。全县加强和改进县乡人大工作的做法，先后4次在省人大常委会组织召开的有关会议上做典型发言，北京市昌平区、莱芜市莱城区等省内外多处县市区人大到临朐考察。将2016年确定为规范化建设提升年，重点规范活动场所建设、完善工作制度，夯实工作基础，提升工作活力。规范镇（街、园、区）人大活动中心建设，建设标准规范、设施齐全的人大办公室和代表活动室；规范代表小组活动室建设，全县68个代表小组活动室全部达到“六有”标准要求；完善工作制度，统一健全完善10项镇人大工作制度、6项街道（园、区）人大工作制度和4项代表小组活动制度。按照法律规定，制定镇人民代表大会会议规范，对镇人代会会议次数、会期、议程日程安排以及代表讨论审议的时间安排等，进行严格统一的规范。同时制定包括大会议程、日程细则和各次会议主持词、各项报告的格式内容等会议文件材料样本，指导镇人大依法按程序召开人代会，提高会议质量，维护和保障人大代表的民主权利。指导各镇在年中组织召开人代会，充实会议内容，听取审议政府重点工作落实情况、组织对职能部门进行评议、审议通过重大事项和代表议案，提升镇人民代表大会的履职实效。

（张正瑜　王秀美）

临朐之最——自然景观

临朐最高的山峰（海拔1032米）-- 沂山

临朐最早上银幕（《南征北战》）的大山 -- 嵩山

临朐境内最突出的孤耸山峰 -- 粟山

临朐境内名字最高贵的山峰 -- 冕崮

临朐境内最长最大的河流 -- 弥河

临朐境内最秀丽的山泉景观 -- 老龙湾

临朐最大的瀑布 -- 百丈崖瀑布

临朐境内面积最大的黄栌景观 -- 石门红叶

临朐最有名的万亩黑松林风景区 -- 九山黑松林

临朐闻名中外的化石宝藏 -- 山旺化石

摘自《临朐县志（1988-2000）》

临朐县人民政府

概　述

2016年，临朐县紧紧围绕“稳中求进、进位争先”工作总基调，认真组织实施“一四三五”思路举措，全县经济社会呈现出健康协调发展的态势，实现“十三五”规划良好开局。

综合实力大幅提升。全县实现地区生产总值261.1亿元，同比增长8%，增幅居全市第3位；完成固定资产投资330亿元，同比增长13.6%，增幅居全市第一位；实现社会消费品零售总额152.6亿元，同比增长11%；实现一般公共预算收入15.7亿元，同比增长12.1%，增幅居全市第一位；金融机构本外币存、贷款余额分别达到379.8亿元、232.6亿元，同比增长19.7%和5.4%，增幅均居全市第3位，金融业税收占全县税收总收入比重达9.6%；新引进落户过亿元项目20个，过5亿元项目8个，过10亿元项目4个。

工业经济提质增效。全县259家规模以上工业企业实现主营业务收入437.3亿元、利税23.3亿元、利润13.9亿元，同比分别增长8.5%、11.5%和10.4%，其中40家重点骨干企业利润和利税好于全市、全县平均水平，增幅均保持在20%以上。财政收入保持合理结构，税收收入、四大主体税种收入占公共财政收入的比重分别达到86.6%、50.6%，均居全市第一位。完成企业技改投入120亿元，95个项目列入市级以上重点产业技术改造项目计划，16家企业与中科院、中南大学等科研院所开展产学研合作23项，市级以上创新研发平台发展到52家，高新技术产业产值占比达到42%。完成股份制改制企业93家，挂牌企业发展到20家，实现直接融资17.7亿元。

农村改革发展有序推进。积极培育特色优势产业，“三品一标”优质农产品发展到180个，认证面积32.2万亩。建成市级以上农产品质量安全示范园5处，农产品抽检合格率达到100%。提升农业组织化程度，建成市级以上农业龙头企业46家，农民专业合作社发展到1792家。稳妥推进农业农村改革，流转农村土地24.1万亩。加强农业基础设施建设，新增高效节水灌溉面积2万亩。

现代服务业繁荣活跃。深入实施“旅游+”三年行动计划，成功举办山东省第三届乡村旅游节、第四届沂山文化节等大型节庆活动，被确定为“国家全域旅游示范区创建单位”。加快推进商贸服务业重点项目建设，佳乐家商务区等项目进展顺利，鸿运物流园完成主体建设，金源等3家汽车4S店基本建成。建成县级电子商务公共服务中心，全年实现电子商务交易额120亿元，同比增长29.8%。临朐跨境电商产业园建成启用，全年实现进出口总额25.6亿元。

新型城镇化步伐不断加快。大力提升中心城区，新增绿地面积9万平方米。有序推进棚户区改造，完成魏家庄、皇山2个片区、1211户居民搬迁，全县棚改任务开工率达到100%。积极化解房地产库存，新建商品房网签10264套、79.77万平方米，同比分别增长35%、37%；年内消化房地产库存5000余套、64万平方米。狠抓特色城镇建设，冶源、辛寨入选全国重点镇。加快推进城乡社区建设，新建改建4个城市社区和34个农村社区，九山社区和寺头社区被确定为省级“农村新型示范社区”。统筹推进美丽乡村建设，382个村达到环境整洁村建设标准，99个村达到生态文明村标准，60个村达到美丽乡村标准，在全省城乡环卫一体化群众满意度电话调查中，临朐县取得全省第23名、全市第1名的好成绩。

生态环境持续改善。深入实施主体功能区战略，被确定为“国家重点生态功能区”。启动新一轮“三八六”环保行动，全力推进“十大重点工程”，拆除土小项目90余家，新建农村污水处理设施23处。持续加强“两河”综合开发，扎实开展“三乱”集中整治，建成汶河省级湿地公园，完成弥河冶源水库至县城段综合治理及两岸绿化。

文化临朐建设扎实推进。实施“一三六三”乡风文明培育工程，县级以上文明村达到256个。繁荣发展文化事业，组织举办各类文化活动500余场次，大型现代周姑戏《淌水崖》在全市巡回演出，历史动漫剧《东镇沂山传奇》进入后期制作阶段，临朐手绘年画等3个项目入选省级非物质文化遗产，成功创评“齐鲁诗词之乡”。大力发展文化产业，投资12亿元的中华文化雕塑园项目正式启动，红叶地毯等7家企业成功申报省重点文化企业项目库。

脱贫攻坚工作卓有成效。科学编制精准扶贫三年规划，精准脱贫6192户、13810人，脱贫率达84.5%，84个省定贫困村全部实现摘帽。全县3078名党员干部组成帮扶、关爱小组，开展结对帮扶活动，实现贫困户结对帮扶全覆盖。加快推进扶贫项目建设，2015年实施的247个扶贫项目完成验收并发挥效益，2016年141个扶贫项目全部开工建设。大力推广“党支部+合作社+贫困户”扶贫模式，贫困户入社率达到80%以上，被新华社、大众日报等100多家媒体报道。

社会事业不断进步。完成民生支出30.2亿元，占全部财政支出的比重达到85.1%。新建改建中小学8所、标准化幼儿园19处，县妇幼保健院医疗综合楼基本建成，县中医院门诊病房楼项目进展顺利，建成22处标准化社区卫生室。不断加强社会保障，全民参保登记入库率达到99.9%，全县新增城镇就业6500人，转移农村劳动力1.7万人，城镇登记失业率控制在3%以内。加强“平安临朐”建设，群众安全感和满意度连续六年位居全省前列、全市前三位。　（王浩宇）

重要会议

【第二十七次常务会议】 1月11日，县长刘裕斌在县政府常务会议室主持召开第十六届县政府第二十七次常务会议。1.研究2016年政府工作报告。2.研究《关于临朐县2015年国民经济和社会发展计划执行情况与2016年国民经济和社会发展计划草案的报告》《临朐县国民经济和社会发展第十三个五年规划纲要（草案）》。3.研究2015年财政预算执行情况及2016年收支预算安排初步意见。4.关于对于辛寨镇人民政府申请原临朐七中资产评估核减情况报告的建议。5.研究《关于表彰参加潍坊市第十九届运动会先进集体和先进个人的通报》。

【第二十八次常务会议】 1月20日，县长刘裕斌在县政府常务会议室主持召开第十六届县政府第二十八次常务会议。1.研究《2016年招商工作实施意见》。2.研究《2016年工业工作实施意见》。3.汇报国家和省、市安全生产电视会议精神及全县重点工作安排。4.研究《临朐沂山实业有限公司开发建设滨河花园二号写字楼实施方案的请示》。

【第二十九次常务会议】 3月26日，县长刘裕斌在县政府常务会议室主持召开第十六届县政府第二十九次常务会议。1.研究《临朐县国有土地上房屋征收与补偿办法》。2.研究《2016年临朐县棚户区搬迁补偿安置意见》。3.听取全市商务工作会议精神及全县2016年商务工作任务。4. 听取全市食品安全工作会议精神及临朐县贯彻落实意见。5. 研究《县直部门（单位）争取无偿资金补助暂行办法》。

【第三十次常务会议】 4月6日，县长刘裕斌在县政府常务会议室主持召开第十六届县政府第三十次常务会议。1. 研究《临朐县事业单位绩效工资实施意见》。2. 研究《临朐县企业过桥还贷基金管理办法和临朐县金财融资担保有限公司担保管理办法》。3. 研究《临朐县进一步完善城乡义务教育经费保障机制实施方案》。4. 研究《临朐县第四届全民运动会工作方案》。5. 研究支持新型农村合作金融试点工作的意见。6. 传达国务院和省政府廉政工作会议精神及贯彻落实意见。

【第三十一次常务会议】 5月6日，县长刘裕斌在县政府常务会议室主持召开第十六届县政府第三十一次常务会议。1. 研究对华庆制衣原厂区用地处置问题的意见。2. 研究《临朐电科光伏发电有限公司临朐龙山20兆瓦光伏发电项目落户龙山高新技术产业园的请示》。3. 研究《促进慈善事业健康发展的实施意见》。

【第三十二次常务会议】 6月2日，县长刘裕斌在县政府常务会议室主持召开第十六届县政府第三十二次常务会议。1. 研究《关于进一步深化公立医院综合改革的实施意见》。2. 研究《关于污水处理收费标准的调整意见》。3. 研究《对龙泉水务冶源水库原水费问题的处理意见》。4. 研究《关于做好困难残疾人生活补贴和重度残疾人护理补贴审定和发放工作的请示》。

【第三十三次常务会议】 6月23日，县长刘裕斌在县政府常务会议室主持召开第十六届县政府第三十三次常务会议。1. 研究《临朐县水务、旅游、医养、置业开发合作框架协议》。2. 研究《关于进一步完善我县企业房屋登记遗留问题的意见》。3. 研究《关于对农资市场建设用地问题的意见》。4. 研究《临朐县降低企业成本促进实体经济健康发展的若干政策措施》。5研究《关于医疗服务价格改革的意见》。6. 研究《关于做好2016年度居民养老保险工作的通知》。7. 研究《关于成立临朐县英才校车管理服务公司的请示》。8. 研究公务用车制度改革有关事宜。

【第三十四次常务会议】 7月28日，县长刘裕斌在县政府常务会议室主持召开第十六届县政府第三十四次常务会议。1. 传达市政府落实全面从严治党主体责任集体约谈会议精神。2. 听取国家和省市安全生产会议精神及我县贯彻落实意见。3. 听取全县防汛工作情况汇报。4. 研究《关于五井镇茹家庄、大埠山矿区采矿权重新出让的审查意见》。5. 研究《临朐县乡村教师支持计划（2015—2020）实施方案》。6. 研究《临朐县城乡居住区配套幼儿园规划建设及管理使用意见》。7. 研究《关于对相关搬迁片区清理清查问题的处理意见》。8. 听取2016年政府工作报告25项具体工作进展情况汇报，研究加快推进意见。

【第三十五次常务会议】 9月19日，县长刘裕斌在县政府常务会议室主持召开第十六届县政府第三十五次常务会议。1. 研究关于公车改革涉及相关问题的意见。2. 研究《临朐县农村广播“村村响”工程实施方案》。3. 研究关于对有关企业会审情况的处理建议。4. 研究对兴隆村申请办理兴隆大厦土地等手续的意见。5. 研究《关于对县污水管理处职工反映问题的处理意见》。6. 研究《临朐县水污染防治工作方案》。7. 研究《关于增加财政预算补助保障大中型水库正常运行的建议》。

【第三十六次常务会议】 10月14日，县长刘裕斌在县政府常务会议室主持召开第十六届县政府第三十六次常务会议。1. 汇报全省规模企业规范化公司制改制经验交流暨工作推进现场会会议精神及我县贯彻落实意见。2. 研究《关于加快推进企业对接资本市场的意见》。3. 研究《临朐县人民政府与太平养老保险股份有限公司山东分公司战略合作协议》。4. 研究《临朐县2017年度城乡居民基本医疗保险参保筹资工作方案》。5. 研究《关于朐阳书院建设有关问题的意见》。6. 研究《2016年度事业单位（不含教育系统）专业技术职务拟聘任实施方案》。

【第三十七次常务会议】 11月18日，县长刘裕斌在县政府常务会议室主持召开第十六届县政府第三十七次常务会议。1. 研究《关于落实城区非居民和特种用水实行超定额累进加价制度的意见》。2. 研究《临朐县公共租赁住房管理办法》。3. 研究《临朐县推进分级诊疗制度建设实施方案》。

【第三十八次常务会议】 11月30日，县长刘裕斌在县政府常务会议室主持召开第十六届县政府第三十八次常务会议。1. 研究《中欧节能门窗产业园项目建设推进工作方案》。2. 研究《关于对风力和光伏发电建设项目加强管理的通知》。

【第三十九次常务会议】 12月22日，县长刘裕斌在县政府常务会议室主持召开第十六届县政府第三十九次常务会议。1. 研究《县政府与山东水务发展集团有限公司合作框架协议》。2. 研究《临朐县社会福利服务中心运营承包合同》。（张龙震）

县政府办公室工作

【日常服务】 年初，制定《工作目标百分制考核办法》，对机关党的建设、重点工作、日常业务等内容作出具体安排，明确任务，严格分工，落实责任，全力抓好工作落实。半年和年终，及时召开调度总结会议，调度工作开展情况，办公室连续三年被评为“县级文明单位”。充分发挥参谋助手和综合协调作用，提高以文辅政工作水平，在文稿起草、信息调研、公文处理等工作上，坚持高标准、高质量、创一流。对《政府工作报告》和经济工作会议讲话等重要材料，坚持集体研究，做好上级精神和临朐实际的结合文章，保证文稿质量。组织开展产业发展、城市建设、脱贫攻坚、电子商务等专题调研，形成措施可行的调研报告，在市级以上刊物发表《培植新优势积聚新动能加快推进铝型材产业集群创新发展》和《精准施策精准发力全力打好脱贫攻坚第一仗》等领导署名文章24篇。全年上报省、市政务信息765篇，编发《临朐政务信息》20期。优化公文办理工作流程，及时处理各类来文来电和文件2.1万件。改版升级政府信息公开平台，公开各类信息2264条。县人代会召开后，及时对《政府工作报告》进行分解立项，确定县政府25项具体工作任务，明确分工，细化责任，进行重点推进，确保年底各项工作按期完成。对政府职能转变、大项目和财源建设、供给侧结构性改革、道路交通等重点工作，分别落实一名副主任或科级干部靠上，协助县政府领导开展工作。认真做好会议接待工作，严格落实中央八项规定精神要求，从严做好来人接待和会务组织工作，先后组织各类会议活动200多场次，接待或参与接待各类考察团35批次386人、其他来宾230人次。

【政务督查】 2016年，全力抓好重要会议精神和重点工作落实的督查。对大项目和财源建设、脱贫攻坚、中小学幼儿园建设等重点工作，对领导批办、交办事项和群众反映强烈的热点、难点问题，及时开展专项督查。共开展现场督查20多次，编写汇报材料100多件，编发通报20余件。认真抓好人大代表建议和政协提案办理工作，牵头办理人大代表建议83件、政协提案125件，代表、委员满意率保持在98%以上。扎实做好业务工作目标考核，对92个县直部门2016年业务工作目标进行审核汇总。

【应急管理】 2016年，先后举办防火防汛、危化品事故、公共卫生等各类应急演练40多次。对沂山“4·11”森林火灾等突发事件，及时介入应急指挥，合理调配救灾物资，积极安排后勤保障，稳妥做好善后处理。加强应急值守工作，严格落实24小时值班和领导带班制度，健全机构，落实人员，全力构建职责明确、定位清晰、运转高效的值班工作体系。在元旦、春节、中秋、国庆等法定节假日前，专门下发通知对全县值班工作进行安排部署。围绕防汛抗险、公共卫生、森林防火等方面，组织开展演练，提高广大群众的防灾自救意识和应急避险能力。加大宣传培训力度，依托临朐大讲堂和县委党校，加大对干部队伍应急管理知识培训力度。结合法制宣传日、“5•12”防灾减灾日、“安全生产月”等活动，利用广播、电视、网络、报纸等，广泛开展面向全社会的安全教育和宣传，印刷并免费发放《山东省突发事件应对条例》《突发事件应急知识手册》1万多册。

【信息调研】 及时对全县经济社会发展的新做法、新亮点进行凝练、提升和宣传，全年共上报省、市政务信息765篇，被市政府办公室采用143篇，被市政府《情况交流》采用3期，编发《临朐政务信息》20期。围绕财源建设、政府法制、美丽乡村建设、精准扶贫、铝型材产业转型等开展专题调研10次，形成有针对性的专题调研报告15篇。在各类刊物发表《创新思路突出重点扎实推进美丽乡村建设》《精准施策精准发力全力打好脱贫攻坚第一仗》《临朐县三抓并举深入推进政府法制工作开展》《社会保险费缴纳问题用人单位和劳动者是否有权协议处分》《临朐县铝型材产业去产能促转型的主要做法和成效》等署名文章11篇。

【政务公开】 坚持按照“以公开为常态、不公开为例外”要求，履行公开职责，拓展公开渠道，加强公开平台和机制建设，成立县政务公开工作领导小组，出台《关于全面推进政务公开工作的实施意见》，将涉及政务公开的63个镇（街、园、区）、部门全部纳入成员单位；成立政务公开科，落实专（兼）职工作人员3名，全县配备专职工作人员105名，兼职工作人员81人，县镇两级工作网络体系进一步健全；修订完善《临朐县政府信息发布协调工作规定》《临朐县行政机关公文类信息公开审核办法》《临朐县政府信息公开保密审查办法》等文件制度，建立政策解读、舆情收集、回应关切和第三方评估工作机制，全面实行公文类信息公开属性源头认定机制。

2016年，通过各类公开媒体共公开信息5132条，其中通过政务公开平台发布3076条，公开涉及群众关切的扶贫、社会救助、棚户区改造等民生领域信息1157条，重大决策预公开、管理、服务、执行和落实类信息1697条；通过政府网站发布各类政策解读信息216条，回应社会关切信息15条，收到和处理群众问题咨询132件，投诉举报54件，意见建议32件；举办政务公开培训班3次、211人次。

【公开电话受理】 2016年，共受理电话访案件12876起，其中，市长公开电话受理中心转来10568起，县长公开电话受理中心转办2308起，当即解释答复来电人3121起。严格按照《县长公开电话受理单位考核办法》要求，实行电话访案件网上转办。现场督查、协调处理重复多次电话访案件83起。发挥政府网络平台作用，将传输案件归口办理、统一考核、及时反馈，减少市长公开电话案件重复转办数量和群众上访量。采取电话督办、书面督办、会议督办、批示督办、现场督办等方式，提高办案质量和时效。

【外事侨务工作】 全面完成临朐县2016年双语标识设置、改造计划。建设国际化学校、医院各1个，实现学校国际交流合作3次，医院国际交流合作2次。引进外国专家来临工作11人次。2016年，实现国际间友好合作3次；在境外主流媒体发布宣传稿件131篇，制作《魅力潍坊》画册、《家乡潍坊》宣传片等外宣品；成功举办第三届中国（临朐）国际门窗幕墙博览会、中国•巴西青少年国际足球友谊赛、临朐县第一届中韩青少年校园足球邀请赛。全年共办理因公出国培训手续2批2人次。审查上报外国人来华手续18批34人次。审核上报APEC商务旅行卡5批20人次。发放困难归侨生活补助金22.8万元。

（李延彬　陈　敬　王兴波　王亓安　王　琨　张龙震　王　彬　王　珊）

政府职能转变

【公共服务事项目录和服务指南公开】 2016年12月底，中共临朐县委办公室、临朐县人民政府办公室印发《关于公布〈临朐县县级公共服务事项清单〉的通知》（临办字〔2016〕181号），纳入58个县直部门县级公共服务事项697项，并通过县政府网站、县机构编制网对外公布。对303项依申请提供的公共服务事项，逐项编制服务指南，明确办理条件、办理地址、咨询电话等要素。对镇级、村级公共目录，分别完成整理，公布镇级公共服务事项1586项、村（社区）公共服务事项7100项。

【无谓证明、繁琐手续和年检内容清理】 全面落实潍坊市首批清理各类证明、盖章类材料目录，对应取消48项证明、盖章类材料，结合行政审批事项目录、权力清单和公共服务事项清单制定情况进行梳理，共清理规范证明盖章类材料17项、办事环节21个。认真做好《潍坊市村（社区）开具证明材料清单》整改落实，凡未纳入清单的证明材料，各政务服务机构在办理政务服务事项时，不得再要求企业和群众到村（社区）开具证明材料。制定下发《关于对相关证照年检以及与证照核发、年检等挂钩的政府指定培训进行清理的通知》，初步完成保留的年检事项以及与年检挂钩的政府指定培训的清理工作，保留年检事项25项、政府指定培训事项31项。

【“双随机、一公开”监管机制】 制定下发《关于全面推行“双随机、一公开”工作的通知》，扎实推进随机抽查工作。截至2016年底，37个县直部门、单位编制完成随机抽查事项清单，明确抽查依据、抽查主体和频次等监管内容。根据清单内容，及时组织开展执法检查，累计随机抽查1321次，累计随机抽查对象8150个，立案查处数量400余件。检查情况及时向社会公开公示。

【省级政务服务平台互联互通】 加强网上政务服务大厅建设，对县直部门439项行政许可事项进行全面梳理，及时录入“山东省行政权力事项动态管理系统”，依托全省统一的政务服务平台，建设“山东政务服务网临朐县网上政务服务厅”和县直部门分厅，整合35家单位400余项政务服务数据资源。做好“潍坊市政务服务通用审批平台”部署使用，分4批次对全县各系统260多人进行业务培训。截至2016年底，共办理各类审批服务事项6400余件。全力抓好网上政务服务平台向基层延伸，进一步扩大网上政务服务平台覆盖范围。全县13处镇（街、园、区）和89处社区的5800余项服务事项全部发布，并同步建立网上政务大厅，实现政务服务“一张网”，省、市、县、镇、社区五级联通。

【政务服务效率提升】 认真抓好事项网上运行，实现全程网办、全程监督、预警督办，有效杜绝体外循环和违规、超期审批现象。截至2016年底，窗口受理事项6000余件，全部实现网上运行。依托临朐政务服务网，借鉴“淘宝模式”，让群众和企业足不出户就能完成业务办理，先后受理外网申报事项250余件。简化优化投资服务流程，出台建设工程项目“模块化”审批实施办法，制定完善审批事项预登记、重大投资项目代办、重大项目绿色通道、行政审批否定报备等制度，降低企业制度性交易成本，优化发展软环境。畅通投诉渠道，开通政务服务投诉受理热线，24小时受理群众投诉和意见，及时答复咨询、受理投诉。

【商事制度改革】　推进注册登记便利化改革，落实放宽注册资本登记条件、清理规范工商登记前置审批事项等改革措施，巩固提高企业“五证合一”、个体工商户“两证整合”改革成效，有序做好新旧执照换发工作。截至2016年底，共换发企业“五证合一”新版营业执照4436户，换照率达到82.92%，办理加载统一社会信用代码的个体工商户营业执照3130户。全面推行简易注销登记制度。自3月1日起，全面推进未开业企业、无债权债务企业的简易注销工作，优化个体工商户存量，破解“僵尸”企业退出难问题。已有97户企业在全国企业信用信息公示系统上进行简易注销公告，为30多户企业办理完成简易注销登记。落实“双告知”制度，严格履行“双告知”职责，依托县政务服务平台及时将新登记2974户市场主体信息推送各审批部门，实现市场主体信息共享，为后续监管提供有效保障。

（陈　敬）

电子政务

【政府门户网站】　2016年，以临朐县政府网站为中心，整合县民政局、教育局、农业局、人力资源和社会保障局、政务服务中心、辛寨镇等17个部门网站，建设“中国·临朐”政府网站群，实现网站信息资源的整合共享和整包测评，23个部门政府网站节省年度信息安全等级保护测评费用85.1万元。2016年，网站发布各类信息1492条，设置在线访谈12篇，回应、解决各类市民群众意见、建议103条。

● 云计算中心机房　（供稿：王亓安　李　艳　付欣秀）

【协同统一办公平台】　10月，启用新的协同统一办公平台，按照分批次集中培训、加强督导考核等方式大力推进无纸化办公应用，截至2016年底，全县进驻协同统一办公平台单位140个，个人用户3816个，累计收发文件12541份，平均每天正常在线用户达820个。

【电子政务网络整合延伸】　2016年，按照《临朐县基层服务型党组织建设三年行动计划》，基于县电子政务网络开展向社区延伸工作，本着安全、稳定、统一的建设标准，制定政务网络延伸技术方案和实施计划。7月，实现13个镇（街、园、区）党群服务中心的政务网络连通工作，构建出口带宽达1G、到桌面接入带宽50M、接入用户达2000余人的省市县镇四级互联互通电子政务网络。

【新媒体平台】　完善“智慧临朐”微信订阅号服务功能，做好政务公开、民生服务工作，新增“智游智在”“村级财务公开”等功能，服务全县经济社会发展各类政策信息的公开发布和旅游产业的宣传推介。全年发布各类信息2300条。

（王亓安　李　艳　付欣秀）

行政审批

【概况】　2016年，共办理各类许可服务事项8935件，按期办结率100%；办理投资服务事项33件，涉及金额15.1亿元；

完成招标采购项目 198 次，交易额 7.01 亿元，节支率 8.45%；完成产权交易项目 6 次，交易额 0.27 亿元，增值率 16.35%。

【县镇政务连接】 全县 13 处镇（街、园、区）便民服务中心网络全部接入电子政务网，实现与县政务服务中心的互联互通。各镇、街确定 1 处农村新型社区作为与县、镇两级公共服务联网办理示范点。确定山旺镇先行试点，服务事项实现网上办理。其他镇（街、园、区）的 137 项服务事项的整理录入工作于 7 月底全部完成。每个镇（街、园、区）确定一名分管负责人和项目联系人，组建由一名专办员和两名代办员组成的代办员队伍，根据群众要求提供代办服务。

【审批制度改革】 实行预登记制度，涉及企业投资项目的事项全部实现预登记。全年共办理预登记事项 575 项。纳入预登记管理的事项全部进行网上流转，实行“一口受理、内部运行、限期办结、实时监测”机制，避免超期办理现象发生。制定出台《临朐县建设工程项目“模块化”审批实施办法》（临政办字〔2016〕112 号），推行建设工程项目模块化审批。每个模块确定一个主办单位，总审批时限压缩到 32 个工作日，有效解决审批流程复杂、互为前置、周期过长等制约问题。全年共为全县 20 个重点建设工程项目实施模块化审批，总计节省审批时间 42 个工作日，审批效率提高 60% 以上。成立代办服务科，建立 60 余人的县、镇两级代办员队伍。对 3 个符合代办条件的项目进行无偿代办，总计节省审批时间 13 个工作日。开辟重大项目绿色通道，设立绿色通道服务窗口，对申请绿色通道的项目进行初步审查，对符合条件的项目，启动绿色通道程序。对 2 个项目实行“绿色通道”办理，总计节省审批时间 6 个工作日，涉及投资额 4.6 亿元。制定《临朐县行政审批否定报备制度》（临政办字〔2016〕123 号）。对 3 个不予许可的审批事项进行否定报备。

【“互联网 + 政务服务”】 对全县所有系统相关人员进行业务培训，共分 4 批次培训 260 多人。召开全县政务服务平台互联互通测试工作会议，对系统的测试工作进行部署，35 个具有行政许可事项的部门共录入测试件 400 多件，对测试中发现的问题及时进行反馈修改，使系统功能进一步优化。对全县涉及行政许可部门、单位的省、市、县自建系统进行摸底调查，为下步工作奠定基础。10 月 31 日，全面启动“潍坊市政务服务通用审批平台”试运行工作。全年共通过平台办理业务 1200 多件。通过“潍坊市网上政务大厅信息发布平台”，定期对通知、公告等内容进行上传更新，做好部门分厅信息、现场办理点信息维护。

【公共资源交易】 2016 年，县公共资源交易中心不断加强中心规范化建设，达到“阳光操作、公平竞争”效果。潍坊市中心和寿光、安丘、青州、昌乐、潍城、昌邑、高密、高新等县（市、区）先后到临朐县观摩考察。狠抓内部管理。注意理顺与各部门工作关系，组织中心人员加强相关法律、法规学习，探索有关工作制度，把各项工作推向正规。建立健全各项规章制度。先后制定实施《关于明确县政府投资项目采购流程的通知》《政府采购城建项目招投标及施工管理规定》《公共资源交易过程中有关问题拟解决方案》《临朐县公共资源统一进场交易管理办法》《临朐县公

● 2016 年 8 月 17 日，临朐县道路交通违法及事故涉案报废车辆拍卖会召开

（供稿：张　林　付廷利）

共资源交易中心工作规程》《关于规范项目招投标工作的通知》《临朐县政府采购代理机构管理办法》等制度规程，保证交易平台的规范有序运行。按照“六统一”工作机制规范运作。坚持做到项目统一进场交易、信息统一发布、场地统一安排、过程统一监管、保证金统一收取、评委及中介机构统一抽取。主动邀请检察、审计、公证处、“两代表一委员”对招标活动进行现场监督。加强投标人资格审查把关，坚持投标单位基本账户管理制度和履约保函制度，对投资500万元以上工程项目坚持实行工程清单测算业主单位负责制和第三方审查把关制，实行前3名拟中标候选人考察制度，对企业资格进行后审复查，有效杜绝投标单位借用资质现象。（张　林　付廷利）

史志工作

【志书编纂与出版】

《临朐县志（2000—2014）》 2016年，《临朐县志（2000—2014）》，继续进行资料收集整理。共二十编，单设概述、大事记、要事述略。截至2016年底，30个单位已经上交初稿。

《东镇沂山志》 完成《东镇沂山志》志稿评审。11月4日，召开《东镇沂山志》志稿评议会，中指组、省、市有关领导及专家，潍坊、淄博、日照、临沂下属9个区县地方志工作机构负责人等参加会议，根据专家提出的意见建议进行修改完善。

《冶源镇志》 2016年5月12日，中国名镇志文化工程《冶源镇志》出版，由方志出版社发行。主编刘建国，副主编王现友、魏学强。全志为通志，上限追溯至事物发端，下限至2014年，全面准确记述冶源镇发展的历史和现状。全书38.3万字，共分概述、环境资源、镇村建设、名胜、风土人情、红丝砚、文化、艺文、人物、冯氏世家、村庄、大事纪略等10篇，另收录历任冶源镇党政领导情况和主要参考文献等资料，是社会各界了解冶源历史文化和经济社会发展的一部详实的资料文献。

《粟山村志》 县史志办安排专人负责指导编纂，2016年主要进行资料收集整理，完成长编。

《临朐县粮食志》 2016年，继续进行基础材料搜集整理，到档案馆查阅资料，相关科室、部门提供资料，采访相关当事人，边收集边整理，完成整理资料60%。

《临朐县中医院志》 2016年，广泛搜集资料，确保志书的完整性，完成长编。

【年鉴编纂与出版】 2016年，启动《临朐年鉴（2016）》编纂工作，制定编纂方案，召开编纂工作启动会议，对供稿单位严格要求，加大督查督促力度，完成初稿。

【信息化建设】 抓好临朐县情网站建设（域名：www.linquxq.cn）。年内，县情网发布文章98篇，网站访问量2.6万余人次。开通临朐史志微信公众号，推送历史文化资料。

【方志馆建设】 2016年，抓好临朐县方志馆建设，列入临朐县文化中心建设项目，重点抓好各类志书及地情资料书籍的收集整理，已收集2000余本。

【开发利用】 开展以古村落为主的口述史工作。2016年，县史志办联合县电视台录制石峪村、牛寨村、宝畔台村等古村落专题片在县电视台播放。服务美丽乡村和旅游工作，参与九山镇牛寨村美丽乡村和旅游等工作，成功举办第一届牛神节，建设牛寨村史馆、牛寨书店等，增加历史文化底蕴。开展志书入基层活动。全年共为村（社区）、部门、学校、企业等30余个单位，发放《临朐县志（1840—1987）》《临朐县志（1988—2000）》《临朐村镇志略》《冶源镇志》等各类志书100余套。（程国栋）

人事工作

【人才队伍建设】 实施博士硕士集聚工程，鼓励支持各行业特别是企业大力引进博士、硕士研究生，企业全职引进博士硕士13名。实施专业技术人才提升工程，共组织继续教育培训13483人，有力提升专业技术人员的专业水平和创新能力。实施高技能人才振兴计划，培养高技能人才1364人。加大人才评选力度，会同县委组织部、财政局制定《优秀会计人才选拔和管理办法》，积极推荐优秀人才参加各类人才评选，3人被潍坊市政府授予“潍坊市专业技术拔尖人才”，3人被潍坊市委组织部、市人社局授予“潍坊市首席技师”。加强人才平台载体建设，潍坊恒彩数码影像材料有限公司被省人力资源和社会保障厅认定为山东省博士后创新实践基地。做好全县人才资源统计调查工作统计、汇总、审核和上报，县人社局被省人社厅评为全省人才资源统计调查工作先进单位。

【职称评聘】 2016年，全县共核定竞聘岗位576个，其中正高5个、副高228个、中级343个；推荐316人申报晋升高级、313人晋升中级、130人晋升初级职称；办理按期定职150人。对教育系统重新进行了岗位设置，中、高级职称设岗比例分别提高5%、7%，中、高级分别增加356个、525个岗位。

【机关事业单位人事管理】 公务员录用及登记。2016年全县计划考试录用公务员60人，实际录用60人。11月，对37名公务员进行登记。

事业单位公开招聘。5月，组织事业单位公开招聘，招聘各类人员131人（其中综合类97人，卫生类34人）。11月，组织从服务基层项目人员中公开招聘事业单位工作人员29人，组织公安局公开招聘事业单位工作人员4人。

人员调配。2016年，共调配干部职工295人（其中干部279人、聘干8人、工人9人）。

年度考核。2016年，全县共有16821名机关事业单位工作人员参加年度考核，其中考核为优秀等次2408人，称职（合格）等次13938人，不定等次475人。

档案管理。接收新考录公务员、事业单位工作人员、军转干部等人员档案231卷，将有关信息录入数据库，补充完善档案索引。转递档案114卷。

【军转安置】 2016年，军转干部安置工作以公开、公平、公正为原则，采取考试与考核相结合的方法，共接收军队转业干部7人，其中自主择业2人、计划安置5人（机关单位4人，事业单位1人）。 （傅倩倩）

智慧临朐建设

【概况】 2016年，坚持“实用、管用、好用”方针，以综合信息处理中心为核心，开展基础信息、智慧政务、智慧民生、智慧产业四大体系建设。4月，智慧临朐项目被市改革办作为典型案例推荐到省改革办；11月县智慧城市建设管理中心被评为潍坊市职工职业道德建设标兵单位。3人次获得潍坊市富民兴潍劳动奖章、潍坊市职工职业道德建设标兵、县巾帼建功标兵、县工会工作先进个人等荣誉称号。截至2016年底，完成综合信息处理中心等16个单项工程建设。

● 综合信息处理中心 （供稿：李 艳 付欣秀）

【综合信息处理中心】 依托县级综合监督指挥中心，通过升级工作流程系统，优化完善业务受理子系统、协同工作子系统、应用维护子系统及综合统计子系统，进一步综合受理“1234”县长热线、“12319”市民热线、城管通等渠道发现的各类城市管理问题以及民生诉求，提升部门之间的协同办公能力；将公用产品、重点污染源企业在线监测数据作为部门管理、财政资金拨付、企业罚没的主要依据。3月，中心为全省依法行政联系点会议提供现场观摩点，项目被评为山东省2016年度计算机应用优秀成果二等奖。全年共受理各类民生诉求36426件，办结率达90.2%，发现公用产品在线超标报警32次。

【基础信息】 以县云计算中心为依托，加快推进全县政务信息基础设施整合共享工作，先后协调县卫计局、经信局、政务服务中心等5个部门完成应用服务器、网络向县云计算中心迁移。截至2016年底，县云计算中心已承载智慧临朐建设项目以及26个部门69个应用系统运行，云计算处理能力达到万亿次/秒，安防能力达到等保三级，年内为全县节省服务器硬件建设及维护费用550万元。

【智慧政务】 深入推进政务信息资源整合共享工作。4月，组织65个部门单位分三期就县级政务信息资源共享交换平台的使用进行第三次集中培训，并通过12319开展集中回访，征求建议意见，督促各单位按更新周期及时提报数据。截至2016年底，已录入65个单位的81类55万条政务信息。在全县综合治税工作中，利用各部门提报的数据进行比对、分析，追缴税款1768万元。

● 2016年4月25日，县级政务信息资源共享交换平台培训班举办 （供稿：李 艳 付欣秀）

● 2016年12月1日，智慧管网项目专家验收会召开 （供稿：李 艳 付欣秀）

6月，完成智慧管网验收，普查验收全县城区和东城经济开发区60平方公里范围内的供水、排水、燃气、电力、通讯、广播电视、输油、热力、路灯等十大类13种管线总计1862公里，构建二维及三维地下管网数字化管理系统，实现对地下管网数据的浏览查询、测量分析、预警分析及决策审批。全年各部门及管线权属单位利用系统开展管线查询、数据资料整理60多次，排查城区内涝隐患7处，为全县地下管网审计、综合管廊、综合管网专项规划提供资料依据。

【智慧民生】 加快融入智慧潍坊建设，试点建设5处智慧社区、5处智慧幼儿园和3处智慧景区。完成智慧校车建设，为全县175辆校车安装视频监控等硬件设施，为1.6万名学生发放乘车卡。智慧校车管理平台将车辆行驶信息、报警信息、设备日志等生成各种统计报表，全方位建立起校车信息档案，实现对校车司机的统一考核管理。

【服务全县信息化建设需求】 根据全县不动产登记、卫计信息系统、食安临朐建设等工作需求，协助提供技术对接、网络建设方案 5 套，完成县级机关监控系统建设及验收工作，节约信息化建设资金 180 万元。（李　艳　付欣秀）

后勤服务工作

【概况】 2016 年，县级机关事务管理局认真履行物业管理、房产基建、环境卫生管理、安全保卫、会务保障、食堂管理、创业大厦管理、公共机构节能、公务用车管理服务等后勤服务管理职能，为机关正常有序运转提供高效优质后勤保障。

【物业服务】 为县委、县政府、县委组织部、县纪委、县委政法委、县委宣传部、县委农工办等办公区和县委住宅区、县政府住宅区提供物业管理服务，保障水电暖管线、电器设备、消防设备、监控设备等设施正常安全运行。完成县委、县政府、县纪委等办公楼和县委住宅区、县政府住宅区暖气管网及跨民主路暖气主管道改造工程，更换主管道 6600 多米、办公楼暖气片 300 多组；家属楼供暖方式由串联改造为一户一阀，改造面积 27000 多平方米；更换县委住宅区 1 号楼、3 号楼、4 号楼自来水管道 260 多米，更换住宅区总水表 13 块，更换户内智能水表 500 余块，新砌水表井 13 个。

【基建房产】 做好工程建设、修缮及房产管理工作，改善机关办公、居住环境。粉刷县委、县政府办公用房 2000 多平方米。完成机关食堂整修改造，新建餐厅及厨房 4 间、改造餐厅 2 间，更换食堂内部设施设备，改造后机关食堂可容纳 300 多人就餐。完成新华路原临朐县国家税务局办公楼整体翻新改造项目，10 月份县金融工作办公室等 4 家单位顺利入驻办公。完成县政府办公楼、县政府车库、县纪委办公楼及县政府住宅区 10 号楼楼顶防水大修，共 3700 多平方米。新建警卫室 1 间、监控室 2 间、自行车棚 1 处、县委家属院停车场 1 处，改造收费室 1 间，在县委住宅区改造公共厕所 2 间。

【安全保卫】 8 月，完成县委办公区、县政府办公区、县委住宅区、县政府住宅区监控系统更新，安装摄像头 73 个、主机 4 台，建立专门监控室，实现监控全覆盖。与县信访局、公安局协同相关责任单位合作处置上访事件 358 起，接待上访 2268 人次。为内外单位办理办公区通行证 586 张，宿舍区通行证 400 张。

【机关户籍管理】 2016 年，共办理户口变动手续 80 人次，户籍查询 150 人次。完成县级机关事务管理局户籍管理范围内，县第十七届人民代表大会代表选举选民登记审查工作，审查、报送 240 人次。

【环境卫生管理】 强化绿化苗木管理，及时施肥、除草、修剪、防治病虫，定期更新花草树木，做到植物生长良好无死树、修剪造型整齐无枯枝。按照星级管理标准，健全卫生保洁制度，狠抓环境清洁和卫生管理，保持环境整洁，营造优美、舒心工作环境。

【食堂管理、三费收缴和会务保障】 抓好机关食堂管理，为县直 20 多家单位，200 多人提供午餐就餐服务。做好收费工作，全年代收机关办公区、住宅区水、电、暖等费用 60 多万元。做好县委大会议室、县委常委会议室的会议服务保障工作，全年共服务大型会议 320 余次。

【公共机构节能】 完成全县公共机构名录库建设，指导和督促全县 141 家公共机构按期完成山东省能耗上报系统信息上报工作。6 月，组织开展公共机构节能宣传周活动。

【创业大厦物业监管】 4 月，与山东胜洁物业管理有限公司完成物业合同续签。在创业大厦设立中英文标识牌，更新改造县政务服务中心旋转门，更新创业大厦消防设备，对中央空调设备进行检修，安装环保节能充电桩1座。

【公车改革】 根据县公务用车制度改革工作任务分工，完成承担的车辆集中封存、评估、公开拍卖处置等工作，公开拍卖车辆361辆。通过公开招标方式确定3家汽车租赁服务公司，实行统一监管，保障车改后公务出行需求。对保留的机要通信和应急保障用车、执法执勤车辆、特种专业用车等341辆车辆，统一张贴“临朐公务”标识，统一备案存档。（马斌太　董　斐）

临朐之最——人物世家

临朐最早的历史名人 -- 管宁
临朐历史上最早的科举状元 -- 马愉
临朐最著名的古代散曲家 -- 冯惟敏
享誉海岱最负盛名的临朐文学世家 -- 冯氏文学世家
临朐历史上最早的私修县志者 -- 傅国
临朐历史上最早的科举解元 -- 来仪
封建社会职务最高的临朐籍官员 -- 冯溥
临朐最早的中共党员 -- 刘冰
临朐籍最早在异地任职的中共县委书记 -- 段亦民
在临朐牺牲的职务最高的抗日将领 -- 窦来庚
临朐最早的女子小学创办者 -- 马云彩
临朐最早的女村长 -- 姜金礼
临朐县政府最早的县长 -- 高奋
中共临朐县委最早的书记 -- 于杰
建国初期中共党内职务最高的临朐人 -- 向明
临朐最有名气的农民黄烟专家 -- 赵树槐
临朐最有名的中医专家 -- 冯鸣九
中国当代最著名的临朐籍寄生虫学家、医学家 -- 冯兰洲
临朐最有名望的医学家族 -- 冯氏医学世家
临朐最早的北京大学学生 -- 李复昌
临朐最著名的训诂学家 -- 徐德庵
担任省党政领导职务时间最长的临朐人 -- 高启云
建国后临朐最有艺术成就的美术家 -- 吕学勤
临朐籍最早授衔的中国人民解放军中将 -- 许乐夫
临朐最早的共产主义青年团支部书记 -- 吴芳亭
临朐最有影响的养蚕模范 -- 赵兰英
临朐最有成就的翻译家 -- 程文
临朐籍最著名的国际体操裁判 -- 冯冀柏
临朐享受国务院特殊津贴人数最多的一母同胞 -- 李师仑三兄弟
临朐成绩最好的体育运动员 -- 朱树春
临朐最早出国参加国际学术会议的乡村医生 -- 杨明亮

摘自《临朐县志（1988-2000）》

政协临朐县委员会

概　述

2016年，县政协牢牢把握团结和民主两大主题，充分发挥优势，认真履行职能，调查研究扎实深入，民主监督实效增强，协商议政成果丰硕。充分发挥作为社会主义协商民主重要渠道和专门协商机构的作用，构建全委会总体协商议大事、常委会专题协商议要事、主席会重点协商议具体事的会议协商格局，积极探索界别协商、对口协商、提案办理协商等经常性协商，实现专题协商与灵活协商、会议协商与现场协商的有机结合。对财源建设、电子商务发展、品牌农业发展等课题，组织开展协商活动，报送成果得到县委、县政府高度重视，为科学民主决策提供参考依据。坚持以人为本、履职为民，通过各种有效形式，体察民情、倾听民声，及时向党委政府反映不同群体利益诉求，促进社会和谐稳定。组织政协委员开展解决城区学校大班额问题、安全生产情况、文化事业和文化产业发展、乡村旅游发展、商务企业运行情况等课题的调研视察活动，提出有针对性、前瞻性和可操作性的意见建议，推动相关工作的开展。相关专门委员会组织对县法院诉讼服务、健康养老、平安临朐建设进行调研视察，提出针对性意见建议。配合市政协对节水型社会建设、山丘地区经济社会协调发展等课题开展联动调研，向市政协报送调研报告。组织政协常委对县发改局、科技局、农业局的工作进行民主评议，做到考察深入、评议科学、反馈及时、建议可行，评议结果报送县委、县政府，并及时向被评议部门反馈，推动相关部门的工作开展、作风转变。推荐65名政协委员担任特邀监督员，支持他们依法依章履行监督职责，先后选派政协委员20人次，全程参与招投标、听证会等监督活动，为优化全县经济发展环境发挥积极作用。修订完善《县政协机关信息、新闻宣传工作考核办法》，明确任务指标、计分标准和报送要求。4月份，被市政协评为信息工作先进单位。组织开展“发挥委员优势、助力脱贫攻坚”活动，号召广大政协委员积极为精准扶贫献计出力。全县315名市、县政协委员与630户贫困群众结成帮扶对子，精准施策，开展生活帮扶、岗位帮扶、产业帮扶，累计捐助资金80余万元。积极参与社会公益事业。组织政协委员开展捐资助学、扶贫济困、结对帮扶、尊老助残等主题实践活动，开展送文化、科技、卫生、法律下乡等惠民活动，努力为基层群众办实事、做好事，向群众发放普法宣传资料2000余份，赠送普法书籍、挂图、宣传册1000余份。开展“委员献爱心、助圆大学梦”捐赠活动，6位政协委员向40名贫困大学新生捐款12万元，帮助他们顺利入学。组织机关党员到孟良崮战役纪念馆、淌水崖水库纪念馆、九山镇牛寨村接受党性教育，切实发挥党员先锋模范作用。深入开展“学先进、找差距、转作风、抓落实”主题教育实践活动。深入开展“进千村、入万户、察民情、解民忧”活动，通过入户走访、座谈交流等方式，走访群众480户，征求意见建议210条，解决实际困难和问题78件。扎实做好“包村联户”

和选派“第一书记”工作，县政协办公室帮扶东城街道贾家庄村，协调解决100吨水泥和大理石板材，建村文化广场和硬化村内主街1100米，改善村民生产生活条件。全年在市级以上新闻媒体发表稿件137篇。

重要会议

【九届五次会议】 2月24日—25日，政协第九届临朐县委员会第五次会议召开。出席会议的县政协委员296人。住临朐的省、市政协委员16人列席会议。会议听取县委书记顾建华代表中共临朐县委作的讲话，听取并审议县政协主席赵永娟作的九届县政协常委会工作报告和副主席刘学海作的提案工作报告；列席县人大十六届五次会议，听取并协商讨论县政府工作报告、县国民经济和社会发展第十三个五年规划纲要(草案)及其他报告（草案）。会议补选白星超、刘存忠、刘复忠、胡德军4名为九届县政协常委。审议通过大会决议。

【九届二十次常委会议】 2月20日，政协第九届临朐县委员会常务委员会第二十次会议召开。会议审议通过关于召开县政协九届五次会议的决定；审议通过会议议程、日程、委员讨论组和召集人名单、列席会议单位名单；审议通过九届县政协常委会工作报告和提案工作报告；审议通过大会秘书处工作机构、大会执行常委名单；审议通过选举办法和总监票人、监票人名单；审议通过《政协临朐县委员会2016年工作要点》；审议通过有关人事事项。

【九届二十一次常委（扩大）会议】 2月23日，政协第九届临朐县委员会常务委员会第二十一次（扩大）会议召开。会议听取副主席刘学海作的县政协九届五次会议筹备工作报告。

【九届二十二次常委（扩大）会议】 2月25日，政协第九届临朐县委员会常务委员会第二十二次（扩大）会议召开。会议审议通过补选九届县政协常委候选人酝酿名单。

【九届二十三次常委会议】 4月5日，政协第九届临朐县委员会常务委员会第二十三次会议召开。与会人员到淌水崖水库纪念馆进行参观，对美丽乡村建设和脱贫攻坚等工作情况进行视察。

【九届二十四次常委会议】 7月4日，政协第九届临朐县委员会常务委员会第二十四次会议召开。会议书面传达市政协十二届二十四次常委会议精神；听取县发改局、科技局、农业局的工作情况汇报，并进行民主评议；审议通过《政协临朐县委员会全体会议工作规则》和《关于我县财源建设情况的调研报告》。

【九届二十五次常委会议】 10月20日，政协第九届临朐县委员会常务委员会第二十五次会议召开。会议书面传达市政协十二届二十五次常委会议精神；听取县政府关于2016年以来提案办理情况和全县经济社会发展情况的通报；审议通过《关于我县品牌农业发展情况的调研报告》和《关于我县电子商务发展情况的调研报告》。

重要工作

【调研视察课题】

关于临朐县财源建设情况的调研

关于临朐县电子商务发展情况的调研

关于临朐县品牌农业发展情况的调研

关于临朐县文化事业、文化产业发展情况的视察

关于解决城区学校大班额问题的视察

关于临朐县安全生产情况的视察

关于临朐县“美丽乡村”建设情况的视察

关于临朐县脱贫攻坚工作开展情况的视察

关于临朐县“5141”工程实施情况的视察

【政协提案】

为推动提案办理工作纳入全县工作考核体系，制定下发《临朐县政协提案办理工作绩效考核暂行办法》，镇（街、园、区）分值为20分，县直部门为10分，占全部考核分值的1%。县政协九届五次全委会议期间，共征集提案145件，经审查立案126件，确定9件重点提案送请县委、县政府主要领导签批意见。其中，经济建设35件、占提案总数的28%，政治建设10件、占提案总数的8%，社会建设58件、占提案总数的46%，文化建设11件、占提案总数的9%，生态建设12件、占提案总数的9%。

● 2016年4月5日，县政协主席赵永娟带领常委会组成人员到九山镇青杨峪板栗基地视察　（摄影：王　刚）

【文史资料】　编辑、出版《历史名人与临朐》，加强文史资料“一室一平台”建设，高标准建成文史资料室，加大文史资料存储、交流、共享的力度；高质量完成市政协《潍坊志愿军官兵回忆录》、省政协《记忆山东》相关文史资料的征集报送任务，共提供稿件62篇、42万字。

（李富华　林绍海）

临朐之最——工贸交通

临朐最著名的手工制纸 -- 桑皮纸

临朐最大的铝型材市场 -- 江北铝型材集散中心

临朐最具文化特色的商贸区 -- 奇石市场

临朐最早的公路 -- 东红公路

临朐最早的水泥公路 -- 薛馆公路

临朐最早的大桥 -- 东红公路朐山弥河大桥

临朐最长的大桥 -- 潍九公路兴隆弥河大桥

临朐最高的大桥 -- 临仲公路龙门河大桥

临朐最宽的大桥 -- 潍九路北店大桥

临朐最早的铁路 -- 青临铁路

临朐最早的输电线路 -- 黑旺 - 五井输电线路

摘自《临朐县志（1988-2000）》

中共临朐县纪律检查委员会

概　述

2016年，临朐县纪委把解决群众身边的“四风”问题作为重点，标本兼治，准确定位，主动作为，扎实推进党风廉政建设和反腐败工作，为全县经济社会平稳健康协调发展提供有力保证。县纪委开展农村财务社会力量审计的做法被市委常委、市纪委书记李在武专门批示，市纪委以潍纪办通报的形式在全市推广，纪律审查、信访举报、党风廉政教育等多项工作得到上级纪委肯定。

重要会议

【县纪委十三届七次全体会议】 2016年3月2日在县委大会议室召开。会议的主要任务是：认真学习贯彻十八届中央纪委第六次全会、省纪委十届七次全会、市纪委十一届八次全会精神，总结2015年全县纪律审查工作，部署2016年工作任务。

【县级党政班子成员向县纪委全委会述廉会议】 2016年7月5日在临朐宾馆贵宾楼二楼和谐厅召开。市纪委第四纪检监察室主任高崇华出席会议。县委书记顾建华主持会议并讲话。县委常委和县政府党员副县长从遵守党的政治纪律和政治规矩、落实党风廉政建设主体责任、个人廉洁从政及存在的问题和今后努力方向等四个方面向县纪委全委会作述廉报告。县纪委委员对述廉对象进行现场询问和民主评议。会议强调，要进一步强化纪律和规矩意识。各级领导干部必须保持清醒认识，既要管好自己，又要加强对党员干部的教育管理，自觉做政治上的“明白人”。要切实担负起党风廉政建设主体责任。认真落实党风廉政建设责任制，切实担负起“一岗双责”，积极抓好分管范围内党风廉政建设，持续传导履责压力，推进主体责任落地生根。要保持清正廉洁。牢固树立正确权力观，保持高尚精神追求，敬畏人民、敬畏组织、敬畏法纪，做到公正用权、依法用权、为民用权、廉洁用权，永葆共产党人拒腐蚀、永不沾的政治本色。

【镇(街、园、区)党(工)委书记、县直部门(单位)主要负责人述廉述责会议】 2016年8月3日上午在临朐县揽翠湖酒店聚言厅召开。现场口头述廉述责人员、县纪委委员参加会议，各镇（街、园、区）纪（工）委书记、不是县纪委委员的县纪委派驻机构负责人、县纪委内设机构负责人列席会议。会议内容：1. 口头述廉述责人员分别作述廉述责报告，县纪委委员对口头述廉述责对象进行询问质询；2. 县纪委委员对述廉述责对象进行民主测评。

重要工作

【纪律审查】 聚焦发生在群众身边的腐败问题，严格执纪，动辄则咎，严肃查处党员干部违规违纪问题。把握运用好监督执纪“四种形态”。制定实施《关于突出重点切实做好2016年纪律审查工作的通知》《关于准确把握和充分运用监督执纪四种形态的通知》，改进纪律审查工作方式，把监督执纪“四种形态”作为检验工作的标准，对党员干部违规违纪问题早发现、早纠正、早查处。2016年，共运用监督执纪“四种形态”提醒谈话221人，谈话函询23人，批评教育231人，责令作出书面检查31人，通报批评252人；诫勉谈话41人，停职检查4人，调离岗位1人，免予党纪处分3人，党纪轻处分246人；党纪重处分55人；移送司法机关5人。注重形成纪律审查工作合力。对3个“1+1”纪律审查工作机制进行深化，县纪委3个纪检监察室分别联系13处镇（街、园、区）和全县96个县直部门单位，调度指导、协调推进纪律审查工作。2016年，共立查党员干部违纪违法案件306起，给予党政纪处分324人，其中，万元以上案件41起，副科级以上党员干部8人。制定《关于加强协作配合切实做好行政处罚案件信息通报移送工作的通知》，加强与行政执法单位的沟通联系，做好行政处罚案件线索收集筛查工作。2016年，共协调全县22个具有行政处罚权的部门单位报送行政处罚案件线索8000余条，筛选出党员干部违法线索215起。开展纪检监察信访“三无一优”创评活动。在全县纪检监察系统组织开展以无越级集体访、无重复访、无应诺未诺访，评选信访优质案件为主要内容的“三无一优”创评活动，全面推行纪检监察信访双向承诺，夯实工作基础、强化信访举报办理质量，及时就地解决群众来访事项，规范信访举报秩序，从源头上预防、减少、解决信访问题。2016年，共受理信访举报件569件。各镇（街、园、区）均未发生越级集体访、重复访、应诺未诺访，信访总量同比下降56%。

【纠正“四风”】 把解决群众身边的“四风”问题作为重点，加强监督检查，切实维护群众利益。深化廉政临朐智慧监督平台建设。在县纪委机关、派驻机构和13处镇（街、园、区）全部配备使用监督平台，并扩大到部分人大代表、政协委员和党代表，制定实施《关于发挥智慧监督平台作用实施全员监督的实施办法》和《党代表、人大代表、政协委员参与廉政监督工作暂行办法》，紧盯节假日确定好监督工作专题开展常态化明察暗访，提高纠治“四风”针对性和实效性。加强干部作风监督检查。制定下发《关于强化监督执纪问责深入推进干部作风建设的实施意见》《关于深入落实中央“八项规定”精神持之以恒纠治“四风”工作方案》，进一步明确干部作风监督重点和督查措施，督促各级党组织和有关职能部门认真履职尽责。把开展干部作风监督检查情况纳入党风廉政建设责任制考核范围，增强作风监督检查工作合力。2016年，先后组织开展各类暗访40次，检查机关事业单位900个次，景点、酒店、农家乐等200余处次，发现问题13个，处理责任人27人。开展专项正风肃纪。围绕支农惠农政策落实不到位、农村集体“三资”管理不规范问题及生态环境保护、扶贫开发、食品药品生产经营等领域，督促业务主管部门开展专项正风肃纪，着力解决群众身边的不正之风和腐败问题，切实维护群众利益。2016年，共通过专项正风肃纪收集案件线索63条，查处违规违纪案件27起。

【加强党内监督】 坚持把教育和监督作为党风廉政建设和反腐败工作的重要内容，不断创新方式方法，努力从源头上预防腐败现象发生。加强党规党纪教育。区分春夏秋冬四个季节，编印印有新修订《中国共产党廉洁自律准则》《中国共产党纪律处分条例》等党纪条规知识的《廉政与勤政》笔记本8000册，免费发放给1500余名副科级以上党员干部；组织全县39名县级领导干部和2381名正科级以下党员干部参加德廉和党风党纪知识学习测试，督促党员干部认真学习党纪法规，自觉用纪律规范自己的言行；组队参加全市“两项法规”知识竞赛，并获得三等奖；开通“清风临朐”微信公众号，定期向3500余名党员干部推送廉情信息。截至2016年底，共推送党纪条规等廉情信息19期6000余条次；在《潍坊日报·临朐新闻》等县内新闻媒体开设“纪律在身边”学习专栏，加强党规党纪的学习宣传，进一步增强党员干部遵规守纪意识。2016年，共通过专栏发表党规党纪系列稿件40余篇。开展正反两方面廉政教育。加强示范引导。组织开展家规家风家训故事宣讲活动，并派员参加全市比赛，3名参赛选手分别获得二等奖、三等奖和优秀奖，县纪委监察局获得优秀组织奖；面向全县征集家规家风家训故事，弘扬优秀传统家规家训家风，以家风带政风，在全县营造崇廉尚洁浓厚氛围。强化警示教育。区分六项纪律，分别选取临朐县典型案件，编印《纪律·红线——〈中国共产党纪律处分条例〉学习读本》；开展岗位廉政教育优秀情景案例创作评选活动，组织创作编演岗位廉政教育情景案例130余个；分三期组织镇（街、园、区）财经工作人员和经济强村、经济弱村党组织书记360人参加重点岗位人员廉政教育专题培训；组织全县科级干部集中观看《潍水镜鉴》等警示教育片，先后印发案件通报26期，通报曝光典型案件150起，用身边事教育身边人，督促党员干部筑牢拒腐防变思想防线。强化对权力运行的监督制约。认真落实党内监督制度，组织开展县级党政班子成员向县纪委全委会述廉述责工作，加强对同级党委特别是常委会成员的监督。组织13处镇（街、园、区）和部分县直部门（单位）主要负责人向县纪委全委会述廉述责并接受评议，增强各级党政主要负责人抓党风廉政建设和反腐败工作的责任意识。组织县纪委常委与25名镇（街、园、区）党政正职和54名县直部门主要负责人进行廉政谈话，对谈话对象及所在单位党风廉政建设中存在的问题督促限期整改。坚持抓早抓小抓苗头，组织相关人员对存在苗头性、倾向性问题的党员干部及时通过约谈、诫勉谈话等方式提醒，防止小问题演变成大问题。

【助推“主体责任”落实】 积极履行协助党委抓党风建设职责。协助县委制定并与13处镇（街、园、区）和80个县直部门（单位）签订《2016年党风廉政建设责任书》，进一步完善任务目标和责任落实体系，并加强对责任落实情况的调度检查，将主体责任压实到各基层党组织。加强党风廉政建设工作调研，积极为县委落实主体责任出谋划策，2016年向县委提交专题调研报告5篇，有关建议均被县委采纳。完善考核机制。年初，根据2016年党风廉政建设工作重点，进一步修订完善责任制考核办法，合理设置各项任务分值和加减分因素，发挥好考核的指挥棒作用。加强督促检查。由县委常委、县纪委书记带队，每季度一次到镇（街、园、区）和县直部门（单位）对“两个责任”落实情况进行点对点对接、面对面落实。认真执行《中国共产党问责条例》等责任追究规定，严格落实“一案双查”制度，对未能正确履行党风廉政建设责任的领导干部严格问责。2016年，共追究责任人9人，其中领导干部7人。

【加强纪检监察干部自身建设】 严格落实“三转”要求，努力提升科学高效履行职责的能力和水平。优化内设机构和人员配备。根据省、市纪委统一部署，县纪委、监察局扎实推进内设机构调整，机关设办公室、组织部、宣传部、党风政风监督室、信访室、案件监督管理室、第一、二、三纪检监察室、案件审理室等10个职能部室，将“县经济发展软环境投诉中心、县执法和效能监察中心”更名为“县廉政教育中心”。调整后，监督执纪人员编制占总编制的69%，纪检监察室人员编制占总编制的33%，进一步增强监督和纪律审查工作力量。加强对“三转”落实情况的监督检查。通过召开纪检监察工作调度会、推进会及现场督查等方式，督促各镇（街、园、区）纪（工）委深化“三转”要求，切实履行监督执纪问责职责。定期组织对各镇（街、园、区）纪检监察干部“三转”落实情况开展监督检查，发现问题及时督促整改到位。加强干部教育培训管理。加大培训教育力度，先后组织机关集体学习29次，选派23批104人次参加上级纪委组织的专题业务培训班，进一步提升纪检监察干部执纪监督的能力和水平。

（窦振海　王永泉　高成栋　付　红　刘赛赛）

社会团体

临朐县工商业联合会

【概况】 2016年，全县共有镇（街、园、区）商会13个、行业商会8个、异地商会1个。共有各类会员近1700人，其中企业会员1300多人。县工商联扎实开展以“信念、信任、信心、信誉”为主要内容的理想信念教育实践活动；健全配强基层商会领导班子，优化商会领导结构，积极参与当地经济建设，向县人大、政协和上级工商联推荐优秀非公有制经济人士，与中华全国工商业联合会及其相关直属商会开展对接活动；联合县人力资源和社会保障局，以县技工学校为阵地，开展“牵手民营企业·服务转型发展”全县民营企业技能人才队伍建设活动；帮助民营企业开展招才引智活动。县工商联被山东省工商业联合会授予“五好县级工商联”，寺头镇商会、县新生代创业者商会、县红木文化商会被山东省工商业联合会评为“山东省工商联系统五好商会”。

【思想政治工作】 组织编写《深化“四信”教育推动“两个健康”发展》教育读本，印发2000余册；组织会员企业到山东豪迈集团有限公司、临朐淌水崖水库教育基地进行实地考察参观。2016年，全县工商联会员共捐款捐物100多万元。

【参政议政】 开展专题调研活动4次，形成调研文章12篇；组织工商联界别政协委员召开座谈会，撰写政协提案18件。

【招商服务】 先后4次赴北京进行工作对接，山东宝龙达实业集团、山东华特磁电科技股份有限公司、山东华盈包装制品有限公司等企业成功加入中华全国工商业联合会相关直属商会并担任重要职务；组织临朐县红木文化商会联合北京木业商会成功举办第九届中国（潍坊）文化艺术展示交易会，全县共有7家红木企业参展。临朐县红木文化商会被潍坊市工商业联合会和北京木业商会联合授予“促进京鲁两地文化交流团体突出贡献奖”。

【人才服务】 以临朐县技工学校为依托，为全县民营企业技能人才队伍提供培训，帮助民营企业招人才，先后组织56家企业参加在齐鲁工业大学举办的“2016山东民营企业人才招聘会”。

【融资服务】 组建融资服务中心，以临朐村镇银行、潍坊盛丰民间资本管理公司和山东三义典当有限公司为主体，成立临朐县工商联融资服务中心和临朐县工商联资本管理服务中心；开展银企对接活动，先后与潍坊银行、临朐村镇银行等5家银行举办银企对接会6次，累计为会员企业融资超过1.6亿元。 （陈洪普 韩 雪）

临朐县总工会

【概况】 2016年，县总工会把维护职工的生命安全权益作为“一号”工程，开展“查身边隐患，保职工安全，促企业发展”活动，围绕畅通职工诉求渠道，推行协商民主，搭建新平台。探索协商民主新途径，在全县推行“五步工作法·民主沟通会”和“职工议事说事”制度，得到全国总工会和省总工会充分肯定。围绕突出主业抓协商，开展工资集体协商创新推进年活动，全县建会企业、行业（区域）工资集体协商建制率均达到100%。全县工资集体协商工作受到省、市总工会表彰。被市总工会评为“全市工会工作优秀单位”。

【创新创业】 开展“春风行动”“职工技能素质提升行动”“竞赛比武创新行动”等活动。5人被评为“潍坊市能工巧匠”，15人被授予“潍坊市劳动模范”，39人被评为“临朐县五一劳动奖章获得者”，2个班组获得“山东省工人先锋号”。

【查保促活动】 深入开展“查身边隐患，保职工安全，促企业发展”活动。全年举办各类培训班1767场次，组织各类应急演练1368场次。5月30日，新华社山东分社、《中国安全报》、《工人日报》、《大众日报》和山东电视台等11家新闻媒体进行采访报道。

【民主协商】 5月，在全国总工会召开的座谈会上，县总工会作典型发言。省总工会到临朐进行专题调研。7月份，在全省“推行协商民主，强化社会责任”工会干部培训班上，县总工会作题为《建立“两项制度”，推行协商民主，强化社会责任》经验介绍。《工人日报》《山东工人报》分别以头版头条进行报道。8月，在全省工资集体协商推进会议上，县总工会作典型发言。12月6日，在全市工资集体协商经验交流会议上，县总工会作典型介绍。县铝型材行业工资集体协商被省总工会当作典型案例在全省推广。

● 2016年4月26日，全县庆“五一”暨“五一”劳动奖章命名表彰大会召开（供稿：王承学　赵立新）

【帮扶】 发挥工会系统“职工就业信息网”作用，举办用工招聘会和“就业援助大集”4场次，帮助困难职工和农民工就业293人。为313户困难职工建立档案，发放帮扶资金33.2万元，为32名贫困职工（农民工）家庭大学生发放助学金5.6万元。构筑抵御风险屏障，实施在职职工医疗互助保障计划，发展参保会员13366人，赔付1663人次，发放互助赔付金60余万元。

【组织建设】 以组织农民工入会为重点，发展乡村农家乐农民工入会，先后在嵩山生态旅游区、九山牛寨旅游合作社等建成农家乐工会4家，涵盖农家乐168家，《工人日报》进行报道。全县共创建党工共建示范点19个，有22家企业开展工会主席直选工作。（王承学　赵立新）

共青团临朐县委

【概况】 2016年，团县委按照“凝聚青年、服务大局、当好桥梁、从严治团”四维工作格局，组织实施“1234”思路举措，围绕青春助志行动，开展“寻访最美好青年”网络文化活动，选树54名乡村好青年典型。在县电视台设置《青春力量》专栏，对农村青年致富典型进行重点宣传。围绕青春助业行动，实施农村青年电商培育工程，按照“协会+阵地+队伍+项目”模式，引导志愿者到农村社区开展义诊、家电维修、捐助慰问等服务。探索社会组织参与社区服务模式，邀请社工专家和组织到社区开展课业辅导、亲情陪护等活动，丰富社区服务项目和功能。深化“共青团与人大代表政协委员面对面”活动，形成《关于进一步加强青年创业创新工作的建议》议案。开展“改革创新提升年”行动，打造“创新、活力、责任”三型团委。

【青年创业】 成立县青年创业联盟，打造青创空间5处，举办青创公开课32期，组织参观学习10次。平台落户项目3个，联盟成员抱团合作30余人次。打造电商众创家园等青年创业创新示范基地11处，联合县商务局、县技工学校举办“弄潮儿”网店业主运营实战培训班和“互联网+”县域青年电商培训班。争取“鲁青基准贷”授信800余万元。

● 2016年5月4日，临朐县青年创业联盟成立（供稿：刘海龙 刘海波）

【青春扶贫】 举办青年电商培训班和沙龙13场次，建成青年电商阵地7处，帮助130余名待业青年就业脱贫。围绕青春助学行动，争取50余万元项目和物资，捐建“爱心食堂”7处，实施“圆梦校园”行动，募集资金30余万元。发放爱心午餐9.66万元，联合山东百亮集团开展“情系临朐·爱心助学”捐赠活动，捐资60万元。围绕青春助困行动，开展“农村贫困空巢老人跨代共融项目”和“黄谷生机”项目，累计投入资金124万元。

【青年志愿者】 组织“为绿奔跑·青春飞young”青年环弥河公益跑、“我与春天有个约定”青年健步行、“让临朐更美丽”大型志愿者环保行动、“清凉一夏·爱心传递”关爱环卫工人和“大拇指文明交通引导”等特色活动；开展“小手拉大手，文明齐步走”青少年书信文化大赛、“啄木鸟在行动”、青少年环保创意项目征集评选等活动，募集绿化苗木1000株，组织青少年绿化乡间道路。争取省财政资金20万元，建设2处社区青年志愿服务站，新建服务站15处。

● 2016年5月14日，临朐县第二届环弥河公益健康跑活动举办（供稿：刘海龙 刘海波）

【特殊青少年关爱】 深化“希望工程”品牌，争取省“希望工程图书室”“奔驰音乐教室”和银座集团幼教设施等项目；捐建“爱心食堂”7处、“希望乐园”3处，捐助“爱心午餐”9.66万元。开通“小善大爱微心愿”网上平台，开展第3季“献爱微公益·点亮微心愿”活动，共帮助近1000名贫困儿童完成微心愿。开展“冬阳送暖·关爱成长”等主题活动，为500名山区中小学生提供帮助。筹集爱心物资近10万元，帮助47名贫困学子圆梦校园。为5名残疾青年协调手术救治资金，并联系YY语音主播等工作。

【青少年维权】 开展“青少年维权岗在行动”，提供法律援助、就业就医等服务20余人次，开展普法宣传、党史国史等宣讲12场。联合县电视台拍摄《青少年暑期自护教育》影片，制作发放《青少年安全自护手册》5.4万份。开展“彩虹伞·青少年暑期安全自护教育”，累计服务青少年25745人次，家长5800余人次。

【提升工作作风】 开展“1+100”直接联系服务青年活动，团县委机关干部每人联系至少100名青年，定期开展线下走访和线上互动；建立县镇两级团队干部“六个一”联系点制度，开展“走进青年、转变作风、改进工作”大宣传大调研，每月一次精心组织开放日活动。（刘海龙 刘海波）

临朐县妇女联合会

【概况】 建立“骈邑女性”微信平台，开展“下基层、访妇情、办实事”活动，巾帼牵手连心工程、包村帮扶等工作。制定下发《关于创建“巾帼扶贫车间”的实施意见》，开展“凝聚巾帼力量，助力精准扶贫”主题实践活动，实施电商+项目、家政服务、手工作坊、妇女合作社+贫困妇女扶贫模式。8月份，潍坊市妇联系统精准扶贫暨“百企（岗）联百村（户）”活动推进会在临朐县召开，县妇联在会上作典型发言。开展“美丽庭院”创建活动，打造一批“布局美、绿化美、居室美、家风美、特色美”美丽庭院示范户，助推美丽乡村建设。将农村妇女“两癌”检查和为妇女儿童办实事纳入对各镇（街、园、区）科学发展观考核。建立健全为妇女儿童办实事长效机制。2016年，荣获山东省“巾帼建功先进单位”“新闻宣传工作先进单位”，潍坊市“妇女工作红旗单位”等称号。

【组织建设】 在山东大学举办女性领导干部培训班，对全县46名科级女干部进行为期7天专题培训；争取县财政15万元项目资金，建成县级妇女儿童家园5处；联合县邮政局，建成留守儿童之家2处。

【巾帼扶贫】 免费培训妇女电商骨干及贫困妇女917人，建成巾帼电商创客示范店12处，培育树立“最美女创客”20个；培训月嫂、育婴师569人，安置进家贫困妇女61名。全县共建立巾帼扶贫车间23处，帮助48名贫困妇女就业脱贫，带动680余名农村妇女创业增收。筹资27.6万元，建成巾帼扶贫爱心超市7处，惠及贫困户262户。金晔食品被评为“省巾帼居家创业就业脱贫示范基地”，7处巾帼扶贫车间获得“省级大姐工坊”称号。

【家庭文明建设】 常态化、特色化开展寻找“最美家庭”活动，举办临朐“最美家庭”颁奖典礼，表彰临朐“十大最美家庭”，出版《临朐最美家庭》图书4000册，张兴芬家庭被评为“全国最美家庭”“省五好文明家庭标兵户”，冯益汉、陈建国家庭出席第一届全省文明家庭表彰大会。

【农村妇女查体】 开展农村妇女“两癌”免费检查，全县共检查人数9287人。争取“贫困母亲两癌救助”中央专项彩票公益金，为18名患“两癌”贫困母亲发放救助金18万元。协调县医院为贫困“两癌”患者减免费用5.4万元，救助贫困患者28人。

【妇女儿童维权】 组织开展“爱心成才”春蕾助学行动、“情系贫困母亲 奉献一份爱心”等贫困妇女、困境儿童关爱活动，为91名贫困妇女儿童捐助物资、现金5.4万元。（陈玉梅 王淑静）

临朐县文学艺术界联合会

【概况】 2016年，县文联发挥管理、协调、服务作用，抓协会建设、抓文化活动、抓精品创作，全县文艺事业呈现出队伍壮大、活动丰富、创作繁荣良好局面。临朐县创建为“齐鲁诗词之乡”“中华诗词之乡”。

【文艺协会建设】 对已到届的县书协、美协、摄协、老干部书画研究会和诗词学会进行换届，新成立县作协、画廊协会、民间文艺家协会和硬笔书协，县级文艺协会达到11个，会员总数5000多人。对基层文艺表演队伍和文艺人才进行摸底，建立人才信息库，举办文学讲习班等各类培训150余期，邀请著名摄影家谢海龙、著名书法家王树秋、著名作家雪漠等到临朐县举办高层次辅导培训10余次。1人入选第二批“潍坊民间艺术大师”，2人成为潍坊市首批签约作家。

【重大文艺活动】 组织举办“2016中华诗词·临朐金秋笔会”，250余名全国诗词界知名人士参加，征集到反映临朐发展变化的诗作500余首。组织举办中国书法之乡华夏行书法作品巡回展、老干部书画晋市展、红叶寄情工艺美术精品展、“焕彩京华·不忘初心”北京临朐籍国画展等展览活动50余场次。

● 2016年9月16日，中华诗词·临朐金秋笔会举办　（供稿：张克奇）

【文艺精品创作】 实施“文艺精品工程”，全县文艺作品获得国家级奖项11项、省级30余项、市级50余项，600余件作品进入省级以上大展。小品《招聘婆婆》获第七届全国小戏小品曲艺大展银奖、第十三届“华东六省一市戏剧小品大赛”银奖；小品《巧遇》获第七届全国小戏小品曲艺大展银奖；大型现代周姑戏《淌水崖》被潍坊市委党校列入主体班次培训教材内容；4件作品获评第三届“风筝都文化奖”优秀文化作品。创作出版长篇小说《冯惟敏轶事》、散文集《山水临朐游记》等文学作品集12部。创办文学期刊《临朐文学》，建立“临朐文联”“临朐作协”等微信平台。　（张克奇）

临朐县社会科学界联合会

【概况】 2016年，在全国大中城市社科联第27次工作会议上，县社科联被评为“2016年度全国社科组织先进单位”，1人获“全国社科工作先进个人”称号。

【社科调研和研讨工作】 围绕全县经济建设、党的建设、文化建设、学习型党组织建设等工作拟定社科研究课题，组织全县各单位和社科骨干力量开展社科调研活动，推出一批理论调研成果。《提升责任意识，锻造严实作风，特色系列主题教育实践活动激发强大活力》被评为2016年度全县优秀调研成果。围绕县委“学先进、找差距，转作风、抓落实”主题教育活动，组织专门力量参与调研、起草方案，撰写理论文章对活动进行引导，组织社科专家开展专题宣讲，促进活动开展。

【社会科学普及工作】 以“社科普及周”“社科普及活动月”为载体，组织相关部门单位开展科技下乡、科普进机关、科普进学校、科普进社区等活动，拓展社科知识普及渠道，广泛普及科学知识。在第十三届社会科学普及周活动中，结合《全民科学素质纲要》的实施，组织相关部门开展以“树立五大发展理念，让我们生活更美好”为主题的“科普进社区”活动，发放《科普手册》《全民科学素质解读》《反邪教读本》等资料。

【社科成果评选和课题立项申报工作】 做好潍坊市第二十四次社会科学优秀成果奖、重点调研课题、社会科学研究优秀人才评选、社会科学普及教育基地等申报工作，《临朐文化遗产系列丛书》《高品位“悦读”—让情感与心灵更愉悦的教学模式》《品诵教学》《学校德育“知”“行”合一机制研究与实践》等4件作品荣获潍坊市第二十四次社会科学优秀成果奖二等奖，1件作品获三等奖；县手绘年画综合性传习中心、县山旺

国家地质公园博物馆被评为第二批潍坊市社会科学普及教育基地。（张克奇）

临朐县科学技术协会

【概况】 2016年，县科协认真履行“四服务一加强”职能，抓好反邪教警示教育进机关、进企业、进学校、进镇村、进社区活动，拓展警示教育覆盖面。争取将临朐县列入“山东省科协助力地方创新驱动发展工程”项目县级示范区，借助省级学会人才、智力优势，服务企业创新能力建设，促进特色产业发展。被中国科协—联合国儿童基金会列入2016—2020周期青少年非正规教育项目县级管理单位，被省科协确立为创新驱动助力工程县级示范区，寺头镇山楂协会等5个单位和个人被上级科协评为科普惠农先进农技协会、先进科普示范基地和农村科普带头人。

【全民科学素质纲要】 11月15日，县政府印发《临朐县全民科学素质行动计划纲要实施方案（2016-2020年）》。成立临朐县全民科学素质工作领导小组，制定下发《临朐县全民科学素质行动工作要点》《临朐县提升全民科学素质工作宣传实施方案》《全民科学素质工作考核细则》等系列文件。各镇（街、园、区）、县直各部门围绕实施农民、未成年人、城镇劳动人口、社区居民、领导干部和公务员等重点人群科学素质行动，组织开展主题科普活动，加强反邪教宣传，提高全民科学素质。“十二五”末全县公民具备科学素质比例达到7%以上。

【基层科普行动计划】 全县20个项目入选潍坊市基层科普行动项目库。其中，寺头镇山楂协会、县生态循环农业科普示范基地被中国科协、财政部评为“基层科普行动计划先进单位”，九山镇牛寨村党支部书记于兴平被评为“全国农村科普带头人”，临朐县青少年学生科技创新教育实践基地被中国科协授予“全国科普教育基地”，九山镇板栗协会等2家单位获“潍坊市基层科普行动计划奖”。

【科普宣传】 争取省科协支持，为25个贫困村安装新型数字科普终端；整合社会资源，在县城滨河公园建科普主题公园1处，建成临朐县生态家科普教育基地；山东山旺国家地质公园、县中小学生综合实践学校分别被省科协评为“四星级”“三星级”科普教育基地；县第一实验小学科技活动室、山东富山集团生态科普基地获评“潍坊市科普教育基地”；县电视台开设“科普大篷车”栏目；7月，承办3场临朐文明之夏“生态家科普文艺”专场演出；9月，承办主题为“生态健康产业发展”的第11期“鸢都科技论坛”。

【助力企业创新发展】 2016年，省蜂业协会到临朐县开展技术创新指导3次，为县内3家蜂业企业、550余家养蜂户、4万余蜂群发展提供科技动力。2月，县奶牛协会秦贞福、县养蜂协会李胜良被评为“潍坊市最美科普之星”。

【科技扶贫行动】 发出《致全县科技工作者的公开信》，推选于文瑞、杨兆波、孙好欣、刘文朋、马赛、王庆全、于兴平7名农业专家，成为“山东省科协精准扶贫专家服务行动”首批项目专家（全市共有15人），由省科协提供经费支持，对全县21个省定贫困村实施精准持续扶贫服务。9月，省科协组织《人民日报》《科技日报》等7家媒体对临朐县科技扶贫工作进行实地采访报道。《科技日报》以《摘掉“贫困”帽，他们做对了三件事》为题在头版刊发临朐经验做法。县科协被潍坊市科协评为“2016年度精准扶贫专家服务行动优秀单位”。

【青少年科技教育】 积极争取将临朐县列入中国科协—联合国儿童基金会2016—2020周期非正规教育项目县级管理单位。全年开展青少年培训3场次，组织科普体验营1次，受训青少年260余人。4月，在山东省第31届青少年科技创新大赛中，上报作品获省一等奖12件、二等奖4件，其中2项科技创新项目进入国赛（全省6件）。7月，临朐中学高中部机器人综合技能代表队获“全国青少年机器人竞赛高中组二等奖”；举办临朐县首届青少年机器人大赛暨“2016年中国城际家庭机器人挑战赛”潍坊市选拔赛。9月，“2016年山东省青少年科普报告百校行”走进山旺镇福和希望小学。（史太白　刘升臣）

临朐县残疾人联合会

【概况】 2016年，围绕助残日主题，集中开展访贫问苦、轮椅捐送、图片展示等扶残助残活动。组建残疾人艺术团，创造性开办“爱心文吧”。在《潍坊日报·临朐新闻》开办专版4期。先后荣获全市残疾人工作先进单位、市级文明单位等称号。

【组织联络和维权】 规范残疾人证办理程序，通过上门服务、集中办证等方式办理残疾人证1300余个，其中上门办证300余个；开展家庭无障碍改造项目，投资10万余元，为12户家庭赠送多功能康复床，为240余户贫困家庭赠送座便两用椅、闪光门铃等辅助器具；投资6万余元，为7户贫困残疾人安装太阳能、为45名残疾人机动轮椅车发放燃油补贴。联合鸢都义工、爱心义工等组织开展志愿助残服务活动20余次；设立热线电话，接待残疾人及亲属来电来访230余人次。

● 2016年12月2日，临朐县残疾人艺术团成立暨“爱心文吧”启动仪式举行　（供稿：周立俭　王仁松）

【康复工作】 通过公开招标，为康复中心购置60多万元康复设备，与县中医院合作，接受40余名残疾儿童入院康复。中国康复研究中心党委书记吴世彩、华夏时报社党委书记冯慧君，到县康复中心调研并给予充分肯定。建成5处县级社区康复站，为5处镇街康复站配备价值20余万元康复设施；为620多名贫困白内障患者免费实施复明手术，对50余名脑瘫、孤独症儿童进行康复训练，为130余名贫困残疾人发放轮椅。

【扶贫保障】 为全县409名残疾学生和贫困残疾人子女发放助学补贴40.32万元，为10名残疾儿童发放助学资金3万元；组织培训残疾人及农民工140余人；2处基地被表彰为“省级优秀残疾人就业创业扶贫基地”；对9处县级优秀残疾人就业扶贫基地表彰奖励，发放奖励扶持资金17万元。为287名残疾人户发放“第一书记助残致富奔小康”项目扶持资金51.66万元；为6600余名困难残疾人和重度残疾人发放生活、护理补贴700多万元；为14处托养机构发放“阳光家园”项目补助20.7万元。对1865户建档立卡贫困残疾人家庭进行摸底调查和精准识别。

【宣传文体】 助残日期间，全县各级走访慰问残疾人600余人，帮助解决实际问题320多个。先后举办书画艺术作品大奖赛和“翰墨丹青总关情”文化助残爱心笔会，40多名残疾人书画艺术爱好者参会，创作作品80余幅；组织参加全市残疾人文化艺术作品展和爱心义拍活动，获一等奖1幅、二等奖2幅、三等奖8幅、优秀奖30幅；2个节目参加全市文艺会演。

【精准扶贫】 走访群众730余次，征集意见建议180多条，发放联系卡210多份，捐款2500余元及面粉、大米、食用油等，解决实际问题150多件。为所包村投入资金2万元，筹集资金80余万元，硬化村内道路7000多米、改造排水管道100余米；发动党员干部与9户困难群众结对帮扶；组织义诊活动，为重度残疾人上门办理残疾证10余个。（周立俭　王仁松）

临朐之最——文物古迹

临朐已发掘的最大的龙山文化墓葬 -- 西朱封龙山文化大墓

临朐出土国家一级文物最多的古墓葬 -- 泉头古墓

临朐最有解剖研究价值的出土文物 -- 文物“心脏剖面模型”

临朐已发掘的最有学术研究价值的古墓壁画 -- 北齐崔芬墓壁画

临朐最早的古建筑遗迹 -- 齐国长城遗迹

临朐历史上最著名的关隘 -- 穆陵关

临朐最大的山庙 -- 东镇庙

临朐最大的碑林 -- 东镇碑林

临朐尚存的规模最大的摩崖造像 -- 石门坊摩崖造像

临朐最奇特的一石多佛造像 -- 石佛堂石佛造像

临朐最大的全石古建筑群 -- 太平崮古建

临朐最有名的泉寺 -- 悬泉寺

临朐保存最好的古代名人建筑 -- 江南亭

临朐最早的警诫碑 -- 禁赌碑

摘自《临朐县志（1988-2000）》

军事

人武部工作

【党管武装】 围绕加强全民国防意识，全面抓好基层基础工作，主动参与经济社会建设，推动军民融合深度发展，开展全县党管武装和民兵预备役工作。推动军魂教育进入干部培训体系，进入学校教学内容，进入全民宣传思想工作。在充分运用传统大众传媒的同时，用好数字传媒、官方微博、微信公众号等网络平台，提高国防教育宣传实效。建好用好国防教育基地，组织军事日、烈士公祭等活动，借助红色资源开展现地教育，营造全社会关心国防、热爱国防、建设国防浓厚氛围。统筹抓好专武干部、民兵干部队伍建设，落实基本教育，建强基本队伍，完善基本制度，配套基本设施。切实搞好专武干部的选拔、配备、考核与管理，完善激励机制，落实相应待遇。抓好基层武装部达标建设。充分发挥其经济建设突击队和主力军作用，激励和带动更多转业复退军人、民兵预备役人员投身经济建设。主动参与治安巡逻队、民兵联防队等治安防范组织，为维护社会和谐稳定贡献力量。注重推进军民融合、兼顾军事需求，把军民融合重点向军事斗争准备、提高战斗力上聚焦，向更宽领域、更大范围、更深层次迈进。

【兵役登记】 兵役登记工作于2月展开，成立兵役登记工作领导小组，制订具体工作计划和实施措施，召开兵役登记工作会议。在重要、醒目位置张贴兵役登记公告，充分利用各种平台、媒介和时机，加强宣传引导，使广大适龄青年能够自觉依法参加兵役登记。县征兵办每周下发一次进度通报，后期每天发布一次并进行排名。针对部分青年在外多、人员因人户分离联系困难等实际问题，各单位想方设法积极克服困难，各辖区派出所大力配合，确保不落一名适龄青年。县人武部3次到基层单位面对面解决具体问题；县公安局积极配合，为登记工作提供准确遵循基础。6月30日，全县兵役登记工作全面完成。

【战备训练】 落实党委管训议训制度，定期研究解决训练中遇到的难题和矛盾。1月15日，召开民兵开训大会，组织防暴、防火等课目训练演练。坚持抓机关训练，每天组织体能训练，每周开展2次技能训练，每月组织全面考核，6月中旬参加军分区训练考核，取得较好成绩。深化民兵信息员队伍建设，3月上旬组织1期民兵信息员培训，推广使用情报信息微信报知群，构建起上下贯通的情报获取网络，民兵信息员全年上报各类情况8起，被省军区采用3条。4月11日深夜，沂山林场发生大火，县人武部及时组织13支民兵应急排600余人参与扑火行动，积极协调驻潍某旅、陆航团进行支援。5月至7月上旬，利用友邻部队到临朐驻训时机，邀请部队教练员，借用部队装备器材，分期分批集中组织民兵迫击炮分队、民兵应急分队等440人，进行为期40天的强化训练；6月，协调地方水利专家，组织辖区内有河流、水库防汛任务单位，进行针对性训练，提高防范能力。10月中下旬，利用两周时间，组织民兵通信分队61人进行专业训练、技能演练。11月份，利用半月时间完成20人气象水文分队专业训练。采取以会代训、集中组训、分批轮训等形式，组织13名新任职专武干部进行技能学习和指挥训练，选派3名基层武装部长（干事）参加上级组织的业务培训，九山镇武装部干事王甲甲获省军区民兵应急指挥集训第一名。

【思想政治建设】 结合年度征兵工作，广泛开展全民国防教育活动，大力宣传《中华人民共和国兵役法》《中华人民共和国国防法》《中华人民共和国征兵工作条例》，调动广大适龄青年参军报国积极性。增强国防教育的针对性和实效性。充分发挥军地法律资源优势，积极多方协调解决问题。

【民兵组织建设】 研究制定《临朐县民兵情报信息工作细则》，遴选民兵信息员350名，组织2期培训，落实组织领导、信息报知等制度。

【国防动员】 6月和9月，按北部战区和国防动员部国防动员潜力调查任务要求，对全县国防动员成员单位进行业务培训，利用7天时间，把全县武装动员信息全部录入系统。结合6月初北部战区首长过境、10月上旬天宫二号发射应急准备和11月8日国防大学观摩团过境任务，实时实地组织国防动员，圆满完成任务。

【兵员征集】 加大征兵宣传力度，开展“五个一”活动：建立一个“临朐征兵”微信公众号；播放一部《我是一个兵》自制宣传片；开展一次政策宣讲活动；印发一本《临朐县征兵宣传册》；组织一次适龄青年潜力调查，激发适龄青年关心国防、踊跃参军热情。联合县教育局、人社局在高中、技校、职专成立征兵领导机构。多次召开任务部署会，实行每天通报、每周调度、每月督查和地方党政“一把手”约谈问责机制，兵役登记率达到100%。严格征集标准条件，严密组织实施，切实增强工作针对性和提前量，突出抓好初选关、学历关、体检关、政治考核关。突出大学生征集，落实优先征集规定，确保所有合格的应征大学生顺利入伍。严格征接兵程序，严把质量关口，推行阳光征兵，深化“五公开”“五公布”要求，畅通群众监督渠道，营造风清气正的征兵环境。抓好役前教育训练，加强入伍后与部队的联系沟通，严惩逃避兵役行为，坚决杜绝责任退兵，切实减少非责任退兵数量。采取封闭式集训方式，对预定兵人员进行5天役前训练教育，签订献身国防承诺书，实现连续20年无责任退兵。

2016年9月9日，临朐县入伍新兵欢送会召开
（供稿：王宗功　王宗利）

【廉洁征兵】 坚持依法征兵、廉洁征兵，有效防范征兵工作中的不正之风。县人武部、公安、教育、卫计等部门分别与各对口单位签订征兵工作责任状，与适龄青年家长签订廉洁征兵责任卡，建立健全监督机制。县征兵办设立举报箱，向社会公布举报电话，指定专人负责受理来信来访，对群众反映的问题认真调查和处理，先后处理答复89条应征青年或家长咨询。把廉洁征兵规定要求融入征兵工作每个步骤环节，确保征兵工作人员无违纪违规问题发生。坚持全程跟踪监督征兵工作，自觉接受社会各界监督，增大透明度，确保征兵工作公开、公平、公正。在新兵入伍欢送大会上，对全县新征集男兵进行廉洁征兵问卷调查，未发现一起违法违纪问题。

【优抚政策】 落实中央及各级党委、政府和部队关于落实士兵优抚安置政策有关规定，按照城乡一体、同役同酬原则，发放全县义务兵家庭优待金，不再区分户籍类别，每年发放标准按全县上年度农民人均纯收入水平执行；对到驻西藏、新疆部队和国家发布的其他自然条件恶劣地区服役的义务兵，优待金按普通标准2倍发放。“八一”节、春节前夕，深入开展走访慰问优抚对象、困难军人家庭，人武部系统联合县民政部门广泛开展为“光荣军属”挂牌、上门送喜报和慰问信等活动，掌握解决军人军属生活中遇到的困难，营造尊重军人、优待军属、支持军队的良好社会风尚。按照“三公开一监督”原则，搞好退役士兵安置工作。本着“自愿参加、自选专业、免费培训”原则，对退役士兵进行职业教育和技能培训。

（王宗功　王宗利）

双拥工作

结合中国共产党成立95周年、红军长征胜利80周年开展“学党史、感党恩、跟党走”和“弘扬长征精神，决胜全面小康”为主题的双拥宣传教育。以创建新一届全国双拥模范县为契机，结合深化“双拥在基层”活动，“八一”、春节期间，深入开展走访慰问部队、优抚对象、困难官兵家庭活动，邀请县内及邻县市驻军单位的首长和优抚对象代表举行拥军座谈会，广泛征求意见和建议。驻临部队在开展拥政爱民活动中，积极支持地方工作，为繁荣临朐经济、维护社会稳定做出重要贡献。2016年7月，临朐县被省委、省政府、省军区命名表彰为省级“双拥模范县”，实现五连冠。县民政局被市委、市政府、潍坊军分区授予“爱国拥军模范单位”称号。（刘世忠　王光芹）

中国人民武装警察部队临朐县中队

【概况】 2016年，武警临朐县中队以《基层建设纲要》和《正规化管理规定》为依据，以“执勤、训练、工作、生活”四项经常性工作为重点，以“争创先进中队”为目标，围绕“全面打基础，精心抓落实，弱项求突破，整体有进步”工作思路，高标准实现“两个确保”目标。班长孔德毅荣立个人三等功；指导员王兆君被潍坊支队表彰为“优秀基层干部”和“优秀共产党员”；文书杨永国、班长李明被潍坊支队表彰为“优秀士官”；战士陈天帅、王帅被潍坊支队表彰为“优秀义务兵”；炊事员张罗停被潍坊支队表彰为“优秀团员”。

【组织建设】 扎实开展“学党章党规、学系列讲话，做合格党员”学习教育活动，落实“手抄党章百天，日学党规一条”，落实“五个一”、组织党员公开承诺、设立党员示范岗。在班长选配、技术兵推荐、预提指挥士官培训人员推荐和第二年度兵表彰奖励等涉及战士切身利益问题上，做到公正、公平、公开。2016年，中队推荐2名技术兵、3名战士参加预提指挥士官培训，3名优秀士兵受表彰，发展党员3名。以组织建设“规范周”活动为契机，抓好“两个群众组织”作用发挥。团支部深入开展学雷锋、学英模等活动，对中队门口孤寡老人进行帮扶。军人委员会广泛开展“三大民主”和文化体育活动，积极开展“我为中队献一计”活动，调动广大官兵参与管理、实施监督积极性。

【思想教育】 在改革强军主题教育活动中，落实“干部进班讨论”制度，提高讨论质量，深化教育效果；“两学一做”学习教育活动中，采取划分党员责任区、设立党员示范岗、成立党员突击队等方式，教育引导党员在任何岗位、任何地方、任何时候、任何情况下都铭记党员身份，积极为党工作；在马克思主义理论学习中，搞好重点摘录、讨论交流、骨干领学、互帮互学、参观见学、评比竞赛、环境熏陶等环节，配合开展经常性读书学习，教育引导中队官兵着力强化向党看齐、维护权威的政治自觉。经常性教育中，紧盯官兵“活思想”，综合运用真理和人格的力量搞好教育，使教育入心入脑、走进官兵心坎里去，促进“四有”目标落地生根。注重发挥官兵主体作用，实行互动教学，把“身边人、典型事”讲进课堂。开展“学成武经验、学张楠精神”活动，提升部队全面建设层次水平，认真学习张楠勇上一线、敢打头阵的使命担当。结合“五真”“四爱”“三好”密切内部关系活动，配合开展“五个一次”“四个一样”及带兵管兵研讨、“集体生日”每月办等12项活动，及时梳理各类问题隐患3个层面8个具体问题，逐一抓好整改。利用节假日、双休日、党团活动等时间，充分发挥网络学习室、游艺室、体育活动室等“六室一场”的娱乐功能，组织开展“警营好声音”“开门大吉”等文化活动。

● 体能考核　（供稿：李　伟　魏长清）

【执勤战备】　牢固树立中心意识和“安全第一”思想，抓经常、打基础、强素质、上质量，圆满完成固定目标和8起临时武装押解等各类临时勤务。持续开展“三哨”活动，组织执勤哨法研究，修订完善反恐防袭“点对点”方案。结合执勤安全教育整顿活动，坚持“三班四哨”抓起，狠抓八项制度落实，建立明确的责任机制，实行严格的奖惩措施，坚持每天讲评执勤情况、每周分析执勤形势、每月进行“三优”评比，确保勤务管控无缝链接。每日组织勤务交接班，每周由干部组织一次领班员、网络查勤员讲评，每月组织哨兵观看中队查勤录像，不定期向监管民警询问哨兵站哨执勤情况。端午、中秋等重大节日，中队值班干部严格落实“四全”要求，不定时地督促检查哨兵履职尽责情况。认真搞好情报信息搜集工作，装备器材配发到班，装备到人，并扎实开展针对性的训练，充分做好“上一线、打头阵”的准备。以“三哨”“我为执勤安全献计策”等活动为契机，抓好执勤设施高清化建设，开展经常性隐患排查活动，共发现监管民警和执勤哨兵履职不认真、出入监门登记不规范、监区劳动工具管控不严、监控4路报警损坏等9处隐患。中队被支队评为优秀哨兵40余次。

【军事训练】　立足提高勤务质量，树立练为战、练为用思想，认真学习贯彻落实军事训练“八落实”标准，科学制定年度军事训练计划，根据新大纲规定落实全课目教学分工，明确责任，严格训练登记统计。科学合理安排训练时间，贴近任务专项训、区分人员分类训、固强补弱经常训，有效地提高官兵整体素质。大力开展“五小练兵”活动，课余时间，组织三五人、背上三五条、走上三五步、练上三五动、打上三五拳，有效地提高官兵训练质量。大力开展“一帮一、一带一”和“比、学、赶、帮、超”活动，每天有标准，每周有竞赛，每月考核讲评，为各项执勤任务圆满完成提供有力保障。

【安全管理】　严格落实《基层正规化管理规定》和《武警部队八个方面安全基本工作规范》，扎实开展“百日安全竞赛”“安全大检查”“三自”“四无”等活动，严格落实各项制度，中队“四个秩序”进一步正规。根据工作阶段性特点，不定时组织作风纪律教育整顿，开展警容风纪检查、队列和礼节礼貌养成训练、内务评比、隐患排查治理、点验等活动，及时排查各类安全隐患60余个，实现隐患全部归零目标。突出“三抓”，即抓精细、抓典型、抓责任，注重从规范官兵言行举止、穿衣戴帽等细处着手，抓好一言一行，培养战士“青春朝气、英雄虎气、昂扬锐气”，促进部队全面建设和安全发展。落实中队每月、班每周至少一次安全隐患排查制度，坚持“每日一例”警示，发挥安全员的作用，利用电子显示屏，做好安全常提醒。严格落实责任制，做到人人有责、人人守责、人人尽责，时时有人管、事事有人抓、全员不失控，努力实现“管理严格、秩序正规、内部和谐、安全稳定”目标。

【后勤保障】 以“后勤变前勤”指示为抓手，积极推进后勤工作步伐。“强作风、研理论、学法规、钻业务”学习教育训练活动扎实有效。通过理论学习研究、法规制度学习、组织岗位练兵，全面提升后勤队伍能力素质。坚持“支部当家，集体理财”原则，严格落实财务统管和重要经费审批制度，严把经费预算、审核、执行关，坚持每天主官审查采购预算，勤俭办事，压缩开支，保证资金安全，提高经费使用效益。落实“管节约、管维护、管整洁”要求，开展“四不一有”活动，杜绝浪费现象发生。 （王兆君 杨永国）

人民防空

【人防工程】 2016年，新审批防空地下室2个，人防工程报建率达到100%。易地建设费做到应收尽收。开发利用人防工程1处。人防工程维护管理，按照“谁使用，谁维护”原则，落实防火、防汛、防盗、消防等安全措施，确保人防工程完好率在95%以上。3月4日，县体育公园综合楼22年经营权由县公共资源交易中心进行拍卖。

【疏散体系建设】 完善县城主城区内已建成的住宅小区和两处街道社区疏散组织机构、疏散标牌规划建设；修订完成《临朐县防空袭方案（草案）》。

【人防宣传教育】 印发《关于加强人民防空教育工作的实施方案》，针对党政机关、社会团体、企事业单位、学校、街道社区等教育对象确定相应教育内容和形式，分类组织实施。以“5·12”防空防灾日、“6·15”警报鸣放日为契机，设立宣传站两个，悬挂横幅5幅，摆放展板8块，发放《临朐县市民防空防灾应急手册》《人防知识读本》《市民防空防灾应急疏散指南》以及明白纸7000余份。2016年，全县初一新生5500余人先后在临朐县中小学生综合实践学校接受人防教育。

【人防队伍建设】 完善内部管理制度，建立健全干部职工内部考核制度、考勤制度、财务制度等，做到以制度管人、管财、管事；及时调整领导干部工作分工，坚持“一岗双责”、谁主管谁负责和分级负责的原则，一级抓一级，形成抓干部带队伍互动协调机制；积极开展政治理论学习，加强人防业务学习，建立健全学习制度。

（李 伟 魏长清）

法　治

政法委与综合治理

【概况】 2016年，县委政法委积极顺应依法治国新常态，充分发挥法治的引领和保障作用，始终秉持“发展是第一要务，稳定是第一责任”理念，深入推进平安建设、法治建设和过硬政法队伍建设。全省涉法涉诉信访暨信息化平台建设工作座谈会在临朐县召开，获评“全省政法队伍建设直接联系点”，并先后在全市政法宣传调研工作会议、全市政法队伍建设工作会议上作典型发言。

【社会治理工作】 在全县范围内继续深化“两坚持、两弘扬”社会治安综合治理集中行动。加强统筹协调，牵头组织开展依法打击逃废金融债务专项行动，优化金融生态环境，营造恪守信用社会氛围。组织县公安、法院、金融办、住建、国土等部门，联动配合，精准打击恶意逃废银行债务、民间借贷、非法集资等涉众型案件。2016年，集中清理涉金融执行案件资金3847万元，实际执行到位2513万元，拘留、拘传136人次，集中曝光“老赖”90人，组织清场11次，对4起涉嫌拒执罪案件移送公安机关处理。“法银媒”三家联动，抓获涉拒不执行法院判决、裁定违法犯罪人员4名。扎实组织开展社会稳定风险评估，依法保障服务中心建设项目顺利推进。2016年，共审核重大决策社会稳定风险评估事项36个，准予实施35个，不予实施1个。做实基础防控，召开现场会调度推进，创新实施“广电网络+”工程，推动县政府与山东广电网络有限公司签订战略合作协议，提速智慧社区、应急广播与农村信息化基础建设，按照“城乡一体、多元投入、规范运行、强化效能”要求，全面推进视频监控全覆盖工程，实现监控建设由城镇向社区、村庄延伸。2016年实现80%以上镇（街、园、区）和社区立体化治安防控全覆盖。有序推进严重精神障碍患者“以奖代补”政策制定落实，研究制定《关于实施以奖代补政策落实严重精神障碍患者监护责任的意见》，对发生过肇事肇祸行为及危险性评估3级以上且家庭贫困的精神障碍患者，对监护责任落实到位的监护人按照每月200元标准进行奖励，已确认首批奖补对象36名。

● 2016年5月19日，全县立体化治安防控建设现场推进会召开
（供稿：武忠兴　白海强）

结合社区实体化，全面深化社区矛盾调处中心建设，全县13个镇（街、园、区）全部设立社区矛盾调处中心示范点，实现人员集中办公，全年共排查各类民间纠纷1410起，调处1409起。

【维护稳定工作】 坚持依法治理，信访维稳生态更趋优化。深入开展进京非访治理，制定出台《临朐县治理进京非正常上访问责通报办法》，建立健全通报、包靠、化解、问责四项机制，狠抓措施落实。按照“三到位一处理”要求，坚持依法治理、机制推进，及时固定证据，依法惩处信访活动中的违法犯罪行为，全县进京非访总量、登记总量同比大幅下降。牵头成立维稳安保督导组，对重点案件化解情况巡回督导，推动措施落实。探索多点驻巡、连线成片、区域联防机制，坚持“警医、警银、警校、警社”联勤联防，推进完善党政领导反恐怖工作机制，成立县反恐维稳指挥部，建立160人常备反暴恐力量，完善“特警驻勤点”“一分钟处置”等应急处突工作机制，对37家反恐目标单位进行动态监管，提升安全防范、预知预警和快速反应能力。对交办的106件重点信访案件，落实责任单位化解稳控专班和政法委副书记包案“1+1”工作机制，推进问题解决。制定《有效预防、妥善化解拖欠农民工工资问题工作流程》，有效化解2起涉众型农民工聚集上访案件。做好涉法涉诉信访工作，出台《案件评查工作基本程序》《司法救助工作审批程序》等制度，接处各类涉法涉诉信访案件50起，办结中央巡视组交办涉法涉诉信访案件19起。6月24日，全省涉法涉诉信访暨信息化平台建设座谈会在临朐县召开。

【防范和处理邪教工作】 以深化无邪教创建为基础，按照“谁主管、谁负责”原则，在各自范围内落实“日查日清”制度。落实长效机制，以电视、报纸、网络等主流媒体为主，利用微信、微博等新形式，加大社会面反邪教警示教育力度。县委防邪办派出专职干部对农村党员、镇干部、妇女干部、农村妇女科技带头人等群体开展巡回宣讲60多场次，直接受教育人数近2万人次。推进警示教育基地和警示教育室建设，全县建成1处县级警示教育基地、8处警示教育室。在中央凯风网发表稿件6篇，制作完成反邪教沙画作品《迷途归来》，在凯风网发表。

【政法队伍建设】 组织政法系统参加临朐县第四届全民运动会，获得总分第一名。开展乒乓球、羽毛球、自行车等一系列比赛。常态化开展社评工作、联评干部、网评单位和执法行为抓督查、执法过错抓倒查、执法形象抓检查“三评三查”活动，“网评政法”系统全天候接受网民在线点击评价45000余人次，下发整改通知单10批次。组织开展“十佳政法干警”和“十佳政法单位”“双十佳”评选表彰活动。2016年，临朐县被确定为全省首批政法队伍建设直接联系点，在全市政法队伍建设工作会议上作典型发言。新开通《平安临朐》电台栏目，已播出14期；继续深化平安临朐微信群、微博群，拍摄微电影，构建“三微两电一网”立体宣传机制。

（武忠兴　白海强）

● 2016年5月10日，全县政法系统“环弥河·平安行”自行车骑行赛举行　（供稿：武忠兴　白海强）

政府法治建设

【规范性文件管理】 加强规范性文件管理，严格执行规范性文件“三统一”制度。2016年，共制定政府规范性文件8件，审查各类政策性文件100多件，对符合规定的规范性文件按时备案，备案率、规范率均达100%。对《临朐县国有土地上房屋征收与补偿办法》进行修改，确保法制统一。

【复议应诉工作】 以行政复议规范化建设为抓手，严格落实立案审查把关、案件汇报、集体讨论制度，案卷评比、考核制度，案件回访、错案追究制度以及同法院联席会议制度等，积极受理、公正办理行政复议案件。2016年，共收到复议申请36件，受理35件，不予受理1件，结案率为100%，综合纠错率25%；办理行政诉讼案件10起，未出现败诉案件。

【规范行政权力运行】 认真开展执法人员清理工作，共清理执法人员30余人。组织200多名执法人员参加执法考试，提升执法人员的法律素质和执法水平。严格落实《临朐县行政执法投诉办法》，接受社会各界对行政执法的监督。2016年，受理行政执法投诉10起，均得到妥善解决。强化执法人员培训，多次组织开展“送法进机关”活动，到县安监局等多家执法单位讲授《中华人民共和国行政处罚法》《中华人民共和国行政复议法》等有关法律法规。积极参加上级组织的培训活动，聘请专家举办法制讲座2期，全县600多名执法人员参加培训。全方位开展法制宣传，先后组织40多个重点执法单位上街设立法制宣传点，共制作宣传板块40余块，悬挂条幅40余幅，印发宣传材料10000余份，现场解答咨询群众1000余人次。在《潍坊法治》登载调研文章4篇，上报依法行政信息100多篇，位居全市前列。积极开展行政执法案卷评查工作，共抽查行政执法案卷100多卷，下发执法建议书40多份，并到10个重点执法单位进行执法检查回访。

【落实重大行政决策合法性审查制度】 健全完善重大行政决策程序制度建设，严格落实“五步走”法定程序，严格执行重大行政决策提请集体讨论前须经政府法制机构合法性审查制度，未经合法性审查或经审查不合法的不得提交会议讨论。抓好《临朐县政府合同审查管理办法》的落实，2016年，共审查政府合同16件。

【建立行政机关负责人出庭应诉制度】 制定出台《关于严格落实行政机关负责人出庭应诉制度的意见》，进一步明确行政机关负责人出庭应诉的范围，加大对行政机关负责人出庭应诉工作的监督考核力度，将行政机关负责人出庭应诉、案件报备等情况纳入各镇（街、园、区）科学发展综合考核和县直部门（单位）工作绩效考核体系。

【充分发挥参谋助手作用】 在征地搬迁、旧城改造、重点项目建设、重大合同、重大决策制定、企业房屋登记遗留问题处理等中心工作中，提前介入，进行调研论证，及时提出合理化建议，为政府决策、处理矛盾、解决难题提供法律依据。县政府明确法制办主任列席政府常务会议、县长办公会议，就重大事项的合法性问题参与意见，重大涉法问题由法制办牵头协调办理，充分发挥政府法制机构的参谋助手作用。2016年，共处理领导批示件200多件，提出各类意见和建议260余条。

【荣誉】 2016年，被省政府法制办授予“山东省依法行政工作联系点”称号，被市人社局和市政府法制办授予“全市依法行政先进集体”称号，被市政府法制办授予“全市政府法制信息宣传工作先进单位”称号。（杨佃锁）

公　安

【概况】 2016年，县公安局在全市“大练兵、大比武”活动中获得总团体成绩全市第一名；全市道路交通安全隐患现场推进会、全市特巡警系统“三化”（职业化、专业化、社会化）建设现场推进会、全市公安监管工作推进会等在临朐县召开；在全市科学发展满意度调查中，临朐县社会治安方面得分位居六项测评第一名；在全市县级公安机关综合考核中，总成绩列第一序列第一名，被评为“2016年度全市公安机关县级综合考核优秀等次公安局”。继续保持“省级文明单位”称号。东城派出所被山东省人力和社会资源保障厅、公安厅、公务员局评为“全省公安系统先进集体”，法制大队被山东省公安厅授予“全省公安机关执法示范单位”称号。

【维护政治稳定】 建立党政领导反恐怖工作机制，成员单位增至38个，每年10万元反恐经费列入县财政预算。完善“特警驻勤点”“一分钟处置”等应急处突机制，开展反恐处突综合演练，对全县反恐重点目标单位进行动态监管，提升安全防范、预知预警和快速反应能力。加强重大活动保卫，圆满完成“两会”、高考、中考、G20峰会、十八届六中全会等重大活动安保任务。参与调查拒不支付劳动报酬案件10余起，追回农民工工资250余万元。

● 2016年10月29日，潍坊市公安机关“大练兵、大比武”活动举行总决赛，临朐县公安局获得团体第一名

（供稿：杨维护　王好仑）

【打击刑事犯罪】 以“侦破命案”为龙头，推进系列安民行动，年内共刑事拘留481人、取保候审512人、执行逮捕242人，8起命案全部侦破。侦破龙山产业园肖家庄村经济作物大棚放火案；发起并破获部督“2016-208”涉毒案件，受到省公安厅通报表扬；侦破通过微信、QQ等方式贩卖枪支案，抓获犯罪嫌疑人21名。打击毒品犯罪，加强对吸毒人员动态管控，破获毒品刑事案件20起，抓获涉毒犯罪嫌疑人28名，收缴冰毒3.1公斤，查处吸毒人员82人，强制隔离戒毒吸毒人员110名。打击食品药品环境犯罪，查处18家添加含铝泡打粉的包子铺、出售假药的药店、无照经营的污染加工点、小作坊，对涉案39名犯罪嫌疑人采取刑事强制措施。

【社会面管控】 开展“警灯闪烁”工程，落实“屯警街面、动中备勤、武装巡逻”工作机制，建立驻勤点，实施网格化巡逻，提高街面控制和快速反应能力。建立“众巡汇”微信平台，实施“巡控+”工程，推进警民联防。年内，发生刑事案件1727起、治安案件6716起。依托情报平台，对各类警情进行分拣、细类维护和上图撒点标注，搭建“平安指数”测算模型，开展社会治安形势分析研判，为打防管控提供数据情报支撑。联合山东护航保安服务有限公司开发国内领先的“临朐公安多级联网警讯平台V2.0”系统，发展用户4300余个。

【治安管理】 全县239家旅馆全部安装旅客信息上传系统，通过系统抓获各类违法犯罪人员53名，破获各类案件18起，抓获网上逃犯20名。登记管理开锁业、典当业、机动车维修以及娱乐场所173家。收缴枪支14支、铅弹1547发，枪支配件26456件，炸弹1枚，炸药3公斤，灰药2.4公斤，电雷管21枚，捣毁枪支配件生产窝点2处，刑事拘留21人。成功破获“3•08”特大网络非法买卖枪支案。

● 2016年6月10日，县委书记顾建华到县公安局特巡警大队县人民医院驻勤点检查指导工作　　（供稿：杨维护　王好仑）

【基层基础建设】　执法值勤硬件建设方面，投资130余万元对全县各派出所办案区进行升级改造。投资120余万元购买并配发数据采集仪31台、执法记录仪226部。投资400余万元改建合成化作战中心，投资200余万元购置10座江铃全顺武装处突车、交警执法执勤车、更新现代途胜武装巡控车。投资210万元购置高喷射消防车一辆。基础建设投入方面，投资200余万元建成龙山治安办办公楼、600余万元建成蒋峪派出所办公楼；投资400余万元建设城郊派出所办公楼，主体工程完工；投资200余万元完成治安大队、经侦大队、食药环侦大队搬迁工作；投资259万元建设Y-STR数据库；投资140余万元，在县职业高中建成县禁毒教育基地；投资200余万元，完成交警大队技术用房改造。科技资金投入方面，投资1080万元补充续建全县社会智能化管理系统三期工程，建成使用；投资250余万元完成四级网升级改造，在沂山建成350兆数字对讲基站，配套采购433部数字对讲机；推广东城、九山做法，投资1600余万元，利用广电网络在镇（街、园、区）公共复杂场所、重点要害地段，安装红外线高清数字摄像头3800个，蒋峪镇辖区所有社会监控全部接入市公安局联网系统。

【公安队伍建设】　开展素质教育培训，投资40万元建成微机考试室，每两月组织一次全警法律知识考试，组织46名中层负责人和业务骨干赴厦门大学进行高端培训，106名协警进行素质提升培训，6名民警参加潍坊市警务实战教官能力素质提升班。开展执法教育培训，26人取得高级执法资格；选派5人参加市公安局司法考试培训班，4人通过司法考试。开展案件质量考评，组织“十佳案卷”“十差案卷”评选活动，提高民警执法服务水平，推进民警公正规范执法。成立维权委员会和工作专班，制定维权抚慰金救助办法和维权工作规范，查处侵害民警执法权益案件21起。开展“大练兵、大比武”活动，在全市33个比武竞赛项目中，27个竞赛项目取得全市前6名（其中7个项目获得全市第一名），总团体成绩取得全市第1名。（杨维护　王好仑）

检　察

【概况】　2016年，县检察院牢牢把握维护社会大局稳定、促进社会公平正义、保障人民安居乐业总任务，积极适应形势新变化和经济发展新常态，加强检察监督、夯实“三项建设”、深化司法改革、提升队伍素质，荣获“省级文明单位”“潍坊市廉政文化建设示范点”称号。

【服务保障民生】 开展涉众型经济犯罪专项立案监督活动，依法办理非法集资、金融诈骗和组织、领导传销活动等严重破坏社会主义市场经济秩序案件5件10人；依法保障民营经济和中小微企业发展，平等保护各种所有制企业产权和合法权益。切实服务社会民生，严厉打击民生领域违法犯罪行为，查办涉及支农惠农、教育卫生等民生领域职务犯罪11人；加大对生态环境的司法保护力度，起诉污染环境犯罪案件7件20人；利用新媒体开展法律咨询，共发布检察微博254条、门户网站和检察微信累计100余条。深化开展“五进两服务”大走访、“精准扶贫”等工作，共走访贫困村20个，联系群众1200余人，帮扶困难群众50余人次，帮助解决困难问题18个，开展法律宣讲22场。

【维护社会和谐稳定】 严厉打击严重暴力、多发性侵财和黑恶势力等犯罪活动，共依法批准逮捕172人，提起公诉419人；贯彻宽严相济政策，对65名轻微刑事犯罪案件嫌疑人作出不捕不诉决定；加强社区矫正力度，监督纠正社区矫正违法行为案件3件，依法监督收押暂予监外执行情形消失后刑期未满罪犯1名；受理控告、申诉线索60件，接听民生热线电话20余次，受理刑事申诉案件4件，化解信访积案1件，依法办结中央巡视组交办的信访案件2件，司法救助当事人5件5人，救助资金10余万元。

● 2016年5月13日，人民监督员参加案件接访

（供稿：谭清军　郭泰靖）

【查办和预防职务犯罪】 加大对群众身边腐败犯罪的查处力度，开展查办“村官”职务犯罪和支农惠农等领域职务犯罪专项行动，共立查各类职务犯罪案件14件18人，其中涉及“山东济南非法经营疫苗案”相关人员4人；开展“检察官联系大项目”预防活动，对山东省人民检察院挂牌督办的GRTS高铁轨道板项目开展专项预防，帮助健全工程质量、资金安全等方面管理制度；强化行贿犯罪档案查询工作，查询行贿犯罪档案1005次，在招投标环节中，取消1家失信企业投标资格；《筑反腐之墙　建和谐乡村》讲稿获山东省检察院优秀预防警示教育讲稿三等奖；深化职务犯罪预防工作，完成《临朐县2015年惩治和预防职务犯罪年度报告》。

【诉讼监督】 加强刑事立案、侦查和审判监督力度，共监督立案7人，追捕追诉漏犯34人，刑事抗诉2件2人，监督纠正违法行为33件；开展羁押必要性审查工作15件，建议变更15件，办案部门全部采纳；开展强制医疗执行监督工作，依法对1名强制医疗人员进行监督检察；开展判处实刑犯未执行刑罚专项检察活动，筛查出审前未羁押判处实刑未交付执行罪犯7人，监督相关部门依法交付执行；6月，监所检察科更名为刑事执行检察局；配合完成潍坊市、临朐县人大常委会对县检察院刑罚执行监督工作的专项调研活动；完善多元化民行监督方式，办理民行检察监督案件6件，其中办理潍坊市人民检察院交办提请民事抗诉案件3件，行政违法监督案件2件，民事诉讼违法监督案件1件。

【三项建设】 加强司法规范化建设，建立规范司法行为长效机制，完善统一业务应用系统，网上提交材料、接受文书

1250份，公开案件程序性信息及生效法律文书871份；积极开展案件评查，推动案件质量提升，巩固规范司法行为专项整治活动成果；开展以“加强侦查监督、维护司法公正”为主题的“检察开放日”活动，拓展社会各界监督检察权规范运行的深度和广度。强化检察信息化建设，打造“智慧检察”，做好侦查信息网局域网及信息安全技术体系、检视通视频资源整合系统等建设；投资30余万元，为一线办案人员配备单警执法视音频记录仪52部；涉密机房通过国家保密局评审；运用律师预约、电子阅卷等信息化资源平台，接待律师申请65人次。夯实基层基础建设，新建配备智能门禁系统、实时监控和提讯设备连接检察局域网等功能刑检办案区，提升规范司法、服务群众、保障办案安全水平；与县纪委联合建设240余平方米预防职务犯罪警示教育基地，综合运用声、光、电等现代化多媒体手段，利用重特大职务犯罪、违法违纪典型案件，教育引导广大党员干部以案为鉴，警钟长鸣；7处派驻检察室积极履行监督职责，服务镇村经济社会发展，被潍坊市人民检察院评定为规范化检察室，其中，城关检察室被山东省人民检察院评为一级检察室。

● 2016年4月14日，市人大常委会副主任王卫东到县检察院调研　　　　（供稿：谭清军　郭泰靖）

【改革创新】　扎实推进检察改革，组织首批检察官遴选入额工作，经过动员部署、个人申请和资格审查、考试、考核等程序，共遴选出入额检察官建议人选29名；深入推进、完善规范人民监督员等各项制度改革，邀请人民监督员参加民事案件接访、查阅监督案件台账等活动；试行轻微刑事案件快速办理机制，通过该机制办理轻微刑事案件96件，在打击犯罪和保障人权基础上，有效节省司法资源。

【队伍建设】　提升素质能力建设，开展业务培训和参评“业务能手”“学习状元”“工作标兵”等实训练兵评选活动，全年共参加各类业务培训20余期，参训人员50余人次，11名干警先后荣获全省、全市和全县业务标兵、先进个人、全县人民满意“十佳政法干警”等荣誉称号。加强党风廉政建设和作风建设，签订“党风廉政建设”责任书，做好廉洁事项报告、廉政风险防控系统应用，严格执行最高人民检察院《检察人员八小时外行为禁令》等规定。强化“两个责任”建设，层层传导压力。做好检务督察，建立执法档案，落实述职述廉、诫勉谈话等制度；编写《清风》廉洁教育电子读本，以纪律条规和真实案例，从正反两面引导干警筑牢拒腐防变思想防线。

（谭清军　郭泰靖）

法　院

【概况】　2016年，县人民法院依法履行职责，全面加强审判、执行和自身建设，共受理各类案件7703件，同比下降12.6%；结案8368件，同比上升5.7%。

【审判执行】　保持严打态势，重点惩处危害国计民生的犯罪行为，推进平安临朐建设。落实宽严相济的刑事政策，严格执行量刑规范化标准，案件服判息诉率大幅增加。受理刑事案件346件482人，审结351件386人。加大对群众关注度高的犯罪行为的打击力度，审结危险驾驶罪、故

● 2016年8月10日，临朐县人民法院与海口市秀英区人民法院缔结友好法院签约仪式举行　（供稿：冯继华　刘春雷）

意伤害罪、盗窃罪三类案件146件181人，判处三年以上有期徒刑64人。推行案件繁简分流机制，实施简案速裁，提高审判工作效率。妥善处理涉企涉金融纠纷，保障全县经济健康协调发展。全年新收各类民商事案件4682件、审结5338件，总标的额7.46亿元。其中，受理商事案件1826件、审结2127件，标的额5.15亿元。注重加强诉讼调解工作，着力化解矛盾，调撤率达36.2%。加大规范行政执法行为的宣讲力度，有效降低行政诉讼案件发生。加大对污染环境非诉行政执行案件执行力度，依法关闭冶源镇、五井镇16座“石灰窑”。受理各类行政诉讼案件50件、审结54件；受理行政非诉执行案件338件，结案338件。开展打击逃废金融债务专项执行活动，整肃金融生态环境。注重强制执行措施的适用与诉讼诚信体系建设同步，全年上网公布失信自然人1301人，法人及其他组织62个。积极推动拒执罪适用，依法进行惩戒打击。受理各类执行案件2287件，执结2287件，执结标的额3.43亿元。

【审判质效】　完善案件繁简分流制度，坚持“简案快审、繁案精审”原则，立案之初加强对案件诊、调工作，扩大简易程序案件适用范围。2016年，简易程序适用率达81.5%，同比提高30.4%，办案周期普遍缩短30天。在诉讼服务中心和各诉讼服务站建立9个专门速裁团队，采用“1+1+1+1”工作模式，开展简案速裁工作。全年速裁案件1401件，占同期受理案件数的70%以上。加强审判管理平台数据监控，依据实时数据建立科学管理制度，实行一周一调度、一月一通报制度，及时评估分析推进审判质效工作中出现的问题。2016年，全院案件结收比达108.6%，旧存案件数量比2015年底下降42.1%。

【司法改革】　落实司法责任制改革，实现“让审理者裁判，由裁判者负责”。经过法官入额考试、民主测评、业绩考核，确定首批42名入额法官。探索审判专业化路子，对庭室结构、人员配备进行相应调整。完善量刑规范化和民商、行政案件裁判标准规范化建设。全面推进量刑规范化，增加量刑的公开性和透明度。不断完善民商、行政案件裁判标准规范化，保证“同案同判”。严格执行证据举证规则，保证证据调查、调取的合法性。严格执行裁判制度，完善证人出庭制度，完善鉴定人出庭接受质询制度。完善审判流程公开、裁判文书公开、执行信息公开三大平台建设，建立健全常态化的“阳光司法”机制。加强司法统计扎口结案与裁判文书上网公开的双向控制，保证裁判文书应上尽上。2016年，裁判文书上网数量达到8603份。加强案件的庭审直播力度，依据程序正当原则，积极提报公开审判的案件进行网上庭审直播，完成直播114件。加强审判信息公开。强化审判信息录入工作，坚持即时录入原则，对立案、司法鉴定、审理、案后、执行、电子卷宗信息及信息检查与管理等作出全面规范，明确工作分工及责任主体，确保审判信息录入及时、完整、准确，方便当事人查询案件进度和相关单位诚信纪录查询。

【司法为民】　优化诉讼服务中心整体布局，打造诉调对接、立案送达、简案速裁三位一体的一站式、综合性服务中心，让群众“进了一个厅，事情全办清”。开通12368诉讼服务热线，设置专人接听服务和专人接受咨询，完善“线对线”服务，并与网上立案模块进行有效对接，推动“点对点”工作开展，实现人、机、网三者互动。开展执行案款专项清理活动，抽调专门人员统计核查，落实承办人和承办单位负责制，在全市法院内率先将2014年以前的执行款物情况全部核查并清理清退完毕，清理清退执行案款2046笔、1400余万元，作为全省首批执行案款专项清理工作完成单位接受省高院检查验收。建立“2+X”传统型纠纷化解机制、律师调解员制度，提高多元纠纷解决机制建设的针对性和有效性。律师调解员制度取得实效。2016年，通过律师调解案件106件。

【基础建设】 优化法庭办公场所布局，发挥法庭贴近基层群众优势，落实“两便”原则，完成东城法庭的重建工作。对建筑面积1600平方米原地税办公楼进行整修，完成执行局整体搬入，有效整合工作力量。累计投入资金1000余万元，建设完成18处科技法庭，安装126个高清摄像监控头，实现庭审的全程直播、录播。为100名一线干警配备高清执法记录仪，规范执法行为，维护干警执法安全。

【作风建设】 2016年确定为全院“素质提升年”。通过安排固定的学习时间，组织学习新的法律法规、常用法律专业知识等，全面提升业务素质。对积极开展信息调研、司法宣传、撰写优秀裁判文书并获奖的人员，加大激励措施，鼓励学习调研之风。通过组织开展优秀裁判文书评选、庭审能力的驾驭等系列活动，形成争先创优良好氛围。2016年，被国家级单位采用信息调研、司法宣传稿件48篇。认真做好法律学习与政治学习的结合文章。坚持以高度的责任心和敏锐的政治鉴别力弘扬正能量，正确引导舆论方向。始终坚持以平和的方式做好群众工作，善于运用“四心工作法”，不办“三案”，不让人民群众感受到“六难”。认真落实党风廉政建设责任制。加强日常执纪监督，坚持定期监督、不定期巡查相结合，约谈机制与惩戒措施相结合，落实谈话制度，严肃兑现惩戒后果。 （冯继华 刘春雷）

司法行政

【概况】 2016年，临朐县被授予“2011-2015年全省普法依法治理工作先进县”，县司法局被授予“全省司法行政系统报请特赦工作专项集体三等功”。县法律援助中心被授予“全省老年人公益维权示范站”，县公证处、五井司法所被评为“县十佳政法单位”，1人被授予“潍坊市优秀共产党员”称号。

【夯实公共法律服务基础】 加快推进公共法律服务“三大平台”建设，进一步完善实体平台建设，充实完善县公共法律服务中心和蒋峪（沂山）公共法律服务中心，新建山旺、五井、东城、辛寨等镇级公共法律服务中心，为基层组织和群众提供方便快捷的法律服务；加快村居（社

● 2016年9月13日，临朐县司法局在全省司法所建设工作会议上作典型发言 （供稿：刘 扬 马明杰）

区）、司法行政工作室建设；加强热线平台建设，规范完善“148”热线工作流程，实行首接负责制，确保每条电话有答复、有反馈。加强网络平台建设，整合司法行政网、普法网、微信等媒体，探索媒体平台分模块、分科室负责制度，确保网络平台更新及时、宣传高效、答复迅速，为群众提供便捷高效、专业优质的公共法律服务；筑牢基层平台，加强司法所规范化建设，2016 年 9 月，县司法局在全省司法所建设工作会议上作典型发言。

【普法依法治理工作】 研究制定临朐县“七五”普法规划和 2016—2020 年依法治县规划，召开全县普法依法治理工作会议，总结“六五”普法工作，启动全县“七五”普法工作。举办镇（街、园、区）普法骨干培训班，专题辅导“七五”普法工作；落实“谁执法谁普法”普法责任制，扎实开展重要节点法治宣传活动。结合“走千村、进万户、察民情、解民忧”活动，组织律师和基层法律服务工作者深入九山镇马头店子村、冶源镇红光村、广尧村等村（社区）开展“送法下乡”“普法赶大集”等活动；利用县域文化优势，依托“文明之夏”“出彩蒋峪人”等群众性文化活动，充实法治内容，提高法治文化宣传的吸引力和实效性；落实公益普法和以案释法制度，在县电视台开设法治类专题栏目《平安临朐》，选取典型案例，以案释法，在全社会普及法律知识。在县广播电台设立法治栏目《“七五”普法在行动》，讲述法治故事、解答法律困惑、普及法律知识；规范“法治校长”建设，调整聘任“法治校长”120 人。2016 年，共组织开展法治宣传活动 50 多次，发放宣传材料 20 万份，新增全市民主法治示范村 11 个。

【人民调解工作】 围绕县委县政府美丽乡村、基层党组织建设等重点工作，推动村居人民调解室建设完善，充实完善物业、环保、卫生等行业性专业性调解组织建设，密织调解网络，调解组织覆盖面进一步扩大。推广“林红调解室”经验做法，打造临朐媒体调解特色品牌，完善“听证法”“警民联调”、律师参与机制，人民调解组织覆盖面不断扩大，调解方式不断创新。2016 年，全县各级调解组织共排查纠纷 3039 件，调处成功 3008 件，调处成功率 99% 以上。

【法律服务工作】 聘请专家教授，加强法律服务人员的政治业务培训，深化“爱岗敬业为民”主题教育实践活动，联合下发《关于进一步规范基层法律服务工作者出庭函使用和管理的通知》，提升法律服务工作规范化水平。充实法律服务专家人才库，规范法律顾问工作监管，充分发挥政府、村居、企业法律顾问作用，提供全方位法律服务，下发《关于深入推进农村（社区）法律顾问工作的工作方案》。组织引导律师、公证员、基层法律服务工作者积极参与信访案件化解工作，引导群众依法合理表达利益诉求。联合下发《关于建立保障律师执业权利联席会议制度的通知》，推进律师执业权利保障。引导法律服务人员适应经济社会发展需求，主动拓展金融、证券、知识产权保护等新型业务领域，扩大业务范围，提高服务经济社会发展的能力。2016 年，全县法律服务人员担当政府和企业法律顾问 510 多家，办理诉讼和非诉讼法律事务 2780 件，办理公证事项 1933 件，法律援助案件 413 件，司法鉴定事项 482 件。2016 年 3 月，县法律服务工作者孟宪涛在全省基层法律服务高级研究班上做典型发言，论文荣获三等奖。

【特殊人群管理工作】 充实完善社区矫正“三三三三”工作机制，制定《临朐县司法局关于进一步规范社区矫正工作的意见》，提升社区矫正刑法执行活动规范、标准；制定《临朐县司法局社区矫正突发事件应急处置预案》，提升应对各类突发事件的快速反应能力和实际处置能力。“三统一”教育矫正模式进一步完善丰富。落实《关于组织社会力量参与社区矫正工作的意见》，优化矫正小组成员结构。加强教育改造与安置帮教一体化建设，开展刑满释放人员安置帮教社区服刑人员脱管漏管专项检查活动，抓好服刑人员信息核查和释放前衔接工作，抓好重点帮教对象必接必送和跟踪帮教，完善刑满释放人员救助管理制度，重点做好特殊人群的社会适应性帮扶工作。截至2016年底，全县累计接收社区服刑人员2285人，1816人顺利解除矫正。

【作风建设和廉政建设】 严格落实党组主体责任，认真贯彻落实《中国共产党廉洁自律准则》《中国共产党纪律处分条例》和《中国共产党问责条例》。加强对党员干部遵守中央"八项规定"精神情况的监督检查，持之以恒纠正"四风"。认真落实联系基层、联系群众制度，努力做好包村帮扶和精准扶贫工作，制定印发《关于组织贫困户签订〈赡养协议书〉的工作方案》，组织基层法律服务所帮助省定贫困村修订完善村规民约，积极服务全县脱贫攻坚。

【班子队伍建设】 深入开展"两学一做"学习教育活动，巩固扩大"三严三实"专题教育成果。扩大党建工作在基层司法行政单位覆盖面，突出抓好法律服务行业党建工作和思想政治建设。加强领导班子建设，完善议事规则和决策程序，增强班子领导力、执行力和凝聚力。鼓励引导干警参加国家统一法律职业资格考试、心理咨询师考试，规范做好律师、公证员职称评审工作，提高队伍职业化、专业化、规范化水平。

（刘 扬 马明杰）

公安消防

【概况】 2016年，县公安消防大队共接警出动628次，其中火警559次，抢险救援69次。出动车辆1200台次，出动警力7200人次，抢救遇险群众35人，保护财产价值6500余万元，参与扑救沂山"4·11"山林火灾。4月，县公安消防大队制作的《临朐县郭家庄樱桃大棚"12·26"火灾事故调查卷》在全市举办的火灾调查案卷评比中获得2016年第一次火灾调查优秀案卷。5月，在潍坊市公安消防部队举办的廉政书画作品评选活动中，县公安消防大队报送的《笔墨千秋》和国画《孤鸟》获得优秀廉政书法作品。6月，在潍坊市公安消防支队组织的"改革强警"主题教育和"两学一做"学习教育板报展评活动中，县公安消防大队获得"两学一做"学习教育板报第二名。7月，在潍坊市公安消防支队举办的"条令条例知识竞赛"中，县公安消防大队朐山中队获得第五名。10月，在潍坊市公安消防部队整建制中队实战化练兵大比武中，县公安消防大队取得班组项目水罐消防车出移动遥控水炮操第四名，获得团体总分第四名。

【建立完善消防安全责任制】 严格落实消防安全责任制，县政府与各镇（街、园、区）和相关部门单位分别签订《2016年度消防工作目标责任书》，将消防安全管理、消防基础设施建设纳入政府工作考评机制，定期检查调度，年底考核验收，确保消防安全责任落实到位。

【消防基层基础设施建设】 2016年，县财政拨付120万元，购置1部8吨水罐消防车和部分装备器材，新增市政消火栓156个。

【文明窗口创建】 推行"消防便民服务十项措施"，在"365"消防服务中心设置消防业务受理窗口，简化行政审批程序，依法应当经过公安消防部门进行消防设计审核、备案的建设工程，发挥施工图审查机构作用，缩短审批时间，提高审批质量和办事效率。全年累计办理消防设计备案17起，竣工验收备案19起，下发建设工程消防设计、竣工验收消防复查意见书2份。下发公众聚集场所投入使用、营业前消防安全检查合格证15份。

【火灾隐患排查整治】 开展商(市)场专项整治、纺织企业排查摸底、易燃易爆专项整治等活动，集中力量开展夏季消防安全大检查。全年累计检查各类场所1292家，督促整改火灾隐患或违法行为为149处，下发责令改正通知书132份，下发行政处罚决定书31份，下发临时查封决定书6份，责令“三停”13家，罚款76万元。

【灭火救援演练】 定期组织执勤中队体、技能考核，建立体、技能数据分析制度。针对辖区176家消防安全重点单位，制定演练计划和预案，分类、逐一开展实地熟悉、演练，加强对灭火抢险救援业务理论学习研究，采取集中授课、个人自学、现场熟悉、实战演练等形式，开展全员岗位大练兵活动，使官兵熟练掌握重点单位概况、可利用消防资源、危险目标、灾害特点、处置对策和行动程序、注意事项及任务分工等内容，做到情况清、底数明，提高部队战斗力。

【全员消防培训演练】 全面推进消防宣传“七进”工作，举办临朐县“119”消防宣传月启动仪式，发动全民参与消防演练。组织开展“暑期消防安全宣传教育行动”“消防进军训”“消防安全示范课”“社区消防宣传大使”评选等活动，年内中小学“消防进课程”及高中“消防进军训”普及率均达到50%以上。通过“引进来，走出去”的方式，对外开放3D消防科普教育基地，邀请中小学生、消防安全重点单位人员参观、模拟演练，增强防火、灭火、逃生自救技能，受训人员达1万余人次。 （王　震　路　欣　张晶晶）

道路交通管理

【概况】 2016年，县交警大队以道路交通“平安行·你我他”活动为主线，协调推动县直有关部门和各镇（街、园、区）齐抓共管，开展道路交通安全社会化宣传教育，严格机动车和驾驶人源头监管，强化道路安全隐患排查整治，深化道路交通安全执法。临朐县被潍坊市道路交通安全综合治理委员会评为2016年度“平安行•你我他”活动先进县，交警大队在全市公安交警系统综合评比中取得第一名，被市公安局记集体三等功一次，被潍坊市委授予“先进基层党组织”称号。

【机动车和驾驶人管理】 2016年，共办理机动车和驾驶人管理业务182074起，其中机动车新车注册登记12470辆，年审汽车84893辆，补证换证22821人，初次申领低速货车、三轮汽车、摩托车驾驶证216人，教育驾驶证记满12分驾驶人1824人。到2016年底，全县社会机动车保有量214687辆，其中汽车164791辆，低速货车、三轮汽车、摩托车等49896辆。机动车驾驶人达到292854人，其中汽车驾驶人263542人。

【交通安全社会化宣传】 投资4万余元，与县广电中心联合，在县电视台开办“交警与你同行”专题栏目，每周制作2期交通安全宣传主题节目，宣传交通安全法规，介绍交通安全知识，报道交通管理动态，曝光交通违法及交通事故典型案例，全年播出专题128期；建立“临朐交警”微信、微博公众号，每天更新宣传内容，关注者达到5万余人；在全县中小学校开展“守护平安・幸福童年”专题教育活动，对4万余名中小学生进行针对性交通安全教育工作，全面开展交通安全“五

● 2016年5月26日，交警大队与县教育局联合开展“守护平安幸福童年”中小学生交通安全主题宣传教育活动（摄影：刘洪斌）

进”（进农村、进社区、进学校、进单位、进家庭）活动，印发宣传材料10万余份。

【交通秩序整治】 5月23日、8月9日、12月9日，县政府3次召开道路交通“平安行·你我他”行动专题会，对全县道路交通安全执法、安全隐患排查治理、基层交通管理网络建设等进行部署、调度推进。开展春运交通安全管理专项行动、集中治理酒驾毒驾“春雷行动”、集中治理拉砂石车辆严重交通违法专项行动、集中治理城区道路机动车乱停乱放“畅通行动”等87次交通安全执法集中行动，全年共查纠各类违法行为54万起，其中现场查处“三超一疲劳”（超员、超载、超速、疲劳驾驶）、无牌假牌套牌、无证驾驶等严重交通违法行为13.15万起，酒后驾驶1500余起；非现场查处违法停车、闯红灯等违法行为40.7万起，行政拘留352人。

【道路安全隐患排查治理】 2016年，以“学校周边道路、景区道路、农村道路”为重点，全面开展道路安全隐患“大排查大整治”，深入实施“公路安全生命防护工程”等一系列活动，联合交通、公路、教育等部门，排查出各类道路安全隐患238处。为全县150处中小学、幼儿园一次性安装“学校区域、儿童过街、距离150米和限速30公里”组合提示警示牌300面，施划减速震荡线、斑马线、禁止停车网格线、校车停车线等交通标线12000平方米，在全市率先实现县域中小学校路段交通安全设施国标化。截至10月下旬，238处道路隐患全部整改完毕，其中嵩山生态旅游区10公里乡道暖淹路临水临崖、急弯陡坡盘山路段安装钢质波形护栏6000米，路面拓宽并沥青化改造。10月26日，全市道路交通安全隐患排查整改现场推进会在临朐召开，推广临朐的经验做法。

● 2016年10月18日，省交安委督导四组到临朐检查督导交通安全隐患排查治理等重点工作

（摄影：王佩忠）

【道路交通事故处理】 2016年，全县道路交通事故接处警9182起，实际死亡129人，受伤2306人，直接经济损失375.27万元。发生的205起逃逸案件破获173起，破获率84.7%，发生的重大逃逸案件29起、破获26起，破获率90.2%。

（孙国杰　王佩忠）

经济监督管理

宏观经济管理

【规划编制】 编制完成《临朐县国民经济和社会发展第十三个五年规划纲要（草案）》，2月经县人民代表大会审议通过。3月，按照山东省高标准农田建设规划部署要求，编制上报《临朐县高标准农田建设实施方案》，明确高标准农田建设总体目标，合理分配建设任务和内容，着力改善农田基础设施建设，推进农业发展方式转变，稳步增强农业综合生产能力和抗灾减灾能力。编制上报《临朐县光伏扶贫实施方案》及《临朐县光伏扶贫三年行动计划（2016—2018）》，确定全县光伏扶贫发展计划。10月，撰写完成《临朐县改革开放历程综述》，被收录在《潍坊市改革开放实录》。

【经济形势运行预测分析】 1月份，编制完成《临朐县2016年国民经济和社会发展计划报告》，对全县GDP、固定资产投资、城镇居民可支配收入等各项经济社会发展指标进行科学预测。会同县经信、农业、商务、统计等部门按季度做好全县经济形势运行分析，发现推进过程中存在的问题，探索破解问题难题的办法，全年共形成全县经济形势分析报告4期。依托市服务业“四大载体”监测平台，抓好服务业发展情况监测调度和日常工作，筛选上报并列入市服务业发展支撑项目7个，筛选提报嵩山健康养老服务中心等拟列入省“十三五”规划服务业项目等3个，上报临朐景福养老护理院，拟争取省服务业发展引导资金。

【固定资产投资管理】 严格执行产业政策，把好项目入口关，对不符合条件的项目坚决不予受理。全年共审批、备案、转报投资项目236个，项目总投资额77亿元。摸底确定2016年政府投资项目计划115个，提报2017年全县95个过亿元项目，5个市重点项目；提报8个项目作为战略性重点投资考核项目。配合县财政局为棚户区改造、水系治理、地下综合管廊、沂山实业债券发行等融资项目做好立项申报，总融资额22亿元；为全县20处学校大班额和“全面改薄”项目办理立项批复。做好新能源项目建设管理，新增光伏发电规模为67.91兆瓦。提报华建铝业集团铝模板等2016年竞争性用地项目4个，争取项目用地15.2公顷。确定的“1669”现代产业体系重点项目39个、重点园区2个、重点企业5个。

【政策资金争取】 充分利用临朐县作为山东半岛蓝色经济区、沂蒙革命老区及国家主体功能区试点示范县等政策优势，会同县财政、住建、教育、卫计、人社、农林水牧等部门，积极向上对口对接，累计储备上报中央预算内投资项目和国家专项建设基金项目80余个。其中，“十三五”期间中央预算内社会事业项目37个，上报农村一二三产业融合发展示范村5个，年内争取到位中央预算内投资项目10个，上级扶持资金9970万元。将临朐县在山东省重点生态功能区基础上，成功争取为国家重点生态功能区，获得国家重点生态功能区生态补偿资金扶持5405万元。

【全面深化改革】 5月，启动全县党政机关公务用车制度改革工作，协调县组织、编办、事管、财政、人社等部门，妥善完成涉及全县62个县直部门、10处镇街、2246人的党政机关公务用车制度改革保留车辆分配、司勤人员安置和车辆封存、处置、保留车辆统一标识、公务交通补贴发放、社会化车辆租赁等各项工作。其中，参改车辆629辆，保留车辆366辆，取消公务用车263辆。会同县卫计、财政、人社、物价等部门稳步推进全县医药卫生体制改革工作，顺利完成公立医院综合改革考核评价工作，制定印发《进一步深化公立医院综合改革实施意见》。

【社会信用体系建设】 启动全县社会信用体系建设工作，做好全县行政处罚和行政许可信用信息双公示上报信用潍坊、信用山东、信用中国工作，累计上报24个部门“双公示”信息，共计2593条，牵头做好信用“红黑名单”提报工作，累计上报市信用办红名单信息430条，黑名单信息50条。（王清大　窦玉珅　魏国振）

能源保障

【基础设施建设】 2016年，服务榆横—潍坊交流特高压工程、锡盟—泰州特高压直流工程临朐段完成全部杆塔组立，潍坊临朐500千伏输变电工程开工建设；投资0.89亿元对110千伏临朐、营子两座变电站实施增容改造，共计建设改造主变3台，容量18.9万千伏安；投资1.63亿元建设改造中低压电网，启动新一轮农网改造升级，实施中心村电网改造升级、机井通电工程，建设改造配变376台、配网线路723千米。

【常规能源】

水力发电 截至2016年底，全县建有各式水电站29处，装机43台，规模3036.5千瓦。其中能正常运行的青石崖水电站等8座水电站，共装机16台、2284千瓦，年发电量250万千瓦时。由国网新源控股有限公司投资开发的总投资76亿元的潍坊抽水蓄能电站项目，完成选点规划、预可研，进入可研阶段。

天然气利用 管道燃气经营企业有临朐港华燃气有限公司和临朐金捷燃气有限公司2家，发展居民管道燃气用户4.75万户，CNG加气站有6处、LNG加气站1处、液化气站12处，天然气年供气总量6500万立方米，液化气供气总量0.39万吨。利用中石油泰青威天然气输气管道和中石化济青输气管道，实现城区天然气双气源供气。2015年山东鲁龙天然气有限公司建设的临朐龙山天然气综合利用项目获得核准建设。

热能利用 热电。县内有临朐县西城热电有限公司和临朐县东城热电有限公司2家热电公司，2016—2017年冬季采暖期总面积达578.5万平方米，集中供热普及率79.06%，装机规模3.0万千瓦。余热发电。利用余热发电企业有2家。山东联科新材料有限公司热电联产，所回收的二次能源折标煤量为13120吨/年，外供电力为2007万千瓦时/年，外供蒸汽53237吨/年。临朐山水水泥有限公司装机容量为7.5兆瓦的纯低温余热电站，年发电量为5009万千瓦时，发电全部回用于企业生产。垃圾焚烧发电。临朐县生活垃圾焚烧发电项目由市发改委核准，2016年3月7日，机组首次并网发电；5月13日，机组顺利通过72+24小时，项目正式进入试运阶段。年处理垃圾21.9万吨，年发电量7429.66万千瓦时。

【新能源产业】

风力发电 参与临朐县风电投资开发的企业有中广核、国华、国电、天融新能源4家，截至2016年底，共核准风力发电项目9个，核准规模41.775万千瓦。其中，5个风电项目已并网发电，并网规模23.325万千瓦。2016年完成上网电量3.5亿千瓦时，获得收益1.2亿元。

光伏发电 截至2016年底，已备案光伏发电项目166千瓦时，并网发电51千瓦时，完成上网电量6000万千瓦时。其中，已备案地面集中式光伏电站项目8个，规模145千瓦时，已并网发电40千瓦时。2016年完成上网电量4800万千瓦时，获得收益4800万元；已备案分布式光伏发电项目21千瓦时，其中已并网发电11千瓦时。2016年上网电量1200万千瓦时，获得收益1200万元。

【淘汰落后产能】 把固定资产投资项目节能评估审查作为控制能源消费总量的重要手段，严把新上项目源头关口，加快发展低能耗产业。小火电机组全部关停。以创建循环经济示范县为契机，立足县域资源优势和发展实际，构建循环体系，培植起“企业小循环、区域中循环、社会大循环”发展模式，总结提炼铝材产业全链条节能循环利用、山水石灰石高质循环利用、伊利多链生态循环和雷奥煤焦化循环综合利用模式4个产业链条，年减少耗电5000多万千瓦时，减少综合能耗8万多吨标准煤。 （杨洪法　赵传生）

国有资产管理

【资产清查工作】 制定资产清查工作方案，召开全县行政事业单位国有资产清查工作会议，组织开展清查业务培训，指导各行政事业单位顺利完成自查工作。聘请中介机构分四个小组对各单位自查情况逐一核准，出具审计报告和鉴定证明，全面完成资产清查报表汇总上报工作，督促各单位做好资产清查后续处置事项审批及账务调整工作，摸清全县行政事业单位资产家底。

【资产管理制度】 制定《临朐县行政事业单位国有资产管理暂行办法》，明确财政部门、主管部门和资产使用单位职责范围，规范行政事业单位资产配置、使用、处置以及资产清查、审计评估、产权管理、信息化与绩效管理等事项程序。

【资产处置工作】 2016年，累计审批资产处置手续50余批，实现国有资产处置收入1391.9万元。其中，供水中心三层楼拍卖收入203.04万元；公车拍卖收入928.86万元；临朐宾馆产权转让收入150万元；公安局查扣车辆处置收入80万元；朐山转播台拍卖收入30万元。国有资产出租收入1702万元，其中，县体育公园综合楼经营权出租1633万元。

【资产管理信息系统】 针对资产管理信息系统建立以来运行情况，采取措施，强化指导调度，确保资产管理信息系统正常运行。行政事业单位将资产增减变化情况及时录入系统，按时做好资产情况动态月报、季报上报工作；对新成立及撤并单位做好资产管理信息系统新建、调整工作；11月下旬开始，对全县行政事业单位资产管理信息系统运用情况进行调度指导检查，主要内容包括资产账务建立情况、系统使用情况、资产购置处置手续审批情况及资产管理制度落实情况，对发现的问题及时纠正处理，督促各单位资产管理员熟练掌握操作系统，做到单位资产账务和系统管理相统一。

【产权登记年检和报表工作】 制定科学合理的工作方案，运用资产管理信息网络平台，采取业务培训、户数清理、逐一填报、分类指导、数据审核、汇总上报等步骤，对全县113户行政事业单位资产存量及增减变化情况不重不漏核准登记年检，完成2015年度全县行政事业单位、企业资产报表汇总上报工作。

【公务用车改革】 参与制定《临朐县党政机关公务用车制度改革方案》，做好全县执法部门执法执勤、特种用车编制核准工作。配合县事管局做好有关单位公务用车移交、封存、拍卖工作。公开拍卖公务用车357辆，实现拍卖收入915.42万元，调换车辆26辆，做好划拨、回购公务用车手续审批工作。 （孟祥宝）

国土资源管理

【土地规划与耕地保护】 编制城关、东城和龙岗3镇街土地利用总体规划修改方案，修改规模44公顷，规划数据库处理达750.38公顷。加强耕地保护，将耕地保护和依法依规用地纳入年度科学发展考核内容，年初耕地面积59878.59公顷，年末耕地面积60027.78公顷，年度增加耕地149.19公顷。基本农田划定50765公顷，占耕地总面积的84.9%。耕地占用补充60.02公顷。基本农田保护率100%。年度土地综合整治立项2项，整理面积1428.4公顷，其中耕地986.67公顷。

【建设用地管理与土地市场】 报批建设用地12批次，其中：单独批次2个2.5841公顷，耕地2.27公顷；项目报批10个131.319公顷，其中耕地57.7543公顷。供应土地128宗184.2085公顷，其中招拍挂出让121宗，面积173.0638公顷，盘活存量建设用地13.3公顷，储备土地10.7公顷。

【地籍管理】 开展土地利用现状变更“月清季结”工作，共变更调查建设用地18宗，面积36.1公顷，涉及耕地26.4公顷、园地1.6公顷、林地4.9公顷、草地1.8公顷。全县国家级耕地后备资源2656公顷，省级耕地后备资源9984公顷，不稳定耕地286公顷，上报耕地后备资源调查评价技术，建成数据库图形内容、矢量成果通过省厅验收。开展不实耕地核查工作，共下发不实耕地图斑649个，提取图斑耕地面积7982亩，基本农田面积1761亩。协助做好征地项目上报工作，共上报8个批次、92宗地，面积52.5公顷。

【矿产资源管理】 加大矿业秩序整顿力度，查处、制止非法采矿14起，无矿山安全事故发生。征收矿产资源补偿费56.2万元。采矿权人年检合格率93.8%。全县矿山企业9个，从业人员3000余人，工业总产值7.8亿元。完成第三轮矿产资源规划的编制工作。山旺化石地层剖面保护工程建设稳步推进，山旺国家地质公园获评“山东省四星级科普教育基地”称号，沂山省级地质遗迹保护项目通过省级验收。投资1600万元，实施完成九山麻坞崩塌地质灾害隐患点治理项目和嵩山暖水河地质灾害整村搬迁项目。

【测绘管理】 加强测绘市场管理，确保地理信息安全；加强测量标志管护，标志完好率100%。完成1∶500大比例尺地形图更新和地名地址数据库动态更新工作。

【执法监察】 巡查制止违法违规用地行为38起，立案查处国土资源违法案件310件，申请法院强制执行200余件，移交国有资产管理处70余件，协助各镇（街、园、区）组织集中拆除行动20余次，拆除违法建筑物面积1.93万平方米。2015年度土地矿产卫片执法检查工作顺利通过检查验收。

【科技成果】 国土资源多维度空间大数据应用服务平台获2015年度山东省国土资源科学技术一等奖。数字临朐地理信息公共平台在山东省国土资源厅年度技术评估中获“五星级”信息公共平台。

【宣传教育】 强化对土地、矿产、测绘管理各项法律法规的宣传教育，利用“6•25”全国土地日、“8•29”测绘法宣传日、“12•4”国家宪法日等纪念日设立宣传站20个，举办国土资源大讲堂活动，并通过送法上门、现场指导等方式提升干部群众法律意识和依法用地自觉性。

【队伍建设】 加强干部教育培训，制定《年度干部教育培训计划》，积极参加省厅、市局组织的国土资源大讲堂。连续5年保持“省级文明单位”称号。全县12个基层分局（所），10个获评县以上文明单位，标杆所2个，五星级所5个，

4星级所5个，省级廉政示范所3个，市级廉政示范所7个。（安同瑞　付广青）

不动产管理

2016年，不动产登记中心办理各项业务23228件，国有用地使用权及房屋所有权变更、转移登记3573件，抵押登记3014件，抵押注销登记2853件，预售商品房预告登记2129件，查封、解封666件，完成权籍调查200余宗，发放不动产证书5153本，不动产登记证明书8189本，出具不动产登记查询记录证明9200余件，协助法院查封、银行抵押出具档案证明2000多份。移交整理纸质住建档案120500份，林业档案2460份，整理新生成档案15000多本。被市档案局评为“山东省档案工作科学化管理合格单位”。

（安同瑞　付广青）

砂资源管理

【非法洗砂点清理工作】　强化执法，会同相关镇（街、园、区），依法取缔非法洗砂点。借鉴龙山产业园、冶源镇非法洗砂点拆除经验，成功拆除城关街道石河沿岸7处、柳山镇5处非法洗砂点。

【砂场管理及验收工作】　对现有县城内砂场做好全程监管，及时做好协调路、水、电等相关工作。加大巡查力度，严格管理，杜绝砂场超范围开采和越界开采；积极组织砂场验收，对到期的砂场督促尽快恢复整平，达到验收条件后立即组织验收。2016年验收冶源镇冯家王舍、山旺镇桃花2处砂场。

【严厉打击私采滥挖违法行为】　严格落实24小时巡查制度，对弥河、丹河、汶河等重点区域、重点部位进行监控，做到及时发现、及时制止。对砂场越界开采、超范围开采及面上私采滥挖砂资源违法行为，特别是辛寨镇冷家山、烟墩中昌矿区、城关街道郭家亭子、冶源镇付家李召、蒋峪镇蒋峪河等非法采砂点进行布控。坚决纠正镇、村私自买卖、变相交易砂资源等违法行为。2016年，共查处违法案件112起，查扣挖掘机63台，装载机49台，运砂车11辆，罚款110余万元。不断提高办案质量，确保不出现证据、程序方面错误，全年案件处结率99%。严厉打击阻挠执法暴力抗法行为，积极推行联合执法，与县公安局治安大队联合执法5次，对非法采矿机械依法进行扣押。（李法军　陈　乐）

安全生产监督管理

【概况】　2016年，全县共发生各类安全事故21起，同比下降19.2%，死亡6人，同比下降14.3%，均为生产经营性道路交通事故；工矿商贸领域未发生亡人生产安全事故。事故死亡人数、事故起数均在市政府安委会下达的年度控制指标以内。

【健全责任体系】　按照“党政同责、一岗双责、齐抓共管、常务分管、失职追责”和“三个必须”要求，全面落实企业主体责任、部门监管责任和镇（街、园、区）属地管理责任。年初，对县安委会进行调整充实，下设工业企业、非煤矿山、危险化学品、烟花爆竹、水利等16个专业委员会。为严格落实安全生产责任制，进一步健全完善网格化、实名制台账。对全县高危行业企业、规模以上企业逐一明确部门监管责任和镇(街、园、区)属地管理责任，生产经营单位内部逐级落实监管和岗位责任。截至2016年底，全县已有870家生产经营单位纳入网格化实名制台账。

【强化执法检查】　全面开展企业安全生产主体责任落实情况执法检查。明确企业自主查隐患、部门抓监督的工作机制，督促企业在规定期限内做好自查自改工作，并将自查情况录入安全生产综合监管系统。抽调业务骨干和安全专家，对本辖区、本行业领域的企业主体责任落实情况进行检查，全年共检查生产经营单位2650家次，下达《自查自改指令书》885份。

开展“大排查快整治严执法”集中行动。设立集中行动联席会议办公室，根据各部门职责分工，成立22个行业工作组。督促各级各部门单位建立相应工作机制，狠抓隐患排查整治，全年共排查整改一般隐患13504项，重大隐患9项。

加大对非法违法企业和隐患整改不力企业的整治处罚力度。结合化工产业转型升级工作，持续开展“打非治违”专项行动，全年共受理举报38起，查处取缔非法企业、小作坊70余家次。加强对隐患整改不力企业的处罚力度，对安全生产违法行为立案24起，罚款32.1万元。

开展异地互查活动。精心选派人员组成检查组，采取听取汇报、查阅资料、现场检查等形式，到昌乐县开展异地执法检查活动。共检查企业20家次，排查隐患75项，立案3起；陪同青州检查组到临朐县进行安全生产检查，共检查企业20家次，排查隐患90项，立案2起。

落实安全生产包靠督查。县政府成立13个督查组，采取明察暗访和“四不两直”形式，对各镇（街、园、区）和重点行业、重点领域、重要部位安全生产工作进行专项督查，共检查企业860家次，排查隐患1850处。

【重点领域整治】 危化品整治方面。对全县所有危化品企业，尤其是“两重点一重大”企业，进行全面排查和重点督查。全年共检查企业210家次，排查隐患680余处。开展“专家查隐患”活动，共检查重点危化品企业39家次，查处隐患160余处。开展涉氨制冷企业液氨使用专项治理工作，共抽查涉氨制冷企业16家，查处安全问题和隐患60余条。

非煤矿山整治方面。以地下矿山为重点，推进“三项监管”和五项执法活动，加大对提升、通风、电气、采空区、巷道、采掘、排水等系统检查。全年共检查企业60余次，排查整改隐患130余条；聘请专家对县金矿、寺头金矿、山水水泥等重点企业进行会诊检查，排查整改隐患32处。

烟花爆竹整治方面。实行烟花爆竹“星级管理”，督促批发企业和常年销售业户认真落实安全措施，加强防火、通风、防潮、防漏检查，达不到“二星”管理标准的，坚决不予办理经营许可证，确保经营安全。全年共检查企业210余家次，排查整改隐患270余处。开展烟花爆竹安全专项整治行动，组成四支专项执法队伍，对过去有烟花爆竹非法生产传统的村和人员，进行全面排查，严格落实“包靠”和签订承诺书制度，共排查300余户，签订承诺书300余份，收缴经营户违规经营各类烟花200余件。

【夯实安全基础】 开展安全生产标准化规范化创建。全面推进各行业企业标准化达标工作，截至2016年底，全县已有652家企业通过标准化验收。开展标准化创建“回头看”活动，对30余家安全生产标准化达标企业进行随机抽查，督促其严格按照标准化要求抓好各项工作并做好持续改进。

推进安全生产风险管控和隐患排查治理两个体系建设工作。按照“分类管理、分级负责、属地管理”原则，集中组织开展重点部位安全生产风险源评估摸底工作，共查摆城乡公共领域安全生产风险点85处。发动企业全方位、全过程排查安全生产风险点，收集汇总“一企一册”98家，排查风险点1259处。

完善应急救援管理体系。组织各级各部门及时修订完善应急预案，督促行业领域内企业扎实开展应急演练活动，共编制修订各类应急预案500余件，开展演练活动260余次，参与人数1万余人。

推动安全生产监管系统平台建设。依托市级安全生产监管系统平台，以企业隐患自查自改自报与政府部门监督检查并网衔接为核心，实现隐患排查、登记、整治、监督、销号全过程在线闭环管理。截至2016年底，全县已有334家重点企业录入安全生产监管系统平台并投入使用。

【安全教育培训】 推进全员安全培训工作。以做到人员、时间、内容、效果四落实为要求，抓好对企业负责人、安全管理人员和特种作业人员的培训，全年共培训一般行业管理人员1916人、高危行业管理人员358人、特种作业人员622人。

抓好执法监察人员业务培训。先后6次派出36名安监工作人员，参加市里组织的各类专题业务培训活动。邀请市县安全专家举办为期2天的全县安全生产监管人员执法能力提升培训班，70余人参加培训。

开展安全生产月活动。围绕“强化安全发展观念，提升全民安全素质”主题，通过参与演讲比赛、悬挂横幅、张贴标语、发放宣传资料等多种形式广泛宣传安全知识。活动期间，共设置咨询服务台30多处，展出警示图片600余幅，发放宣传材料2万余份。

加大安全生产信息公开力度。通过安全生产预警平台、报刊、电台、电视台等渠道，经常性地发布全县安全生产工作动态和典型经验，曝光违法行为，全年共发布安全生产信息270余条。

（曾　彬　王　宇）

市场监督管理

【服务发展】 深入推进商事制度改革。2016年10月1日起，在“三证合一”基础上，新整合人社部门的社会保险登记证和统计部门的统计登记证，全面推行“五证合一、一照一码”；12月1日，全面实行个体工商户营业执照和税务登记证“两证整合”。截至2016年底，换发企业“五证合一”新版营业执照4916户，办理加载统一社会信用代码的个体工商户营业执照827户。全县企业市场主体存量为9436户，同比增长10.58%。商标品牌和质量强县战略成效显著，国一铝材的“国一”商标新认定为省著名商标，华星铸造、华新机电、九昌重工、信泰节能4家企业5个产品成功争创为山东名牌产品。大力实施标准化战略，指导全县98家企业声明公示标准187项，7家企业主导参与制修订国家、行业标准18项，3家企业成功创建AAA级标准化良好行为企业，6家企业采用国际标准组织生产。加强计量技术支撑能力建设，新建热能表、测色色差仪、可燃气体报警器3项计量标准。组织开展“守合同重信用”企业评选，华特磁电新获国家级“守合同重信用”企业，3家企业新创省级“守合同重信用”企业。深化融资助企工程，办理股权出质登记、商标专用权质押和动产抵押登记105件，助企融资17.01亿元。

【事中事后监管】 严格履行“双告知”职责，依托县政务服务平台推送各类市场主体数据38882条，实现全县各相关审批部门信息共享，为后续监管提供数据保障。开展2015年度市场主体年报信息公示工作，截至2016年6月30日，全县企业年报信息公示率达到93.78%，个体97.52%，专业合作社96.68%。对年报信息公示情况开展“双随机、一公开”抽查，把未年报和抽查发现问题的271户市场主体列入经营异常名录“黑名单”，纳入重点监管对象，严格落实“一处违法、处处受限”失信惩戒机制。

【消费维权】 结合纪念“3·15”国际消费者权益日，举办全县“新消费 我做主”3·15维权特别节目，对全县品牌企业、食药检验检测结果、网购消费警示等5项开展权威发布，提高消费者识假辨劣能力和消费维权意识。深入开展消费维权进企业、进商店、进社区、进校园“四进”活动，组织消费者开展食品安全消费体验，召开经营者约谈会3次，发布消费警示提示4次，打响“12315，百姓主心骨”消费维权品牌。制定出台《消费投诉行政调解转行政案件处理暂行办法》，创新实施“诉转案”机制，实现行政调解与行政处罚的有效衔接。处结市长公开电话192起，受理投诉举报咨询1200余起，办理“诉转案”案件72起，调处消费纠纷280起，为消费者挽回经济损失200余万元。

【安全监管】 强化食品药品安全专项整治，先后开展“六小”“清源”行动及“守护舌尖安全”“一非两超”等较大规模专项整治26次，查办各类食品药品案件347起。积极开展“红盾护农”专项行动，查处无照经营农资户23户。加强成品油质量检测，抽检样品70个，合格率92.9%。开展集中整治公用企业限制竞争和垄断行为、整治不正当竞争突出问题专项执法行动，立案查处各类不正当竞争案件38起。持续保持打击传销、规范直销高压态势，7月，顺利通过全市无传销城市创建工作检查验收，被认定为无传销县市区。加强对县属各主流媒体的监测监管和行政指导，严厉整治虚假违法广告，查处广告违法案件4起。大力开展特种设备安全“大、快、严”和“四严”专项行动，重点对锅炉安全与节能、电梯、大型游乐设施、涉氨制冷企业特种设备等开展“大会战”“攻坚战”，检查特种设备3828台，排除安全隐患190处。开展制售假冒伪劣和侵犯知识产权“双打”专项行动，围绕电子电器、建材、汽车配件、消防产品等重点工业产品开展专项整治，立案查处违法案件33起。

【创建国家食品安全城市】 全县规模以上食品生产和乳制品企业赋码追溯实现全覆盖。115家获证食品企业实行分级分类监管。697家持证餐饮服务单位进行量化分级评定，量化分级率、公示率均达到100%。深入推行品牌引领，完成“亮企”8家、“亮店”403家、“亮厨”151家，新创省级“清洁厨房”16家、“食安山东”餐饮服务示范单位4家。完成县级抽检1190批次，超额完成抽检任务目标。在农贸市场、商场超市建设的4家快检室由山东拜尔公司托管到位。12处基层市场监管所均按照“十个一”创城考核标准配备监管设备，设置快检室及快检设备。升级改造张家亭子农贸市场，规范设置摊贩疏导点3处，引导流动摊贩入市经营，严把食用农产品准入关。办理食品从业人员健康证明1200余份，实现全县350个中心村（社区）“双四”宣教全覆盖。依托“智慧临朐”平台，全县首批39处快检室和重点大中型餐饮单位（包括学校食堂、大型酒店、餐厅等）后厨实行视频网络直播。

（吕学聪　赵晓东）

价格管理

【价格检测】 完善价格监测工作制度。贯彻落实《山东省价格监测报告制度》和《山东省价格监测预警管理办法》，细化相关配套措施。加强重要商品价格监测。严格执行监测报告制度，做好粮、油、肉、蛋、奶、菜、农资、建材、石化等商品价格监测，定期上报8大类115种商品价格监测数据，及时对市场价格分析预测，为上级制定政策提供基础资料。开展粮油、肉、蛋、生猪、面粉生产价格调查。

【价格执法检查】 加强市场价格行为监管。通过提醒告诫方式，提高经营者价格自律意识。开展价格检查。定期或不定期开展检查巡查，以超市、车站、加油站、农资经营点、停车场等为重点。检查粮油、肉蛋菜、饮料、学习用品、化肥、柴油等商品市场价格。抓好商品和服务明码标价。开展药品价格专项检查、涉企收费检查和商品房销售明码标价专项检查。充分发挥“12358”价格热线电话作用，及时受理、查处价格举报投诉案件、耐心答复价格咨询。全年共查处价格举报投诉案件61起，其中市县长热线转办37起，12358平台受理13起，电话和来人投诉案件9起，全部按时处结。

【重点领域价格市场化】 根据《山东省物价局关于降低上网电价和销售电价的通知》要求，自2016年1月1日起，全县一般工商业电价每千瓦时降低0.0349元，实现全省一般工商业用电同价。及时落实国家成品油价格形成机制改革措施，根据国家和省成品油价格调整方案，截至11月份，成品油调整13次，8升5降。会同县卫计局、人社局、医改办等相关部门，拟定临朐县医疗服务价格改革方案，7月1日正式执行。会同县住建局等部门制定全县普通住宅前期物业服务收费基准价格和停车服务收费标准。

【促进供给侧结构性改革】 会同县卫计局、人社局，转发上级关于放开知名专家诊察费等医疗服务项目价格、重新公布部分医疗服务项目价格和一次性耗材目录的通知，督促各有关单位抓好贯彻落实。完善污水处理费调整方案，7月1日出台临朐县污水处理费标准。编制《临朐县政府定价或政府指导价经营服务性收费目录（2016版）》和《临朐县县级政府定价政府指导价涉企经营服务性收费目录清单（2016版）》。建立城区非居民和特种用水超定额累进加价制度。

【提升价格服务水平】 成本调查工作。开展2016年农户农资购买、农户存粮、农户种植意向专项调查。对2016年小麦、烤烟成本进行预测。完成小麦、散养生猪成本直报和小麦、烤烟、桑蚕茧、生猪成本常规调查，上报成本调查分析报告。

价格认定工作。全年共办理刑事、行政价格鉴定178起，鉴定标的额896.4万元。办理二手房交易涉税价格认定153起，认定金额1.51亿元。办理资产处置价格认证2起。在镇街设立10个价格争议调解室，调解价格纠纷2起，标的物金额0.6万元。

价格研究工作。开展生猪生产、秋粮生产、面粉加工、粮油肉蛋价格、旅游价格、停车收费等专题开展调查，上报调查报告15篇。

（李宪国　王宝伟）

审计监督

【概况】 2016年，共完成审计项目70个，发现各类违规违纪及管理不规范资金2.41亿元，增加财政收入257万元，审计核减工程高估造价资金1.29亿元，下达审计决定书和移送处理书22个，提出审计建议25条，1个审计项目同时获得全市优秀审计项目和全省表彰项目。县审计局被授予“省级文明单位”称号。

【政策措施落实审计】 以推动重大政策措施落实到位，促进经济平稳运行、健康发展和转型升级为目标，继续开展稳增长促改革调结构惠民生政策措施落实情况跟踪审计，完成7个项目专题审计，针对审计中发现的问题，深入分析问题成因，提出具体可行的整改意见，促进政策措施落实到位。

【财政预算执行审计】 财政预算执行审计工作以促进重大政策措施和宏观调控部署贯彻落实、促进深化财政改革、促进部门预算绩效管理和促进廉政建设为目标，围绕预算编制、稳增长等政策措施落实、预算执行管理、决算草案编制、行政事业单位国有资产管理、预决算公开等方面，对县财政本级和5个部门单位进行预算执行审计，对3个镇街进行财政决算审计。

【地税税收征管审计】 以促进全县地方税务系统履职尽责，推动落实税收征管政策，推进依法治税能力建设，提高税收征管质效，查处税收违法行为，深化税收在促进经济发展中的职能作用为主要目标，围绕地税部门贯彻执行税收政策、税收征收管理、发票管理和使用等，

● 2016年4月11日，审计人员在精准扶贫审计中，调查贫困户互助资金管理使用情况（摄影：朱　坤）

对地税局和8家企业进行税收征管质量和企业延伸审计。

【政府投资审计】 通过公共资源交易中心公开招投标10家乙级及以上资质造价咨询机构参与政府投资项目审计，出台委托审计复审办法等文件，进一步规范委托审计行为，防范审计风险。加强对政府重视、群众关心、社会关注的重大政府投资项目的审计，实现对重大项目建设过程全覆盖、全跟踪。2016年，共完成投资审计项目197项，审计投资额10.59亿元，审减工程造价节约政府投资1.29亿元；参与跟踪审计项目8项，涉及投资额5亿元。

● 2016年4月28日，审计人员在减轻和公平企业负担政策措施落实情况跟踪审计中，调查了解铝型材产品检测情况（摄影：史太刚）

【经济责任审计】 2016年，完成4个镇街、18个县直部门单位的离任审计和8个单位的任中审计，查处违规违纪及管理不规范资金1.1亿元。

【自然资源资产离任审计】 围绕促进领导干部正确履行职责、维护国家资源安全和保护生态环境，组织开展镇街领导干部自然资源资产离任审计试点工作，对镇街自然资源资产离任审计的范围、内容、方式方法、问题定性、责任认定等方面进行探索，审计结果得到省、市审计机关肯定。

【民本民生审计】 坚持为民审计理念，把事关群众切身利益、群众反映强烈、党委政府关心的热点难点问题列入审计范围，对保障性安居工程、计生经费、精准扶贫、解决城镇普通中小学大班额问题等进行审计和审计调查，针对存在的问题，提出合理化建议，最大限度维护群众利益，保证民生政策的落实。（孟祥君　李　国）

统计工作

【常规统计】 完成工业、农业、投资、综合、核算、服务业、能源、建筑、房地产、社会、劳资、科技、文化产业和贸易等各专业的2015年报和2016年月度、季度和半年报表工作；完成名录库的月度维护以及月度、年度审批工作，全年新增单位4223家，变更单位信息2536家，注销单位314家，新增规模以上企业26家。

【专项调查】 做好全县调查指导员和调查员培训、调查物资发放和53个小区的绘图、摸底、调查登记、数据质量核查等工作，完成2016年全国1‰和全省1%人口抽样调查任务。推进规模以下企业调查、工业生产者出厂与购进价格调查、“四众”企业调查、非公有制企业人才状况调查、妇儿“两纲”监测和旅游等各项调查工作。

【统计信息服务】 2016年，共撰写经济形势分析材料20余篇。编印发布《临朐县2016年国民经济和社会发展统计公报》；每月向县领导呈报《统计内参》；全面改版《统计月报》；编印完成《统计手册》《统计年鉴》。全年撰写统计信息、分析220多篇，其中《潍坊日报·临朐新闻》采用42篇，市统计局网站采用175篇。

【第三次农业普查工作】 成立由25个单位（部门）组成的第三次农业普查领导小组，先后完成机构组建、经费预算、物资采购、综合试点、“两员”选调、方案培训、普查区划分、清查摸底等工作。全县共划分普查区350个、普查小区2374个，选调普查指导员、普查员2477人，对23.1万户农户进行清查摸底，其中符合普查登记对象的20.5万户。下发《关于做好全县第三次农业普查宣传工作的通知》，开展集中宣传月活动，利用临朐电视台、《潍坊日报·临朐新闻》、微信平台、智慧临朐等媒介大力宣传农业普查的目的和意义。将各阶段所做的普查工作进行汇总，编印农业普查简报。在《潍坊日报·临朐新闻》刊登《搞好农业普查促进三农工作》署名文章。

【考核工作】 配合县考核办完成2015年度对镇（街、园、区）的科学发展综合考核工作，对各项考核指标进行分析、计算、汇总。参与修订《2016年度镇（街、园、区）科学发展综合考核办法》，并把市对县的科学发展考核任务，分解到部门，及时与市里搞好沟通和衔接，协助做好考核指标的分析和提升。

【普法宣传】 开展“第七届中国统计开放日”活动，开展农业普查福到农家集中宣传，向群众发放《第三次全国农业普查宣传材料》《全国农业普查条例》《统计法律法规选编》等宣传材料200余份。编印《统计法规及文件汇编》700册，发放到各镇（街、园、区）、县直各部门以及“四上”企业，推进统计法律法规知识普及。

【执法检查】 制定《临朐县2016年统计行政执法检查工作方案》，分四组对抽取的20家企业进行重点检查。对检查中发现的统计基层基础建设等问题责令相关企业进行整改，进一步完善统计台账、原始记录、统计工作制度等统计资料。

【统计基层建设】 制定《2016年镇街统计工作考核办法》，从基层基础工作、统计业务等方面明确考核细则，评选表彰镇街统计工作一、二、三等奖和17名先进个人。积极协调镇街和企业狠抓基层统计机构建设，健全基础设施，改善基层工作条件，督促基层配强人员，充实基层统计力量，稳定基层统计队伍，落实统计经费，先后为镇街统计站配备电脑11台，PDA设备800多台。加强“四上”企业统计星级单位管理工作，对全县星级企业组织开展全面复查。

【荣誉】 2016年，县统计局被省统计局评为“全省统计宣传工作先进单位”“全省1%人口抽样调查先进集体”；在市统计局各专业21项工作评比中，有15项工作获奖，被评为“优秀县市区统计局”。

（陈景芬　张忠利）

国家统计局临朐调查队

【概况】 2016年，国家统计局临朐调查队开展以制度建立和执行、样本网点管理、数据采集操作流程、数据加工处理评估和审核上报为内容的基层基础工作检查，调查资料完善整理近100本。利用调查资料开展信息服务，全年共撰写调研信息30余篇。认真开展统计宣传与执法检查，共发放宣传材料8套1600多份，送法下乡活动共发放（张贴）宣传材料1500余份，纪念品800余套（份）。送达第1号《统计法律实务告知书》800余份，实现统计法律事务告知全覆盖。积极开展统计执法百日行动，共检查基层调查单位85个。

【住户调查】 2016年，全县共有住户调查点15个，其中县城住户点5个，农村住户点10个。强化网点样本管理。杜绝“无原则更换样本”，共处理换户问题5例。多种措施规范记账。要求记账要素齐全，深挖实物产品和服务漏记问题，进一步规范修改记账的问题。抓好问题查询反馈。对月、季报发现的问题，即时与记账户联系，做好查询记录；对需要修正事项由记账户进行签字确认。重视数据审核评估。每月度、季度报表时，专业人员集中检查“三账一本”，即检查住户基本情况台账、现金收支日记账、实物收支月记账、调查员访户记录本，带着问题培训指导。坚持每季度做好入户访问，通过访户掌握住户的家庭基本情况，充分了解人口、劳动力、耕地等基本状况；对容易发生变动的情况进行询问，确保住户信息更新及时。全年共进行入点入户培训 4 次，季报培训 4 次，月报培训 8 次。稳妥启动电子记账。遵循“积极稳妥、因地制宜、有序推进”和“条件成熟一户、培训一户、落实一户”基本工作思路，全年推广电子记账 12 户。

【农产量调查】 开展夏粮和秋粮两季调查。采取全员参与包靠的方式，在踏田估产、地块丈量、样本放置、样本收割等重要环节，深入调查点与村辅助调查员一起工作，保证调查工作质量，力求调查数据准确性。2016 年，为农产量调查配备录像机、数据存储硬盘、脱粒机、测水仪、样本盒、样本袋，更新 PDA，提高调查保障能力。对全县 20 个农产量调查点的 60 个抽中样方开展遥感测量。

● 2016 年 9 月 24 日，业务人员对辛寨镇唐立店子村记账户进行电子记账现场培训 （供稿：马海利）

【畜禽监测调查】 全县共 20 个畜禽调查点。在做好每月生猪月报和畜禽季报工作基础上，采用常规集中培训、重点指导、入户培训方式，提高调查员在实际工作中的问题处理能力。加强与县畜牧局的交流合作，联合进行督查，强化双方责任，“双把关”杜绝数据不实、瞒报、虚报和漏报现象，做到源头数据填报零差错。

● 2016 年 5 月 27 日，国家统计局临朐调查队在老崖崮村调查点小麦实测放样 （供稿：马海利）

【企业调查】 开展规模以下服务业调查、批发零售与住宿餐饮服务业调查、新设立小微企业和个体经营户跟踪调查以及建筑行业服务业调查、采购经理调查等多项调查。针对小微企业和个体户调查入户难的问题，加强与工商部门、统计局和有关镇街协调沟通，确保调查数据质量。

（马海利）

检验检测工作

【概况】 2016 年，检验检测中心严格遵守国家政策、法令，严格执行国家标准、规范及规程，提供高效优质检测服务和产品质量技术服务，全年共检测样品 2757 批次。

【实验室建设】 2016 年 1 月，48 个农残检测项目一次性通过省农业厅专家评审组的考核验收，取得《农产品质量安全检测机构考核合格证书》。5 月，通过省质监局资质验收考核，申请扩项的 5 个产品及 4 个产品的 44 个参数全部通过认证考核。11 月，因变更山东省铝合金型材及制品质量监督检验中心（以下简称省铝中心）名称和依托法人单位，山东省质监局对省铝中心

● 2016年12月29日，县检验检测中心开展检测技能比武活动
（供稿：倪　华　颜　佳）

进行现场复查评审，认定省铝中心具备检测35个产品、614个项目（参数）的能力（其中包括铝合金建筑型材、建筑用密封胶、钢化玻璃等重要产品9类和关键项目（参数）228项）。

【业务培训】　通过与大中专院校、科研院所和具备相关资质的企业密切合作，选送骨干人员外出学习，请外地专家讲课，到其他县市区检验检测部门交流学习，开展中心内部技术比武等多种形式强化检验检测知识培训。2016年，共开展业务培训12次，培训人员300余人；组织参加外部培训5人次。

【农产品检测】　2016年，共检测水果、蔬菜等食用农产品样品2112份，对其中可能含有的有机磷、有机氯、拟除虫菊酯和氨基甲酸酯类等56种常见农药进行定量检测。

【市级监督抽查】　发挥省铝中心资源优势，完成潍坊市质监局交办的监督抽查任务。共抽取样品285批次，涉及铝合金建筑型材、非建筑用铝合金装饰型材、建筑用密封胶、建筑外窗、钢化玻璃和食品用瓶盖等六大类产品，抽检总合格率为92.3%。

（倪　华　颜　佳）

农业

综述

【传统农业生产】 2016年，完成夏粮种植21.27万亩，单产363.54公斤，实现总产0.78亿公斤。完成秋粮种植34.1万亩，其中玉米30万亩，杂粮4.1万亩，实现总产1.65亿公斤。果品种植面积发展到31万亩，其中大樱桃种植面积6万亩（包括大棚樱桃2.6万亩），实现总产值15亿元以上。瓜菜种植13.8万亩，总产60万吨。扎实开展标准化畜牧养殖示范场创建活动，截至2016年底，全县有市级以上畜禽养殖标准化示范场88家，其中国家级3个、省级13个。严格农产品质量安全监管，设置村级监管员达940人，在全县监管、执法、检测机构和14个市级农产品质量安全追溯点全部开通“监管追溯通”平台，开展专项行动6次，立案查处生产经营违规农资案件48起，审核农药产品3607个。

【特色优势产业】 截至2016年底，全县共建成现代农业示范基地26处。其中，新建成振华果品专业合作社等市级生态循环农业示范基地7处、乐丰家庭农场等市级休闲农业示范园区8处。奶牛、大棚果、黄烟、生态观光农业等特色优势产业不断发展壮大。全县存养奶牛2.9万头、黄烟面积2.28万亩；市级及以上重点农业龙头企业发展到46家，农民专业合作社1792家，注册家庭农场154家。有效期内“三品一标”180个、认证面积31.6万亩。全县新栽植优质果树9000亩、补植5000亩；建成省级以上旅游示范村（点）10处。

【农村综合改革】 临朐土地承包经营权确权登记颁证数据汇交初步完成，完成城关街道兴隆社区集体资产清产核资、成员资格认定，其他社区处于认定阶段。齐鲁农村产权交易中心平台建设不断加强，工作流程进一步完善，交易行为更加规范。2016年，共提报信息3120条，其中土地承包经营权转受让有效信息875条，成交14条，成交面积93.35亩，提报综合信息2231条。充分利用淘宝、天猫等平台和微信等网络工具，搭建网上销售平台。加强与东营、淄博等周边城市对接，通过建立直销店、农企对接等形式，生态农产品销售渠道进一步拓宽。以佳福奶牛养殖专业合作社为试点，推动农民专业合作社信用互助改革不断深入，全年共发放各类贷款360万元。

【“两河”保护开发】 落实《2015—2016年“两河”流域综合开发重点工作实施方案》，突出抓好防洪和水资源开发、道路交通、生态绿化、环境保护、农村新型社区等“十大工程”建设。投资0.6亿元，完成弥河生态治理工程冶源水库至县城南环路段生态整治任务；蒋峪汶河水源地保护工程、东镇湖湿地公园工程、丹阳湖湿地公园工程完成投资4500万元；弥河堤顶道路建设完成0.8公里滨河西路（沂山路至南关段）、3.3公里广威弥河大桥至第二污水处理厂共计4.1公里，完成路灯、人行道、观景平台等附属设施完善升级；加强“两河”流域10个农村新型社区规划建设，年内全部完成提升任务；弥河沂山大桥至冶源水库段堤顶路两侧绿化总长度20.9千米、栽植柳树7000株，投资169.7万元；临朐弥河出境断面为小河圈断面，该断面COD监测数据同比改善9.5%，氨氮含量年同比改善22.7%。

【基础设施建设】 全县规划实施12个重点水利项目，总投入1.77亿元。其中，投资2730万元，实施2016年小农水重点县项目，建设高效节水灌溉面积1.99万亩，项目全部完成；发展高效节水灌溉，蒋峪、辛寨建设1150亩节水灌溉，项目已编制完成并申报。实施水土流失综合治理工程，投资857万元，治理水土流失面积17.1平方公里。九山镇8000亩小流域治理工程等22个农业综合开发项目全部完成建设任务并通过市级验收。中央预算内投资农村沼气项目工程建设顺利完工并通过市级验收。全县500立方米规模以上的沼气池5个，200立方米以上的沼气池11个，小型沼气工程39个，服务网点81处，沼气用户达到3.6万户。常青岭种猪场和梅溪奶牛养殖专业合作社两个800立方米大型沼气池项目开工建设。

【支农惠农政策】 2016年，全县发放城乡居民养老保险政府补贴6289万元，为2458位老人发放高龄补贴51.6万元，为农村创业者发放小额担保贷款535笔8749.74万元、贴息618.25万元，农村义务教育经费支出2790万元，共发放各类助学金407.2375万元，资助学生5684人次，为“三无”人员和孤儿发放35.352万元，全部实行社会化发放。

【美丽乡村建设】 召开全县美丽乡村建设动员大会，印发专门文件，明确美丽乡村建设总体要求、建设标准、主要任务、考核办法等，构建一级抓一级、层层抓落实工作格局。全年规划建设环境整洁村382个、生态文明乡村99个、美丽乡村60个，全部实现达标验收。在2016年全省城乡环卫一体化群众满意度测评中，取得全省第23位、全市第1位好成绩。全市美丽乡村标准化建设暨社区建设现场推进会议在临朐召开，临朐经验做法在全市总结推广。 （魏学翀　陈　勇）

农业综合开发

【概况】 2016年，完成2015年土地治理项目3个、产业化经营项目6个、山区建设项目13个，总投资3071.78万元，其中财政资金2445万元，项目验收获得全市农业综合开发绩效考评第一名。开工建设2016年度土地治理项目7个、产业化经营项目4个、山区建设项目5个，项目总投资4025.34万元，其中财政资金3391万元。完成2015年度产业化经营财政补助项目3个和2016年度第一批财政补助项目6个（含滚动计划3个），开工建设2016年度第二批财政补助项目1个。

【土地治理】 2016年，完成九山镇8000亩小流域治理工程、辛寨镇5500亩高标准农田建设项目和蒋峪镇5000亩小流域治理工程，共投资1943.76万元，其中中央投资1292万元，省投资466万元，市投资52万元，自筹资金133.76万元。建排灌站4座，打机电井28眼，复修配套机电井4眼，新上变压器10台套，配套输变电线路12.07公里，埋设PE管道55.937公里（出水口733个），建滚水桥3座，涵洞312座（包括招标结余资金新增涵洞1座），建蓄水池17座，修水平梯田1500亩，修田间道路61公里，其中新修道路38.5公里，复修道路22.5公里（包括水泥硬化道路7.9公里，招标结余资金新增新修道路3.5公里，复修道路1.7公里），栽植果树5.17万株，培训农民2000人次。开工建设2016年度实施农业综合开发土地治理项目7个，治理开发土地面积2.3万亩，其中高标准农田建设项目2个，小流域治理项目5个，项目总投资2960万元，其中财政资金2939万元，包括九山镇7000亩、嵩山生态旅游区西井村2600

亩、黄谷村2400亩、辛寨镇中白沙村3000亩、沂山风景区3000亩小流域治理工程以及沂山风景区4000亩、王老五家庭农场1000亩高标准农田建设项目。

【产业化发展】 山东绿贝尔农化有限公司4万吨农作物秸秆生物肥生产扩建项目，总投资380万元，财政补助140万元，其中中央财政资金100万元，省级财政资金36万元，市级财政资金4万元，企业自筹资金240万元，项目实际完成总投资380.1万元。玉强奶牛养殖专业合作社400头奶牛养殖基地扩建项目总投资126万元，申请财政资金70万元，其中中央财政资金50万元，省财政资金18万元，市财政资金2万元，合作社自筹资金56万元，项目实际完成总投资128.4万元。鑫康蜂业养殖专业合作社7500群蜜蜂养殖扩建项目总投资112万元。申请财政资金70万元，其中中央财政资金50万元，省财政资金18万元，市财政资金2万元，合作社自筹资金42万元，项目实际完成总投资112.1万元。亿源果蔬专业合作社9000吨优质瓜菜种植基地扩建项目、相亮山楂专业合作社8000吨绿色山楂种植基地扩建项目和信通蔬菜专业合作社13000吨优质瓜菜种植基地扩建项目，6月通过市级验收。博康蜂业180吨蜂王浆深加工扩建项目、茂林养蜂专业合作社6300群蜜蜂养殖扩建项目、隆泰肉羊养殖专业合作社2000头肉羊养殖基地扩建项目已完成。建设中德自然之源6000吨优质蜜桃扩建项目，总投资160万元，其中财政资金70万元。

【山区开发】 完成2015年度山区建设项目14个（含市直包村项目11个）和2016年度山区建设项目5个。其中2015年度项目总投资344.78万元（市级财政资金145万元），分别为临朐县参台丹参专业合作社丹参生产基地塘坝修复及道路建设工程、金鸡山小流域道路及防护林建设工程和包村扶贫财政支持项目（涉及11个中心村）。2016年度项目总投资325.34元（市级财政资金160万元），包括金钜食用菌专业合作社食用菌示范园建设项目、志强果蔬种植专业合作社果品生产基地水利设施及配套建设工程、富田家庭农场水利设施及配套工程、盛临蔬菜种植专业合作社绿色优质蔬菜种植基地建设项目和冶源镇白塔中心村、三阳山村水利配套及道路建设工程项目。

【精准扶贫】 完成2015年度土地治理项目区涉及的2个贫困村开发任务，投入扶贫资金800万元，为九山镇下庄村、辛寨镇杨家河村新打机电井13眼，安装变压器3台，架设输变电线路5570米，埋设输水管道2.4万米，建桥涵123座，蓄水池10座，新修砂石路16.25公里，硬化道路7.9公里，栽植板栗4.4万株，带动600余户贫困村农民增产、增收。开工建设2016年度土地治理项目涉及的7个贫困村项目，共计投入开发资金2127万元，整村推进九山镇下庄、聚粮村治理面积6400亩，沂山风景区管委会毕家砚峪村、大关村治理面积2400亩，对嵩山生态旅游区西井村2600亩、黄谷村2400亩和辛寨镇中白沙村3000亩小流域工程进行治理。（倪　伟　冯　娟）

种植业

【概况】 2016年，全县粮食总产2.43亿公斤，种植业结构调整效果明显，果品面积发展到31万亩，大樱桃种植面积达6万亩，其中大棚樱桃2.6万亩。临朐县获评“山东省生态循环农业示范县”。

【科技服务】 2016年，全县粮食直补小麦面积21.1万亩，发放耕地地力保护补贴2642.5万元；棉花目标价格改革补贴5495.4亩，发放补贴82万余元。承保小麦政策性农业保险19.8万亩，完成赔付34.9万元；承保玉米23.8万亩，完成赔付181.2万元。引进推广果树新品种10个，推广种子包衣、绿色控害等实用技术23项，制定下发《春季麦田管理技术意见》《大棚樱桃管理意见》等技术资料2.3万份，发布病虫情报8期，完成大白菜种产地检疫6800亩，玉米种产地检疫1000亩。5月中旬，对全县21.1万亩小麦实施“一喷三防”统防统治服务。8月，对东城街道、五井镇、辛寨镇的10万亩玉米进行“一防双减”飞防作业。10月，对辛寨镇、东城街道的高产示范方1.44万亩耕地实施“土地深翻+整地镇压”作业。依托农民大讲堂、科技大培训等活动，对农资经营业户、专业合作社、种植大户等人员培训80余期，培训人员1万余人次。

【农产品质量安全监管】 建立县、镇、村三级监管体系，重点加强村级监管力量。村级监管员由原来的690人增加到940人，实现建制村监管全覆盖。实行动态管理，采取末位淘汰制，根据工作实绩考核兑现薪金报酬，激发监管员工作积极性。

在全县监管、执法、检测机构和14个市级农产品质量安全追溯点全部开通“监管追溯通”平台，对农产品生产全过程实时监控；外销农产品须经检测合格后加贴二维码，出具产地证明方可销售，实现农产品质量可追溯。

围绕重点产品和重点区域，结合例行监测和日常监管，重点开展春季农资打假专项治理、韭菜监管专项检查、秋冬季农资大检查等行动6次，共出动执法人员1150人次，检查农资经营单位1220家次，建设市级标准化门店40家；立案查处生产经营违规农资案件48起，审核农药产品3607个。加强检测力度，增加对韭菜、西瓜、生姜等易出现质量安全问题的农产品抽检频次，全年完成省、市、县定量检测1293批次，合格率99.7%；13处镇（街、园、区）农残速测完成上报2.6万批次，合格率、公示率和处置率均为100%。

【示范园区】 山旺镇创建为市级农产品质量安全示范镇，金龙果蔬、樱冠园大樱桃等5家合作社（公司）示范园创建为市级农产品质量安全示范园。相亮山楂和盛世果蔬2家合作社基地获评省级农业标准化示范基地。盛世果蔬合作社建成国家级水果（桃）标准示范园区，鑫泉果蔬专业合作社、金果家庭农场、王老五家庭农场等3家单位建成市级水果标准化示范园，其中鑫泉果蔬合作社建成市级精准扶贫示范园。临朐盛临蔬菜种植专业合作社创建为山东省生态循环农业示范点，临朐县振华果品专业合作社等7家单位建成

● 2016年8月23日—25日，集中对辛寨镇、东城街道、五井镇的10万亩玉米实施“一防双减”飞防作业

（供稿：于文瑞　黄传华）

● 2016年6月7日，临朐大樱桃荣获“2016年全国樱桃年会优质大樱桃品评一等奖”

（供稿：于文瑞　黄传华）

市级生态循环农业示范基地，乐丰家庭农场等8家单位建成市级休闲农业示范园区。

【农产品品牌】　完成14家农业单位14个产品“三品一标”新认证、再认证和复查换证工作。寺头镇河口村获评第四批省级“一村一品”示范村，临朐大樱桃喜获2016年中国樱桃年会优质大樱桃品评一等奖，九山镇、寺头镇种植的苹果在潍坊市2016年优质苹果大赛中囊括金、银、铜奖，县农业局先后组织近20家品牌农产品单位，参加中国农产品交易会、中国食品谷（潍坊）名优农产品北京展示交易周等展销会5次。

● 2016年8月31日，县农业局组织全县300名贫困户开展扶贫培训　（供稿：于文瑞　黄传华）

【产业扶贫】　制定下发《全县2016年种植发展规划》，全县新栽植果树1.4万亩，中药材4万亩，食用菌19万平方米。发挥盛安食品、沂山丹参茶制品等农业龙头企业带动作用，在生产、加工、销售、就业等方面，与贫困村户有效对接，带动相关380余户贫困户脱贫。推行“党支部+合作社+贫困户”扶贫模式，通过政策和项目带动，将贫困户纳入合作社，抱团发展。10月下旬，县农业局在全省农业脱贫攻坚工作现场会上作典型发言，介绍临朐扶贫工作先进经验。帮助蒋峪镇慈母山牡丹专业合作社争取高效特色农业扶贫项目资金100万元，帮扶64个贫困户脱贫。争取扶贫资金16万元，帮助省级贫困村九山镇付兴村实施标准农田建设项目，整合资金13万元，提供3300余株优质晚熟桃树苗，建设60亩高标准果品示范园。　（于文瑞　黄传华）

林　业

【概况】　2016年，九山镇、辛寨镇被潍坊市绿化委员会评为“市级森林镇”，城关街道大谭马村、五井镇隐士村、冶源镇李家庄子村、寺头镇福泉村、九山镇南周家庄村、辛寨镇大峪村、辛寨镇下峪村、蒋峪镇田峪村、山旺镇王家寨子村、沂山风景区后唐家河村、嵩山生态旅游区崔木村、嵩山生态旅游区庄科村等12个村被评为“市级森林村”。建成蒋峪莲湖省级湿地公园，完成嵩山省级森林公园和辛寨凤凰谷省级森林公园总体规划设计。

【造林绿化】　2016年初，县委、县政府制定下发《临朐县2016年度国土绿化实施意见》，明确山区森林建设、水生态森林建设、绿色廊道森林建设、城区森林建设、森林镇村建设等5个造林绿化重点。3月21日，全县春季林业生产现场会召开，对全县造林绿化工作进行安排部署。全年共完成新造林面积1.5万亩，新建完善绿色通道106公里，育苗1.35万亩，四旁植树120万株，森林抚育1.2万亩，全县立木蓄积量达到187.96万立方米，林木覆盖率达到45.8%。

2016年度全县林业生产情况统计表

表2

单位	本年造林面积（亩）	用材林（亩）	经济林（亩）	防护林（亩）	育苗面积（亩）	其中本年新育（亩）	成林抚育面积（亩）	四旁植树（万株）	立木蓄积量（立方米）
合 计	8500	1160	5971	1369	13500	450	12000	120	1879597
城关街道	259	—	259	—	200	5	—	9	47212
东城街道	262	—	262	—	200	5	—	7	47378
五井镇	500	—	400	100	560	10	500	8	69525
冶源镇	420	50	370	—	350	10	—	9	86869
寺头镇	1039	—	889	150	750	30	500	12	221432
九山镇	620	100	320	200	250	10	5600	13	304158
辛寨镇	1099	210	600	289	300	10	1600	15	207072
蒋峪镇	848	240	498	110	450	10	1000	10	132664
柳山镇	849	200	649	—	150	10	—	8	44987
山旺镇	475	50	425	—	200	10	—	8	59990
沂山风景区	800	150	550	100	100	10	—	8	98695
龙山产业园	200	—	200	—	9840	320	—	5	19877
嵩山生态旅游区	1129	160	549	420	150	10	400	8	86345
林场	—	—	—	—	—	—	2400	—	453393

【森林防火】 5月10日，县委、县政府制定下发《进一步加强全县森林防火能力建设的实施意见》，县林业局按照意见要求，深入排查森林火灾隐患，共排查森林火灾隐患136个，下发整改责任书51份；强化森林消防专业队建设，筹建临朐县森林消防大队，招录50名森林消防专业队员。出台公益林护林员管理办法，选聘400名公益林护林防火员；完成沂山山系森林防火项目建设，新建瞭望台5座，购置泡沫消防车3辆、运兵车3辆、摩托车16辆，安装远程监控系统6套、建设防火宣传墙20座，购置风力灭火机、油锯等防火物资；加强防火道路、防火隔离带建设，共投入资金4000余万元，新建防火道路112公里、维修165公里，开通防火隔离带160公里；加强以水灭火能力建设，投资2044万元，新建蓄水池55座、塘坝5座、配套输水管网17.4公里；加强视频监控系统建设，在沂山林场、嵩山林场、九山林场、丹崮林场及石门坊、黑松林等风景区，建设视频网络监控系统15套，安装监控探头220个，建设智能图像采集语音警示卡口60处，监控范围达到60万亩。10月底，全县森林防火会议召开，印发张贴防火戒严令1万份、公开信10万份。

【有害生物防控】 2月，县林业局与各镇（街、园、区）、国有林场签订责任书，层层建立责任制，把责任落实到山头、地块和人员，做到监测普查无盲区，疫点除治无死角。3月，对全县主要林业有害生物越冬情况进行调查。4月，对全县6.36万亩松林开展松材线虫病春季普查工作，共送检枯死松树样本20个。5月始，投入资金173.4万元，在沂山林场，采取打孔注药、人工喷药、悬挂诱捕器等方法，防治日本松干蚧和松褐天牛2.56万亩。投入资金65万元，完成潍坊市林业有害生物综合防控体系建设项目及省林业有害生物检疫测报标准站建设项目，建成基层测报点15处、中心测报点1处、检疫检查站1处。

【林政执法】 改革和完善商品林采伐管理，全年共办理林木采伐许可证2309份，采伐蓄积31683立方米；办理2015—2016年公益林抚育项目抚育采伐证63份，采伐蓄积770立方米。全年共完成审核、审批新上木材经营加工业户3家，总投资900万元。加强野生动植物保护，以省级野生动物疫源疫病疫情监测点为依托，做好野鸟高致病性禽流感监测防控工作。11月，开展保护候鸟等野生动物资源专项行动。加大各类破坏森林资源案件查处力度，全年共受理查处103起，其中行政处罚案件101起、刑事案件2起，刑事拘留7人，取保候审3人，起诉3人，打击处理违法人员116人。

【创森工作】 制定下发《临朐县2016年创建国家森林城市工作任务分解表》，对创森工作任务进行分解，层层落实责任。全面完成荒山造林、水系绿化、道路绿化、森林抚育等4项创森重点工程。设立户外大型广告牌4块，高速公路大型喷绘2幅、悬挂横幅300多幅、刷写标语800多条，印发“创森”公开信、明白纸30万份。在出租车、公交车及超市、银行、居民小区LED广告屏上，滚动播放创森宣传标语。

【林业产业】 稳定板栗、山楂、柿子等传统经济林种植面积，大力发展油用牡丹、榛子、薰衣草、元宝枫等新兴经济林种植。先后在九山镇、寺头镇、嵩山生态旅游区举办经济林种植技术培训班3期，在寺头镇相亮山楂合作社举办林产品安全生产培训班1期。慈母山牡丹等4家合作社创建为省级专业合作社示范社，福寿蓝莓等10家合作社创建为市级示范社，米兰之窗等6家企业被评为省级林业龙头企业。全县共引进榛子、核桃、油用牡丹等良种8个；新发展特色经济林种植3900亩。

● 2016年7月8日，临朐县森林消防大队成立暨集训仪式举行 （摄影：赵德刚）

● 2016年11月18日，县林业局救助一只非洲灰冠鹤 （摄影：赵德刚）

临朐县湿地公园名录

表 3 单位：公顷

序 号	名 称	湿地公园面 积	湿地面积	四至范围
1	临朐巨洋湖省级湿地公园	2000	1350	东起卧龙大山岭，西至冶源海浮山，南到石家河大桥，北到巨洋湖大坝
2	临朐东镇湖省级湿地公园	403.7	169.2	南起南祝家店子，北至生态停车场，西起上寺院护林防火检查站，东抵 223 省道
3	临朐弥河省级湿地公园	764.9	445.8	东至榆林店村，西到孔村桥，南起冶源水库大坝下，北至弥河临朐县与青州市交界处
4	临朐弥河源省级湿地公园	444.7	178.9	东到博石村漫水桥，西至西岸头村，南起淌水崖水库，北至大山东村东
5	临朐莲湖省级湿地公园	234.4	131.7	北至山头子大桥，东至昌乐县界，西至代家庄桥，南至小关桥
6	临朐丹阳湖市级湿地公园	61.2	61.2	北至丹河北路，南至丹河南路，东至规划 14 号路，西至西环路

2016 年度市级以上林业合作社、龙头企业、示范园明细

表 4

称 号	授称号部门	单位（企业）名称
省级经济林标准化示范园	省林业厅	九山镇果业协会
		临朐县汇龙山核桃专业合作社
		临朐县樱冠园大樱桃专业合作社
山东省林业龙头企业	省林业厅	潍坊尧帝农耕庄园有限公司
		临朐县山里红食品厂
		潍坊盛安食品有限公司
		山东米兰之窗系统门窗幕墙有限公司
		临朐县金源牧业有限公司
		临朐县沂山生态旅游开发有限公司
山东省林业合作社示范社	省林业厅	临朐县天源大樱桃合作社
		临朐县飞皇蚂蚱养殖专业合作社
		临朐县宝芸苗木专业合作社
		临朐县慈母山牡丹专业合作社
山东省林下经济示范基地	省林业厅	临朐县金源牧业有限公司

续表 4

称 号	授称号部门	单位（企业）名称
潍坊市林业专业合作社市级示范社	市林业局	临朐县万东蜜桃专业合作社
		临朐县嵩山牧童苗木专业合作社
		临朐县九山镇青杨峪板栗专业合作社
		临朐县润鑫果蔬专业合作社
		临朐县山这边畜禽养殖专业合作社
		临朐县福寿蓝莓专业合作社
		临朐县瑞国苗木专业合作社
		临朐县天源大樱桃专业合作社
		临朐县宝芸苗木专业合作社
		临朐县慈母山牡丹专业合作社
山东省十佳观光果园	省林业厅	临朐县盛世果蔬有机蜜桃生态观光园

说明：1. 2016 年创建的省林业龙头企业共 161 家，按县市区计，临朐县最多
2. 2016 年创建的市级林业合作社示范社，潍坊市共 19 家，其中临朐县 10 家

【国有林场】 2016 年 10 月份，县政府成立临朐县国有林场改革领导小组，制定下发《临朐县国有林场改革实施方案》，将沂山、嵩山、九山、丹崮 4 处国有林场主要功能，明确定位于保护培育森林资源、维护生态安全，主要承担保护和培育森林资源等生态公益服务职责，按从事公益服务事业单位管理，为公益一类事业单位，国有林场总编制 222 人，其中，沂山林场定编 84 人、嵩山林场定编 60 人、九山林场定编 55 人、丹崮林场定编 23 人。11 月 10 日，将国有沂山林场、嵩山林场、九山林场经费来源由经费自理调整为财政拨款，将国有丹崮林场经费来源由财政补贴调整为财政拨款。

沂山林场 沂山林场位于临朐县境南部，覆压临朐、沂水、沂源三县边界，沂山主峰玉皇顶海拔 1032 米。1948 年 10 月建场，下设桃园林区、回头林区、大寨河林区、古寺林区、三崮林区 5 个林区。场部设有：办公室、生产科、防火办公室、财务科四个科室，玉皇顶、歪头崮、金山顶、三处瞭望哨。林场经营总面积 2172.6 公顷，林业用地面积 2162.5 公顷，森林覆盖率 99.5%。2016 年，改造林区防火道路 7 公里，新建 3 座溢流坝，5 个大型防火蓄水池，铺设 10000 余米引水上山防火管道，配备消防车两辆、摩托车 8 辆，完成病虫害防治 7500 余亩、森林抚育 1000 亩。完成 4000 亩国家储备林项目规划设计。

嵩山林场 嵩山林场位于临朐县西南部，西界淄博市沂源县。林场始建于 1958 年 4 月，经营总面积 29271 亩，林业用地面积 29223 亩，森林覆盖率 99.8%。2016 年以来，改造林区防火道路 13.5 公里，新建崔木林区防火隔离带 10 公里；新建 10 个大型防火蓄水池，塘坝 1 处；投资 20 多万道安装森林防火预警语音卡口 15 处，购置防火车 2 辆，配备防火摩托车 39 辆，粉刷和悬挂宣传标语 80 多块（幅）。争取中央专项扶贫资金 50 万元，自筹 1.2 万元，桥头林区新建生产性用房 10 间，面积 252.75 平方米。完成木撩尺蠖病虫害防治 3500 余亩、森林抚育 1800 亩，特殊及珍惜树种森林培育 1000 亩，指导社会造林 15000 亩。

九山林场 九山林场地处临朐县南部九山镇、沂山西麓、弥河上游，最高峰海拔753米，经营总面积20102亩，森林覆盖率93.4%。2016年，改造林区防火道路6.65公里，新建6个大型防火蓄水池，配备防火摩托车11辆，完成木撩尺蠖病虫害防治2000余亩、森林抚育500亩，对养殖的黑山羊、梅花鹿、藏香猪、肉鸭等继续扩大规模；林下种植丹参200亩，完成2000亩大径材项目规划设计。

丹崮林场 丹崮林场地处县城南30公里的青石山区，1959年初建，经营面积12895亩，森林覆盖率94.2%。2016年，争取上级资金18.5万元，在丹崮林区架子山山顶建设瞭望台1处；投资3.1万元建设防火宣传墙4处，补充配备灭火工具和器材；装备2辆防火宣传车。完成森林抚育任务400亩，实现林分的提质增效。以双条杉天牛、侧柏红蜘蛛、木橑尺蠖等为重点，加强监测普查工作，完成监测测报工作。投入资金2.1万元，对场部办公用房进行修缮。

（孙文波　赵德刚）

畜牧业

【概述】 2016年底，全县畜禽养殖规模化程度达到70%，标准化程度达到80%。发展畜禽养殖标准化示范场85家，其中国家级3个，省级13个，市级69个。拥有奶牛标准化养殖场37家，生猪规模化养殖场120家，无公害认证企业72家，兽药生产企业6家，饲料生产企业25家，畜产品屠宰企业50家，其中生猪屠宰加工企业1家，乳制品加工企业3家，蜂产品加工企业8家。抓好春秋两季高致病性禽流感、牲畜口蹄疫等重大动物疫病集中强制免疫工作，防疫密度达到100%，抗体检测合格率达到90%以上。组织开展畜产品质量安全集中整治行动，严厉打击私屠滥宰和加工经营病死畜禽的违法行为。积极推行种养结合模式、清洁回用模式、达标排放模式等畜禽粪便资源化利用技术，加强畜牧技术推广体系规范化建设，积极开展国家级基层畜牧技术推广示范站创建工作并成功通过评审，临朐县畜牧技术推广站被授予“全国基层畜牧技术推广示范站”荣誉称号，成为全国第一批成功创建的国家级示范站之一。

【畜牧生产】 截至2016年底，全县存养牛3.78万头，其中奶牛2.9万头；生猪37.65万头；羊25.37万只；家禽744万只。全年出栏生牛3.53万头、猪76.98万头、羊32万头、家禽5768.5万只，肉类总产16.11万吨，奶类产量11.12万吨，蛋类产量2.15万吨，实现畜牧业收入48亿元。

【畜牧科技推广】 实施2016年临朐县基层农技推广体系改革与建设补助项目，引导养殖场（户）科学选用优良品种和先进适用技术，推广畜禽粪污无害化处理、奶牛精细化养殖、生猪健康养殖与高效繁育等实用技术。

【畜禽品种改良】 组织实施生猪、奶牛、乳肉兼用牛等良种补贴项目，全年发放良种生猪精液10万份、奶牛冻精2.86万支，乳肉兼用牛冻精1万支，奶牛、生猪改良率达到95%以上。培植畜禽良种繁育体系，发展规模种畜禽场23家，形成以奶牛、肉羊、肉鸭、蛋鸡、蜜蜂为主体的繁育体系。

【动物疫病防控】 制定下发《2016年临朐县动物疫病监测与流行病学调查计划》，组建临朐县动物流行病学调查专家组，开展全县19种动物疫病普查和流行病学调查，全县境内无重大动物疫病疫情发生。

【畜产品质量安全】 结合食品安全城市创建，开展畜产品和畜牧投入品抽检工作，完成1100份肉样、尿样，286份生鲜乳样品，46个饲料样品和53个兽药样品的抽检任务。全年累积出动执法人员350余人次，查处各类动物卫生违法案件12起。截至11月底，共检疫各类畜禽

6881.17 万头（只）。

【畜牧业面源污染治理】 提升畜禽养殖标准化率，完成 4 处畜禽标准化规模养殖场改建、扩建，新建畜禽粪污处理设施示范工程 4 处。组织企业进行畜产品“三品一标”认证，新增“三品一标”认证 9 个。组织实施《临朐县畜禽养殖布局规划》，做好以弥河沿线禁养区为主的养殖场清理和搬迁，组织编写《规模化畜禽养殖场粪污无害化处理指导方案》，引导畜禽养殖向适宜养殖区发展。

【畜牧业金融保险服务】 建立和完善畜禽养殖风险防范机制，按照“政府引导、市场运作、农户自愿、稳步推进”的原则，继续推进实施奶牛、生猪金融保险业务，全县累计参保奶牛 6390 头、生猪 2.6 万头。

【“粮改饲”试点项目】 综合分析全县奶牛产业现状和饲草资源优势，充分利用产业政策，成功申获国家“粮改饲”示范县试点项目，争取省财政资金 800 万元，重点支持奶牛产业开展全株玉米青贮、畜牧科技推广和产业扶贫开发。

【休闲旅游畜牧业】 培育壮大一批面向城乡、富有特色、充满活力的休闲体验畜牧产业示范基地。天润农场被评为省级畜牧旅游示范区。华农良种繁育有限公司、润源肉牛养殖有限公司、春冠食品有限公司和雨田牧场等 4 家企业争创畜牧旅游示范区，打造生态、绿色、休闲牧场。

【病死畜禽无害化处理】 制定下发《临朐县病死畜禽无害化处理办法》，探索病死动物和动物产品有偿集中回收补助及集中无害化处理合理补贴等相关政策机制，在龙山工业园建设覆盖饲养、屠宰、经营、运输等各环节的病死畜禽无害化处理场所。

【畜牧特色养殖】 培强做大蜜蜂产业，形成“蜂农 + 协会 + 公司 + 市场”四方参与的一条龙生产体系，产品涉及蜂蜜、王浆、花粉、蜂胶、巢蜜等 5 个系列 100 多个品种，在寺头镇建立中华蜜蜂品种资源保护区，形成独具特色的中华蜂蜜优质品牌。加强临朐黑山羊品种保护和产业开发，注重黑山羊提纯复壮、饲养条件的改善和繁殖性能的提高，拉动临朐黑山羊产业迅速发展，巩固国家级农产品地理标志创建成果，壮大“临朐全羊宴”品牌。打造朗德鹅生产基地县，全县年出栏朗德鹅 100 万只以上，专业化朗德鹅产销一体化企业 5 家。（王兆华　李艳伟）

水利水产

【概况】 2016 年，全县规划实施 12 个重点水利项目，总投入 3.5 亿元。3 月份，由市水利局组织对已完成部分进行工程阶段性验收。完成临朐县贫困村饮水工程省级补助项目，完成镇（街、园、区）小农水重点县项目，完成弥河（冶源水库至县城段）综合治理工程。严格水产品质量安全监督抽查制度，积极开展水产品质量安全检查，对养殖中使用的渔用饲料、药物多次进行现场检查。抓好库面秩序管理，积极与库区镇村及公安部门搞好协调、做好联动，及时清除非法网具、地笼，严厉打击非法捕捞、电鱼、毒鱼等违法活动。全面完成农田水利设施产权制度改革和创新运行管护机制试点改革任务。以健全完善最严格水资源管理制度指标控制体系为基础，进一步建立完善用水总量控制和优化利用机制。落实建设项目水资源论证制度，严格取水许可审批管理。积极推进计划用水、节约用水工作，严格按照法律法规，狠抓装表计量工作，坚持依法征费。强化水行政执法工作，落实水政执法“三项制度”，加强执法巡查及水行政许可的稽查，严厉查处水事违法案件。进一步加强执法队伍建设，提高执法效能、完善执法机制，顺利通过全省水政执法规范化建设示范单位考评验收。

【农田水利建设】 2016年，完成龙山、山旺、寺头、沂山、蒋峪、辛寨等镇（街、园、区）小农水重点县项目，31个村受益。总投资2698万元，建4处高效节水灌溉工程1.99万亩，项目区灌溉水利用系数达到0.85，年新增节水能力206万立方米，受益人口2.76万人。

● 小农水工程—河泵站蓄水池 （供稿：张效庆 李 政）

【农村公共供水】 投资135.47万元，对五井镇天井村、嵩山旅游区西井村、龙山产业园宿家庄村的村内供水管网及水源设施进行巩固提升，解决村内管网跑、冒、滴、漏问题。实施潍坊市2016年农村饮水安全村级工程巩固提升项目。项目投资384.97万元，其中申请市级奖补资金169.42万元，差额部分由群众自筹解决。项目对城关街道凤凰、东城街道长沟等11个村内供水管网进行巩固提升。

【河道治理】 总投资2.4亿元，完成冶源水库至县城段综合治理工程，建拦河橡胶坝5座，蓄水500万立方米，形成水面3583亩；沿河两岸修建滨水绿道24.5公里，跨支流桥梁4座，停车场、管护房、公共自行车设施配套，河道整治10.3公里，生态护坡面积50万平方米，建设生态驳岸，达到20年一遇防洪标准。建人工湿地，栽植芦苇等水生植物近20万平方米，形成20公里绿色生态长廊。投资2522万元，启动五井石河治理工程。

【水土流失综合治理】 完成沂蒙山区国家水土保持重点建设工程砚峪小流域、双山小流域综合治理项目，投资1527万元，治理水土流失面积30.5平方公里。完成省级水土保持综合治理项目隐士生态清洁小流域项目，省财政总投资80万元，建溢流坝1座，水保林160公顷。

【水利行业扶贫】 全县帮扶建档立卡贫困移民共计583人，2016年完成脱贫494人，脱贫率85%。争取上级水利移民精准扶贫专项资金1550万元，针对259户贫困移民实施精准扶贫项目，实现扶贫到村到户，项目全部为生产经营项目，其中光伏发电项目1124万元，合作社及龙头企业项目426万元。利用移民后期扶持资金1320万元，对省确定的21个贫困村、41个移民村实施后期扶持项目，项目内容包括农田水利、道路建设、供水管网提升改造等。总投资5400万元，完成沂山风景区草山亭村水库移民避险解困项目。争取上级资金1845万元，总投资3500万元，完成嵩山生态旅游区暖水河村第二批移民避险解困试点项目，规划建设移民安置小区，建安置楼8栋，安置移民738人。投资141.4万元，在河口村和常庄村铺设PE管道7.3公里，建高效节水灌溉面积1103亩。利用省水利厅行业扶贫资金90万元和市财政村内管网巩固提升工程专项资金32万元，对西井、天井、宿家庄村内供水管网进行改造。

【防汛抗旱】 汛前，投资1215.73万元，完成25座新出险小型水库除险加固工程尾工建设；实施山洪灾害防治非工程措施补充完善项目建设，建设60余处自动雨量、水位、视频监测站点，对22处雨量、水位站点进行升级改造，增强雨水情监测能力，建立全县抗旱应急水源调度方案，汶河抗旱应急调水工程多次通过大关水库放水补源，在沂山水库供水水源不足的情况下，及时调水补充供水管网，保证区内工农业生产用水和生态用水需求。

● 节水灌溉工程—河口田间微喷　　（供稿：张效庆　李　政）

【渔业水产】　在省市县水产品质检部门组织的抽检活动中，所抽检的 200 多个批次样品全部合格。积极推进现代农业生产发展资金优质鱼产业项目；完成冶源水库增殖放流工作，争取上级资金 30 万元；总投资 55 万元，实施 2016 年基层渔业技术推广体系改革与建设项目；完成力德电器公司海洋经济项目，争取上级资金 200 万元；举办“2016 年度新型渔民培训班”。

【农田水利设施产权】　做好完善项目补助方式、产权确权和移交、鼓励和扶持农民用水户协会等专业合作组织发展等 8 项改革试点任务，探索水利工程运行管护模式，初步构建起灌溉工程使用、管理、维护的运行机制。

【水行政管理】　对在“三八六”环保行动中关闭自备井的 21 家企业进行专项巡查；对 26 个水土保持项目和 29 个取水许可项目进行稽查，对在稽查中发现的问题，提出整治意见限期整改；对信访、举报的 8 起水事违法案件进行调查处理。

【冶源水库】　制定汛前各类防汛措施和应急预案，开展汛前大检查，及时完成水库大坝监测资料整编分析和启闭电力设备的检修养护，并对水库水情雨情自动测报、洪水预报调度、水库实时安全调度等系统进行运行调试，对备用发电机组及时维修保养。投入维修养护资金 45 万元，进行枢纽工程维修改造。2016 年，水库总蓄水量达 5400 万立方米。投资 110 万元，改造泵站 1 座，衬砌渠道 2.5 公里；投资 16 万元，完成 2016 年度小农水维修养护项目；完成 6 个灌区节水改造工程验收；4 月初，放水 20 天，灌溉农田 1 万多亩；集中组织清障 20 公里。全年完成捕鱼 39.49 万公斤。实行专管与群管相结合，加强 24 小时监控和巡查。实施渔业生产标准化管理，放足放好鲢鳙鱼等大规格鱼种，消除水库水质的富营养化。年内累计向县城、东城街道、龙山产业园以及寿光供水 3000 多万立方米。

【嵩山水库】　2016 年，水位观测 194 次，降雨量观测 54 次，发送水情电文 78 次；共巡视检查工程 320 次，测压管观测 60 次；多方筹措维修养护资金，对大坝后坡局部沉陷进行整修，对溢洪闸启闭机、钢丝绳、闸板等进行维修养护。

【丹河水库】　根据水库蓄水量和天气状况，科学调度、合理利用现有水资源，确保满足灌区农业抗旱用水及流域生态用水需求，以农业水价综合改革促进灌区管理体制的改革，以农业水价综合改革试点单位为驱动，创新灌区管道工程管理运行模式，完善农业水价调整与形成机制，健全灌区终端水价为基础的“按方收费”管理模式，进一步细化工程使用、管理、维护“三位一体”的运行机制和措施，灌区工程运行管理模式在省水利厅组织的小农水项目三年总验收中被评为“省级样板工程”；灌区灌溉协会被评为“国家级用水示范组织”。

【沂山水库】 2016年，争取中央财政补助维修养护资金30万元，进行水库工程养护维修，增强防洪调节能力；总投资1523万元，完成沂山、蒋峪、辛寨等20个村小农水重点县项目和沂山水库灌区节水改造项目，建高效节水灌溉面积1.06万亩，灌区全部实现管道化灌溉，灌溉水利用系数达到0.85以上；向县清源供水有限公司提供原水95万立方米。

【大关水库】 增容工程项目进展顺利，计划将现状蓄水位240.5米提高至兴利水位243.0米，兴利库容达到1184.4万立方米，增加兴利库容406万立方米。投资78万元，完成水库电站装机容量由110千瓦提高到200千瓦增效扩容工程，水电站年发电量由25万千瓦时提高到60万千瓦时，12月份通过验收。

【淌水崖水库】 对工程建筑物、设施设备进行维修养护，落实各项度汛措施，实现安全度汛，发挥水库防洪、供水、灌溉效益。协助县水利局完成宋王庄、南沟、崖下、南店、釜泉、晋家沟、褚庄村等7个村小农水重点县建设项目，建泵站1座，购置配套机泵1套，总装机功率30千瓦，铺设PE管道67.3千米，共完成节水灌溉面积1.21万亩，灌区全部实现管道化灌溉。

（张效庆 李 政）

农业机械

【概况】 截至2016年底，全县农机总动力达到58.3万千瓦，比2015年增长0.5%。大中型拖拉机2605台、小型拖拉机9480台、稻麦联合收割机641台、农机配套机械1.37万余台（套）。全县综合农业机械化水平达到85%以上。农业部下拨中央财政资金30万元，用于临朐县保护性耕作技术的试验推广，做好以“深松技术、秸秆还田覆盖技术、免耕施肥播种技术、田间机械化植保技术”为主要内容的保护性耕作技术的推广应用工作。争取省财政扶持资金30万元，用于临朐县小麦深松分层施肥精播机械化技术推广项目实施，顺利通过验收，被省农机局评为“2016年全省优秀项目单位”。

【农机购置】 2016年，全县农机购置补贴资金800万元，比2015年增长8.8%，服务全县13个镇（街、园、区）的农民和农业生产经营组织，补贴机具3697台，其中：拖拉机211台、收获机械31台、耕整地机械3287台、农机具168套，受益农民3358户。

【土地深松】 2016年，全县农机深松补贴作业任务4万亩，21台安装检测仪的深松机械实施全部作业任务，实时上传作业数据到县农机局管理系统。全年共计补贴农民资金160万元，其中春夏季作业面积1.99万亩，秋季深松作业面积2.01万亩。

● 土地深松免耕播种作业（供稿：衣 新 李 亮）

【农机报废】 2016年，临朐县为潍坊市农机报废更新补贴项目试点县之一。全年共报废农机124台，其中拖拉机97台、联合收获机27台、更新农机具124台（套），报废更新共计补贴资金31.4万元，受益农户110个。

【耕作技术】 2016年，在东城街道、山旺镇等镇街建设保护性耕作技术示范基地3处，完成实施面积5200亩，示范区内新增玉米免耕播种机 4 台、小麦免耕播种机 10 台、深松机 5 台、玉米联合收获机 2 台，组织完成小麦机收、秸秆还田、玉米免耕精量播种等农机作业任务，机械化作业水平达到 90% 以上。

● 花生联合收获机作业（供稿：衣　新　李　亮）

【小麦深松精播】 2016 年，全县小麦深松分层施肥精播机械化技术推广项目在东城街道、辛寨镇、山旺镇的 10 个行政村实施，面积 5000 亩；举办小麦免耕播种技术现场会、专家培训讲座 2 期，每期 100 余人参加。

【农机检修服务】 深入乡村开展各类农业机械巡回检修和保养服务，全年共检修农机具 1000 多台（套）；在临朐县职业教育中心学校、山旺镇政府分别组织农机手实用技术培训班和农机农艺技术培训班，全年共完成农机技术培训 1000 余人次，发放各类农机技术宣传材料 12000 余份。认真执行农业部《联合收割机跨区作业管理办法》规定，组建跨区机收作业队，出动 130 多台（套）联合收割机进行跨区作业，免费发放跨区作业证 80 份，完成跨区机收、机耕面积 3 万多亩。

【农机行政审批】 实行“一站式办公、一条龙服务、一次性办结”管理服务运行模式，做好农业机械驾驶证核发、续展、增驾，农业机械证书牌照的核发、变更，农业机械维修合格证书的核发、续展等审批事项工作。全年下乡集中为农机挂牌 16 次，办理牌照 100 多副。

【农机合作社】 2016 年，扶持发展合作社 2 家；通过探索“保姆服务”新形式，创办集农机销售、维修、配件供应和培训服务于一体的农机“4S 店”1 家，并通过市级验收。12 月中旬，全市优秀合作社观摩团到临朐参观召林农机合作社。临朐县鹏超农机专业合作社理事长被授予“潍坊市乡村之星”称号。

【包村联户】 协调资金 5 万元，帮助山旺镇崔家河村发展农业生产，落实农机购置补贴机械 14 台，免费深松土地 540 余亩。全年免费为生活困难户开展农机生产作业 1200 多亩。

（衣　新　李　亮）

农村经济管理

【概况】 制定下发《关于进一步深化农村集体“三资”管理的通知》，提升全县农村集体资金资产资源管理水平，规范代理中心平台，全县农村土地确权登记颁证工作基本完成。按照“依法、自愿、有偿”原则，利用县、镇二级土地流转服务大厅，开展土地流转供求登记、信息发布、土地评估、政策咨询等服务，建立健全土地流转管理机制，推进农村土地承包经营权有序流转，促进农村土地适度规模经营。开展 2016 年省级示范社、市级示范社和市级示范农场推荐上报工作和 2016 年度 20 家县级示范社评定工作。监督惠农资金及时足额发放，监督农资综合补贴、农机具购置补贴等全部及时足额发放；做好农民负担监测和农民负担监督卡填发，没有发生因加重农民负担而引发群体性事件和重大信访案件。

【农村集体资金资产资源】 全县 350 个村全部实行委托代理制，调整充实村监督委员会，在原建制村全部建立民主理财小组，每月 28 日为全县理财日，理财小组成员对原建制村财务收支及其他经济事项进行审核把关，并签字确认。每月 10 日为财务公开日，公开栏公开、会议公开、网

● 2016年5月19日，农业部农村经济研究中心副研究员谭智心到临朐县调研农民合作社联合社发展情况 （供稿：张子举 段宏志）

络公开同步进行，利用临朐e支部农村财务网上公开平台，通过网络向群众公开；开展村级集体“三资”监管，制定下发《临朐县2016年农村集体经济审计工作方案》，4月始，对2015年1月始村集体经济组织财务运行情况，特别是农村集体“三资”管理制度执行情况、农民群众关注的热点问题和村干部个人收入及廉洁自律情况进行重点审计，全年铺开审计819个村，完成816个村，其中2000人以上、集体收入5万元以上的村完成36个，委托第三方审计的村73个。5月，举办全县农村会计培训班1期，全县村级收入档案建档率和预算报批率都达到95%以上。农村产权制度改革分类推进，在城关街道兴隆社区对有经营性净资产的村试点，清产核资、成员资格认定，转入股权设置和管理阶段。对无经营性净资产的村，开展以清产核资和成员资格认定。

【农村土地承包】 2016年，全县完成土地确权登记颁证工作的村693个（原建制村），涉及13.8万户、48.69万亩土地，颁证率达到90%以上，归档12418卷；全县流转农村土地24.07万亩，占家庭承包面积的36.83%；开展农村土地承包纠纷调解、仲裁，受理土地纠纷仲裁案件49起，裁决12起、调解37起，全部处结；全县通过农交中心网络平台提报信息3120条，其中土地承包经营权转受让有效信息875条，成交14条，成交面积93.35亩，提报综合信息2231条。

【农业经营主体】 2016年底，全县注册农民合作社1792家，其中国家级示范社5家、省级28家、市级71家、县级105家；家庭农场154家，其中县级示范家庭农场24家，市级11家，省级1家。5—7月，开展农民合作社普查、调整充实优先扶持农民合作社名录工作，全县确定132家合作社为优先扶持农民合作社并列入名录；组建发展联合社，引导农民以土地经营权、资金、资产、技术等要素入股合作社，培育合作社联合社1家，土地股份合作社3家。推荐评定省级示范社、市级示范社和市级示范农场分别为4家、15家和4家。7月中旬，组织6家合作社参加市政府在北京举办的首届“中国食品谷（潍坊）名优农产品北京展示交易会”活动；推行“合作社+特色农业”等脱贫模式，全县84个省定贫困村全部建有合作社，贫困户入社率达到90%以上，95家合作社参与精准扶贫，带动贫困户1180户，贫困人口2538人，已有844户实现脱贫。9月27日，全省农民合作社创新工作经验交流暨扶贫推进月活动启动会议在临朐召开。

● 2016年9月28日，县委副书记、县长刘裕斌在全省农民合作社创新发展经验交流暨扶贫推进月活动启动会议上作典型发言
（供稿：张子举 段宏志）

【农民负担】 审批“一事一议”筹资筹劳项目105个，涉及筹资168万元，筹劳0.8万个。
（张子举 段宏志）

工 业

综 述

【概况】 2016年，全县259家规模以上工业企业完成工业总产值434.2亿元，同比增长8.6%；实现主营业务收入437.3亿元、利税23.3亿元、利润总额13.9亿元，同比分别增长8.5%、11.5%和10.4%，增幅分居全市第3位、第3位和第5位；12家企业实缴税金过千万元，其中华建铝业公司实缴税金过亿元。

【项目建设】 十大骨干财源项目进展顺利。高铁轨道大板、伊利液态奶二期、伟盛高档工业铝材、龙德科技汽车滤芯纸、鑫珂高分子材料产业化、宏铝科技高端型材表面深加工、中欧节能门窗基地等7个项目投产或试生产，华铝高性能特种铝材、金成汽车铝合金轮毂加工2个项目设备安装，抽水蓄能电站项目加快推进。

【骨干企业】 2016年，全县40家重点骨干企业完成工业总产值176.9亿元，实现主营业务收入176.6亿元、利税11.3亿元、利润总额7.8亿元，同比分别增长2.3%、2.8%、21.7%和22.4%，四项指标绝对额分别占规模以上工业企业总额的40.7%、40.4%、48.5%和56.1%，支撑带动作用明显。41家铝型材企业完成工业总产值135.2亿元，实现主营业务收入134.6亿元，利税5.3亿元，利润3.4亿元，分别增长5.5%、6.6%、6.5%和4.9%。

【新旧动能转换】 以“新产品、新技术、新模式、新项目”为重点，引领带动经济结构优化和发展动能转换。华建高端工业铝材、博创重工装配式建筑设备等新型产品，满足和创造市场需求。全县40家重点骨干企业全部实现与中科院、山东大学、东南大学等高等院校和科研院所产学研合作对接，恒远利废污泥烧结陶粒、广华铝材电泳转印等一批高新技术加快转化。华特磁电总集成总承包，红叶地毯、祺月童车“互联网+营销”等新型发展模式成效明显。120余个项目列入省市重点研发、科技发展、技术改造、技术创新等项目计划。以循环经济示范县创建为契机，培育形成铝型材循环生态发展等4个循环经济模式，被山东电视台、《大众日报》等5家省市媒体宣传报道。

【节能降耗】 制定下发《2016年全县节能监察工作要点》，对东临化工、宝龙达、永安胶业等7家化工企业，秦池酒业、啤酒厂新实施的能耗限额标准执行情况，惠龙建材、建明包装等6家企业能评落实情况，雷奥新能源、胜潍水泥等4家重点耗能企业开展专项节能监察。能评审核项目245个，其中对泥美科技、润晶建材、联科新材料等项目进行煤炭等量替代；对伊利乳业二期、力德电器、科力华、三诺机电等企业进行节能验收。制定清洁能源替代工程考核细则，制定下发《全县煤炭减量替代工作方案》，将12.7万吨原煤压减任务分解到各镇街和煤炭消耗企业。

【精准服务】 深入开展“711”专项行动，制定具体落实意见，促进企业降本增效、加快发展。先后组织5批、300多人次赴复旦、浙大、广东等地考察培训。加快企业规范化改制，110家规模以上工业企业与中介机构签订改制协议。推行网格化联系服务企业，利用“企业问题需求网”平台，落实快速办结机制，共办理网上直报问题需求17个，办结率和企业满意度100%。指导规模以上工业企业搞好“好品山东”、潍坊网上工业展览馆注册，注册企业分别达到108家、121家。

【信息化建设】 全县规模以上工业企业局域网普及率90%，财务系统普及率87%。华建铝业临朐铝业公共服务平台等5个项目列入省两化深度融合重点规划项目；华特磁电数字化装备制造中心等3个项目列入省经信委两化融合“四个一百”工程；力德电器XWLD远程监控容积式无负压增压增流供水设备等2个项目列入省两化融合先进实用技术和装备重点推广指导目录；东城高端铝材产业园、临朐县中小企业创业产业园分别列入省市两化融合智慧园区试点。电子商务应用模式日趋多元化，全县90%以上企业能够综合运用搜索引擎、即时聊天工具、电子邮件等开展网上查询、网上发布信息等业务，30%以上企业通过阿里巴巴、淘宝、天猫等交易平台，发布产品信息，开展网上销售。 （姬光飞 付小蒙）

中小企业

【概况】 2016年，县中小企业办实行联系服务重点成长型企业制度，实施“专精特新、育苗扶壮”工程，精心培育“专精特新”中小企业，围绕高端有色金属加工、机械电子等“五大产业”，积极服务中欧节能门窗产业园、中国铝模板基地、全铝家居等“建链、补链、强链”项目的引进洽谈，推动产业向上下游延伸发展。截至2016年底，全县民营经济户数达3.91万户，较年初新增6171户，中小微企业发展到7310家，较年初新增652家，民营经济从业人员达16.8万人。规模以上中小企业主营业务收入达443亿元，同比增长9.8%。

【成长型企业】 2016年初，择优确定恒彩数码等重点成长型企业10家。在县级领导包靠基础上，落实班子成员联系点负责制，改进调研方式，注重解决问题，鼓励支持企业转型升级和提质增效。恒彩数码公司新车间投入使用，超宽幅布类产品投入生产。英泰建材公司在稳定国内市场的同时，积极加快走出去步伐，开拓东南亚市场，取得重大突破。中坤石油加强与一汽、重汽、潍柴动力、北京奔驰等汽车生产厂家沟通与合作，提高产品配套份额。在巩固江北各省份市场网络基础上，完成浙江、广东、云南等南方省份市场网络布局，同时积极拓展国际贸易业务。力德电器公司3000平方米油田含油污水处理装备制造车间建成。

【技改和创新】 英泰建材、广华铝材、杰高科技、辰泰重钢、联科卡尔迪克白炭黑、三恩电子、巨利铝业等11家企业被认定为市级“专精特新”企业；广华铝材、联科卡尔迪克白炭黑、巨利铝业、永安胶业4家企业被认定为省级“专精特新”企业。全面深化中小企业“一企一技术”创新活动，引导企业增加研发投入，充实研发队伍，增强为大企业、大集团配套服务能力，中坤石油、华特磁电公司被评为市级“一企一技术”创新企业，华铝技术、汇一重工和中坤石油被评为省级“一企一技术”研发中心和创新企业。全县10家重点成长型企业中，恒彩数码、力德电器等6家企业与山东大学、山东建筑大学、石油大学等科研院所、高等院校建立或巩固“产学研”合作关系。

【产业集群】 支持龙头企业搭建、完善产业集群公共服务平台，不断提高集群内部协作配套能力。2016年，中欧节能门窗产业园签约12家门

● 2016年10月12日，省中小企业局副局长杨亚强到临朐调研　（供稿：曾现强　张顺花）

● 2016年10月20日，全省产业集群工作会议在临朐县召开　（供稿：曾现强　张顺花）

窗企业，铝型材产业集群的公共服务平台华铝服务公司被评为省级“一企一技术”研发平台。成立窗博城门窗商学院，为门窗产业加快发展提供智力和人才支撑。10月20日，全省产业集群工作会议在临朐县召开。

【公共服务平台】　完善中小企业公共服务平台服务功能，搞好中小企业培训工作。结合省“银河培训”计划，强化对中小企业专业技术人才的技能提升培训。先后组织参加省市中小企业主管部门举办的互联网+创新应用、中小微企业巡回大讲堂、企业营销知识培训、企业管理高端培训班、工业云知识讲座、服务实体经济发展培训会等培训班10期，参训学员1260人次。组织7家企业赴北京、上海、厦门参加3期潍坊市优秀民营企业家高级研修班。2016年，县中小企业办被评为市级中小企业公共服务三级平台体系先进单位。发挥好县中小企业创业产业园、冶源鞍达山工业园、辛寨凤凰山工业园、东兴建材深加工基地等省市级小企业创业辅导基地集聚效应，孵化中小企业276家。五井莲花山工业园被评为市级小企业创业辅导基地。辛寨凤凰山工业园被评为省级小企业创业辅导基地。指导促进会积极开展各类论坛、培训、讲座、外出考察等活动30余次，组建开展骨干企业与小微企业“1+1”企业精准对接活动，会员企业实现合作共赢，搭建起“政府+协会+企业”新服务模式。通过促进会内设机构国际贸易委员会、中国海联会基础建材分会和海脉国际公司，积极对接国家“一带一路”战略，引导更多企业“走出去”。抓好中小企业信用信息征集工作，引导企业规范财务管理，建立良好的信用记录，争取更多的信贷和担保支持。

【招商引资】　2016年，先后赴浙江、深圳等地深入对接，组织全县10家企业赴广州参加第十三届“中博会”暨招商对接活动，组织10家企业参加第三届中国（山东）网络商品博览会暨中小企业电商展洽会。总投资5亿元、占地200亩的全铝家居项目签约。

【包村扶贫】　2016年，精准识别贫困户数16户、30人，落实帮扶措施贫困户数16户，集体走访活动8次，走访216户，为民办实事28件次，落实帮扶资金1万元。帮助协调资金130余万元，为殷家河等村硬化道路7160米。筹资7万元，为山旺镇闫家部社区包家河村建面积580平方米的文化广场1处。　（曾现强　张顺花）

电　力

【概况】　2016年，完成售电量18.02亿千瓦时，主营业务收入11.1亿元，实现利润343.62万元。荣获省公司综合标杆单位、管理标杆单位和市公司先进单位、先进基层党委、业绩标杆单位等称号。

【安全生产】 开展“三查三强化”专项行动和配网缺陷隐患排查整治，突出抓好班前会、“一板四卡”、安全技术交底等重点环节，2016年电网故障率同比下降51%，全年配网八级事件数量及百公里事故率全市最低。开发应用智能巡视管控系统，实现过境线路巡视轨迹实时管控。连续5年实现220千伏及以上过境线路“零跳闸”。联合县教育局开展“电力安全进校园”活动，举办电力安全有奖征文、专题漫画竞赛等，实现全县中小学校电力安全宣传全覆盖。

【电网建设】 开展配电网诊断分析，逐项目现场审查，精准编制2017年项目储备。率先完成4项特高压工程、110公里线路、169基杆塔属地协调工作，榆横—潍坊交流工程、锡盟—泰州直流工程杆塔组立全部完成，临朐500千伏输变电工程进展顺利，110千伏营子站主变增容工程、110千伏临朐站整体改造工程分别提前一个月送电。完成2015年专项一批网改、2016年第一、二批井井通（中心村）建设任务，新建改造中低压线路723千米、配变376台，全县户均容量提升至1.72千伏安。

【为民服务】 全面应用业扩全流程实时管控平台，进一步精简业扩手续、提高办电效率，全年新上高压客户工程359户，新增容量133.3兆伏安，更换智能电表36558只、表箱4516个。服务清洁能源发展，光伏发电并网464户、容量55960千瓦。开展“进村（企）入户、主动服务”光明行活动，发放《致广大电力客户的公开信》32万余份，完成用户档案信息现场核查、客户产权电力设施隐患检查28万余户。组织营销类投诉预控措施普调考，推行营业厅“照、查、监、巡”管理法，全年受理工单大幅下降。提升“互联网+”供电服务水平，绑定微信、电e宝、掌上电力21万户，3座快充站建成投运。

【精神文明建设】 开展“学法规、明规矩、守纪律”廉洁教育活动。打造“善小”服务品牌，获评全市“最佳志愿服务组织”。发起“做最好的自己做卓越的员工”倡议，开展系列专题活动。谭焱获评“潍坊市劳动模范”，李怀成、张义同获评“中国好人”。 （夏　凯）

滨海产业园

【项目建设】 2016年，工业园共落户项目4个，总占地672亩，开工建设车间5个、12.5万平方米，建成3个、6.3万平方米，实现利税1000多万元。正瀚环保设备项目，占地160亩，总投资5.5亿元，年产袋式除尘器骨架120万条，除尘、脱硫（硝）设备100台套，实现主营业务收入8000万元，新订购筒状过滤自动缝制生产线，扩大企业生产规模。华滨重工装备项目，占地170亩，总投资5.6亿元，主要生产中压辊磨、移动破碎站、辊压机、辊压成球机及固废筛分处理机械设备，年产能2000台套。2.6万平方米的1号车间已建成、2万平方米的2号车间及研发楼基础建成，厂区道路硬化、供排水、电力设施全部配套。名扬铝业项目，占地176亩，总投资5.8亿元，主要生产列车船舶、电子通讯、机械电器用特种工业铝材和高档建筑节能型材等，年产能6万吨。3.2万平方米的车间基础已完成，其中1.2万平方米的挤压车间建成投用，铝合金门窗生产线投产，1条铝型材挤压生产线安装调试。德雅新型材料项目，占地165亩，总投资5.45亿元，主要生产新型高端发泡玻镁板、高档防火门和高档无纺防护服等，产品主要出口美国、南美洲、东欧等20个国家和地区，2万平方米车间主体框架建成。

【园区配套】 2016年，投资4000余万元，修建长2500米、宽6米的水泥硬化区间道路，配套安装路灯66盏，栽植白蜡600多棵，完成绿化2.26万平方米，建设园区围墙3580米。修建“一横两纵”水系3条、3410米商砼预制水系，桥涵2座，实现水系绿化网格式间隔。投资1500万元，铺设排污管道2500米、自来水管线1800米，架（埋）设电力线路1500米，安装变电设施2套。协调滨海区住建局，使园区南侧柳贤街道路达到通车条件。

【政策措施】 研究制定《临朐滨海工业园落户项目考核办法》，把落户临朐滨海产业园项目招商、项目建设，纳入全县镇（街、园、区）科学发展综合考核和县直部门绩效考核加分项，按项目签约落户、建设进度、项目投产分别计分；对建设进度达到规定要求的，实行“一票肯定”制度。对在谈项目实行“周调度、月通报”制度，对在建项目实行项目包靠制度，在工地现场实行“两会”制度，对项目手续办理实行“保姆式服务”制度。制定出台《关于落户滨海产业园项目有关政策规定》，对大项目、好项目，在政策上继续“一事一议”，进行扶持，并在基础设施配套、银行贷款、招工居住等方面提供更便利的服务。依托滨海区位交通优势，将招商重点放在县内企业转型升级及国家鼓励的绿色节能环保产业上，落户项目中3个从临朐转型升级到滨海落户，1个依托潍坊港海运优势落户园区。（徐光斌　孙　健）

铝型材产业

【概况】 2016年，全县共有铝型材生产企业51家，关联配套企业200多家，市场专业经营业户500多家。铝型材年产量75万吨，年产能达126万吨，占全省产能1/3；铝型材产业集群年实现产值200余亿元，占全县工业总产值1/3以上。

【园区建设】 搭建铝型材产业发展平台，鼓励引导铝型材产业项目落户县级产业园区，推动铝型材企业向园区集聚，95%以上铝型材产业集群企业已集中到园区。

【转型升级】 引导企业立足资金、技术、市场实际，制定转型升级计划，改造提升现有设施设备，加快开发适合企业发展的新产品，推进产业结构、产品结构调整。华建集团、伟盛铝业新上大吨位挤压机，工业型材生产比例达到20%以上，实现建筑型材向工业型材转型。广华铝材、新裕东铝业完成生产线升级改造，实现普通建筑型材向装饰型材、高端建筑型材转型。全县普通建筑型材、中高端型材（工业型材、中高端建筑型材）产品比例调整为58 ∶ 42。

【保障体系】 坚持把产业重大项目和行业重点企业列入全县2016年度十大骨干财源项目和40家重点骨干企业，全面落实县级领导包靠责任制、项目建设单位责任制、年度目标考核奖惩制和大项目建设指挥部制，在用地、手续审批、能源保障等方面予以重点支持。

【行业活动】 先后赴重庆参加2016第六届中国（重庆）建筑与装饰用铝展暨铝门窗幕墙新产品西部推广大会，赴贵阳、广东参观考察铝合金门窗加工及家居装饰装修产业，赴北京参加第十四届中国国际门窗幕墙博览会，赴广东参加第七届广东铝加工技术国际研讨会。组织召开第三届中国（临朐）国际门窗幕墙博览会和首届中国（临朐）秋季家居门窗展销会。

（姬光飞　付小蒙）

交通 邮政 通信

交　通

【公路建设】　2016年，全县公路通车里程达到2560.9公里，公路密度139.6公里/百平方公里，全年实际完成计划内建设农村公路项目83条、121.6公里，完成投资5567万元，计划外项目完成45条、86公里，完成投资6880万元。冶石路（黄山至岸青大桥段）改建工程，全长4公里，总投资520万元，6月20日建成通车。东石路建设工程，全长2.1公里，总投资200万元，6月25日建成通车。柳高路改建工程，全长8.4公里，概算投资770万元，10月26日建成通车。扶贫道路建设，实际建设完成蒋峪段家沟、寺头柳子村、九山夏庄村等47个贫困村、68.3公里的道路建设项目，完成总投资2732万元。连续多年被潍坊市交通运输局评为“全市农村公路建设养护管理先进县”。

【农村公路防护工程建设】　对全县454公里县乡公路进行隐患排查及数据采集，共排查急弯陡坡、临水临崖、视距不良、平面交叉等各类隐患376处，隐患里程77.3公里。在2015年整改治理的基础上，对工程进行回头看，聘请淄博齐圣路桥勘察设计公司，对白寺路等7条重点道路按规范标准进行严格排查，建立隐患整治台账。排查过程中邀请县交警、安监部门参与，建立隐患治理长效机制，确保整改效果。建立政府主导、部门联合、综合治理、系统整治的长效机制，全面提升农村公路安全综合治理能力。

【企业安全检查】　开展“大排查、快整治、严执法”活动。按照“管行业必须管安全、管业务必须管安全、管生产经营必须管安全”和“党政同责、一岗双责、失职追责”原则，突出全面排查隐患、加快整治隐患、严格执法、社会监督四项重点，联合县交警大队重点从道路客运、危险品运输、旅游包车、公路安保、动态监控等方面进行检查，共排查出一般隐患11项，全部完成整改。建立安全生产分级风险防控体系，进行风险源辨识、登记、评估和预防，加强风险源点排查，按要求建立“一企一册”风险源台账，评选树立本系统的标杆企业。开展风险意识和风险防控宣传教育，对风险点进行公示，提高全民思想认识。以“安全生产分级管控”“安全生产月”“安全生产主体责任落实”“平安行、你我他行动”等活动为契机，深入推进企业和行业安全管理共同前进。6月24日，临朐县汽车运输有限公司针对液氨在运输过程中泄露课目进行应急演练；6月28号，临朐县长途汽车运输有限公司针对行驶过程中客车起火课目进行应急演练。

【交通监查】　2016年，对违规车辆严厉查处和打击超限超载，治理超限实行不间断检查，对全县道路进行全覆盖治理，共检查车辆3.9万台次，查处违法违规、超限运输车辆947辆，卸载货物3.67万吨。

【青临铁路】 青临铁路全线贯通后运营工作由潍坊市地方铁路管理局承担，临朐指挥部办公室只负责铁路南延工作、处理遗留问题及临朐的股份工作。2016年，货运量456万吨，实现运输收入1498万元。 （刘相永 张 琨）

公 路

【概况】 2016年，扎实推进潍九路临朐段改建工程，加大预防性、常态化养护力度，公路优良路率达90%。对道路损毁现象早发现早处理，对辖区内全部法桐树进行打药防治，保障行车安全。实施依法治路，围绕侵占、损坏公路案件，加强宣传、部门协作、规范执法，抓好公路建筑控制区管理，严格涉路工程监管，对未经许可擅自设置施工的，坚决依法予以清除。获“全市公路系统先进基层党组织”荣誉称号，连续保持市级文明单位、市级廉政文化示范点、潍坊市理论宣教基地等荣誉称号。

【公路建设】 2016年，公路项目完成临仲路弥河大桥至衡里炉段大修工程、东红路蒋峪大桥危桥改造工程。

【项目推进】 推进潍九路临朐段改建工程，全长约19.233公里，投资5.6亿元，截至2016年底，收集提交工程立项相关材料，争取将项目纳入省公路局工程项目前期工作计划，并委托专业设计院做工程项目建议书和项目可行性研究报告。

【公路养护管理】 完成灌缝17万米、挖补2.5万平方米，临仲路维持性路段养护16.7公里；共铣刨车辙2万余平方米，对辖区内法桐树全部进行打药防治。组织专业队伍，改设桥梁防撞墙式护栏500米，安装标志牌1216块，施划标线1.94万平方米，安装路侧波形护栏3.19万米、线形诱导标738根，平交口硬化2.69万平方米，安装中央分隔带护栏8580米、道口警示桩774根、爆闪灯11个、反光棱角279块。并对护栏、爆闪灯等设施定期清洗维护，确保完整清晰。完成投资40万元，更换伸缩缝101米，维修桥面铺装146平方米；投资19.5万元，桥梁刷漆7788米；投资18余万元，更换桥梁防撞墙72延米。

【公路路政管理】 围绕侵占、损坏公路案件，加强宣传、部门协作、规范执法，公路巡查14.4万公里，查处路政案件45件，行政许可64件，收取路赔费91.5万元，事案查处率、路赔回收率均达到100%。不定时开展“回头看”行动，防止公路集市贸易现象反弹，共清理各类摊点985处。投资1600万元，对新临仲路17公里两侧路段进行绿化，栽植乔木背景林带1.79万株、行道树8966株，形成绿色盈目的“生态长廊”。利用1个月的时间，集中开展非公路标志专项清理行动，共清理固定非公路标志96块、流动非标1394块。

【ETC应用推广】 安装OBU308台，出售鲁通卡379张，收取高速公路通行费1236万元。

● 2016年7月17日，仲临路大修水稳碎石基层碾压施工 （供稿：刘延宝 刘祥芳）

【党的建设】 全面开展党员组织关系排查行动，对2008—2016年的党费工作进行梳理，建立党费收缴台账，追缴党费4.76万元；组织全局党员签订党风廉政建设责任书，防止“四风”问题反弹；深入推进廉政风险防控机制建设，填写关键廉政风险点防控措施一览表，对工程养护、路政执法、财审管理等重点领域进行反复排查，共排查出各类廉政风险点20个，形成廉政风险防控工作流程图。

【行业文明】 开展“慈心一日捐”活动，参加全市公路系统第三届“畅安杯”职工篮球赛，开展包村联户和“进千村、入万户、察民情、解民忧”活动，联合县爱德医院为结对帮扶的九山镇抬头村村民开展义诊活动，发放价值1000余元药品。

（刘延宝　刘祥芳）

公共交通

【客运市场】 全县拥有客运班车319辆，运营线路95条，日发班次728个；出租车企业4家，出租车249辆；货运企业31家，营运货车5438台；三类以上汽车维修企业330家（其中，一类1家、二类25家、三类304家）；综合一级汽车驾驶员培训学校3所。强化客运市场整治，对非法营运车辆进行整治，2016年共查处黑出租20辆次、违规驾校教练车8辆次、违规客运班车12辆次、出租车违规行为29辆次。

【城市公交】 临朐县城开通公交线路8条，营运里程227公里，覆盖96%的城区。临朐至冶源公交线路3条，营运里程68公里。2016年，新上纯电动新能源公交车120辆，车辆更新达90%，实现低碳环保、绿色出行。8月，开通26路石门坊风景区公交专线，打造“行路观景，观景行路”公交旅游新模式。

● 2016年8月5日，26路公交车开通运行

（供稿：刘相永　张　琨）

【公共自行车】 城区设立公共自行车站点104处、2600个锁车桩，投放公共自行车2200辆。沿弥河绿道设置公共自行车站点15个。2016年，办理借车卡1.3万张，用车128万人次。

（刘相永　张　琨）

邮　政

【概述】 2016年，临朐邮政以集团公司“一体两翼”战略为引领，坚持以客户为中心，推动邮政转型升级，实现涵盖邮政储蓄、汇兑、代收代发等的金融翼和包括包裹快递、商函广告、集邮、电子商务、报刊发行业务等的寄递翼稳步发展，企业竞争力、服务能力和服务水平进一步提升。具有仓储、物流、配送于一体的邮政农村电商服务平台。实现集代缴费、代开发票、代收交通罚款一站式综合便民服务平台。形成分布广泛、布局合理的物品收寄、处理、运输、投递网络。企业固定资产原值为1932万元。被潍坊市邮政公司评为“2016年度先进单位”“安全生产先进单位”“潍坊邮政通信服务质量先进单位”。

【业务发展】 2016年，临朐邮政业务收入累计完成5759.6万元。邮政储蓄依托和发挥邮政网络优势，以零售业务和中间业务为主，完善城乡金融服务功能。全县22处邮政金融网点，存款余额达到25.03亿元，居全县银行业第3位。

农村电商 建成3500平方米的县级仓储中心，调配2辆1.75吨厢式货车，结合配备的45辆箱货汽车，实现县、镇、村的三级仓储、物流、配送运营体系。通过配备支局渠道经理，打通最后一公里的货品配送问题。全县共有零售商750余处，日均订货额达到5万元以上。打通双向物流，实施“一镇一品”项目开发，开发农产品进城项目，实现九山苹果、嵩山蜜桃、上林小米等发往全国各地。

包裹快递 形成标准快递、快递包裹、普通包裹业务模式，全县共有包裹快递业务受理网点25处，揽投专用车60余辆。2016年，包裹业务出口量30万件，进口量38万件。

报刊发行 2016年，临朐邮政报刊流转额653万元，其中党报党刊流转额203万元。县城个人订报刊户0.75万户。投递员70人，县城全部实现投送到户、到信报箱。

商函广告 2016年，开发户外广告业务180万元，视频媒体广告业务60万元。

集邮 除预订、零售纪念邮票、特种邮票之外，开办个性化邮票、形象化邮票年册、纪念金银币等。2016年，经中国集邮总公司批准，临朐邮政发行大美九山形象年册500套。

电子商务 形成集代缴费、代收农电费、代开国税发票、代收交通罚款的综合便民服务平台。2016年，代缴费1432万元，代收农电费6758万元，代收国税发票税8500万元。

【基础建设】 2016年，投资800万元，翻建改建石家河、大关、冶源、纸坊4处标准化支局营业楼，建设面积1600平方米。投资200万元，为6处农村支局职工小家配备空调、电视、电脑、整体厨房等设施。 （张荣堂 王 雪）

移 动

【概况】 2016年，临朐移动用户增长1.2万余户，市场份额达80%以上；有线宽带年净增2.1万余户，累计超5万户；开通和TV近3万户。新建基站240余处，建设光缆360余公里。公司年业务收入2.4亿元，年缴税金600余万元。被潍坊移动公司评为“2016年度先进单位”。

【网络建设与维护】 按照“总体规划、适度超前，抢抓进度、优化调整”工作思路，针对临朐多丘陵多山地地理特点，因地制宜采取宏站、室分站、微站、皮站建设相结合，全年建设开通240处移动通信基站，新建FTTH热点700余处，发展移动有线宽带2.1万余户，和TV近3万户。基站及设备检查维护率和完好率达100%；2016年4月，在沂山山火救援中，公司及时抽调人员参与现场火灾扑救，并调集应急通信车做好指挥通信保障。

【市场经营与发展】 践行“正德厚生 臻于至善”企业价值观，为客户提供不同需求层次的产品和服务，通话流量二者兼顾的“4G飞享套餐”，以流量为主的“流量大王卡”“至尊流量王卡”等；组建党员先锋队、青年突击队和志愿服务队进社区、入镇村和企事业单位进行营销和服务。

【党建与企业文化】 2016年，临朐移动将“三严三实”专题教育、“两学一做”学习教育与打造“风清气正、勇争第一”的企业文化相结合。在一线班组中开展以“六小文化”为主要内容的团队文化建设，提升员工的团队意识和进取精神；聘请县民兵训练基地教员对员工进行为期2周的军事训练，组织党员和青年员工到淌水崖水库纪念馆接受革命传统教育；组织“幸福1+1”员工登山活动；在党员中开展“亮身份、做表率、我是党员我带头”活动，设立党员示范岗、党员先锋队，发挥党员在公司生产经营服务中攻坚克难和先锋模范作用。公司企业文化建设被市公司选树为创建典型，公司党支部被市公司党委评为“先进党支部”。

【服务工作】 建立健全城乡服务网络和机构，在城区的新华路、山旺路、民主路和朐山设立4处营业厅，在乡镇设立11处自办营业厅，1400余处代理商、加盟店、合作厅、村级服务点。加强一线员工教育培训、改善服务短板，落实八项服务承诺，固化服务规范，在服务窗口实行服务态度“零投诉”工作目标，在营业厅开展“差异化惊喜化营销服务”，提高服务人员的业务素质和服务水平。 （肖洪磊 褚永利）

联　通

【概况】 2016年，累计完成主营业务收入9606万元。其中，移网业务收入累计完成4899.39万元，同比增幅为2.92%，列全市第4位；宽带业务收入完成3292.93万元，固话业务收入完成1127.15万元。

【经营发展】 积极向用户提供“内容+应用+接入+服务”的一揽子通信服务。公司拥有“IDC信息化应用”“ICT系统集成”“智慧沃家庭”“宽带嘉年华”及4G套餐手机卡、4G无线上网卡、全网通手机等固移网信息化业务品牌，并大力拓展新型互联网+信息化应用服务领域，服务范围从传统的语音通信、电路出租等基础通信拓展至互联网、信息化、服务外包、广告传媒、系统集成等新型领域，成为能够提供基础通信、增值通信、延伸通信服务的全业务运营商。

【网络建设】 落实聚焦战略，加快4G网络建设。全年新增4G基站68个，3G站4个，2G站44个，新增LTE室分15处。全县基站总数由2015年初的330个提升至849个，增大全县移网覆盖范围。加大FTTH建设力度，全力支撑宽带发展。全年光改建设FTTH端口32540个，改制用户18983户，FTTH端口达到125839个，FTTH端口占比近90%。顺利实现临朐南北两局老设备下电及机房腾退，年节约房租7.9万元，节约电费16.61万元；拆除电缆51832线对公里，超额完成市公司下达指标。

【企业管理】 紧紧围绕经营发展这一个中心，全面提升全业务运营水平，为企业发展不断拓展新空间，在工作中突出能力提升和品牌服务两个重点，为企业发展打造“软实力”。坚持以人为本，引导企业员工增强学习力、创新力和执行力“三项能力”，为企业发展创造不竭动力。努力实现资源配置、精细管理、支撑保障、考核激励“四个到位”，为企业发展奠定坚实基础。注重以团队建设好、经营业绩好、网络优化好、品牌服务好、文明建设好为目标，不断加强绩效考核体系建设。（宿立波　尹兆文）

电　信

【概况】 大力开发和推广信息化应用，以全新的多业务、多网络、多终端融合及价值链延伸，使信息化成果惠及社会各行业和广大人民群众。积极服务“三农”，持续推进“村村通电话”工程和“千乡万村”信息化示范工程，推行翼支付、天翼高清、云数据等惠民便民行业应用。抓住4G、移动互联网、物联网等发展机遇，积极响应“互联网+”行动号召，助力全民“大众创业、万众创新”。

【业务发展】 拥有覆盖全县各乡镇的电信4G网络和“天翼”“号码百事通”“互联星空”等，具备电信全业务、多产品融合的服务能力和渠道体系。先后为20多个行业和广大企业提供针对性的信息化解决方案。率先进行4G网络全面覆盖，并先后在县城城区和辛寨、冶源、五井等镇的400多处小区和村庄，进行光纤网络覆盖。

【企业管理】 结合临朐公司实际，创造性开展工作，以专业化水准为广大客户提出综合信息服务，制定奖罚分明规章制度，定期开展员工培训和竞赛活动，定期举行“客户关怀月”。积极探索，实现“五个结合”：坚持把企业文化建设与企业发展相结合、坚持把企业文化建设与经理人员队伍建设相结合、坚持把企业文化建设与员工的实际工作相结合、坚持把企业文化建设与制度建设相结合、坚持把企业文化建设与企业创新相结合。（张　燕）

广电网络

【概况】 2016年，县广电网络公司从保用户、保存量（“两保”），扩大增值业务占比（“一扩”），提升网络承载力、提升团队竞争力、提升用户黏着力（“三提升”）上下功夫，实现企业转型升级。截至2016年底，拥有数字电视用户13万户，宽带用户2.5万户。在县城民主路、兴隆路、朐山路设营业厅3处，在镇（街、园、区）设营业厅16处。

【强基固本】 通过路演、地推、“百团会战”营销竞赛、春季惠民、“双十一”等方式，开展丰富多彩的营销服务活动。扩大在高清视频领域领先优势，加速推进“高清畅享馆”、有线点点看、电视院线以及互动游戏等业务推广。利用智慧社区平台优势，最大限度增加贴近用户需求的服务内容。

【增值业务】 合理制定市场策略，以全业务运营为基础，加大营销力度，提高“高清畅享馆”、双向互动业务和宽带业务等增值业务收入。全力推进智慧社区建设工作。积极探索科学盈利模式，争取政府购买服务。加快提升终端承载能力。实现应用终端高清机顶盒向智能化、协同化、网络化和互动化方向发展。面向智能化、跨界化发展方向提升广电网络无线传输覆盖能力，提高增值业务终端承载能力。

【网络承载】 加快现有网络升级改造步伐，建设覆盖全县IP化全业务承载网络，为数据类、部分基础电信与增值类业务以及行业融合类业务提供一体化支撑服务。2016年，投入100余万元，完成230个村的双向网改造。加快系统升级改造，进行线路扩容，将上联口千兆扩容至万兆；改革多村共用pon口现状，更改OLT级联情况，打造优质网络平台。

【转型升级】 9月，山东广电网络集团与临朐县人民政府签署战略合作协议、《应急广播项目合作协议》《智慧社区暨农村信息化基础建设项目合作协议》《立体化治安防控体系建设合作协议》。县广电网络公司以智慧城市建设为切入点，以治安防控体系建设、应急广播项目和智慧社区暨农村信息化基础建设为总抓手，采取“以点带线、以线带面、循序渐进”策略，在全县铺开三大项目建设。是年，在全县完成23个社区（村）的智慧社区建设，覆盖用户3400户；建成2200多处视频监控点；完成全县33个社区361个村的“可管可控，区域可选，上下联动”应急广播系统。

【社会责任】 围绕脱贫目标，创新脱贫机制，开展文化惠民、精准扶贫工作。6月，筛选贫困群体优惠入网活动，免交有线电视入网费、免费提供数字机顶盒，标清收视维护费减半收取，为930户贫困户安装有线电视。在五井镇朱家坡社区、东城街道滨河社区等4个社区成立“山东有线社区志愿服务工作站”，为社区居民开展有线电视业务上门办理、调试维护等志愿服务活动。履行安全生产责任，实行24小时值班、领导带班和零报告制度，全年未发生重大安全生产和安全播出事故。 （宋振兵　白　娟）

无线电管理

县经信局、县文化市场执法局、县公安局网警支队联合对投诉频率101.50MHz的“黑广播”进行检查处置，净化空中电波，优化正常视听环境。根据潍坊市无线电管理办公室《关于开展广播电视台站专项整治活动的通知》要求，配合市无线电管理办公室对县广播影视中心的广播电视台站开展执法检查。 （姬光飞　付小蒙）

建设 环保

城镇化发展

【概况】 完善规划体系、优化产业布局、推进层级发展、夯实基础工作，统筹推进新型城镇化工作，在全市新型城镇化建设2016年度考核中位列第4。常住人口城镇化率达到50.35%，增幅达1.91%，居全市第1位。

【规划编制】 编制完成城镇化发展规划、县域农村新型社区布局规划、南部山区发展规划和弥河保护开发总体概念规划，人口市民化规划通过专家评审。各镇编制完成总体规划及基础设施、产业发展、农村新型社区布局和生态景观等专项规划。新编制村庄建设规划超过村庄总数50%，编制美丽乡村规划和省级传统村落保护规划，突出乡土风情，打造特色优势，推进产业转型升级，培育优势主导产业。

【基础设施建设】 推动"两河流域"小城镇建设，全年完成小城镇建设投资40亿元。提升教育、医疗等公共服务水平，增强产业和人口集聚能力。完成1所中小学校舍标准化建设工程，推进临朐县中医院门诊病房综合楼和糖尿病医院综合楼2个医疗卫生重点项目建设；完成老旧小区改造1200户、棚户区改造2491户，完成绿色建筑评价标识项目2个、2星级以上2个。实现城中村城边村0.94万居民市民化。制定示范镇和特色镇村发展计划，引导各镇（街、园、区）因地制宜打造工业强镇、农业大镇、商贸重镇、旅游名镇，推动特色化、差异化发展。九山镇九山社区和寺头镇寺头社区被确定为山东省"农村新型示范社区"。

【传统村落、宜居镇村保护开发】 2016年，九山镇牛寨村荣获全国"美丽宜居村庄示范"称号，九山镇入选省级"特色小镇"，寺头镇大时家庄村入选第三批省级"传统村落"，九山镇大花龙潭村、寺头镇大时家庄村被命名为第三批省级"美丽宜居村庄"，冶源镇申报国家级"历史文化名镇"。九山镇、寺头镇、嵩山生态旅游区打造出生态品牌，培植壮大奇石、雕塑、红木工艺、临朐年画等特色优势文化产业。沂山风景区、山旺镇、冶源镇、城关街道利用沂山国家森林公园、山旺国家地质公园、老龙湾、石门坊等旅游景点开展全域旅游。临朐县被评为"山东省乡村旅游示范县"和"最佳乡村旅游度假目的地"，创建为首批"国家全域旅游示范区"。（曹金宝）

城市规划

【县城市总体规划修编】 2016年1月12日，潍坊市规划局牵头组织市发改局、住建局等13个部门组成审查组，在临朐县召开《临朐县城市总体规划（2014—2030）》方案审查会，对规划成果进行审查。2月，潍坊市人民政府向省人民政府转报《临朐县城市总体规划（2014—2030）》。已完成省政府相关部门联审。

【县城控制性详细规划编制】 2016年，共编制以19号、27号、50号、52号四个大地块为主的23个地块控规，规划用地面积580公顷，在规划设计上增加地块用地性质的兼容性和弹性。

【专项规划编制】 2016年，组织编制完成县域新型农村社区布局规划、人口市民化规划；配合县体育局编制完成公共体育设施布局规划；配合县住建局编制完成城市地下管线综合规划、城市地下综合管廊建设规划、城市给水、节水以及海绵城市等专项规划；配合县供电公司编制完成城乡电网规划；配合县教育局编制中小学幼儿园布局规划；配合城关街道、东城街道编制临朐县城市社区布局规划。

【镇村规划编制】 冶源镇、山旺镇、辛寨镇、五井镇、蒋峪镇完成新一轮总体规划修编工作并组织实施，柳山镇、寺头镇、九山镇完成新一轮总体规划修编工作。

【修建性详细规划编制】 组织审查报批三友玫瑰园、县城文化中心、大成新文华苑、凤凰新城栖霞苑二期、冶源浮阳小区二期、五井高铁轨道板项目厂区规划、滨河花园二号写字楼、山东三义实业股份有限公司、辛山小学、大关初级中学等修建性详细规划。

【社区建设及美丽乡村建设规划】 完成辛寨镇辛寨、卧龙社区，东城街道烟家铺、朱位、皇山社区规划编制。启动寺头镇吕匣社区、寺头社区，山旺镇凰山社区，蒋峪镇房家台子社区（部分）规划编制。完成城关街道大谭马庄、寨子崮村，东城街道朱位村、初家庄村、吉林村、刘迪家沟村、毕家沟村，寺头镇福泉村美丽乡村规划编制，启动39个美丽乡村规划编制。

【规划审批服务】 2016年，共核发建设项目选址意见书34件，为出让地块出具规划条件136份；核发建设工程竣工规划核实合格证49件，总建筑面积83.25万平方米；核发建设用地规划许可证108件，总用地面积92.92万平方米；核发建设工程规划许可证75件，建筑面积101.2万平方米，管线40.289千米。处理信访案件17件，其中县长公开电话15个，人民来信2件，答复人大代表建议、政协委员提案4件。帮助兴隆东路两侧妇幼保健院、民兵训练基地、滨河花园2号写字楼等公共服务设施单位搞好测绘、规划编制业务指导等工作；配合做好全县经营土地工作，完成推介存量土地600亩的任务；配合办理轨道大板、伊利、中欧节能门窗产业园等项目相关手续。（谭风群）

城市建设

【概况】 2016年，市政建设工程共完成财政投资5932万元，新建、续建道路1.6公里，形成道路硬化面积2.3万平方米，铺设排水管道2.3公里，建设绿化面积51万平方米。建成区面积达到35平方公里。人均城市道路面积达到22.2平方米，建成区绿化覆盖率达39.86%。9月，朐山西路建设工程被省住建厅评为“山东省市政金杯示范工程”。

【城市道路工程建设】 2016年，新建民主路（沂山路—滨河社区幼儿园）、滨河西路（沂山路—赋海街）、赋海街（滨河西路—三里庄安置楼区间路）、文化路（赋海街—城南街），续建营龙路（桩号3+480—营子村生产路）等道路5条，硬化面积2.24万平方米，敷设雨污水管道2.3公里，铺装人行道3000平方米，对黄龙沟田村桥进行改造拓宽。

【城市绿化、亮化工程建设】 年内投资3995万元，完成站前路节点绿地建设，新建南环路交临九路节点绿地，完成仲临路、南二环路及营龙路绿化任务，建设绿地面积 49.8 万平方米。完成滨海产业园市政配套及绿化工程，绿化面积 1.2万平方米。营龙路亮化建设，安装路灯 398 基，箱式变压器 5 台。

【公共卫生间建设】 年内新建南环路农贸市场、汇畅园绿地、龙苑绿地、文化公园 4 座公共厕所，对惠中园绿地、山旺路（县财政局东侧）、翡翠园绿地 3 座公共厕所进行改造完善。

【创建省级节水型城市】 加强城市供水设施建设，新建供水管网 3.2 公里，完善用水计划管理和阶梯水价制度，开展节水型企业、居民小区创建，完成创建省级节水城市申报材料编制申报工作，顺利通过专家组评审，11 月，被省住建厅、发改委、经信委评为“山东省节水型城市”。（曹全宝）

城市管理

【市容市貌专项整治】 加强城区流动摊点治理，清理主要道路两侧各类乱摆乱放，全年共取缔各类流动摊点 1200 余处、店外摆放 1500 余处。开展落地广告牌专项整治活动，共依法清理落地广告牌、灯箱 700 余块。开展“僵尸”广告车集中整治，清理取缔“僵尸”广告车 62 辆。采取清理、冲洗、同色覆盖等措施，清理乱涂乱画小广告 4000 余条。加强沿街门店“一店一牌”管理，拆除不符合容貌标准门头牌匾 100 余块。加强张家亭子村、曾家洼村、县城工业街等便民市场管理，取缔东郡市场占道摊点，完成弥南大集、民主路夜市整体搬迁。规范城区露天烧烤经营秩序，实行中心区域烧烤炉具进店经营。组成联合执法队伍对使用传统炉具、不开启油烟净化装置、造成油烟污染的业户进行严管重罚，共登记保存传统烧烤炉具 4 台，城区无烟烧烤炉具使用率达 100%。

【城区环境卫生管理】 落实“洗扫 + 洒水 + 人工捡拾”道路保洁模式，实施环卫保洁精细化作业，全面规范湿式清扫、洒水降尘、高压冲洗、密闭运输等工作环节，对主要道路每天湿式机械清扫 2 次以上、每周高压冲洗 2 次、路沿石以上人行道每周清洗 1 次。开展环境卫生薄弱环节集中整治，全面清理道路、绿化带、节点公园内垃圾、土堆、石块等，全年共清理各类无主垃圾 1200 余立方米。对城区环卫公用设施进行全面排查，维修、增设垃圾桶、地下垃圾箱等 82 处，在城区主要道路两侧设置果皮箱 239 个。

【违法建设治理】 按照“早发现、早制止、早处理”原则，加大巡查力度，及时发现问题，限期进行整改。2016 年，共立案查处各类违法建设案件 60 起，组织强制拆除活动 6 次，拆除违法建设 50 起 3560 平方米。

【建筑垃圾管理】 修订完善《临朐县城区建筑垃圾处置管理办法》，对建筑垃圾运输处置环节进行全面规范。采取错时执法、重点盯靠等措施，加强城市道路和建筑工地出入口日常巡查，严厉查处渣土运输违法行为。全年依法查处乱倾乱倒、泄露遗撒、带泥上路等违法案件 25 起。在新建住宅小区设置装修垃圾临时收集点，在东城设立建筑垃圾消纳场 1 处，做到定点倾倒、统一清运。

【城乡环卫一体化】 建立定期集中整治制度，坚持每年两次农村积存垃圾和“三大堆”清理工作。5 月和 11 月组织开展农村环境卫生集中整治，清理农村积存垃圾 10 万余吨。修订完善全县城乡环卫一体化工作工作考核办法和实施细则，对资金拨付方式做出调整，由镇街承担部分保洁费用并直接向保洁公司拨付，强化镇街责任和权力，提高对保洁公司约束力。成立 2 个环卫督查中队，专项负责全县城乡环卫一体化督查工作，实行“天天督查、月月通报”，督查结果纳入各镇街全年工作考核，全年共下发督查通报 22 期。投资 3.2 亿元的临朐县生活垃圾焚烧发电项目 2016 年上半年投产运行，共焚烧处理生活垃圾11.6万吨，上网发电2820万千瓦。全年组织两次全县农村群众满意度电话调查，对群众反映的问题及时整改落实。2016年上半年全省城乡环卫一体化农村群众满意度电话调查中，全县综合得分9.27分，位列全省第23名、潍坊市第1名。2016年上半年全省检查暗访和全市半年考核中，全县城乡环卫一体化工作均居潍坊市第1名。

（夏廷涛　赵晨旭）

住宅与房地产业

【概况】　2016年，全县实现房地产开发面积211.3万平方米，其中新开工面积33.4万平方米，竣工面积98.8万平方米，完成房地产开发投资14.9亿元，房地产业完成税收23592万元。

【房地产去库存】　出台《关于化解房地产库存、促进房地产业持续发展的意见》《关于加快存量土地开发建设的意见》《关于加快棚户区改造工作的意见》。2016年，全县共消化房地产库存5000余套、65万平方米，占年初库存量的80%。新建商品房网签10453套、81.15万平方米，同比分别增长32%、33%，其中住宅网签5019套、64.42万平方米，同比分别增长36%、43%。

【房地产开发管理】　全年完成开发项目竣工综合验收备案11宗，建筑面积29.2万平方米。完成房地产开发面积210.5万平方米，其中新开工面积33.1万平方米，完成房地产开发投资13.8亿元。实现网上审批房地产开发经营权证，全年办理7件、21.7万平方米。对全县在建、在售房地产开发项目进行专项检查，共检查开发企业28家，开发项目35个，建筑面积250多万平方米。

【物业管理】　开展“推进精细化服务，推动物业服务水平上档升级”活动，整顿和规范物业服务市场秩序，推进物业服务精细化。争取上级无偿资金116万元。抓好财政局小区、科技局小区等老旧小区改造工作。开展物业企业服务行为执法检查20多家，组织200多名物业从业人员参加物业服务项目经理及从业人员培训班。（曹金宝）

村镇建设

【概况】　2016年，小城镇基础设施和公共服务设施建设投入资金40亿元，新建、改建农村公路70条共110公里，新建绿地80万平方米，新建学校、医院、养老院等公共建筑15万平方米。以“三清、四改、四通、五化”为主要内容，推进村庄整治提升，农村新建住房2400户，完成村庄整治30个。各镇（街、园、区）建污水处理厂或设施10个，建成规模5.22万吨／日，配套建设管网82.21公里，完成投资1.31亿元；建设农村新型社区污水处理设施23个，建成规模0.26万吨／日，铺设管网79公里，完成投资0.66亿元。完成农村人居环境调查，共录入318个行政村。

【农村危房改造】　与县财政局、民政局等相关部门联合制定下发《临朐县2016年农村危房改造工作实施方案》，完成省市下达的农村危房改造任务290户，其中标注建档立卡贫困户30户，争取危房政策性补助资金439万元，开工率100%，验收合格率100%。

【农村无害化卫生厕所改造】　制定下发《临朐县农村无害化卫生厕所改造工作实施方案》，2016年，完成改造16851户。　（曹金宝）

农村社区建设

制定下发《关于推进临朐县2016年农村新型社区建设的实施意见》，编制完成县域农村新型社区布局规划，组织召开全县农村新型社区建设工作推进会议，对农村新型社区建设进行全面安排部署。辛寨社区、九山社区、寺头社区等初步形成特色工业、特色旅游业、特色农业等规模产业，九山社区和寺头社区被确定为山东省“农村新型示范社区”。提升社区品质，加强建筑节能新材料、新技术应用，建设卧龙社区红叶家园等一批绿色宜居住房。争取“两河”流域综合开发新型农村社区用地项目，其中辛寨社区、蒋峪社区等5个社区共争取建设用地指标67亩。按照“挖掘特色，打造示范”思路，打造城关街道兴隆社区、辛寨镇辛寨社区、九山镇九山社区等3个县级示范社区，寺头镇寺头社区、蒋峪镇蒋峪社区等11个镇街级示范社区，制定具体建设计划和实施方案。制定下发《临朐县农村社区服务中心建设“一五五”三年行动方案》，在全县启动农村社区服务中心建设三年行动计划，将农村社区服务中心建设纳入科学发展综合考核。完成2016年提升、新建的18个社区服务中心建设任务，按照“一厅一校十室”标准配置，共争取上级奖补资金276.92万元，争取农村社区服务中心建设用地指标54亩。（曹全宝）

美丽乡村建设

制定出台《关于开展美丽乡村建设的实施意见》《美丽乡村建设三年行动计划》等文件，将全县937个村庄划分为环境整洁村、生态文明村和美丽乡村三个层次，梯次推进、统筹安排。截至2016年底，全县各级共投入资金4.35亿元，建成环境整洁村382个、生态文明乡村99个、美丽乡村60个，累计完成村内道路硬化318.5公里、栽植绿化苗木33.7万株、改厕1110户、安装路灯3927盏、建成文化墙面1257处、文化广场419处10.2万平方米、配套文体设施807件。九山镇牛寨村、寺头镇福泉村、东城街道朱位村、蒋峪镇房家台子村、嵩山生态旅游区淹子岭村、五井镇隐士村等建成远近闻名、宜居宜业的美丽乡村。全市美丽乡村标准化建设暨农村社区建设现场推进会议在临朐县召开；在全省城乡环卫一体化群众满意度电话调查中，临朐县取得全省第23名、全市第1名。临朐县美丽乡村建设经验做法先后在国家、省、市级媒体刊发，并在全市总结推广。（魏学翀　陈　勇）

建筑业

2016年，全县建筑行业完成企业总收入33.2亿元，实现总产值33亿元，增加值6.63亿元，同比增长7.1%、13.7%、6.9%，实现税收1.2亿元；创“鸢都杯”工程4个、“泰山杯”工程1个；68家企业全部完成换证，2家企业新取得环保工程专业承包资质。协助市建工处对24家建筑施工企业的资质开展动态考核。联合县公共资源交易中心对参与全县施工的31家建筑施工企业进行信用评价。监督建设工程招投标19项，建筑面积5.8万平方米，工程造价8277万元，审核施工合同57项。对预拌混凝土企业扬尘污染防治情况进行6次监督检查，2家商混企业通过市级督导考核，达到免检。组织397人参加二级注册建造师考试报名，13家企业的263人参加建筑业工人岗位技能全市统一考试。为21家企业办理建筑业关键岗位培训考核合格证书。做好建筑企业养老保障金管理工作，共收缴3500万元，向企业审批拨付1877万元。

组织实施建筑市场监管与诚信一体化平台运行，组织相关企业进行培训，加快推进企业诚信体系建设。对平台填报的工程电子化登记、图审、合同备案的信息进行认真审核，全年共审核40份。实行“两书一簿”制度，开展建筑市场检查，对手续齐全的建设项目下发交底书17份，对检查中发现的问题下发整改通知86份。对法定建设程序不完备的建设项目进行行政处罚，年内共办理行政处罚案件20起，处罚金额546万元。

坚持依法严管，做好清欠工作。出台《关于开展建筑工程春季复工专项检查的通知》《临朐县建筑市场管理实施方案》《关于改进和加强建筑业农民工工资支付管理的意见》《临朐县建筑市场违法行为专项整治行动工作方案》等文件。全年共发生务工人员投诉欠薪事项67起，其中，春节前48起，涉及民工810多人，投诉欠薪金额630余万元。办理涉及拖欠工资的市长公开电话、省市县信访部门及市清欠部门转办的案件80多起。联合办理欠薪案件6起，部分存在纠纷及涉嫌违法欠薪案件得以解决。

（曹金宝）

建设科技与建筑节能

【概况】 2016年，全县新开工节能工程47.09万平方米，竣工节能工程55.58万平方米（不含安置楼工程），节能标准设计和施工阶段执行率均达到100%。收取新型墙材专项基金693万元，完成既有建筑节能改造2.05万平方米，申报一、二星级绿色建筑项目4个，建筑面积29.94万平方米，建成太阳能光热一体化建筑40.92万平方米，竣工可再生能源建筑应用示范项目8个，建筑面积121万平方米，新型墙材建筑节能技术产品企业发展到11家。新建建筑全部达到节能标准。

【大力发展绿色建筑】 2月起，全县范围内新建民用建筑（含保障性住房）全面执行《山东省绿色建筑设计规范》。全年共申报绿色建筑评价标识项目4个，其中一星级绿色建筑评价标识项目2个、二星级绿色建筑评价标识项目2个。加快绿色建材产业发展，促进绿色建材与绿色建筑融合发展。在“禁实”基础上，推动墙材革新向装配式、复合式、多功能的方向转型发展。鼓励建设单位积极应用镀膜低辐射玻璃、铝合金隔热断桥门窗、保温结构一体化、保温装饰一体板、A级防火保温板等技术成熟的高效节能建材。

【加快建筑节能改造】 2016年，投入资金260万元，完成既有建筑节能改造项目6个，建筑面积2.05万平方米，受益居民140户，改造后室温平均提高3-6℃、单位面积采暖能耗下降30%左右。加强公共建筑节能监测，监测数据与市公共建筑节能监管平台联网。开展能耗统计等工作，2016年共完成公共建筑能耗调查统计11栋，建筑面积5.79万平方米。截至2016年底，全县共安装公共建筑节能监测系统6套，建筑面积11.75万平方米。

【可再生能源建筑应用】 年内完成经济适用房一期等可再生能源建筑应用示范项目8个，建筑面积121万平方米。示范项目以学校、医院、经济适用房、住宅小区为主，主要技术类型为太阳能光热建筑一体化应用、地下水源热泵技术应用。抓好太阳能光热建筑一体化工作，县城规划区内新建、改建、扩建的12层以下的住宅建筑和集中供应热水的公共建筑，必须应用太阳能光热系统，并与建筑进行一体化设计与施工。加强对太阳能生产企业认定登记产品的管理，实行太阳能光热建筑应用验收意见书制度。

【大力发展装配式建筑】 开展装配式建筑示范工程创建，加快推广混凝土结构、钢结构等装配式建筑，促进产业转型升级。临朐县泰来钢结构公司研发的薄壁轻钢骨架装配式建筑，已在县内工程中应用。山东华建铝业集团公司接待中心工程建筑面积2761平方米，全部采用薄壁轻钢骨架结构，并按照超低能耗建筑标准建设。（曹金宝）

环境保护

【概况】 2016年，临朐县污染物排放总量控制在潍坊市下达指标内，建成区大气环境质量优于国家大气环境质量二级标准，地面水环境质量持续好转，区域环境噪声平均值、交通干线噪声平均值均达到规定环境质量标准。

【污染减排】 2016年潍坊市环境保护局下达

的减排任务是：到2016年COD、氨氮、二氧化硫、氮氧化物排放量分别较2015年削减2.1%、1.3%、5.4%、8.6%。围绕此目标，完成西城热电、联科新材料、蓝帆新材料1-3号、绿能供热锅炉超低排放改造工程；完成第二污水处理厂二期、辛寨镇污水处理厂、冶源镇污水处理厂工程建设与运营，完成减排任务。

【环境空气质量】 组织实施工业企业、机动车、餐饮烧烤、城市扬尘、施工工地、秸秆焚烧等污染专项治理。完成临朐县西城热电有限公司1-4号燃煤锅炉、临朐绿能供热有限公司1-2号燃煤锅炉、山东蓝帆新材料有限公司1-3号燃煤锅炉超低排放改造，完成10家有机化工企业挥发性有机物治理并开展有机废气泄露检测与修复。落实重污染天气应急减排制度，完成上级下达的空气质量现状及改善目标。

【水环境质量】 加大污水处理厂建设及运营管理，第二污水处理厂二期、第三污水处理厂、冶源镇、辛寨镇污水处理厂如期建设和投运，其他镇街全部建成污水处理站，污水处理能力达21万吨/天，彻底消除污水直排，有效改善弥河水质，出境断面稳定达标。

【环境管理】 加大对老污染源治理，严格新建、扩建、改建项目环境准入。对全县174家化工生产企业进行安全生产、环境保护、节能降耗、节约用水“四评级”。对符合环保要求的建设项目，全力做好服务工作。申请中央环保专项资金1750万元，用于农村环境综合整治及水污染、大气污染治理。获得弥河上下游生态补偿资金87万元，环境空气质量生态补偿资金20万元。

【环境监测】 完成环保设施运行效果监测、排污收费监测、环境信访、污染事故查处及污染纠纷仲裁等各项环境监测任务。对临朐县污染源和城市环境噪声进行有效监督监测。通过对污染源监督监测，为环境执法提供科学依据，为环境管理科学化提供具有准确性、精密性、代表性、完整性和可比性的有效数据。

【环境监察】 加强以征收排污费、环保设施管理、污染事故处理及来信来访查处为主要内容的环境监察工作。实行对重点污染源和污染防治设施定期检查和不定期抽查相结合，定点定位和多点多处相结合，正常工作时间与节假日、夜间监察相结合，加大监督检查力度，增加监察频次，督促企业自觉加强环保设施管理。2016年，全县征收排污费1000万元；处理人民来信来访560件，处结率100%；处理人大代表建议、政协委员提案6件，处结率100%；查处环境违法行为121件。

【环保宣传】 以“6•5”世界环境日为契机，加大环保宣传教育力度。开展环境教育工作，在各中小学开展创建绿色学校活动，订阅《中国环境报》等报刊杂志1000余份。（张全堂　崔　坤）

商贸流通

商业贸易

【商业基础设施建设】 按照“城内大商场、城外大市场、镇村连锁店”工作思路，科学规划，合理布局，佳乐家商务区4栋商住楼建成投入使用，隆达商业广场写字楼、住宅楼、公寓楼全部完工，以中央商务区为核心的城市商业中心基础设施进一步完善。成立县政府分管领导任组长的工作协调推进小组，积极推进鸿运物流园建设，累计投资6000余万元，完成建筑面积2万平方米。牵头完成钢材市场整体搬迁后安置、兑付工作，有效保障拆迁户合法权益。加快农贸市场建设，完成张家亭子村便民市场升级改造工程，开工建设临朐县大樱桃综合服务中心。加快汽车市场建设，累计投入资金3500万元，新建成金源江铃、东风小康等3家汽车4S店，全县汽车4S店发展到11家，全年销售各类乘用车8000余辆。推进以银座华兴、金丰农资、万家悦超市为重点的农村现代商品流通体系建设，加快农村站点布局，城乡一体化商品流通渠道进一步畅通。截至2016年底，全县共建镇级、社区农资直营店60家，村级加盟店375 家。

【多渠道拉动消费】 利用元旦、“五一”、国庆等传统节假日，组织各批发、零售和住宿、餐饮企业开展各种主题促销活动，激发消费需求，挖掘消费潜力。培育发展生活性服务业，创新消费产品，扩大个性化、多样化消费需求，支持引导信息、养老、健康、智能产品等生活服务性消费，消费渠道进一步拓宽。2016年，全县实现社会消费品零售总额158.7亿元，比2015年增长11.3%，其中限额以上贸易企业36.6亿元，比2015年增长9.6%。按行业分布，批发零售业25.9亿元，比2015年增长9.6%，住宿餐饮业1.2亿元，比2015年增长9.5%；按商品分类，在全部22类商品中有18类呈现不同幅度增长，其中服装鞋帽类比2015年增长13.2%，中西药品类增长13.2%，烟酒类增长10.4%，粮油食品类增长3.1%。银座华兴实现销售3.5亿元，位列全县重点零售企业之首；全福元实现销售收入1.9亿元，比2015年增长5.2%，佳乐家购物中心实现销售收入1.4亿元，比2015年增长5%。成功举办第三届、第四届中国（临朐）国际门窗幕墙博览会、第九届观赏石展销博览会和第二十届红叶文化节，达成商务交易额22亿元。

【发展电子商务】 围绕打造有色金属电商产业带，规划建设占地500多亩，集营销推广、电商孵化等功能于一体的跨境电商产业园，招商入驻智联众益合、广贸天下等知名企业。临朐电商众创家园载体功能不断完善，入驻电商经营主体77家。按照“多点合一，服务同网”思路，布局建设中心村（社区）E站，电商进农村步伐不断加快，农村电商发展环境持续优化，返乡高校毕业生、大学生村官等青年参与农村电商积极性不断提高。颐和生态农业合作社、相亮山楂合作社等30多家农业合作组织，通过开展网上营销，

10余款当地农特产成为网销热品。寺头镇依托艺术护栏展馆、红香椿展示交易中心，进一步打响艺术护栏、红香椿等电商地域品牌。电子商务与精准扶贫深度融合。嵩山生态旅游区依托“乡邻小站”在10个社区建立微店，对303户贫困户实行“点对点”帮扶销售农副产品；龙山产业园、柳山镇结合当地资源优势，积极规划打造“互联网+”电商村，帮助贫困群众脱贫致富。电商与工业、商贸、旅游、教育等行业加快融合，助推县域产业快速发展。加强电商人才培训，依托县技工学校等载体，共开展各类电商主题培训班22期，培训学员3100多人次。全县依托淘宝、京东、买卖惠、农商1号、村小二等电商平台实现日均接单量2万余单，累计实现电子商务交易额120余亿元，比2015年增长29.8%。

【提高服务质量】 依托16家商务部样本监测企业（19个监测种类）和《临朐商务预报平台》，加强对猪肉、粮油蛋菜等生活必需品供应储备，科学指导生活必需品市场有序运行，报送市场监测信息77篇，商务部采用率达42%。强化市场监管，突出抓好商务诚信体系建设，倡导企业依法诚信经营；发挥“打击侵权假冒工作领导小组”牵头作用，围绕重点商品、重点领域和重点区域，开展专项整治。健全完善肉菜流通、酒类流通追溯体系，加强单用途商业预付卡监管，落实上级扶持资金，建设“12312”商务举报投诉中心。落实“管行业必须管安全”安全生产管理规定，商贸企业和专业市场均未发生重大安全责任事故。（刘永哲　宗全力）

对外经贸

【外贸工作】 建立外贸工作促进机制，落实潍坊市出台的23项促进外贸发展政策。加大外贸企业服务力度，加强分类指导，支持企业加快战略性产业调整和经营创新，对外贸易规模不断扩大。2016年，全县进出口额过1000万美元的骨干外贸企业达到8家，占全县外贸进出口总量的75%。1—12月，全县完成进出口总额24.3亿元，比2015年下降1.2%，其中出口21.6亿元，比2015年增长16.6%。

立足全县铝型材、塑胶、玻璃等建材产业优势，加大政策宣传和服务力度，引导华建铝业、飞度胶业、蓝波玻璃等铝型材企业走出去，开拓东南亚、东非、南美、中东市场，推动产业优势向出口优势转变。会同各镇（街、园、区）深入企业一线调研，分析原因，解决难题。对蓝帆新材料、三义实业、华建铝业、顺兴包装、华源纺织等骨干企业，落实“一企一策”帮扶措施，仅山东蓝帆新材料有限公司全年就完成出口额6.6亿元，占全县出口总额的1/3。2016年，全县新增60家对外贸易经营者备案登记企业，总数达345家，其中有进出口实绩企业167家。出口产品发展到8个大类、23个品种，远销世界90多个国家和地区。加强与全球贸易通等跨境电商平台合作，支持华建铝业、东兴实业等企业开展跨境电商业务。推动临朐东兴跨境电商产业园和非洲肯尼亚、乌干达“海外仓”建设步伐，带动全县建材产品出口2000万元以上。着力推动服务贸易快速发展，支持恒彩数码、华艺雕塑等文化产品加大出口力度。2016年，完成离岸外包额2600万元，在岸外包额1000万元。帮助鑫珂海洋生物、三义实业、祺月童车等企业办理环评、消防、建筑许可、社保手续。邀请潍坊海关、出入境检验检疫等部门专家到临朐进行政策和业务宣讲5次。组织80多家企业参加广交会、潍坊中日韩产业博览会等展会79次。

【外资工作】 以“中日韩产业博览会”等节会为抓手，突出日韩等重点国家，加强与境外投资方洽谈对接。加强对重点项目跟踪服务，着重加快在手项目报批、已批项目到资、筹建项目开工、开工项目建设“四个进度”，通过开展园区平台招商、产业优势招商、企业定向招商，利用外资工作稳步推进。2016年，全县实现实际到账外资31094万元，比2015年增长8.1%；新批外资项目2个，总投资2300万元；达成投资意向项目1个，计划总投资1.1亿元；在谈外资项目4个，计划总投资12.7亿元。引进世界500强及行业领军企业投资取得突破进展，成功落户潍坊（临朐）抽水蓄能电站、高铁轨道大板、神华临朐淌水崖—北沟风电场工程、神华临朐福山风电场4个世界500强项目，总投资92.69亿元。

【外经工作】 把企业境外投资作为应对当前复杂形势、推进企业转型发展的主要手段来抓，不断强化措施，加大政策、信息、服务力度，推动企业"走出去"发展，鼓励企业到海外布点、设立境外生产加工基地或研发机构，建立国际营销网络或承揽境外工程，加强对外劳务合作。鑫珂海洋生物在美国成功收购美国海霂康医疗科技股份有限公司，设立金珂生物医疗科技股份有限公司，注册资金1200万美元，完成境外投资1003.4万美元。潍坊盛安食品有限公司在美国洛杉矶设立阳光澳博有限公司项目，总投资60万美元，主要经营水果罐头及果冻产品批发、零售和农业开发等，年销售额1600万美元。加大对外劳务合作服务宣传力度，进一步强化政府监管服务，规范外派劳务市场秩序。2016年，高端劳务输出226人次，实现对外工程营业额705万美元。 （韩秀芹 王金莲）

招商工作

【概况】 2016年，发挥产业、资源、市场和环境优势，合力攻坚重点招商项目，坚持以商招商、产业招商、精准招商，全县新引进落户过亿元项目20个，其中过5亿元项目7个，过10亿元项目5个。

【招商工作体制】 制定《2016年招商工作实施意见》，细化明确年内目标任务、工作重点和激励政策，引领指导全县招商工作开展；拟定战略性科学投资招商项目方面的考核认定办法；对重点招商项目，实行指挥部负责制和"四个一"工作推进机制，组建专门服务队伍，落实专人包靠，随时进行调度，积极协调解决洽谈对接和施工建设中出现的困难问题。

【大项目引进建设】 突出央属省属企业和国内外500强企业对接洽谈，大力开展产业招商、以商招商、精准招商，大项目引进建设实现重大突破。2016年，全县新签约落户过亿元项目20个，其中过3亿元项目12个，过5亿元项目7个，过10亿元项目5个，分别是抽水蓄能电站（76.09亿元）、中欧节能门窗产业园（20亿元）、北江·鲁中大型农副产品批发交易市场（15亿元）、中华文化雕塑园（12亿元）、新型铝合金建筑模板（10亿元）。

【专题招商活动】 对重点在谈项目实行"分季调度、定时更新"的动态化管理。每季度筛选确定十个重点在谈项目，围绕重点区域，针对重点项目，开展小分队、点对点精准招商，筹备组织20余次专题招商考察。其中，县委、县政府主要领导带队赴北京、上海、广州、佛山等地，围绕重点培育的铝型材加工、现代农业和新能源新材料等优势产业，开展8次专题招商活动。

【项目宣传推介】 结合全县资源、市场、环境等优势，筛选确定铝合金门窗板材、建筑五金配件、休闲养老养生等20个符合国家产业政策、投资潜力大的重点招商推介项目。联系对接具有相应资质的专业机构，聘请专业技术人员对每个重点项目进行包装策划，编制完成格式规范、内容充实、符合国际惯例的招商推介书。重新印制《临朐招商》宣传册、编印《招商推介简明手册》、录制《魅力临朐》宣传片。利用第22届铝门窗幕墙新产品博览会、第33届风筝会、第三届窗博会、京鲁经济合作论坛、2016中国（临朐）秋季家居门窗展销会等各类展会节会，进行专题推介。2016年，共发放《临朐招商》宣传册1000余份，播放宣传片20余次。

【项目督查考核】 对重点在谈、签约、在建项目，坚持“月统计季通报”制度，共督查调度8次。着力抓好中欧节能门窗产业园、电力金具加工、圣鸿高档防火系列门、大型农产品批发交易市场等项目的对接洽谈，督促相关责任单位，推动项目签约落户。扎实做好季度和年度对各镇（街、园、区）和相关部门招商任务完成度的考核认定工作；配合县委办公室、县政府办公室组织筹备好全市大项目建设观摩交流，做好项目策划、路线编排、环境卫生整治等工作。

【项目落户和服务】 坚持部门联合会商制度。拟引进落户的每一个项目，都必须符合产业政策、园区规划、税收贡献、投资强度、节能环保等方面要求，凡联合会商通不过的，一律不予上报审批。切实践行“一线工作法”。安排专人深入伊利乳业、米兰之窗等项目现场，进行“保姆式”服务，协助客商进行立项备案、证照办理等工作，协调解决项目开工建设中遇到的困难和问题。（刘 峰 李晓飞）

供销合作经济

【概况】 2016年，县供销社完成商品购进总额1.5亿元，销售总额1.6亿元。

【农业社会化服务】 建设包括农资超市、庄稼医院、测土化验室、农机服务、统防统治、烘干储藏、信用互助、服务大厅、电子商务终端等设施为主要内容的农服务中心，为农民提供全程化社会服务。2016年，新建为农服务中心1处，提升10处。

完善托管服务。积极推进托管服务向经济作物、养殖业覆盖，将科技推广应用融入服务规模化之中，开展化肥农药减量、良种繁育推广、先进机械应用、土壤熏蒸改良、废弃物转化等技术服务，打通科技推广“最后一公里”，探索山区、丘陵地区托管服务新模式。2016年，完成土地托管总面积30万亩，开展测土配方施肥服务5000亩。

开展职业农民培训。利用临朐县金丰农业生产资料有限公司和供销电子商务公司的专家人才优势，依托为农服务中心开展培训，壮大职业化农民队伍；加大对贫困农民培训力度，免费提供专业技术培训。全年培训达5000余人次，其中对贫困户开展“一对一”培训600人次。

【农村电子商务】 成立临朐供销电子商务公司，开通临朐县级电子商务平台—“供销惠”。“供销惠”网主要设日用品、农资、农产品、农业服务、医疗卫生、金融、生活服务以及当地时令农产品购销服务等板块。2016年，建设完成县级物流仓储中心1处、镇级运营中心4处、村级电商服务社80处。“供销惠”电商平台与全国总社“供销E家”电商平台完成对接，开展农产品、日用品、家电、农资等销售，积极拓展农村市场，加快供销社为农服务的延伸。全年网上销售额4800万元。

【实体性合作经济组织】 发挥临朐县农民合作社联合社职能，领办和创办农民专业合作社和联合社，改造提升农民合作社、镇级供销合作社，形成协调联动服务体系。依托供销社基层组织，开展党建带社建、村社共建，构建基层社、村“两委”、农民合作社“三位一体”工作机制，推进社社合作、社农结合，促进形成农民群众有利益、农村基层党组织有发展、村集体经济有积累、供销合作社有收益的四赢局面。截至2016年底，全县供销社系统领办专业合作社达40处、共建村庄达28个，组建镇级农民合作社联合社11个。

【农村现代流通】 生产资料经营。以金丰农资为龙头，以基层供销社为依托，充分利用原有经营人才和网络资源，按照标准化、规模化要求，在乡镇和村建立农资连锁店、直营店，形成县、乡、村三级农资连锁配送服务网络。2016年，金丰农资连锁店、直营店数量达280处，年销售化肥2.2万吨。农产品经营。以供销社农产品经营公司为龙头，上与省、市供销社农产品公司联合，下对各专业合作社进行资源整合，统一销售渠道，统一品牌经营，农产品年销售额达1200万元。烟花爆竹经营。临朐县烟花爆竹经贸有限公司是县供销社社有企业，为全县烟花爆竹经营主体，在城关街道朱堡村拥有占地23亩的高标准仓储设施，配有专门送货车辆8部，年销售额达2500万元。（马玉彬　刘元学）

粮食流通

【粮食企业发展】 2016年，粮食收储公司实行政企分开，建立法人治理结构，选聘企业法人。争取财政无偿资金100万元、自筹80余万元，完成标准化储备油库和机械库建设。投资302万元的“危房老库”大修改造项目通过省市验收。对蒋峪店子粮站、上林粮站进行公开招投标，盘活资产，全年实现收入170万元。对“放心粮油店”进行培育、创建和监管，新发展1家，提档升级1家，全县放心粮油店达19到家，实现镇（街、园、区）全覆盖。择优选取县内骨干粮食企业康鑫面粉厂进行主食产业化提升试点，投资210万元，其中财政资金100万元，新上螺杆式空气压缩机、面条包装机、切条机等先进设备8台套，改造烘干房1000平方米，购进车辆2台，配备加工生产、应用管理软件5套，新增品种11个，年产能增加6000吨。实施科学储粮工程，结合精准扶贫，落实小粮仓500个，全县规模小粮仓达8000个。组织8名企业经营管理人员到青岛交流学习。组织检验员、保管员14人到省商务职业学院培训，提升技能等级。

【粮食调控保供体系建设】 制定下发《关于做好夏粮收购工作的通知》，严格执行“五要五不准”收购守则，规范收储行为。落实《粮油仓储技术规范》，建立责任考核、监管机制，确保储备粮数量真实、质量良好、帐实相符、储存安全。4月底顺利通过全国粮食库存大检查。5月份承办全市粮食流通监督检查行政执法及仓储规范化管理培训班。10月底至11月上旬，对存于莒南200吨、县粮油加工厂160吨地方储备油轮换移并到纸坊新油库，实行集中管理。12月底，对纸坊储备粮库2856吨储备小麦进行出库轮换。按照“合理布局、全面覆盖、平时自营、急时应急”要求，完善粮食应急预案，对符合条件的粮食加工、运输和经营企业承担应急供应任务。6月，会同县商务局将华兴、佳乐家、全福元等涉粮大超市纳入应急供应保障体系，进行授牌管理；全县应急供应点由原来的19家增加到41家。争取省粮食应急建设专项资金105万元，自筹45万元，12月底启动应急配送中心建设。

【粮食流通管理】 开展食品安全宣传周、粮食质量安全宣传日等主题宣传活动，以5月26日《粮食流通管理条例》颁布12周年、世界粮食日为契机，在县城新华路设立宣传站，宣传粮食流通政策，累计发放各类宣传单1000余份，现场解答群众问题100多条。开展粮食收购资格核查，印发《关于开展2016年粮食收购资格核查的通知》，进一步明确核查对象、内容、方式。对全县30户粮食收购者进行核查，确认27户，注销3户。对涉粮企业执行统计制度的有关情况进行认真梳理，制定整改措施和完成时限，确保粮食统计工作扎实开展。依据统计制度执行情况，为龙泉饲料、金益农等4家企业参与国家玉米库存定向销售提供支持。组织夏粮收购联合执法检查，与县市场监管部门联合开展以粮食收购秩序、收购政策执行情况、计量器具检验等内容专项监督检查执法，出动执法人员120人次，检查10处镇街23个收购主体，发出责令改正通知书3份。结合全市开展的国家食品安全城市创建工作，对全县所有放心粮油店及收购、储存、供应企业进行拉网式检查，建立企业核查档案，检查原粮来源、经营行为是否规范，抽取样品进行检验，保证城乡居民放心消费。

【基层党组织建设】 研究制定2016年党建工作要点，明确党委书记抓党建工作清单，建立班子成员联系基层党支部制度。坚持每月一次局党委会研究党建工作，每月一次深入所属6个党支部进行调研，指导解决班子建设、党员教育管理等方面问题14件。深入开展“两学一做”学习教育，组织党委中心组集体学习16次，全体党员集体学习24次，领导干部讲专题党课20余次，专题研讨5次。组织开展党章学习测试、九山牛寨参观学习、邀请党校专家授课、观看专题节目、收看纪念日大会等一系列活动。深入开展“千名干部进千村”和精准扶贫活动，组织8名驻村干部召开座谈会48次、走访群众900多户，帮助修建党员活动室、维修道路等民生问题20多件。认真抓实基层党建重点工作任务，对系统内党员组织关系和违纪违法情况进行全面梳理排查，6个党支部110名党员无一失联，未出现违纪违法情况。对2008年4月以来党员党费交纳情况进行专项检查，补交党费4.5万元。3名优秀职工递交入党申请，发展预备党员1名。

（张传增　丛冠青）

● 2016年10月17日，在新华路开展“世界粮食日”宣传活动　（供稿：张传增　丛冠青）

烟　草

【概况】 2016年，全县种植烤烟2.29万亩，植烟村178个，植烟户1111户，户均种烟面积20.6亩。实现“两烟”税金4743.11万元，上交“两烟”税金5033.24万元。

【烟叶生产】 落实漂浮育苗、控氮增密、烟田滴灌、井窖式移栽等精益生产技术，全县全部实施漂浮育苗，发展滴灌烟田1.16万亩，推广井窖式移栽1.52万亩。在遭到前期干旱、冰雹、中期阴雨等自然灾害侵袭情况下，加大抗灾力度，推进合作社建设，发展生产社会化服务，实现烟叶收购均价19.69元/公斤，列全市第一位。全县共收购烟叶350.5万公斤，实现烟农总收入6902万元，烟农亩均收入3018元、户均收入6.21万元，共实现烟叶税1518.37万元。积极做好烟区基础设施和生态村建设，投资773.3万元，在5个植烟镇、21个植烟村建设基础设施项目1095项，包括烟田水利设施204项、购置烟草农业机械891台（套）。投入专项资金42.05万元，建设黄谷村烟叶生产生态村富民工程1处，完成硬化亮化、卫生室建设等。

【卷烟销售】 建设婚庆、旅游、季节性市场开发平台，开展精准营销与市场开发，不断提高卷烟市场占有率。2016年，全县共销售卷烟2.44万箱，实现单箱值2.17万元，同比增长3.38%；全县3071户卷烟零售客户实现户均盈利2.9万元。优化调整1532大物流工作，组织非烟商品210多个品项，铺货300多家，实现非烟销售金额789.2万元。

【专卖管理】 深入开展“齐鲁之盾”烟草市场专项整治活动，对辖区物流货运站、运输车辆、重点场所、零售户等重点环节区域加强重点管控，严厉打击涉烟违法行为。全年共查获涉烟案件147起，查获非法卷烟513.09万支，案值122.83万元，拘留涉烟违法犯罪分子12人，逮捕4人，判刑12人，破获符合公安部、国家烟草专卖局标准的制售假烟网络案件1起，县标网络案件5起。（马光磊　刘晓莹）

盐　业

【概况】　2016年，实现销售收入1266万元，利润81.7万元，其中非盐商品销售收入75万元。销售各类盐7112吨，其中食盐3754吨（小包装食盐1741吨），其他用盐3358吨。被山东省盐业集团有限公司评为“山东省盐业系统先进单位”，被潍坊市盐务局评为“潍坊盐业系统优秀基层党组织”。

【盐政执法】　开展食盐市场专项治理行动，加强与公安食药环大队及各镇街派出所的联合执法行动，重点对集贸批发市场、城乡结合部、农村偏远商店、餐饮单位、熟食加工、酱菜厂等进行检查治理，对新成立的小工业盐公司和食盐销售下降的镇、村进行定期巡查，共检查餐饮业户1700多家，零售网点2100个，单位食堂85家。梳理摸排贩销私盐前科人员，加强节日期间食盐市场监管，配合开展创建国家食品安全城市工作，加大盐政执法工作力度，杜绝不合格食盐流入市场。2016年，共查处各类盐业违法案件370起，查没私盐20多吨，罚没款10万元。

【典型案件】　年内对查处的2起典型案件在《潍坊日报·临朐新闻》进行曝光。（1）临朐县辛寨镇大高家庄村高某某利用非食用盐加工羊肉案。2016年3月24日，临朐县公安局依法给予高某某行政拘留五日的处罚。（2）临朐县城关街道李家庄村孙某某和孙某涉嫌生产销售不符合安全标准食品案。2016年3月25日，临朐县公安局依法对涉案人员进行相关处罚。

【盐政宣传】　与1312个“五小业户”签订《食盐安全承诺书》。在《潍坊日报·临朐新闻》以《维护食盐专营秩序捍卫舌尖食盐安全》和《规范盐业市场秩序保障群众食盐安全》为主题，对盐业法律法规、食盐专营政策和省局2015年十大盐业违法犯罪案件进行刊登报道，消除群众对食盐专营政策误解。（徐延效）

现代物流

【概况】　2016年，全县营运物流企业达39家，自开税票企业2家，全县实现物流投资总额22.22亿元，比2015年增长1.9%；规模以上服务业中物流业营业收入实现15245万元，比2015年增长8.06%。纳税100万元以上企业2家，分别是山东慧昌物流有限公司和临朐县汽车运输有限公司。全县批零住餐、交通运输、仓储和邮政等商贸物流业实现增加值42.22亿元，占全县GDP的16.17%，比2015年下降2.56%。

【物流企业发展】　2016年，县委、县政府出台《关于构建新体制培育新优势加快全县开放发展的意见》（临发〔2016〕19号）和《临朐县降低企业成本促进实体经济健康发展的若干政策措施》（临政发〔2016〕9号）等文件，指导物流业健康发展。骨干规模工业企业加快剥离现有业务，强化物流主体培育，组建独立运作、独立核算、具有行业特色的第三方物流企业，节约企业成本，提高企业运营效率。山东省青临铁路有限责任公司、潍坊力元矿产品有限公司、临朐东兴实业有限公司和山东恒昌圣诚化工股份有限公司，通过主辅分离分别成立临朐县国瑞物流有限公司、山东弘旺物流有限公司、山东正东国际物流有限公司和潍坊澳龙物流有限公司等4家公司。全县现有综合物流园区—交通物流园1处，涵盖货运、仓储、货代、商业配送和速递等。

【物流园区建设】　南部物流园区招商和建设进

度加快推进，江北物流城一期建成运营，原钢材市场整体迁入运营。汽车4S店集中发展区新建成江铃、东风小康、吉利等3家汽车4S店。截至2016年底，全县共有广潍汽车园、富民汽车城、威通汽车城、日照同钧、金源江铃、信合汽车、润金长安和高晟东风等8个汽车4S店项目落户并开工建设，上海大众、一汽大众、别克、长城、五菱、长安、福田伽途、北京现代、东风标致、东风悦达起亚、东风小康、江铃、吉利等13个4S店和5个综合品牌店建成运营。信合二手车市场全年交易过户二手车2181辆，代理报废黄标车77辆。审批设立潍坊宏盟二手车交易市场。临朐鸿运物流园项目纳入全市2016年特色物流园区建设任务，年内累计投资6000万元，完成建筑面积2万平方米。临朐县汽运公司与山东物流集团清恒能源有限公司达成LNG加气站项目合作协议，计划投资建设LNG加气站，为鸿运物流园提供配套服务。立足农副产品资源优势，城关街道和商务局加大招商力度，共同引进总投资12亿元的北江·鲁中农副产品交易市场项目，项目由山东北江置业有限公司开发承建。

（胡名扬）

临朐之最——政治军事

古代临朐最大的战事 -- 刘裕伐南燕

临朐历史上最激烈的一次农民抗暴斗争 -- 龙岩寺上打陈瀛

临朐境内规模最大的抗日战斗 -- 蒋峪战斗

抗日战争初期临朐境内“最模范的胜利战斗” -- 五井歼灭战

临朐境内对日最后一战 -- 冶源战斗

临朐近代最大的战事 -- 临朐战役

中国共产党在临朐最早的基层组织 -- 赵家楼、孙家小崔党支部

临朐人民规模最大的拥军运动 -- 解放战争中的拥军支前

在临朐最早创办的广播电台 -- 华东新华广播电台

临朐最早的韵言布告 -- 临朐县政府禁赌布告

临朐境内最早建立的电视转播台 -- 沂山电视转播台

临朐最早受团中央表彰的团支部 -- 共青团李家庄支部

摘自《临朐县志（1988–2000）》

旅游

综　述

【全域旅游】　2016年，临朐县被国家旅游局确定为全域旅游示范区创建单位。9月6日，召开全县旅游工作暨全域旅游创建工作动员会议，印发《关于深入实施“旅游+”三年行动计划推进全域旅游创新发展的实施意见》，继续深化旅游综合改革，大力发展“旅游+”，加快推进旅游业转型升级。10月，成立临朐县全域旅游服务中心。

【乡村旅游】　2016年，牛寨村被列为全国旅游精准扶贫重点支持村，铜峪村、黄谷村、隐士村、东镇庙村被列为全省旅游精准扶贫重点支持村。为牛寨村、黄谷村争取省级乡村旅游扶贫资金各200万元，为隐士村、北黄谷村分别争取乡村旅游发展资金70万元、10万元。组织兴元山庄、神牛谷山庄、神牛谷二号院、神牛谷三号院申报三星级农家乐，牛寨人家、轩辕氏农家院、世明酒店、可心饭店、沂山茅舍、沂山人家、怡香园、凤凰山庄申报二星级农家乐，明军采摘园、蓝莓酒庄采摘园申报精品采摘园，王老五家庭农场申报开心农场。组织10人赴法国、4人赴日本、5人赴韩国、1人赴西班牙和意大利学习乡村旅游发展先进经验。加快推进旅游厕所建设进度，年内新建改建各景区、乡村旅游点旅游厕所38处。

【宣传营销】　开通临朐旅游手机网站，及时发布景点活动和优惠措施，提高临朐旅游关注度。推进与旅游电商合作。充分利用临朐旅游微博、微信等宣传平台，发布临朐旅游最新动态、旅游资源等信息，提高临朐旅游产品“曝光率”。编印完成《临朐旅游》和《发现临朐—乡村旅游系列丛书》，配合省旅游局制作完成《山东旅游年鉴》。配合潍坊电视台《潍坊电视议事厅》栏目组做好《提升潍坊旅游品质，扩大潍坊旅游影响力》节目录制；配合省旅游局做好“华夏龙城”旅游纪录片拍摄踩线工作。配合山东梅地亚文化传播有限公司做好牛寨村“中国乡村旅游模范村”系列宣传片拍摄工作。

● 2016年5月7日，第四届中国（临朐）沂山文化节暨丙申年东镇沂山祀山大典举行

（供稿：刘景海　王　鹏）

【旅游节会】　6月1日起，“临朐人免费游临朐”活动正式实施。举办第四届中国（临朐）沂山文化节暨丙申年东镇沂山祀山大典、第三届中国（临朐）国际门窗幕墙博览会等大型文化旅游活动；举办第三届山东省乡村旅游节，以“好客

山东·美丽鲁中·乡约临朐”为主题，举办齐鲁嵩山第二届蜜桃采摘节、临朐全羊美食节、乡村旅游嵩山论坛、百辆房车大巡游、首届帐篷露营节等20多项活动。

● 2016年9月28日，第三届山东省乡村旅游节启动仪式举行　（供稿：刘景海　王　鹏）

【招商引资】　6月13日，临朐县人民政府与山东省商业集团有限公司签订旅游战略合作框架协议。成立与山东水发集团合作推进小组，促进医疗卫生、弥河治理、养生养老、老龙湾旅游开发等方面的合作。积极与齐鲁交通发展集团沟通对接。该集团两次组织人员对全县旅游资源进行实地考察，初步计划在全域旅游创建方面进行合作。加强与光合文旅控股股份有限公司、龙冈旅游集团、御邦投资管理集团洽谈对接，均提出初步合作意向，制定初步合作方案。

● 2016年6月13日，临朐县人民政府与山东省商业集团有限公司签订旅游战略合作框架协议　（供稿：刘景海　王　鹏）

【旅游监管】　按照《山东省旅游市场综合整治工作方案》要求，采取明察暗访相结合方式，对全县8家旅行社、1家分社、8家营业网点进行拉网式检查，重点检查旅行社广告宣传、与游客签订旅游合同等事项。“五一”“十一”前夕，联合公安、消防、交通、市场监管等10家单位对全县11家A级旅游景区、3家星级饭店和8家旅行社进行重点检查，检查内容涵盖旅游包车、导游执业资质、旅游市场购物环境以及证照资质等，对发现的问题限期整改。起草临朐县《关于进一步加强旅游市场综合监管的意见》。

（刘景海　王　鹏）

景区建设

【概况】　截至2016年底，全县有重点景区30余处，其中国家AAAAA级景区1处，AAAA级景区1处，AAA级景区6处，AA级景区6处，省级工、农业旅游示范点4处，省级旅游强镇4个。

【沂蒙山旅游区沂山景区】　2016年，以“打造国家级旅游休闲胜地和度假天堂”为目标，以“最大限度地放大AAAAA品牌效应”为主线，抓好旅游宣传营销、项目建设等重点工作，游客人数、旅游收入分别增长30.2%、23.6%。继累计投入800万元左右，在巩固与潍坊日报社合作伙伴的基础上，与《齐鲁晚报》建立战略合作关系；在山东卫视、山东综艺等频道插播沂山专题广告；继续冠名临朐广播电台FM100.6沂山调频；在景区周边的长深高速、青兰高速沿线设置16块宣传牌；在济南、青岛、东营、潍坊45辆公交车投放流动车体广告；邀请1000余家旅行社到景区踩线，组织参加30余场推介会；组建13人的专职营销队伍，在巩固潍坊、临沂、淄博、东营等市场基础上，主攻济南、青岛两大关键重点市场，打通天津、连云港等省外区域市场，通过推出“游沂山+农产品采摘、篝火晚会、拓展训练”等多种旅游产品，打响沂山旅游品牌。狠抓旅游项目建设。投资2700万元、全长1600米的空中森林漂流项目投入试运营；投资1600万元的南门至法云寺山水景观栈道和南门游客中心建成投入使用；在沂山风景区总体规划获得省政府批复的基础上，全力推进计划投资1亿元的东镇御苑至歪头崮索道建设项目；调整完成投资3亿元的东安府养老中心二次规划。

【临朐揽翠湖（天沐）温泉度假村】 为国家AAAA级旅游景区，占地240亩，总投资4亿元。以中式简约现代徽派建筑风格为特色，装修精致考究，有独立客房楼、餐饮楼、温泉楼，室外2万平方米高端温泉养生区、1.8万平方米梦幻水城、2万平方米马术俱乐部，以及健身房、室内游泳池、多功能会议室等休闲养生场所，是集温泉养生、商务会议、休闲娱乐、特色美食于一体的休闲旅游度假胜地。

【老龙湾风景区】 为国家AAA级旅游景区，全国七十二大名泉之一，曾是明代散曲家冯惟敏的私家园林。2016年，立足老龙湾一体化开发战略，借势弥河流域开发，启动东大门建设工程，抓好景区内部管理和景区推介，提升对外形象，积极搞好宣传推介和节会活动。精心组织三月三海浮山庙会，暑期举行为期半月的“泼水狂欢活动”，组织一系列特色表演项目。国庆节期间，在铸剑池组织“击鼓祈福”活动，丰富节日内容，增加游客参与度，提升景区品味和吸引力。在全域旅游创建、乡村旅游节、红叶节期间，开展一系列宣传营销活动。

【石门坊景区】 为国家AAA级旅游景区，位于临朐县城西10公里处。景区总面积20余平方公里，主要包括石门坊、寨子崮两大旅游区。2016年，以建设“中国红叶文化创新主体景区”为目标，加大森林景区资源保护和建设力度，森林基础设施建设得到加强。截至12月，共收入1106余万元，接待国内外游客超过26万人次。完善石门坊景区基础配套设施，其中指示牌80个，垃圾桶96个；扩建应急停车场2.4万平方米，400个停车位。举办临朐第九届相亲大会和中国山东（临朐）石门坊红叶文化节。投资240万元完成游客中心装修。寨子崮防护林工程投资40万元，栽植黑松和黄栌700亩。植物迷宫建设，投资100万元，完成初期平整土地70亩。石门坊滑道项目，投资500万元，建成1000米轨道式滑翔娱乐设施，8月正式启用。薰衣草基地，投资120万元，平整土地320亩。中华雕塑园建设，投资500万元，完成总长3200米的园区道路硬化和6000米的环山路整修，安置雕塑300多尊。绿色寨子崮，投资800万元，栽植连翘、梅花、桃树等30万余株。寨子崮美丽乡村建设，投资800万元，完成全村居民院落改造提升，硬化村内大街小巷，新安装路灯120盏，新建停车场3处，完成村内道路绿化1.2万平方米，新发展格桑花田100亩，新建高标准农家乐12家，设置农事农具展览、豆腐坊、山果酒坊、石碾、石磨等农事体验项目。

【山旺国家地质公园】 2001年12月由国土资源部批准设立，面积约13平方公里。核心区是国务院1980年1月批准设立的山旺国家级自然保护区，面积1.2平方公里。为国家级地质遗迹保护区、国家级重点化石集中产地、国家级科普教育基地、国家AAA级旅游景区和国土资源部野外科学观测研究基地。2016年，累计投资6 000余万元，完成公园核心区基础建设，博物馆、地层剖面、园区道路等基本完成。总面积6900平方米的山旺地层剖面保护景棚开工建设。

【嵩山生态旅游区】 打造山东首家无门票景区，加快发展全域旅游。把发展农家乐和乡村旅游作为全域旅游大发展突破口，成立“嵩山人家”农家乐专业合作社，发展农家乐39家，住宿床位达400张。以北黄谷村评选“国家级传统村落”“省级旅游特色村”为契机，利用北黄谷村的古村优势和特色资源，打造乡村旅游示范点。加大宣传推介力度，举办“杏花节”“桃花节”等20多场节庆活动和第三届山东省乡村旅游节系列活动。被评为“山东生态休闲农业示范基地”和“山东最美旅游风情小镇”。

【山东宋香园生态世界旅游景区】 由海拔490米左右的东雀山、西雀山和峡谷森林组成，面积7500亩，森林覆盖率96%以上。景区本着保护性开发自然、生态、历史、文化等旅游资源，打造以薰衣草种植景观为主体的农业休闲旅游。建设占地3400亩的薰衣草种植园，致力打造世界单片面积最大的薰衣草景观。（刘景海 王 鹏）

弥河开发

【概况】 弥河风景区是省级湿地公园、国家AAA级旅游景区、国家水利风景区。2016年，景区注重抓好公园日常养护管理和河道管理，突出抓好弥河上游综合开发工程，完善弥河沂山大桥至冶源水库段河道治理、两岸道路工程，配套建设两岸内护坡绿化工程，形成长约20公里，水面400公顷，绿地面积300多公顷的弥河休闲旅游观光带。

【弥河风景区管理】 加强苗木栽植管护。新补植黄杨、扶芳藤等灌木10.5万株，栽植柳树、雪松等大乔木145株，流苏300株，草坪2.51万平方米；加强苗木修剪、施肥、喷药、浇水等日常养管。投资18余万元，对句月湖喷泉进行全面维修；投资20余万元，对厕所、木栈道、凉亭、廊架、拉膜亭、木凳等各类设施进行刷漆维护；投资9万余元，对朐山前广场塌陷进行维修加固；投资12余万元，对湿地公园荷花池进行防渗加固处理；对太和塔、文会阁汉白玉栏杆进行全面维修；新打喷灌用井6眼；更换广场破损大理石板200平方米、河岸水泥方砖300平方米；维修台阶17处、鹅卵石路面200平方米；在朐山公园、湿地公园、卜家小河公园埋设喷灌管网438米。先后8次联合城管、市场监管等部门集中规范治理公园内乱摆乱占经营现象。成立防汛领导小组，制定防汛预案，配强防汛队伍，备足防汛物资。汛前组织进行模拟演练，对闸坝工程和岸墙工程进行检查维修，投资180万元，对朐山、兴隆两闸坝坝袋进行更换。加强卫生保洁管理。整个弥河风景区由卫生保洁队分园、分片负责，划分责任区，每周检查2次，累计清运垃圾、水草300多方。配合宣传部、团县委、文化局等单位举办10余次文艺晚会和公益演出活动；配合卫计局、体育局、科协、消防大队等单位打造文化主题公园。

【弥河环境保护】 持续加大对县第一、二、三污水处理厂及冶源镇、辛寨镇污水处理厂的运行监管，安装24小时自动在线实时监测设施，每周开展人工取样比对监测；环保部门加大执法力度，强化环境动态监察频次，确保所有污水处理厂设施运行正常，污染物排放达标；加强对全县其他小型污水处理设施的督查管理，确保污水集中处理，有效改善弥河流域水环境。加大对沿河排污企业的监管执法力度，严厉查处环境污染违法行为，确保弥河流域河道卫生整洁、水质达标。

【弥河保护开发】 在2015年完成弥河沂山大桥至冶源水库5座拦河闸坝、24.5公里滨水绿道主体工程基础上，2016年投资0.6亿元，全面完成配套设施建设，安装LED太阳能路灯490套，建停车场10处；进一步完善该段河道治理、滨水道路工程；配套建设岸坡绿化工程，共栽植柳树1.1万棵，生态护坡30万平方米。投资950万元，打通滨河西路沂山路至民主路段，全长780米，主车道宽12米。完成黄龙沟临时泄洪通道工程，开挖泄洪通道400米。建成寿光供水管道（冶源水库至临朐县城段）工程，工程始于冶源水库东水厂2号分水井，沿弥河铺设至粟山橡胶坝寿光供水管道接口（已于2009年建成），共完成投资0.55亿元，铺设管线8574米，建设管道附属设施

● 滨水绿道　　（供稿：王建军　卢恺）

检修阀井、排气阀井、泄水阀井、减压阀井及流量计井等闸阀井共计22个。　（王建军　卢恺）

节庆展会

【文化交流活动】 2016年，先后举办中国书法之乡华夏行书法作品巡回展、老干部书画晋市展、“翰墨临朐·美丽家园”书画展、刘浩书画汇报展、王启胜山水画作品展、庆祝中国共产党成立95周年成扇展、“焕彩京华·不忘初心”北京临朐籍国画展、“艺道同行—中央美术学院五人书画作品展”、“山水相依”青州农民画—临朐手绘年画作品联展等高水平展览交流活动80余场次；组织全县书画、文学等文艺精品参加中国画双年展、2016年中国农民画作品展、第六届中国画节、第四届中国油画展、全国中国画作品展以及泰山文艺奖、山东省精品工程奖、潍坊市“风筝都文化奖”等各类大型文艺奖项评选活动。邀请著名摄影家谢海龙、著名书法家王树秋、著名作家雪漠等到临朐举办高层次讲座培训、辅导报告10余次。

【文化节会活动】 创新办会模式，组织举办第四届中国（临朐）沂山文化节、第三届山东省乡村旅游节、第三届中国（临朐）国际门窗幕墙博览会、石门坊红叶节等节会文化活动，推动文化对外交流宣传。第三届山东省乡村旅游节主题为“好客山东·美丽鲁中·乡约临朐”，活动宗旨为“快乐、利民、联动、共赢”，内容包括“好客山东·美丽鲁中·乡约临朐”摄影大赛、网络达人临朐乡村行等系列活动；第四届中国（临朐）沂山文化节暨丙申年东镇沂山祀山大典，充分挖掘展示传承沂山历史文化的丰富内涵和镇山文化特质，促进生态旅游与历史文化的有机融合，实现文化与旅游融合共赢。组织举办“春满临朐”2016年临朐春节联欢晚会、临朐首届网络春晚、元宵节系列活动、“大爱无疆、情满临朐”公益活动、建党95周年暨“两学一做”学习教育汇报演出、“农村大舞台”文艺巡演、“文明之夏”广场文艺演出等系列节庆展演和文化活动200余场次。

【纪念建党95周年系列文化活动】 为纪念建党95周年，持续提升文化建设在美丽乡村建设、社区建设、基层党建等方面的影响力，全面推进城乡文化繁荣发展，在全县范围内组织开展以“喜迎党的生日，共建美丽临朐”为主题的系列文化活动。整个活动持续近四个月时间，采取层层选拔、层层汇演方式进行。为确保活动成效，充分发挥县直文化部门、县级文艺协会和广大文艺志愿者作用，组建13支文艺志愿服务队伍，分赴基层开展专项业务指导，帮助提升演出节目。该活动覆盖县直十大系统100多个部门单位、13个镇（街、园、区）200多个自然村，共演出500余场次，参演群众1.2万人次，活动参与人员达10万余人。

（沈汝虎　刘文纲）

财税 金融

财 政

【概况】 2016年，全县公共财政收入15.7亿元，增长12.1%；全县公共财政支出32.28亿元，增长8.6%。临朐县被财政部表彰为“全国财政管理绩效考核先进县”，被省财政厅表彰为“全省县级现代预算管理制度改革试点工作先进县”。县财政局被授予“省级文明单位”“全省财政信息工作先进单位”“财政‘六五’法治宣传教育工作先进集体”等称号，被团市委表彰为“五四红旗团委”。

【财政收支】 2016年，全县公共财政预算收入156966万元，比2015年增长12.1%；其中税收收入完成135998万元，增长10%；公共财政收入与税收收入的增幅、税收收入占公共财政收入的比重等财税指标均居全市首位。全县一般公共预算支出完成322766万元，增长8.6%。其中，教育支出101267万元，增长7.8%；医疗卫生与计划生育支出44205万元，增长13.4%；社会保障和就业支出41410万元，增长5.8%；农林水支出51993万元，增长6.6%；公共安全支出13703万元，增长24.7%；一般公共服务支出22145万元，增长9.2%；交通运输支出8858万元，增长9.8%；城乡社区支出8719万元，增长6.2%。

2016年，县本级一般公共预算收入68916万元，增长15.9%。县本级一般公共预算支出完成260311万元，增长9.8%。其中，教育支出90603万元，增长13.5%；医疗卫生支出34823万元，增长16.4%；社会保障和就业支出32264万元，增长4.2%；农林水支出35329万元，增长15.1%；公共安全支出13653万元，增长24.4%；一般公共服务支出15936万元，增长4.6%；交通运输支出8858万元，增长9.8%；城乡社区支出7047万元，增长10.3%。

2016年，城关、东城街道一般公共收入分别完成23707万元、35048万元；一般公共支出分别完成6336万元、13335万元。

【财源建设和组织收入】 研究制定进一步加强战略性科学投资与财源建设的实施意见，修订完善考核办法，鼓励各级各部门加强财源建设；在上海复旦大学举办战略性投资及财源建设培训班，提升镇（街、园、区）和重点经济部门加强财源建设的理念。积极推进“营改增”改革，清理行政事业性收费，加快各级财税优惠政策落实，为企业落实税费优惠4.1亿元。创新方式，强化过桥还贷、担保贷款等市场化措施，支持实体经济发展，为企业办理过桥还贷15.1亿元，贷款担保15.72亿元。注入资金4000万元，与华建铝业合资组建公司，抓好中欧节能门窗产业园项目建设。2016年，全县上缴税金过千万元企业达到28户，过五千万元企业达到5户，过千万元企业上缴税金81870万元，增长4.7%，占全县税收总收入的44.8%，同比增长1.3%。

健全完善财税定期沟通联系机制、税收收入定期分析制度和月度收入完成情况直报制度，加强收入调度，针对问题主动落实促进增收的措施。深入开展综合治税，完善税收保障工作机制，累计征集涉税信息11.6万条，及时跟进征管措施，增加税收2768万元；探索骨干企业“一企一策”税收征管方式，促使伊利乳业公司改革内部财务结算办法，年增加税收3600万元。

● 2016年5月15日，全县战略性投资及财源建设培训班在上海复旦大学举办　（供稿：宋光杰）

【保障民生事业发展】　坚持保重点压一般，大力压缩行政运行经费，加大财政存量资金盘活清理力度，集中财力保障城乡居民养老和医疗保险等有量化标准的50多项民生政策全部按上级要求保障到位。深入贯彻中央“八项规定”，从严控制一般性支出，2016年全县一般公共服务支出可比增长5.2%，低于公共财政支出增幅3.4个百分点。机关事业工资稳步增长，自1月1日和7月1日起，人均月津补贴标准分别提高200元、192元，与全市标准拉平。全面落实义务教育经费保障政策，以及学前教育助学金政策、高中助学金与免学费政策、中职公用经费与助学金政策、寄宿生生活补助政策、高校毕业生学费与助学贷款补偿政策，覆盖各阶段的教育政策保障体系基本建立。积极落实困难群众临时救助、孤儿与困境儿童生活补助、高龄老人补贴、残疾人“两项”补贴；居民基础养老金由85元提高到100元，农村五保集中和分散供养标准分别达到年人均5600元和4200元；落实职业培训补贴、大学生创业、公益性岗位、“三支一扶”大学生生活补贴等资金2932万元，发放小额担保贷款贴息690万元。积极落实城乡医疗救助政策，实现民生综合保险城乡居民全覆盖，免费为农村适龄妇女进行“两癌”检查，保障婚前医学检查、孕前优生健康检查、唐氏综合征筛查等计生事业健康发展。城乡居民基本医疗保险由每人每年380元提高到420元，基本公共卫生服务经费标准从人均40元提高到45元。整合就业创业、教育、社会保障兜底等各类扶贫资金2.72亿元，争取上级专项资金5532万元，设立1200万元扶贫开发专项基金，推动扶贫开发。发放水库移民补助资金、良种补贴、农业支持保护补贴等惠农补贴资金4065万元。

【支持公共基础设施建设】　开展资产运营和城市经营，统筹安排各类资金，大力支持市政、道路、水利、旅游、棚户区改造、学校等重点项目建设，基础设施对区域协调发展的支撑力进一步提升。地方政府置换债券到位28.5亿元，比2015年增加18.5亿元，增长64.9%，将当年到期的较高成本短期债务全部置换为长期低成本债务，有效改善债务结构。筹集资金保障重点项目建设，弥河流域治理、仲临路改造按期竣工，中小学综合实践学校、东郡小学、第二实验小学改造顺利实施，7处安置区学校幼儿园按时开学；吴家庙和中央商务区1600余户居民及时回迁。大力实施乡村连片治理及一事一议项目建设，加快推动美丽乡村建设，山旺镇纳入省级“乡村连片治理”试点，寺头镇纳入市级“美丽乡村”项目试点。落实以奖代补政策，推进城关街道、东城街道的4个规范化城市社区建设。

【财政管理改革】　推动县级现代预算管理制度改革，公开透明的现代化财政管理制度进一步完善，财政资金使用效益持续提升。预算管理：5月1日起营改增扩大到建筑业、房地产业、金融业及生活服务业等领域，营改增扩围全面完成；加强预算绩效管理，开展预算绩效评价；推进预决算公开，不断扩大公开范围，首次将公开范围扩大到县直80个一级预算单位和13处镇（街、园、区），“三公”经费、民生政策、政府采购等民生关注热点一并公开；试点行政事业单位财务信息公开，公开范围由一级预算单位拓展到二级预算单位。国库管理：进一步完善预算执行全过程动态监控机制，提高国库信息化水平，有效防范国库资金风险；深化公务卡结算制度，累计公务卡消费支出634万元；加强行政事业单位银行账户监管，清理规范账户32个。基础管理：巩固扩大“智慧财务”建设成果，基本实现财政财务管理一体化；进一步规范差旅费有关标准，公开招标确定2017—2018年各级党政机关会议定点场所；做好基层数字财政管理系统建设试点工作；加强财政监督，开展会计信息质量以及规范差旅费、公务用车和津贴补贴发放等专项清理整治等专项检查。（宋光杰）

国家税务

【概况】2016年，累计完成各项税收收入110163万元，同比增收10232万元，增长10.2%。其中，完成县级收入43601万元，同比增收16219元，增长59.2%。城区分局被评为“山东省工人先锋号”；县国税局代表潍坊市行政执法单位接受全省法治工作观摩；县国税局被评为“潍坊市学习型党组织建设示范点”“潍坊市理论大众化示范点”；团委先后被评为“潍坊市五四红旗团支部”和“山东省五四红旗团支部”；县局机关和营子税务分局继续保持“省级文明单位”称号，寺头税务分局创建为“市级文明单位”。

【营改增试点】在全面推开营改增试点过程中，2831户原本由县地税局管理的纳税人转由县国税局管理，涉及纳税人数据交接、系统及数据准备、税务系统内外培训、税控器具安装、发票发放和申报管理等十几个环节，县国税局积极做好营改增试点“开好票、报好税、分析好、改进好”等工作，确保营改增试点工作扎实推进。2016年，共确认接收建筑业、房地产业、金融业、生活服务业四大行业营改增试点纳税人2831户，其中办理一般纳税人资格登记174户，分类、分级开展纳税人开票、申报培训6893户次，为513户发行安装增值税发票管理新系统，为513户纳税人发放增值税发票，为846户办理税库银三方协议签署手续，全县试点纳税人户数确认率、增值税发票发放率、试点纳税人培训率、办税厅首日成功开票率、营改增纳税人首月申报率、营改增纳税人纳税服务满意率等各项指标均达到100%。

【纳税服务】加强税银互动，助推出口退税企业发展。与中国农业银行临朐支行成功启动税银互动、助推出口退税企业发展融资项目仪式，为全县300多家企业发展搭建起良好的融资平台。强化纳税服务创新，办税服务厅承压能力增强。大厅人员实行首问负责制，为纳税人提供延时服务，赢得纳税人信任与支持。在全县设立18处普通发票代开点，方便纳税人开票。开设24小时自助办理专区，设立3台自助开票机，方便纳税人自助开票。

【依法治税】加强税收风险管理。深化税收风险管理系统应用，加强对重点风险指标、重点行业纳税人的风险防范与应对，全力做好税收风险管理数据统计分析、全县分行业评估、上级部署的各项重点任务以及其他税收风险管理工作。全年通过大企业税务审计、税务稽查风险管理合计入库税款、罚款、滞纳金共计5832万元。强化企业所得税管理。全年实际入库企业所得税21585万元，同比增幅1.6%。对3004户纳税人开展汇算清缴，汇算清缴企业所得税2.4亿元，预缴企业所得税1.6亿元，汇算清缴面和数据准确率均达100%；完成非居民企业所得税和反避税任务，共计组织非居民企业所得税入库313.53万元，占全年任务的120.59%；反避税入库税款和加收利息共计140万元，占全年任务的200%。落实企业所得税、增值税等一揽子税收优惠政策，完善税收管理服务措施，让国家优惠政策宣传到位、落实到位。全年共落实出口退税、增值税即征即退、固定资产抵扣、小微企业各项税收优惠共计 31686 万元。

【税收征管】 完成培训演练、测试验证、特色软件衔接等各项换版任务，金税三期优化版顺利单轨上线、平稳运行。加强国地税联合办税，建立国地税联合办税大厅，纳税人只需就近选择办税服务厅，就可以办理所有的涉税业务，有效提高办税效率。业务范围拓展到纳税服务、税源管理、风险监控、税务检查、税种管理、税收分析等 55 个项目。实现国地税人员互派挂职交流，县国税局与县地税局互派 6 名业务骨干到对方单位挂职，成为全省首家人员互派交流的单位。在整合服务资源、推动征管互助、推进执法协同、实施信息共享、联合开展税收分析、开展干部交流、税警联络机制等方面实现新突破。

【干部队伍】 扎实开展“两学一做”学习教育。印发《关于开展“学党章党规、学系列讲话、做合格党员”学习教育方案》，制定详细配档表，明确学习教育任务书、路线图、时间表，确定“一盘棋”的工作思路。按照“全面动员学、领导带头学、创新形式学、典型引路学”的学习要求，坚持统一部署、统一标准，严格监督检查，确保学习效果。县国税局干部立足服务大局，弘扬国税文明，树立行业新风，积极参加“万人登沂山”“环弥河公益徒步”等社会公益活动；积极参与“慈心一日捐”“六一关爱留守儿童”“巾帼扶贫暖冬行动”等爱心活动，累计捐款捐物 1.8 万元；成功举办“国税杯廉洁家风故事大赛”；开展争创“文明单位”“巾帼文明岗”“青年文明号”等活动。发挥“税官夜校”作用，开展群众性文体活动，陶冶干部情操，增强团队凝聚力、向心力，向外界展示国税干部风采。

（王春雷　巩晓涵）

地方税务

【概况】 2016 年，县地方税务局全面履行税收征管、组织收入、纳税服务等职能，规范内部管理，强化干部队伍建设，不断提升服务县域经济发展和纳税人的能力。通过省级“文明单位”、省级“青年文明号”复审复核。

【组织收入】 以增收提质为重点，做好营业税改征增值税后收入形势分析工作，为组织收入工作创造良好外部环境；坚持收入原则，强化收入分析，严保收入质量，落实各项税收优惠政策和堵漏增收举措。2016 年，共组织各项地税收入 10.95 亿元，扣除 2015 年 6—12 月份营业税入库因素影响，可比增长 18.47%，增收 17081 万元，地税部门的公共预算收入达到 10.06 亿元，占全县一般公共预算收入的 64.1%。

【税收征管】 开展营业税改征增值税各项工作，稳妥落实政策宣传、人员培训，向县国税局移交纳税业户资料 4595 户，实现“营改增”平稳过渡。积极探索国地税联合征管模式，在联手催报催缴、联合进户执法、联动税收宣传等方面开拓思路，发挥合作效应。抓好重点税源、重大建设项目、重点行业的税收管理和服务，实行跟踪监控，强化税源控管。对铝型材、金融业、建筑业和房地产企业开展纳税稽查与评估，共评估企业 22 户，辅导 2080 户企业开展纳税自查，切实堵塞税收漏洞，提高征管质效。严格税收执法，开展内部监督，主动接受外部监督，形成健全的内外监督体系，提高税收执法监督水平，有效防范执法风险。利用好廉政风险防控平台和征纳税收风险防控管理系统，采取人机结合方式，加强对税务人员执法行为风险预警。

【纳税服务】 稳妥推进国地税联合办税，联合建设“营改增”一站式服务大厅，互派工作人员

● 2016 年 6 月 2 日，临朐县地方税务局寺头中心所与县国税局寺头分局举办联合征管启动仪式

（供稿：付　伟　唐晓青）

● 2016 年 6 月 1 日，临朐县地方税务局与县妇联联合举办贫困、留守儿童关爱活动启动仪式

（供稿：付　伟　唐晓青）

进驻，落实“一屏双机”，在全市范围内率先实现国地税业务一窗通办。开展委托代征，与县邮政部门、镇财政所签订委托代征协议，便利纳税人就近办税，将便民办税延伸至最后一公里。开展“便民办税春风行动”，将 400 多项涉税审批业务全部前置办理，环节更简、耗时更短。继续推行首问负责、延时服务制度。落实固定资产加速折旧、小微企业税收扶持等减免税政策，营造更好的营商环境。临朐县地方税务局纳税服务做法在山东卫视综艺频道《地税时空》播放，先后被《中国税务报》《齐鲁晚报》等报刊及多家网站刊登报道。

【干部队伍建设】　规范完善基层党组织架构，重新选举临朐县地方税务局机关委员会，设立机关纪委，并对机关党委下属的 10 个党支部进行民主选举；开展“两学一做”学习教育活动，组织到井冈山革命根据地、淌水崖水库纪念馆、牛寨村示范党支部实地学习观摩。实行人员双向交流，本着公开公正原则，对 14 名中层负责人进行调整；实施集中办公，将辛寨、冶源、寺头中心税务所集中到县局办公，整合资源，优化配置，为一线人员提供方便；参与无偿献血、慈心一日捐、暖家暖冬行动等社会公益活动，在关爱贫困、留守儿童活动中，52 名地税工作人员与贫困留守儿童结成对子，捐赠结对帮扶助学金 3.12 万元。

【党风廉政建设】　全面落实党风廉政建设责任制，强化“一岗双责”，夯实主体责任与监督责任，建立起明责、履责、问责的责任体系。通过廉政风险防控平台，加强对工作人员执法全过程的监督检查和廉政防范。探索开展廉政建设创新项目，定期邀请县纪委、县检察院做预防职务犯罪讲座，提高拒腐防变意识；坚持教育、制度、监督并重，建设“家庭提醒、单位宣教、社会监督”三位一体的保廉、护廉网络，引导地税工作人员自觉算好“七笔账”，提高党风廉政建设的针对性和实效性。完善内部工作制度体系，对公务接待、公车管理、办公用房、工作纪律等集中规范，形成以制度规范工作、以制度匡正作风的良好局面，廉政防线进一步巩固。

（付　伟　唐晓青）

金融工作综述

【概况】　2016 年，县金融办深化金融体制机制创新，加强金融服务体系建设，扎实推进企业上市挂牌，有效强化金融风险管控，金融生态环境持续优化，有力地推动全县经济金融良性互动发展。

【信贷投放】　2016 年，全县共有银行业金融机构 10 家，银行营业网点 106 个；银行自助服务和便民点新增118个，达到850个。全县银行业各项存款余额379.81亿元，较年初增加62.42亿元，增幅19.67%，居全市第二位；各项贷款余额252.94亿元（含各银行置换、处置、核销贷款20.29亿元），较年初增加32.24亿元，增幅14.61%，居全市第3位。全县余额存贷比例61.25%。全县不良贷款余额为4.08亿元，较年初减少1.44亿元，不良贷款率为1.75%，较年初下降0.75个百分点，好于全市2.1%的平均水平。

搭建政银企担对接合作平台。建立政银企担新型合作模式，针对不同资金需求对象共组织银企对接活动5次，为全县200多家企业综合授信20亿元。积极引导鼓励各金融机构向上争取信贷规模，发展表外业务。2016年，累计办理承兑汇票、信用证、保函、保理等业务36.39亿元，较年初增加16.66亿元，增幅84.44%。

支持“141”企业项目及奶牛产业发展。2016年，各银行业金融机构为“141”企业项目共发放贷款26.45亿元，较年初增加1.78亿元，增长7.22%；为全县规模奶牛养殖场及专业合作社综合授信1.39亿元，贷款余额1.34亿元，较年初增加0.03亿元，增长2.29%。

吸引县外金融机构支持县域经济发展。2016年，县外9家金融机构为全县企业综合授信25.27亿元，贷款余额11.57亿元，吸收存款7.5亿元，办理表外业务7.59亿元。

大力助推金融精准扶贫工作。截止2016年底，县农商行和县村镇银行为9家农民专业合作社和农业企业发放“富民生产贷”共1605万元，带动287个贫困户375人脱贫；县农商行为全县88户贫困户发放“富民农户贷”382.5万元，带动贫困人口287人脱贫。

【企业直接融资】 强化企业挂牌上市培训。2016年，组织开展全县规模企业改制和挂牌上市培训会议6次，发放《规模企业规范化公司制改制文件汇编》1000册，到企业现场考察辅导40余次，培训700余人次。出台《临朐县规模企业规范化公司制改制工作实施方案》和《临朐县规模以上工业企业2016年度规范化公司制改制任务分解计划》，明确改制工作思路、步骤和验收标准。截至2016年底，储备挂牌上市后备资源企业40家，完成改制企业134家。富源精细化工公司成功登陆上海股权托管交易中心，永鑫印务、祥源包装、万达渔业、鑫珂海洋生物、祥龙新材料等5家企业在齐鲁股权交易中心挂牌。截至2016年底，全县挂牌企业达到23家。协助三诺机电、中坤科技等企业做成股权质押贷款4100万元，帮助龙德科技、银河动力、中坤科技公司争取省直投基金1019万元，联科股份公司通过定向增发直接融资4035万元，全县企业直接融资额达到17.7亿元。

【地方金融监管】 2016年，全县共有各类新型地方金融机构17家。其中小额贷款公司、融资性担保公司、民间融资机构各3家；开展信用互助业务的农民专业合作社8家，注册资本共计10.39亿元。小额贷款公司累计发放贷款3.83亿元，余额为5.62亿元；融资性担保机构在保责任余额为7.03亿元，融资性放大倍数为1.60；民资公司累计投资8817万元，投资余额为1.07

● 2016年8月4日，全国人大常委、财经委副主任委员吴晓灵到临朐县调研金融工作 （供稿：窦雪莲 张 祥）

亿元，银隆登记服务中心累计登记288万元，对接成功40万元。

完成新型地方金融机构的2015年审和分类评级工作，联合力元会计师事务所对小贷公司2015年经营情况进行现场检查1次、季度现场检查4次，下达整改通知书40余份。完成恒丰小贷公司减资及金财担保公司增资工作，完成润金、中小企业融资性担保公司经营许可证换证及名称变更工作，完成盛丰、富润、银隆民间融资机构业务许可证申报工作。协助省小贷协会编辑《山东小微金融临朐专刊》，通过印发书籍、召开专题培训会议、在《潍坊日报·临朐新闻》设立专刊等方式宣传《山东省地方金融条例》。召开临朐县新型地方金融机构法律咨询服务会议，提高机构法律维权意识。推进新型农村合作金融试点。2016年，全县已有8家合作社开展信用互助业务试点工作，共完成业务金额160万元。

【维护良好金融生态环境】 加强金融知识宣传教育。在临朐电视台《周末报道》《金融之窗》等栏目，《潍坊日报·临朐新闻》“临朐金融”版块大力宣传普及金融知识，营造良好金融生态环境。开展防范和打击非法集资宣传教育活动。5月份，举办防范和打击非法集资宣传月活动，共印发宣传资料8万份，通过电视、报刊、微信等媒体播发“打非”信息20余条，举办现场咨询活动一次。严厉打击逃废金融债务行为。加强源头防控，严把企业资产过户关，凡抵押资产未经银行书面同意一律不准过户，已办理业务31笔；在电视、报刊等媒体公开曝光118名涉嫌逃废金融债务“老赖”黑名单，在社会上形成有力震慑。加强金融风险防控。开展互联网金融风险专项整治行动，有效维护健康稳定的金融生态环境；针对县内个别企业出现的资金链断裂问题，多次召开协调会议，妥善处理银企借贷纠纷，积极化解涉企金融风险。

● 2016年4月13日，临朐县规模企业规范化改制培训会议召开 （供稿：窦雪莲 张 祥）

【党建与精准扶贫工作】 制定《2016年度基层党建工作方案》，明确2016年党建工作重点，引导地方法人金融机构做好基层党建工作。制定“两学一做”学习教育实施方案、学习配档表及学习教育宣传展板，将每月第一个周五定为支部生活日，统筹安排“三会一课”。2016年，共组织科级干部学习8次、全体党员学习28次，讲党课4次。深入开展“进千村、入万户、察民情、解民忧”活动。2016年，3名班子成员带领年轻干部累计走访群众330户。严格落实好“一卡一本两台帐”制度，每月对活动开展情况进行及时总结上报。做好精准扶贫工作。全力支持“第一书记”工作，邀请爱德医院到九杰村为村民义诊100余人，协调4.5万元支持第一书记帮扶九杰村建设。科级干部坚持定期走访结对帮扶贫困户，自费为贫困户购买生活必需品，与贫困户签订双向承诺协议，为贫困户建立关爱手册，落实好各项关爱和帮扶措施。（窦雪莲 张 祥）

银行业

【概述】 2016年，全县金融机构本外币各项存款余额为379.8亿元，较年初增加62.4亿元，同比增加20.1亿元，增长19.7%，高于全市平均增幅5.6个百分点。其中，个人存款余额为

277.6亿元，较年初增加34.1亿元，同比增加4.2亿元，增长14%，增幅居全市第二位。本外币各项贷款余额232.6亿元，较年初增加12亿元，同比增加0.1亿元，增长5.4%，高于全市平均增幅2.4个百分点。

【中国人民银行临朐县支行】 以强化对外履职为导向，开展内设机构调整工作。组织框架由“两部两室”（综合业务部、调查信息部、办公室、监察审计室）调整为“三科一室”（金融服务管理科、货币信贷调统科、金融稳定科、办公室）。

开展“金融服务企业百日行”活动。建立主办银行制度，联合县经信局、金融办，组织金融机构到全县40家重点骨干企业进行面对面走访、点对点服务的银企对接走访，政银企三方实现良性互动、协调发展。积极推进金融助推脱贫攻坚工作。成立金融扶贫开发工作指挥部。截至2016年底，金融机构向全县114个省级贫困村贷款余额4.4亿元，实现金融服务全覆盖；创新推出“富民农户贷”“富民生产贷”等小额扶贫信贷产品，发放贴息贷款2151.6万元，累计帮扶建档立卡贫困户369户、1100多人。

加强对辖内金融机构的“两管理、两综合”。年内开展货币信贷、金融统计、贸易融资以及凭证式国债发行等专业的执法检查，完成对10家银行的年度综合评价和对新设分支机构的开业审批工作，严格执行金融机构重大事项报告制度，认真落实地方法人机构存款保险制度。

（李振国　李逢斌）

【山东临朐农村商业银行股份有限公司】 2016年，全行资产总额184.79亿元，较年初增加20.2亿元；负债总额169.74 亿元，较年初增加20.31亿元；实现各项收入8.93亿元、经营利润3.68亿元，缴纳税金7312万元，位居全县金融机构首位。各项存款余额156.15亿元，占全县金融机构存款总额的41.33%；各项贷款余额87.76亿元，占全县金融机构贷款总额的37.62%。被山东省精神文明建设委员会复评为“省级文明单位”。

创新推出“321”工程（强化三项措施，与企业共度资金寒冬；创新两项产品，破解农户担保难问题；布放一种设备，打通农村金融服务“最后一公里”），全力支持全县经济社会发展，在全县推广学习。在全市率先开办“富民生产贷”和“富民农户贷”扶贫专项贷款，为全市金融扶贫工作开创新路子。截至2016年底，发放扶贫贷款2765万元，带动1086名贫困人口脱贫，贷款规模和帮扶人数均处于全市银行业首位，走在全省银行业前列，承办全市农信系统金融扶贫工作现场会。国家、省、市、县各级媒体先后37次报道临朐农村商业银行金融扶贫做法。

推出“智e购”电商平台，并在全省创新推出“智e购+农资下乡”项目，为广大农户提供放心实惠的农资购买渠道。到年底，销售农资50万元，为农户节省资金10余万元。

（郭　诚　徐金铭）

【中国工商银行股份有限公司临朐支行】 2016年，全行各项存款时点余额312373万元，较年初增长110202万元，日均余额252459万元，较上年日均增长51938万元。各项贷款余额261782万元，较年初增长4900万元（因受地方财政集中发债提前归还贷款4.74亿元影响），余额四行占比第一，增量四行占比第二。实现拨备前利润12415万元。不良贷款余额1833万元，不良贷款率为0.7%。获“市级文明单位”、省工行“合规标兵”称号。

加大支持实体经济发展的力度，支持沂山旅游、管网建设等全县重点项目，全年共投放项目贷款6.9亿元，其中沂山旅游2.9亿元，瑞得利地毯1.5亿元，米兰之窗0.7亿元，开元管网1.8亿元。小企业贷款则立足铝型材产业集群发展票据直贴、网贷通、在线质押贷款、“银政通”业务，加快个人住房贷款业务发展，全年新增房贷7346万元。

（刘小申）

【中国农业银行临朐县支行】 2016年，本外币各项存款余额达到53亿元，时点、日均当年分别增加8.64亿元和5.77亿元。其中：个人存款时点、日均分别增长4.88亿元、4.71亿元，对公存款时点、日均分别增长3.11亿元、1.04亿元。被潍坊市精神文明建设委员会授予“市级文明单位”称号，被省行党委、市行党委分别授予“先进基层党组织”称号，被市行党委授予“四好领导班子”称号。

不断优化信贷结构，突出投放重点，有效满足县内优势中小企业投资兴业和城乡居民提升生活层次的资金需求。截至2016年底，各项贷款余额达到20.4亿元，其中：法人贷款余额达到10.4亿元，累计为重点企业签发承兑汇票6.2亿元。

强化产品宣传服务，加快产品创新应用，使银行卡、电子银行、国际结算等业务渗透到全县各个镇街、重点行政村的企业和居民。中间业务收入2285万元，国际业务结算实现8237万美元。

推行自律监管机制，落实贷前调查、贷时审查、贷后检查制度，严格责任追究，夯实稳健经营的前提基础。增配ATM、超级柜台等机具，全部网点配备大堂经理，分设高、低柜服务区，自助服务区，金融服务能力得到全新提升。

（张志峰　聂　明）

【中国银行股份有限公司临朐支行】 2016年，全行实现拨备前利润6899万元。不良贷款余额1913万元，不良率1.11%。其中公司不良客户1户、1163万元，不良率1.07%；个金不良资产余额750万元，不良率1.18%。在内部控制中严格推进“日常+专项”监督检查、“警示+问责”威慑处罚、“合规+稳定”内部管理“4+”管理措施，全年保持“零案件、零事故”，被评为“市级文明单位”。（岳崇军　王　林）

【中国建设银行股份有限公司临朐支行】 截至2016年底，全行一般性存款日均突破30亿元，达到30.75亿元，日均新增3.34亿元，存款余额和日均新增均首次突破3亿元。各项贷款余额23.31亿元，个人贷款新增4751万元。实现拨备前利润9563万元，中间业务收入2943万元。

重点支持政府民生项目。临朐某环保科技有限公司第三污水处理厂项目投放1.9亿元。临朐县某有限公司对弥河在临朐境内的流域进行综合治理提升改造项目3.8亿元，2016年已投放0.8亿元；临朐县某生态旅游开发有限公司沂山景区基础设施配套改造项目2亿元理财产品。

继续支持骨干企业。截至2016年底，给予该类企业授信总额3.8亿元，发放贷款余额3.45亿元，比年初新增0.3亿元。对铝型材产业集群类客户比年初新增加贷款3600余万元，表外业务新增1亿元。

助推小微企业发展。积极为小微企业办理“五贷一透”及快贷产品，累计办理“五贷一透”业务24笔，金额5300万元。通过再融资形式化解逾期贷款15户，共计10105万元。

为推动民生事业发展，建行临朐支行主动适应城乡居民金融新需求，积极走进农村市场，通过发展POS商户、布放自助银行、移动支付、行银行等方式走进农村、走进社区，强化综合金融服务，个人贷款余额达到12.36亿元，比2015年增加0.5亿元。大力推进网点服务提升工程，支行营业室被评为“总行五星级网点”。

（丁瑞利）

【中国农业发展银行临朐县支行】 2016年，全行各项贷款余额145475万元，日均存款余额99699万元，实现账面利润4122万元。

强化监管措施，确保粮油安全。全额收回县级储备粮贷款149万元，严格落实“账实相符、库贷挂钩”监管要求。抓好中长期贷款营销工作，成功营销并逐步投放8亿元临朐清乐水利建设有限公司临朐县南部水系连通综合治理工程（一期）项目。推进重点建设基金投资业务，采用重点建设基金投入方式支持山东宋香园现代农

业有限公司临朐双雀山现代农业产业融合示范基地项目建设。（张立法）

【潍坊银行临朐支行】 2016年，各项存款余额23.80亿元，贷款余额24.09亿元，存贷比达101.2%，较2015年12月末增加2.18亿元，表外敞口4.03亿元。

出台《临朐管辖行关于进一步加快授信业务发展的指导意见》等一系列办法规定，全年新增经营性授信客户42户，授信金额6.16亿元；新增消费类借款47户，金额964万元。严格控制准入关，对所有新增业务参与实地调查，共同分析找出业务的风险点。截至2016年底，新增贷款未出现一笔逾期欠息，达到新增授信业务又快又好发展局面。在重点乡镇铺设单台离行自助设备，提高离柜率。东城街道离行式自助设备、五井镇离行式自助设备开工建设。（冯　娜　翟浩博）

【中国邮政储蓄银行临朐县支行】 依托和发挥邮政储蓄的网络优势，以零售业务和中间业务为主，为广大城乡居民群众提供金融业务。2016年，全行存款结余7.69亿元，信贷结余8.93亿元。（郭伟政　王传庆）

【临朐聚丰村镇银行】 2016年，辖内共有5家营业机构、27处自助银行。各项存款余额10.3亿元，各项贷款余额7.7亿元。累计发放贷款93844.9万元，其中发放小微企业贷款75217万元，农户贷款46782万元，扶贫贷款400万元。9月，获“全国百强村镇银行”称号。

2016年1月11日正式上线支付宝，10月26日正式上线微信支付。8月10日，第五家营业机构寺头支行正式对外开业。

全力拓展农村市场，大力布放自助银行，并在农村地区大力发展农村信息联络员，服务农村百姓，支持三农经济发展。截至2016年底，在全县范围内配备使用10台VTM、36台CRS、1台ATM，发展农村信息联络员226名，布放汇农

● 2016年9月10日，临朐聚丰村镇银行行长彭栋在第九届中国村镇银行发展论坛上领取“全国百强村镇银行”奖牌（供稿：彭　栋　闫学磊）

通设备119台，实现支行和三农服务网点对村级金融服务全覆盖。（彭　栋　闫学磊）

保险业

【概述】 2016年，全县保险机构达到30家。其中，纳入潍坊市保险行业协会统计的24家保险机构实现保费收入8.16亿元，同比增长11.5%；产险实现保费收入2.61亿元，同比增长4.44%；寿险实现保费收入5.55亿元，同比增长15.16%。24家保险机构累计支付各项赔款及满期支付共3.2亿元，同比增长30.51%。

【中国人民财产保险股份有限公司临朐支公司】 2016年，公司实现保费收入8175万元，缴纳税金1393万元，同比增长10.84%。

加强组织领导和资源投入，以“三农”保险营销服务部为根本、“三农”营销服务站为重点，整合资源，逐步建立起有临朐特色的“三农”保险服务体系。2016年，临朐支公司以构建和完善农业生产风险保障和农村金融服务体系为主线，以农业增效、农民增收为目标，开展政策性生猪养殖保险，为全县2.8万头育肥猪办理生猪保险，承担保险责任1400余万元。开展治安保险。2016年，为全县58660户投保，承担风险56.3亿元。

（王德永）

【中华联合财产保险股份有限公司临朐支公司】 在稳固车险和企业财产保险条件下，先后承办临朐县政策性林业保险、奶牛保险、城镇职工大病补充保险及政策性奶牛贷款保证保险。2016年，实现保费收入2326 万元，赔款 1120万元。

（张欣欣　刘兴浩）

【中国平安财产保险股份有限公司临朐支公司】 在全国开通365天24小时服务专线“95511”，为客户提供报案、咨询、投诉、车辆救援、预约投保和客户回访等多功能、个性化服务。推出平安好车主APP、微信公众号服务，涵盖投保、理赔报案及查询、险种信息批改、违章查询等多元化服务。2016年，实现保费收入3700万元，上缴税额近500万元。（马德茂　孟　燕）

【中国人寿保险股份有限公司临朐县支公司】 2016年，围绕县域经济发展和人民群众人身保障两个主题，充分发挥全体员工的创造力，超额完成市公司下达的业务指标，跨入中国人寿潍坊市一类大公司行列。被中国人寿山东省分公司授予“年度先进单位”称号。

2016年，公司实现保费收入2.38亿元，全年支付各类赔付25910人次，支付赔款3987.07万元。其中，农合大病保险补偿20596人次，支付理赔金2777.84万元；银龄安康保险补偿1184人次，支付理赔金191.97万元；学生险补偿551人次，支付理赔金56.39万元；零散社会团体及个人赔付3579人次，支付理赔金960.87万元。（刘丰刚　王琳琳）

【中国人寿财产保险股份有限公司潍坊市临朐支公司】 2016年，公司实现保费收入2150万元，位居临朐当地财险市场第四位。车险理赔报案1948笔，赔款支付1006余万元；农险出险报案300余笔，支付农户赔款221余万元。

（王兆杰　林延萍）

【中国平安人寿保险股份有限公司潍坊中心支公司临朐支公司】 临朐支公司占地面积1400平方米，建筑面积1500平方米，有员工11人，代理业务员1053人。2016年，实现保费收入4175万元。（杨志强　蒋英华）

【中国太平洋人寿保险股份有限公司临朐支公司】 2016年，公司实现保费收入8800万元，同比增长10%；理赔近820万元。被上级公司授予“2016年度优秀支公司”“2016年度先进党支部”称号。（王淑娟　宗　磊）

【新华人寿保险股份有限公司临朐县支公司】 2016年保费收入总量突破1100余万元。响应行业协会组织的各项扶贫公益事业，发起对临朐县泛海希望小学“圆梦100”助学活动，为48名贫困学生赠送书包和学习用品，为12名特困学生捐赠午餐费。获“质量万里行守合同重信用企业”称号。（段修君　杜　永）

【泰康人寿保险股份有限公司潍坊市临朐支公司】 临朐支公司辖蒋峪、九山、冶源三家营销服务部。2016年，完成480万元标保任务，实现人力平台正增长30%。（刘国勇　李小稳）

【阳光财产保险股份有限公司临朐营销服务部】 临朐营销服务部曾获得“潍坊保险业诚信精英示范单位”、2013年度“四级”机构、“腾飞工程”之百强机构、“临朐县养老服务协会会员单位”等荣誉称号。2016年，实现年化保费1500万元。

（黄　涛　马明月）

【太平财产保险有限公司潍坊市临朐支公司】 2016年，临朐支公司大力发展公司新推出的诉讼财产保全责任保险以及意外险、企业财产险等效益型险种，在突破原有单一车险发展模式、丰富险种结构上取得较大进展，全年累计实现保费收入649万元。（井光涛　王　颖）

【泰山财产保险股份有限公司潍坊市临朐支公司】 2016年，实现保费收入296万元（其中车险214万元，农业险0.24万元，企业财产、责任险、意外险等81.76万元），提供5亿多元风险保障。总赔款支出123万元，上缴税额37.8万元。连续三年在泰山保险潍坊中心支公司下设分支机构中综合排名第一，连续四年被潍坊中心支公司授予“优秀分支机构”称号。

（杨淑凤）

【亚太财产保险有限公司潍坊市临朐支公司】 临朐支公司成立以来，累计理赔服务1767人次，已决赔款金额765万元，缴纳各项税金418万元。2016年，公司实现保费收入600余万元。公司连续5年被省市两级公司评为先进集体，张忠锋获“省公司先进个人”称号。

（张忠锋　刘　军）

【天安财产保险股份有限公司临朐支公司】 2016年，公司实现保费收入617.8万元，其中车险597万元，非车险20.8万元；纳税82万元，其中营业税24万元，车船税58万元。被上级公司评为“诚信经营示范单位”和“管理规范化机构”。（曾晓峰　张桂华）

【长安责任保险股份有限公司临朐支公司】 以责任保险为特色，通过创新与开发高技术含量的责任保险产品，不断拓展责任保险覆盖的领域，发挥责任保险的社会保障功能。2016年，实现保费收入约1000万元。（刘世光　白玉芳）

证券业

【概述】 2016年，中泰证券、西部证券两家营业部开户数达到14382户，较上年同期增长3588户，增幅33.24%；客户资产达8.38亿元，较上年同期减少0.77亿元，降低8.42%；交易额210.24亿元，较上年同期减少80.61亿元，降低27.72%；佣金收入1091万元，较上年同期减少1074万元，降低49.61%。

【西部证券股份有限公司临朐民主路证券营业部】 2016年，营业部为全县24家规模以上企业提供规范化改制服务，举办大型投资者交流会2次，开展企业培训10次。截至2016年末，营业部客户总数为3308户，总资产为2.7亿元，累计佣金收入264万元，上缴地方税金102万元。被县委县政府评为“年度金融工作先进单位”，被县企业发展促进会评为“年度优秀会员单位”。

（史君婷　蔡林燕）

【中泰证券股份有限公司临朐朐山路证券营业部】 2016年，营业部与县财政局合作10亿元城投债项目，获国家发改委正式批复；与信泰节能签约挂牌新三板；与50家临朐企业签订规范化改制业务协议，已完成42家。截至2016年底，营业部客户总数11084户，总资产5.67亿元，累计佣金收入813万元。（宋　振　孙基华）

典当业

2016年，全县加强规范企业经营行为，防范非法集资风险，金融秩序保持良好态势。加强检查，不定期组织工作人员到典当行进行现场检查，重点检查企业财务记录、银行对账单、业务合同或凭证等反映资金来源和流向的材料，对当票和当物进行对照检查，核对企业实际经营情况，分析企业财务状况，从源头上斩断资金危险流向。通过约谈企业股东、高级管理人员、财务或业务人员，查找违规管理交易、非法集资等违法违规线索。聘请会计师事务所等专业中介机构协助排查，突出抓好企业非法集资、吸收或变相吸收公众存款、从商业银行以外的单位或个人借款、企业股东抽逃资金挪作他用以及超范围经营、超比例放款等非法行为，深入排查各类风险隐患。加大对非法集资广告资讯危害性的宣传力度，重点排查典当行是否存在以报刊杂志、广播电视、网络媒体及传单、手机短信等方式发布涉嫌非法集资广告资讯等行为，督促典当行按照国家相关的法律法规守法经营，强化经营者的诚信守法和职业道德意识，远离非法集资。通过规范典当行业发展秩序，加强监督监管，建立健全风险监测预警机制和应对预案，及时防范、发现和处置风险，提高防控和化解风险能力，促进典当业健康发展。

2016 年，全县 3 家典当行全年累计发放当金 1.3 亿元，主营业务包括动产质押典当业务、财产权利质押典当业务、房地产抵押典当业务、限额内绝当物品的变卖和鉴定评估及咨询服务等，对促进全县中小企业发展发挥积极作用。

山东三义典当有限公司累计发放当金 9382 万元，典当余额 2545 万元。临朐昌泰典当有限公司累计发放当金 1320 万元，典当余额 1100 万元。潍坊荣诚典当有限公司累计发放当金 2174 万元，典当余额 1974 万元。（胡名扬）

临朐之最——文艺史志

临朐现存最早的县志 -- 明《嘉靖临朐县志》

临朐最早的私修县志 --《昌国艅艎》

临朐最早的山志 -- 明万历《东镇沂山志》

临朐最早的编年体志书 --《临朐编年录》

临朐流传最广的农村通俗读物 --《庄农日用杂字》

临朐最早的海外游记 --《游欧杂志》

临朐最早最系统的蚕丝教科书 --《蚕丝韵言》及其续编

临朐最流行的抗日歌曲 -- 民歌《五月十三打冶源》

临朐最有影响的绘画艺术 -- 年画

临朐最早晋京演出的剧目 -- 小吕剧《借媳妇》

摘自《临朐县志（1988-2000）》

科学技术

科技工作

【概况】 2016年，全县新发展认定高新技术企业13家，发展市级工程技术研究中心3家、市级重点实验室2家、市级科技企业孵化器1家，7项科技成果获市级科技进步奖。

【科技计划项目】 2016年，共立项市以上科技计划项目10项，其中山东华特磁电科技股份有限公司“电磁流体浮油回收技术及产业化”省重点研发计划（科技攻关）项目1项，山东宝龙达实业集团有限公司“再生利用有机硅废料联产高性能硅酮密封胶的关键制备技术及产业化”省重点研发计划（重大关键技术）项目1项，省农业成果转化项目2项，市科技计划项目5项；争取科技项目补助经费864万元。2016年组织实施国家、省、市级科技计划项目10项（其中国家级1项、省级3项、市级6项）。

【高新技术企业】 2016年，全县共有高新技术企业27家，其中2016年新发展认定高新技术企业13家。

2016年临朐认定高新技术企业名单

表5

序号	企业名称	批准时间
1	山东宝龙达实业集团有限公司	鲁科高字〔2016〕154号
2	山东龙德复合材料科技股份有限公司	鲁科高字〔2016〕154号
3	潍坊东临化工有限公司	鲁科高字〔2016〕154号
4	山东联科卡尔迪克白炭黑有限公司	鲁科高字〔2016〕154号
5	山东飞度胶业科技股份有限公司	鲁科高字〔2016〕154号
6	山东宏信铝业有限公司	鲁科高字〔2016〕154号
7	山东明硕新能源科技有限公司	鲁科高字〔2016〕154号
8	山东恒远利废技术股份有限公司	鲁科高字〔2016〕154号
9	山东科力华电磁设备有限公司	鲁科高字〔2016〕154号
10	潍坊汇英重机有限公司	鲁科高字〔2016〕154号
11	山东鑫和供水设备有限公司	鲁科高字〔2016〕154号
12	山东博创重工有限公司	鲁科高字〔2016〕154号
13	山东永安胶业有限公司	鲁科高字〔2016〕154号

【科技成果】 年内共有7项获市级科技进步奖，其中二等奖4项、三等奖3项。山东恒远利废技术股份有限公司董事长马连涛、山东华特磁电科技股份有限公司董事长王兆连、潍坊恒彩数码影像材料有限公司董事长宫新建等3人入选科技部第二批“万人计划”科技创业领军人才，共获市县奖励资金450万元。山东华特磁电科技股份有限公司申报的“泰山产业领军人才工程”进入实地考察环节，获省项目资金200万元。

2016年临朐县获潍坊市科学技术进步奖成果汇总

表6

获奖等级	序号	成果名称	完成单位	完成人员
二等奖	1	医用彩色高清激光打印胶片	潍坊恒彩数码影像材料有限公司	宫新建　鲁在君　高振伟　李玉民　李志刚
	2	高精度、高稳定性动态计量系统	山东三恩电子有限公司	孙　凯　孙其刚　刘静静　吴海杰　谢迎东
	3	保护地枣果一年两熟栽培关键技术研究	临朐县山旺镇林果科学研究院	陈福志　马金艳　徐小丽　张传红　杨晓生
	4	COX-2、VEGF、CD34、bFGF在上皮性卵巢恶性肿瘤中的表达及其意义	临朐县人民医院	李瑞玉　吴海霞　尹　娟　吕君荣
三等奖	1	乙肝患者e抗体、核心抗体双阳性检测HBV-DNA的临床意义分析	临朐县中医院	张洪美　刘玉柱　崔敬荣　任秀慧　高洪元
	2	小剂量颈丛神经阻滞复合穴位注射用于甲状腺手术麻醉的临床观察	临朐县中医院	张瑞英　窦峰诠　郭立波　苏　静　冯秀娟
	3	改良非脱垂阴式子宫全切术与传统的阴式子宫切除对比探讨	临朐县人民医院	辛秀芳　李瑞玉　吴海霞　李桂娟　邵风萍

【产学研合作】 年内共有16家企业分别与山东大学、齐鲁工业大学、山东科技大学等19所高校院所进行产学研对接，签订产学研项目合作协议25项。山东理工大学与山东祺月童车有限公司合作，联合共建山东理工大学祺月智能制造研究所和研究生工作站。山东省农科院与辛寨镇政府共建丹参示范基地和博士生工作站。县科技局、潍坊蓝色智谷服务中心、山旺镇政府三方共同签订“共建潍坊蓝色智谷临朐中心”框架协议。

【研发平台】 全县共发展市级工程技术研究中心3家、市级重点实验室2家、市级科技企业孵化器1家（辛寨镇凤凰山中小企业科技孵化器）。

● 2016年8月6日，山东省农科院与辛寨镇政府公建丹参示范基地和博士生工作站揭牌仪式举行
（供稿：张　森　刘益军）

2016年临朐工程技术研究中心、重点实验室

表7

序 号	企业工程技术研究中心名称	级 别	批准时间
1	潍坊市工业铝合金材料工程技术研究中心（依托单位：山东伟盛铝业有限公司）	市科技	潍科规〔2016〕8号
2	潍坊市辊式破碎机工程研究中心（依托单位：山东九昌重工科技有限公司）	市科技	潍科规〔2016〕8号
3	潍坊市自动配料设备工程技术研究中心（依托单位：山东祺龙电子有限公司）	市科技	潍科规〔2016〕8号
4	潍坊市微生物饲料添加剂重点实验室（依托单位：山东鹤来生物科技有限公司）	市科技	潍科规〔2016〕9号
5	潍坊市功能性聚合物助剂重点实验室（依托单位：山东东临新材料股份有限公司）	市科技	潍科规〔2016〕9号

2016年临朐科技企业孵化器

表8

孵化器名称	运营单位	批准时间
辛寨镇凤凰山中小企业科技孵化器	临朐县辛寨镇政府	潍科高〔2016〕4号

（张　森　刘益军）

知识产权

2016年，全县积极实施知识产权带动战略，加强知识产权宣传、培训，引导全社会发明创造的积极性，提高专利申请数量和质量，增强企业核心竞争力。组织做好“4·26”知识产权宣传周和“第十届中国专利周”“知识产权走基层服务经济万里行”活动；组织全县知识产权培训班1次，培训专利工作者60余人；配合市知识产权局调查、调解3起专利侵权纠纷；做好省市专利补助资金申报工作，共申报专利142件，争取补助资金19.8万元；全年专利申请700件，专利授权370件，其中发明专利授权42件。山东恒远利废技术股份有限公司获批山东省知识产权试点企业，山东华特磁电科技股份有限公司通过“企业知识产权管理规范”贯标认证。获得潍坊市专利奖二等奖1项、三等奖1项，奖励资金15万元。

● 2016年12月1日，临朐县企业知识产权培训班举办
（供稿：张　森　刘益军）

临朐县获 2016 年潍坊市专利奖获奖项目名单

表 9

获奖等次	专利号	专利名称	专利权人	发明人
二等奖	201110139178.0	一种有色金属电磁搅拌器的变频方法及变频装置	山东华特磁电科技股份有限公司	刘　梅　苏玉民 李光叶　孙永宝 冯　涛
三等奖	200710015005.1	一种平移推拉窗	山东华建铝业集团有限公司	吴维光

（张　森　刘益军）

防震减灾

【概述】　2016 年，县地震局以建立健全防震减灾体系和全面提升全县防震减灾能力为目标，围绕“强化基层、打牢基础”工作思路，推进地震监测预报、震害防御、地震应急救援三大工作体系建设，全县防震减灾综合能力和整体实力全面提升。2016 年，被评为“全市防震减灾工作先进单位”。

【地震监测预报】　加强对冶源鞍鞑山强震测震台、临朐综合强震台、沂山遥感测震台（备用）、嵩山水氡观测站、冶源老龙湾水温观测站管理，坚持“月巡查”制度，对地震监测设施和地震监测环境进行保护。新建地震烈度速报和预警工程一般点 13 处，基本点 2 处，预警示范学校 3 所。设立鸟类、鱼类和特种动物等 8 处宏观观测点，设立宏观观测员；“三网一员”网络体系初步建立。建设完成临朐县地震应急指挥中心，并配备视频会议系统；配备宏观观测单兵设备和车载设备，推进台网建设数字化、现代化发展。

● 2016 年 5 月 10 日，“平安中国”防灾宣导活动暨吕庄社区小学地震应急演练活动举行

（供稿：沈汝建　刘　宝）

【震害防御】　组建由地震局业务人员和学校科普辅导员组成的地震科普宣讲团；抓好“5•12”汶川地震、“7•28”唐山地震纪念日及重大时段宣传活动，开展地震科普知识进机关、进社区、进企业、进学校、进农村“五进”宣传活动；开通“12322”防震减灾公益服务热线；开展地震科普示范学校创建活动，创建省市级地震科普示范学校 11 所（省级 6 所、市级 5 所）；建成“临朐县防震减灾科普宣教基地”，编写《中小学生地震科普简明读本》；强化抗震设防要求管理工作，2016 年度建筑工程抗震设防审核完成率达 100%。开展农村民居地震安全工程和地震安全示范企业创建，吕庄社区被评为“全国地震安全示范社区”，山东华茂服装集团有限公司被评为“省地震安全示范企业”，粟山社区被评为“潍坊市地震安全示范社区”。

【地震应急救援】　对全县地震应急避难场所进行更新调整，重新规划确定 10 处城市空地处作为地震应急避难场所，在 11 个镇（街、园、区）设置 11 处地震应急避难场所。充实完善地震应急物资储备库。坚持震情 24 小时值班制度，坚持实行震情“周会商”、应急期内“日会商”和“零报告”制度，盯紧震情变化，及时落实各类异常数十次。参加在昌邑市举行的“全省地震应急救援演练”；在蒋峪镇吕庄社区举行“社区地震应急演练”；联合县教育局定期组织中小学校进行地震应急疏散演练，增强学生防震减灾意识和应急避险能力。

【机关作风建设】 开展“守纪律、讲规矩、做表率”和“两学一做”学习教育活动，教育引导局机关党员干部深入查摆自身存在问题，增强责任意识、担当意识。在“包村联户”及“进千村、入万户、察民情、解民忧”活动中，共为柳山镇徐家河村提供现金及物资折款共计1万元，协调资金50万元，帮助村里新修生产路、打深口井、架设输电线路、安装路灯、更换变压器等。

（沈汝建　刘　宝）

气象测报

2016年，建成地面气象观测、天气预警预测、气象通信、农业气象服务、人工增雨防雹、防雷减灾服务组成的气象现代化业务体系。地面自动观测项目有气压、气温、湿度、风向、风速、降水、地温，人工观测项目有能见度、冻土、雪深、雪压、日照、天气现象。其中自动观测项目仪器型号为ZQZ-CⅡB型。临朐县气象局将由朐阳路3596号迁至青山路与盘龙路交叉口西北角，

● 五井ZQZ-CⅡB型自动观测点（摄影：郭法东）

新站址自动观测仪器设备型号升级为DZZ4型，2016年1月1日开始与现址进行为期一年的对比观测。镇街区域气象观测站有9处，其中冶源、九山为四要素观测点，观测项目有气温、降水、风向、风速；柳山、辛寨、寺头、蒋峪、五井、城关为二要素观测点，观测项目有气温、降水；山旺为六要素观测点，观测项目有气温、降水、风向、风速、湿度、地温。（孙丽娟）

水　文

【概况】 县域内设国家基本水文站2处，为冶源水库水文站和黄山水文站。

【冶源水库水文站】 位于临朐县冶源镇东南3公里弥河上游，为淮河流域弥河水系弥河区域代表站。由山东省水利厅于1959年6月1日设立并开始测验工作，现为潍坊市水文局所辖，地理位置为北纬36°24′、东经118°32′，水库以上流域长度42公里，干流长度45公里，距河口146公里。冶源水库集水面积785平方公里，流域内主要有丹河和寺头石河两条支流，上游主要水利工程有中型水库2座，小(一)型水库11座，小（二）型水库48座，总集水面积346平方公里。设站目的为系统收集水文资料，研究水文变化规律，并为当地防汛抗旱及冶源水库工程运行管理、区域用水总量监测提供技术服务。

测验项目有水位、流量、降水量、蒸发量、土壤含水率、冰情、水化学、水准测量、水文调查。报汛任务有雨情、水情、墒情和洪水预报。常年配套雨量站有冶源水库站、临朐站、王坟站、王庄站、丹河站5处；汛期配套雨量站有安家庄站、百沟站、瑗丘站、寺头站4处。所有雨量站均按照报汛要求和规定向国家防总、山东省防指、潍坊市防办、冶源水库报送雨情信息。冶源水库水文站对所属雨量站进行技术指导和业务管理，并负责对雨量站的降水资料进行整编工作。

【黄山水文站】 位于临朐县寺头镇黄山村弥河上游，地理位置为北纬 36° 20′、东经 118° 31′，北距临朐县城 18 公里，距下游冶源水库管理局 8.7 公里，距河口 156 公里，流域面积 375 平方公里，流域长度 33.2 公里，干流长度 41.3 公里，站下 500 米处有公路桥一座，系淮河流域弥河水系弥河常设水文站，也是泰沂山北水文区区域代表站和冶源水库弥河入库控制站。1959 年 6 月，由山东省水利厅发文开始测验工作，现为潍坊市水文局所辖。设站目的为系统收集水文资料，研究区域水文变化规律并为冶源水库管理运行和当地防汛抗旱及区域用水总量监测提供技术服务。

测验项目有水位、流量、泥沙、冰情、降水量、水文调查。报汛任务有雨情和水情。配套雨量站有九山常年雨量站 1 处和东苇厂、龙响店子、西沂山、崔册、曹家庄、辛庄子汛期雨量站 6 处。上述雨量站均按其报汛任务书要求和规定进行降水观测，并向国家防总、山东省防指、潍坊市防办提供可靠的雨情信息；负责对配套雨量站进行技术指导和业务管理，并对雨量站的降水资料进行计算和整编。

【降水径流情况】 2016 年，全县较大场次降水有 4 场。

7 月 31 日—8 月 1 日，暴雨中心在九山、龙响店子站一带，降水量一般为 10.0 毫米—80.0 毫米，最大点雨量龙响店子站为 80.0 毫米。

8 月 6 日—7 日，暴雨中心在蒋峪、李家沟站一带，降水量一般为 24.5 毫米—157.5 毫米，最大点雨量蒋峪站为 157.5 毫米。

8 月 14 日—16 日，暴雨中心在九山、龙响店子站一带，降水量一般为 19.0 毫米—98.0 毫米，最大点雨量九山站为 98.0 毫米。

8 月 19 日，暴雨中心在东苇厂站一带，降水量一般为 22.0 毫米—80.5 毫米，最大点雨量东苇厂站为 80.5 毫米。

弥河黄山水文站于 8 月 7 日—12 日、8 月 17 日—23 日发生两场小洪水，洪峰流量为 48.8 立方米 / 秒，年径流量 0.1577×10^8 立方米。

冶源水库于 8 月 7 日—12 日、8 月 17 日—23 日发生两场小洪水，水位涨幅分别为 0.87 米和 1.42 米，最大入库流量 63.9 立方米 / 秒。

（张效庆　李　政）

临朐之最——科教卫体

临朐最早获奖的科技成果 -- 电容法处理废旧硬质合金工艺研究

临朐获奖最高的科技成果 --A110-4 型氨合成催化剂

临朐最早的县科技成果特等奖 --WQT-V 中风预测电脑程序编制与准确率的临床验证

临朐最早自行选育的亩产过千斤的小麦品种 -- 临选一号

临朐最早的官办小学 -- 官立书院高等小学堂

建国后临朐最早创建的普通中学 -- 山东省临朐第一中学

临朐第一所由外籍华人捐资兴建的学校 -- 冠三小学

临朐第一所希望小学 -- 八一希望小学

临朐最有名气的教会医院 -- 县基督教爱德医院

临朐最早进行全民防治而绝迹的传染病 -- 黑热病

临朐最大的体育运动场 -- 县体育中心

摘自《临朐县志（1988-2000）》

教 育

综 述

【概况】 2016年，全县共有登记注册幼儿园112所，在园幼儿19247人，在职专任幼儿教师1214人。中小学校106所，在职教职工7287人，在校生88937人，其中，小学77所（含教学点6处），在校生55978人；初中21所（含九年一贯制4处、体校1处），在校生19363人；高中6所(含十二年一贯制1处)，在校生13488人；中等职业教育学校2所，其中，县教育局主管职业学校1所，县人社局主管技工学校1所；民办教育机构共有3类42所，其中九年一贯制民办学校2所，民办普通高中1所，民办教育培训机构27所，民办幼儿园12所。

【普惠制幼儿办学体制建设】 在省内率先制定《临朐县城乡居住区配套幼儿园规划建设及管理使用意见》，明确无论是政府投资建设还是开发商投资建设的居住区配套幼儿园，建成后无偿交付教育部门管理使用，举办成公办幼儿园或普惠性民办幼儿园。年内，城区6处小区配套幼儿园投入使用并举办成公办幼儿园，全县以公办普惠性幼儿园为主体的办学体制基本形成。

【学校建设】 19处学校开工建设，建设面积13.69万平方米，营子小学、杨善初中、上林初中、大关初中等8处学校竣工，朐阳学校、龙泉中学、陡沟小学等11处学校加快建设；争取上级奖补资金4549万元、土地指标293亩。投入5400万元，新建、改扩建幼儿园25所。九山镇中心幼儿园等6处幼儿园新创建为省级示范幼儿园，寺头镇王庄、东城街道朱位等11处幼儿园新申报市级示范幼儿园，山旺镇、寺头镇创建为市第四批普及学前教育工作先进镇街。

【教师培训】 制定《临朐县中小学教师教育工作规划方案（2016—2020年）》及《临朐县2016年教育干部教师学习培训实施方案》，每年每位教师培训不少于48学时，年内完成教师远程研修6861人，新任教师培训224人，义务教育阶段校长任职资格培训109人，规模以下乡村学校校长培训56人，其他培训项目78个24010人次，对5662名中小学幼儿园教师进行集中专业知识测试，聘请陶继新、王三阳、张伟忠、成浩、刘莹等教育专家到临朐指导教学。年内，1名校长确定为齐鲁名校长培养人选，1名校长被评为市特级校长，22名幼儿教师获得全国第七届和谐杯“中小幼说课标（说指南）说教材大赛”特等奖、一等奖，县教育局、县实验幼儿园分别获得优秀组织奖和团体金牌奖。

【教研教改】 以“两规范一提升”为重点，抓农村园一日活动和课程落实规范，组建区域、户外活动研究联盟，提升中心园办园品质，逐步形成“一园一特色、一园一品牌”发展格局。以“目标导引教学”课堂改革三年行动规划为主线，制定《“目标导引”课堂教学基本要素及评价量表》

《全县中小学音、体、美、技术学科教学规范和教学指导意见》，细化学期、单元、课时目标质量标准。制定《语文素养提升工程2016年度指导方案和评价标准》，推进“三段联动，读写一体”语文素养提升工程，成立临朐、昌乐、青州区域教研共同体，推进语文主题单元模块教学、课内大阅读教学；开展“生活化随笔”作文教学研究，承办潍坊市区域推进语文阅读能力提升工程研讨会；4月28日—29日，承办“全国中小学生态语文教育研修会”，全国200余名校长、教师参加会议。

【德育教育】 探索建立参与式、体验式德育办法，建成14处乡村少年宫，评选表彰22所素质教育示范校，县第一实验小学少先大队被评为“山东省优秀少先大队”。加强家庭教育，举办第五届“家庭教育农村行”巡回报告会、首届百个“书香之家”评选和第四届父母大讲堂专场等活动，县教育局被评为“市书香校园建设先进单位”，并在全国家校合作经验交流会议、省首届家庭教育论坛上作典型发言。

【办学体制改革】 公开招考教师150人，招聘教师72人，接收实习支教师范生130名。公开遴选海岳中学、朐山小学等7名校长，确定28处学校作为市县依法自主办学试点单位，完成100余处中小学、公办幼儿园章程审核工作及“四会”建设，全县7619名教师完成校内竞岗、跨校竞岗和城乡交流竞岗。出台《临朐县中小学（幼儿园）绩效工资实施指导意见》《关于建立高中教师校内绩效激励机制的意见》，释放学校办学活力。首次用政策性融资贷款建设学校，为23处学校贷款9.89亿元。审批民办教育机构12家。《“进、退、升”三步撬动干部队伍活力》经验获潍坊市政府教学成果创新奖。

【行风建设】 开展“万名教师进万家”活动，访谈学生89595名，征集意见建议5106条。制定《临朐县从教行为八不准及违规违纪处理办法（试行）》，开展教师宣誓活动和师德承诺活动，治理教职工违纪和师德失范问题；举办贾志敏、李守祥教学思想报告会，编辑出版《身边的榜样——百名优秀教师事迹》。制定《关于进一步加强学校财务管理的意见》《教育系统财务收支风险清单》，及时拨付资金3.69亿元，对31处学校（单位）开展离任经济责任审计，对10所学校开展任中经济责任审计，对12处镇（街、园、区）校车收费进行专项审计。

【学生资助】 年内发放各类政府助学金761.4万元，资助学生10321人次，教师爱心一日捐资金40.3万元，资助学生859人次。为2759名临朐籍大学生办理、发放生源地助学贷款2079万元。全县1076名建档立卡贫困户学生得到应助尽助。

【教育协调发展】 教师进修学校完成培训21项，培训2380人次；招收电大、奥鹏学员266人，开展尼山书院建设。中小学生综合实践学校投资452万元加强基础设施和实训场地建设，完成18期、6400名学生培训。开展特殊教育提升计划，落实每生每年6000元的生均经费，设立特殊教育专项经费21万元，开展随班就读与送教上门服务，探索医教、康教结合运行新机制。竞技体育学校在市级及以上体育比赛中获金牌36.5枚、银牌8枚、铜牌9枚，被县政府授予“振兴临朐体育突出贡献奖”。强化民办教育无证办学机构管理、在职教师管理和学生培训管理，全年共审批民办培训学校12家。

【大型艺体赛事】 首次举办国际赛事，5月15—16日，中国·巴西青少年国际足球友谊赛在临朐中学举行，中华全国体育基金会理事长、中国奥委会副主席吴齐，山东省体育局副局长徐大义，中国宋庆龄基金会事业发展中心主任陈月仙，星云文化教育公益基金会秘书长张静之，中

● 2016 年 5 月 27 日，“中国梦 · 校园情”2016 山东省中小学校园艺术节（走进临朐）在东城双语学校举行
（供稿：马学东　张兴栋　郎需彬）

国宋庆龄基金会事业发展中心办公室主任荆瑞芳以及中国新闻摄影协会、北京中世奥体育文化发展中心负责人和省、市有关部门的领导出席开幕仪式。5 月 27 日，“中国梦 • 校园情”2016 山东省中小学校园艺术节（走进临朐）在东城双语学校举行。山东省教育厅副厅长张志勇，潍坊市教育局副调研员郭志平及各县市区教育局、市属学校有关人员出席活动。年内，承办第一届中韩青少年足球邀请赛，成立临朐县青少年足球培训基地，3 处学校被评为“全国足球特色学校”，九山小学被评为首批“全国学校体育教学工作示范学校”。

【出台中小学幼儿园三年行动方案】 4 月，出台《临朐县中小学幼儿园重点工作三年行动实施方案（2016—2018 年）》，规划投资 4.71 亿元，建设中小学 30 所、幼儿园 31 所；启动新一轮“千名教师引进计划”，对经费投入、土地供给等重点难点工作“一次性研究规划、一套机制保障实施、一把手亲自推动落实”，相关做法被市教育局、《山东教育报》、省教育厅《教育工作动态》刊登推介。

【普通高考取得突破】 2016 年，全县高考考生 5321 名，其中艺体生 848 人，普通文理生 4473 人。全县普通文理一本进线 1540 人，上线率 34%，二本以上进线 2800 人，上线率 63%；艺术、体育类 639 人达到录取资格线；14 人被清华大学、北京大学录取，一本上线率和名校录取人数居全市第一。

【科技创新大赛全市领先】 在科技创新、电脑制作、机器人和创客等比赛中，共获全国优秀创意奖 1 个、一等奖 28 个、二等奖 21 个、三等奖 17 个，山东省一等奖 73 个、二等奖 45 个、三等奖 20 个，获奖总数和一等奖数量均居全市首位。4 所学校获得“山东省电脑制作活动最佳组织奖”，县实验幼儿园被评为“全国科普示范园”。

【教育信息化应用全省知名】 中小学互联网接入率、多媒体教室普及率达到 100%，其中交互式电子白板、多功能一体机教室 633 口，自动录播教室、智慧教室 16 口，24 处学校达到市“互联网 + 教育”示范校验收标准，临朐县被评为市教育装备工作先进单位。网络教学成为常态，获全国微课评选一等奖 10 个、优秀组织奖 3 个，获省教育信息化交流展示 10 个奖项；全县近 10 万名师生使用“人人通”平台自主学习，8 名教师被评为全国最佳授课与受欢迎教师；自行制作、共享实验操作视频资源，省教育厅、中央电教馆先后推介临朐县教育信息化经验。

【被县政府授予集体三等功】 狠抓校园安全管理，巡查学校（幼儿园）181 处；增配校车 30 辆，治理校车运行隐患路线5000米，为全县175辆校车安装“智慧校车”管理系统，校车实现实时监控。强化督导检查，组建47名督学视导专家资源库，建立12个督学责任区，规范办学行为。推进协调发展，县直小学与镇（街、园、区）薄弱村小学建立“1+1”帮扶联盟，镇（街、园、区）实行教育一体化发展，成立教师工作室片区联盟和幼儿园发展共同体、幼儿教师骨干指导团队，实现教学质量均衡。办学满意度连年提升，被县政府授予集体三等功。

重点学校

【山东省临朐第一中学】 2016年，临朐一中学生包揽潍坊市英语口语大赛前两名，获潍坊市“国学达人”挑战赛“状元”“探花”和二等奖第一名，在山东省“国学达人”挑战赛中，2名选手分获省二、三等奖。2016年高考，980名考生，文理一本上线463人，二本上线730人，本科上线率达74.5%；艺体类考生120人，上线92人，上线率达76.7%。11人被清华大学、北京大学录取，48人被全国十大名校录取，8人被中央美院等艺术名校录取，18人主动应征入伍。学校被推选为潍坊市第一届普通高中名校联盟理事长学校，被升学在线和国内众多高校联合评选为2015—2016年度最受高校欢迎高中学校。年内，先后接待30多处省内外教育考察团，县委研究室总结临朐一中“奉献、进取、创新、团队”四种精神，在《临朐通讯》13期专版刊发。

【临朐县实验中学】 深化课堂教学改革，落实“学案导学、目标导引、精讲、展示、书面落实”高效和谐课堂建设，全面培养学生的阅读能力、思考能力、表达能力。加强学校品牌建设，强化艺体教育、心理健康教育、名生培养工作，在学校挂牌成立临朐县教师合唱团、临朐实验中学“天籁之音”民乐团，承办潍坊市心理健康教育特色学校创建现场会。深化教代会建设，召开四届四次、五次教代会，制定《临朐县实验中学绩效工资实施方案》《临朐县实验中学全员督查值班管理办法》等学校管理规范性文件。2016年高考，3名考生被清华大学录取，2名考生被中央美术学院录取，1名考生被中央戏剧学院录取。被评为“潍坊市心理健康教育特色学校”“潍坊市普通高中名校联盟理事学校”，被中国科技大学、中南大学确立为“优秀生源基地”。

【临朐中学】 学校有教学班113个，在校生4831人，教职工467人。2016年高考，一本上线368人，二本上线776人，上线率分别达35%、72%，67名学生被“985”“211”高校录取。26名同学分获全国生物学、化学学、物理学奥赛奖，被评为“全国生物竞赛金牌学校”。高中部机器人代表队获得山东省冠军、全国比赛第二名；附属初中代表队获第16届山东省青少年机器人大赛一等奖。在全国“七巧科技”系列

● 2016年5月15日—16日，中国·巴西青少年国际足球友谊赛在临朐中学举行（供稿：马学东　张兴栋　郎需彬）

活动全国总决赛中，幼儿园获优秀组织单位，7个项目获全国二等奖及省一、二等奖；在第十七届全国中小学电脑制作活动中，附属初中2名选手获二等奖；在县青少年科技创新大赛中，附属小学有1名选手获一等奖；学校幼儿园被潍坊教科院审核批准为“潍坊市头脑奥林匹克活动基地学校”。承办中国·巴西青少年国际足球友谊赛、中韩青少年校园足球邀请赛；ESEC美中教育机构TIP全封闭英语教学培训基地、潍坊驭锋足球俱乐部临朐县青少年培训基地、临朐县校园足球训练营基地落户学校，争取西部阳光基金会支持师训中心基地建设。获“全国生物竞赛金牌学校”“山东省卫生工作先进单位”“潍坊市花园式学校”等称号，学校食堂创建为山东省省级“清洁食堂”。

【临朐县职业教育中心学校】 全面完成国家改革发展示范校项目建设数据填报工作，汽车运用与维修专业被确定为“山东省职业院校现代学徒制试点项目”，数控技术应用专业被确定为“山东省中等职业学校品牌专业建设项目”。3月，学校与中德诺浩（北京）教育投资有限公司合作成立“中德诺浩”班；8月，德国弗里德里希·艾贝特·朗格职业技术学校绿蒂戈·施坦卡波、埃克贝特·梅利茨等到校考察交流，并与学校签约为友好学校；10月，与山东交通学院联合办学，组建空中乘务专业。先后承办山东省中等职业学校计算机与数码产品维修专业联盟成立大会、山东省中职组“计算机检测维修与数据恢复”项目技能大赛，牵头成立潍坊市电子信息职业教育集团。在2016年春季高考中本科一榜上线29人，本科录取率和本科上线人数位居全市中职学校第二名。在全国职业院校技能大赛中，数字影音后期制作技术项目获得二等奖2项，计算机检测维修与数据恢复、动画片制作项目分别获得二等奖1项，校长孔祥奴被评为潍坊市第二批特级校长。

【临朐县实验幼儿园】 2016年，新增后楼、三里庄、东郡3处分园，文化路、民主路2处分园完成撤并，全面落实“机制共建，资源共享，教研同步，文化引领”的集团化办园思路。自主开发“园本课程”40多门，《幼儿创生建构》由电子科技大学出版社正式出版发行。全面推开以“自主评价，协商考核”为核心的评价机制，《质量评价需加强基础研究》《请将评价话语权还给教师》等经验做法被《中国教育报》宣传推介，《自主评价助推幼儿教师自我发展》典型案例入选潍坊市教科院组织的教育改革典型案例研究文集—《从问题出发的教育研究》，并入选潍坊市重大问题行动研究。充实2名园级管理职位，通过竞争上岗产生3名中层正职、5名中层副职。被授予“学前教育先进单位”“潍坊市家庭教育工作示范学校”等称号，冯好安入选山东省第二届“齐鲁名校长”建设工程人选。

【临朐中学幼儿园】 临朐中学幼儿园有大、中、小教学班12个，2016年通过省级示范园的验收。9月，全福元、张家庄2所幼儿园加盟。以“培‘根’教育，奠基人生”为办园理念，通过特色发展和课题研究促进教师专业成长，开展《指尖上的艺术—幼儿剪纸》《多元化探索 减少幼儿焦虑现象研究》《合理设置空间 促进幼儿社会性发展》《玩转足球 》《好玩的树叶》等园本课程研究；在全国第六届“和谐杯”说指南说教材比赛活动中，2名教师获特等奖，5名教师获一等奖，1名教师作为唯一幼儿园代表在颁奖典礼上做说教材展示活动。1月，被宋庆龄基金会授予“大手牵小手，非遗传后人”儿童视觉艺术示范园；5月，被宋庆龄基金会和中华全国体育基金会联合授予“全国幼儿体育（球类足球）活动实验园”。7月，在全国第七届中小幼“说课标（指南）说教材”大赛中获“优秀组织奖”和“团体金牌奖”。9月被评为“临朐县学前教育工作先进单位”；《多元化探索推进培“根”教育》研究获临朐县教学成果集体一等奖。

（马学东　张兴栋　郎需彬）

文化 体育

公共文化服务体系建设

【城乡文化设施建设】 制定出台《加快构建现代公共文化服务体系实施方案》《加快推进基层综合性文化服务中心建设实施方案》等文件，对全县公共文化服务体系和村（社区）综合性文化服务中心建设进行详细部署，扎实推动农村基层宣传文化、党员教育、科普宣传、体育健身等公共资源整合利用，提升文化设施使用效率，满足基层群众文化需求。继续深入实施“文化惠民工程”，扎实推进县文化中心、镇图书馆、村（社区）综合性文化服务中心、农村文化广场、公共文化云平台等文化设施建设，大力推广“三位一体”文化惠民模式，推动公共文化服务标准化、均等化。其中，县文化中心建筑施工图通过潍坊市建筑施工图审查中心初审，景观设计方案通过县委、县政府联席会议审议，黄龙沟改造建设工程由县住建局组织招标；全县10处镇街均建成符合国家标准的综合文化站，305个村（社区）建成综合性文化服务中心，并配有1名以上专兼职工作人员，达标率87%；蒋峪镇、山旺镇“一村一广场”，龙山高新技术产业园“一村一舞台”等文化广场建设项目基本完成，70%的行政村和农村社区建成农村文化广场；与山东广电网络公司战略合作，投资200万元，加快农村广播“村村响”工程建设；积极推进公共文化云平台建设，县、镇图书馆实现图书数字化管理、“一卡通”联网服务；做好“三馆一站”免费开放工作，公共文化场馆免费开放范围和标准不断提高。县文化馆通过全国文化馆评估定级工作检查，继续荣膺“国家一级文化馆”荣誉称号；设立国内首家红丝砚文化博物馆—临朐大唐红丝砚博物馆，免费向市民开放。

【专兼职基层文化队伍建设】 对已经到届的书协、美协、摄协、老干部书画研究会和诗词学会进行换届，新成立县作家协会、画廊协会、民间文艺家协会和硬笔书法家协会，县级文艺协会组织已达11个，会员总数5000多人。深入实施“十百千”文化培训工程，加强对基层文化管理人员、文艺骨干队伍的培训培养，举办各类培训150余期，培训7000余人次；充分发挥县书协、美协、老干部书画研究会等县级文艺协会的引领作用，组织文化志愿者进社区、进学校、进机关、进企业、进镇村，开展文化志愿服务活动120余场次；积极创造条件支持骨干文艺人才外出学习、培训。截至2016年底，全县共有省级、国家级文艺协会会员70多人。

【推广蒋峪镇“三位一体”文化惠民模式】 推广蒋峪镇以村文体广场建设、文明一条街打造和“出彩蒋峪人”文化活动为主要内容的“三位一体”文化惠民模式，深入实施基层文化设施建设工程，加快村（社区）文体小广场建设。截至2016年底，全县70%以上村（社区）建成文体广场。

【县级文化设施建设与提升】 完成县文化中心

可行性研究报告、能评报告、环评报告的编制和审批工作，《临朐县文化中心岩土工程勘察报告》通过市图审中心审查，黄龙沟改道施工图设计进入图纸评审阶段。县博物馆在国家二、三级博物馆运行评估中获优异成绩，是山东省获得优秀等次的三馆之一；全面完成第一次全国可移动文物普查中期阶段工作和第三次全国不可移动文物普查工作。县文化馆顺利通过国家一级文化馆复评验收，2016年提供展览、阅览、培训交流及讲座等特色服务项目20余项，培训各类文化人才、文艺骨干400多人次，组织大型群众文化活动20多场次，文化下乡演出200多场次。县图书馆全面实现阅览室、电子阅览室、培训室等公共空间设施场地免费开放，开展文献资源借阅、公益讲座、基层辅导、流动服务等公共文化服务，组织专业人员到镇街综合文化站、村（社区）图书室（农家书屋）等进行业务辅导，整理图书3万余册。

【镇村公共文化设施提升工程】 按照“三馆一站”免费开放要求，镇街综合文化站图书阅览室、文艺活动室、公共电子阅览室等公共空间设施场地和服务项目全部免费开放。全县镇街综合文化站年内举办各类文化活动400多次，举办各类展览近百次，举办各类培训260多场次。全县村（社区）综合性文化服务中心建设达标率达到87%。

【政府购买公共文化服务】 挖掘保护优秀传统文化资源，深入开展群众性文化活动，将“一年一村一场戏”、非遗传承和10个文化专业人才公益性岗位列入政府购买目录，对部分项目进行政府采购，保障文化惠民活动有效开展。

【“十百千”文化人才培训工程】 连续四年深入实施“十百千”文化人才培训工程，组织工作人员深入乡镇、社区和企业，分工包点，现场指导。2016年，举办文学创作、声乐、舞蹈、器乐、戏曲、美术、书法、非遗、手绘年画等各类培训30余期。

【群众性文化活动】 组织举办2016年元宵节系列文化活动、中国（临朐）沂山文化节、纪念建党95周年系列文化活动、中华诗词·临朐金秋笔会、中国书法之乡华夏行书法作品展等各类文化活动200余场次，指导镇街、企业开展文化活动180余场次，完成农村公益电影放映3800余场次。

【文化扶贫】 全县文化扶贫涉及镇（园、区）11个，省定贫困村84个。2016年重点对11个镇（园、区）的59个贫困村进行文化扶贫，建设文化活动广场，完善提升文化大院，成立业余文艺团体，开展文化活动和公共文化服务。组织县级文艺骨干、文艺志愿者广泛开展“文化下乡”“文艺志愿培训”；开展“农村大舞台”文艺巡演、“百戏进百村”送戏下乡等文化扶贫活动300余场次，协助组建基层文艺队伍36支。

（沈汝虎　刘文纲　王吉臣　于旭东）

新闻出版

【行政审批】 2016年，共受理各类文化经营项目219件，办结率达到100%。每件承诺平均天数为18.23天，每件办理平均天数1.15天，每件提前办理平均17.07天，提前办结率为100%。其中，新审批打字复印部1家、出版物零售企业6家，审查上报印刷企业4家。

【技能培训】 制定措施，做好文化从业人员业务技能培训。8月，组织出版物企业参加省新闻出版局举办的出版物发行员技能、法律、法规培训。

【年检年审】 对90家印刷企业、40家打字复印企业和78家出版物零售企业的经营场所、生产设备、安全消防设施、安全通道、环境卫生、经营状况、管理制度等，实行一般审查和重点审查相结合的审核方式，进行细致的摸底工作。2016年，全县新闻出版类产业年产值约

77695.57 万元，利税总额 3331.45 万元，从业人员 3517 人，使用面积 28500 多平方米，注册资金 30561 万元。其中，规模企业 19 家，产值 50945 万元，利税 635 万元。（王吉臣　于旭东）

文化市场管理

【概况】 2016 年，全县共有网吧 48 家，歌舞娱乐场所 17 家，印刷、打印单位 128 家，出版物经营单位 66 家，电影放映单位 3 家。全年共组织 10 次集中行动，出动执法人员 1200 多人次、执法车 218 辆次，检查经营场所 595 家次。立案 37 起，办结案件 37 起（包括办结往年移交法院的积案 3 件）。其中，网吧类 7 起，出版印刷（版权）18 起，广电类 10 起，娱乐场所 1 起，艺术品市场 1 起。

【“扫黄打非”工作】 制定《2016 年全县“扫黄打非”工作行动方案》，开展“护苗 2016”“剑网 2016”“净网 2016”专项行动，保持“扫黄打非”工作高压态势。清缴各类涉及政治、黄色、暴力类报刊、光碟等非法出版物 2200 余件。

【网吧和娱乐市场监管】 全县 48 家网吧全部安装新版互联网上网服务营业场所管理系统，签订网吧和娱乐场所“业主守法经营承诺书”61 份。7—10 月，开展为期 4 个月的网吧集中整治专项行动，重点查处违规接纳未成年人、未按规定核对登记有效身份证件、未按规定使用管理软件、无证照经营、超时经营等方面的违法违规行为，立案查处网吧 7 家次。开展娱乐场所专项整治行动，下达娱乐场所《责令改正通知书》8 份。

【打击侵权盗版工作】 分发宣传页 300 余份，开展正版软件使用宣传教育活动 1 次。加强对印刷包装装潢企业监管，对没有建立“五项制度”企业进行立案查处，严查非法盗印、复制、加印和出售标识标签的行为，全年共检查印刷复制行业 190 余家次，警告 17 家。深入镇（街、园、区）开展私自安装使用卫星地面接收设施专项整治行动，印发宣传页 2000 余份，拆除收回“卫星锅”15 套，动员群众主动自行拆除 132 套，查处非法使用电视棒案 1 起。与市无线电管理办公室、县公安局、县经信局联合执法，集中开展“黑广播”治理，收缴非法广播电台发射设备 3 台套。

【艺术品领域执法】 依法对 1 家文化传播有限公司未按规定保留与交易有关的原始凭证、销售合同、台账、账簿等销售记录进行立案处罚。

【安全生产监管】 开展经营规范安全隐患排查“安全生产月”专项整治集中行动 2 次，日常执法监督检查与安全检查相结合，分片执法与安全责任落实相衔接，提出安全隐患治理意见 16 条，现场监督整改安全隐患 25 处，对存在通道拥挤、线路老化、消防门紧锁等安全隐患的 6 家文化经营场所限期整改。（朱树民　竖传军）

图　书

【概况】 2016 年，县图书馆馆藏图书 17.436 万册，电子图书 6.1187 万册。

● 馆藏《四库全书》（供稿：李艳萍）

【免费开放服务】 县图书馆有对外服务窗口 8 个，常年向读者开放。2016 年接待读者 5 万余人次，书刊借阅10万余册次。组织举办“潍坊市第二届读书朗诵大赛暨山东省第十一届读书朗诵大赛选拔赛”临朐选拔赛，开展以“阅读，从图书馆出发”为主题的图书馆服务宣传周活动和“书香临朐 全民阅读”为主题的“全民读书月”活动。开展送图书馆下乡12次，举办读者讲座、报告会10次。建立《四库全书》特藏书库，征集地方文献760种2500余册。县支中心建成标准化的公共电子阅览室，拥有微机30台，被山东省文化厅、山东省财政厅命名为“山东省公共电子阅览室建设与服务示范县”称号。全县所有镇（街、园、区）、村（社区）全部建成规范化共享工程服务站点，初步形成县、镇、村三级文化信息资源共享工程。

【基层辅导】 加强对基层图书馆（室）建设指导与业务辅导，不定期举办业务培训。指导村（社区）建成图书阅览室与农家书屋，并开展借阅服务。建设工会图书馆1处，建立全县教育系统图书馆（室）76处。辛寨、五井、冶源、寺头、山旺、蒋峪、九山、柳山8处镇图书馆，实现与县图书馆资源共建共享、县域图书借阅“一卡通”服务。部分机关、企事业单位建立图书室。

【尼山书院建设】 发挥“尼山书院”作用，不定期在国学讲堂举办国学讲座；设立国学专架，开展经典阅览和经典诵读活动；设立文化体验室，开展文化体验活动。指导全县8处镇图书馆“尼山书院”及在村（社区）建立的“乡村儒学”开展活动。在临朐县教师进修学校建成“尼山书院”，定期举办国学讲座、开展经典诵读和文化体验活动。 （李艳萍）

● 辛寨镇图书馆借书室 （供稿：李艳萍）

文博

【概况】 2016年，全县第一次全国可移动文物普查共完成数据采集、平台报送97649件/组，其中系统内97472件/组、系统外177件，登录藏品总数位居全国前列。12月15日，全省文物工作会议上，山东临朐山旺古生物化石博物馆被表彰为“全省第一次可移动文物普查先进集体”，李福昌、孙名昌被评为“全省第一次可移动文物普查先进个人”。全年共争取省级文物保护专项资金80万元，其中柳山镇朱虚故城遗址考古勘探50万元、五井镇隐士乡村记忆博物馆建设30万元。完成第四批潍坊市重点文物保护单位的申报工作，七贤店村南遗址、烈士陵园等14处文物点全部通过专家评审，并报市政府核定。全县博物馆新增常设展览4个，其中县博物馆1个，临朐大唐红丝砚博物馆3个；县博物馆主办、承办临时展览10次。全年参观人数达37.25万人次，其中县博物馆25.75万人次，大唐红丝砚博物馆11.5万人次。

【博物馆事业】 2016年，自筹资金征集钱币、印章、古籍、书法、石刻、民俗等社会流散文物42件（套），共241件；接受社会捐赠石刻10件。先后完成第二次全国地名普查、《临朐文化志》、《潍坊市志》等历史文化、文物保护等相关内容编写和图片资料整理，完成《山东省出土青铜器全集》《潍坊市佛教造像》《山东省第一次全国可移动文物普查成果》等专业书籍有关篇

● 2016年6月23日，文物鉴定专家对征集文物进行鉴定（供稿：扈 红）

目撰写及绘图、照片资料编辑等工作。12月25日，县博物馆与中国美术学院雕塑与公共艺术学院签署战略合作框架协议，共建教学实习基地。协助山东东沂勘察设计有限公司申请设立大唐红丝砚博物馆，9月23日正式开馆并免费对外开放，为全县第一家非国有博物馆。11月6日下午，全国政协委员、中华炎黄文化研究会砚文化联合会名誉会长、武警部队原副司令员刘红军中将一行到馆参观。

【文物保护】 2016年，太平崮古建、江南亭本体维修方案编制，朱虚故城遗址考古勘探方案先后获省文物局批复。齐长城梓根腿段、梓根腿东岭段本体抢修保护完成招标并签订维修保护合同。崔芬墓维修保护工程施工设计完成招标，进入图纸深化设计阶段。魏家庄遗址保护规划编制完成申报。西朱封遗址保护规划编制，进入规划设计阶段。完成齐长城沂山段的考古勘探，开始编制维修方案。配合基建工程规划，对全省抽水蓄能电站选点规划、临朐县城乡电网规划、日照港—京博输油管道工程等项目进行实地勘察，提供文物资料，勘察过程中发现多处墓葬、灰坑等文物遗迹。配合公安部门对辛寨镇东盘阳村北遗址盗洞、柳山镇东陡崖村北台地盗墓现象进行实地勘查，提供相关资料；协助文管办对江南亭、太平崮等9处市级以上古建筑类文保单位进行消防安全检查。

● 2016年12月25日，中国美术学院和临朐县博物馆战略合作框架协议签约仪式举行（供稿：孙名昌）

【抢救性发掘】 5月17日—18日，对辛寨镇盘阳小学教学楼工地发现的战国早期墓葬进行抢救性清理发掘，共清理墓葬6座、灰坑3座、陶窑1座，出土铜鼎、铜舟、铜戈、铜敦、骨贝币等文物234件，陶片、骨殖等标本若干。

（马学民 李民刚）

群众文化

【节庆文化活动】 举办2016年临朐县春节电视晚会、元宵节街头民间艺术表演系列活动、“3•15”国际消费者权益日、“与春天同行”2016年临朐县女创业者协会年会暨“三八”联合会、“梦想五月・医路青春”庆祝五四青年节才艺大赛汇报演出、中国人民解放军工程兵工兵第十四团战友山东旅游年会联欢晚会、庆七一文艺晚会、“同庆建党建军・共叙鱼水深情”临朐县纪念建党95周年建军89周年红军长征胜利80周年军警民联欢晚会、临朐县文学艺术界2017新春年会等节假日活动80余场次。与各旅游景区协作，举办第四届中国（临朐）沂山文化节、庆祝建党95周年暨2016齐鲁嵩山首届桃花节、临朐首届民俗文化艺术节、临朐县书法家协会嵩山分会揭牌文艺演出等活动。与企业协调配合，举办秦池九九老人节沂山祭酒、群星艺术团走进山东省华艺雕塑、富山集团文艺巡演等活动。组织参加潍坊市首届“景阳春杯”乡音乡韵方言土语说唱比

● 2016年12月29日，“山东戏曲编剧人才培养基地”暨“山东小戏创作实践基地”揭牌仪式举行

（供稿：王飞飞）

● 2016年11月6日，小品《招聘婆婆》参加“中华颂”第七届全国小戏小品曲艺大展并获银奖

（供稿：王飞飞）

赛、第四届潍坊市京剧票友擂台赛、山东省“魅力齐鲁·舞比幸福”百姓广场舞展演、潍坊市民办文艺表演团体比赛等活动。

【创作展演】 以淌水崖水库建设群体为原型，创作完成周姑戏《淌水崖》，在全县13个镇（街、园、区）巡回演出，并在县广电大厦演播大厅演出3场，在潍坊市委党校等处演出5场。周姑戏《淌水崖》剧本被列入临朐县“两学一做”学习教育活动教材、中共潍坊市委党校主体班次培训教材。小品《招聘婆婆》在“中华颂”第七届全国小戏小品曲艺大展中获银奖，11月底，在江西省南昌市举办的第十三届“华东六省一市戏剧小品大赛”上获银奖。

【文化惠民工程】 组织文化骨干，深入全县13个镇（街、园、区）进行辅导培训，送辅导、文艺演出下乡，完成文明之夏系列广场活动、第二届蒋峪镇“出彩蒋峪人”才艺大赛、第四届全民运动会开幕式文艺演出等文化惠民活动200余场次，指导各镇（街、园、区）、相关企业开展群众文化活动180余场次。

【“十百千”文化培训工程】 制定“十百千”文化人才培训实施方案，先后举办声乐、舞蹈、手绘年画、器乐等各类培训150余期，培训文化人才7000多人次，选派工作人员参加省市组织的戏剧、书画、非遗等项目的培训9批次30余人次。

【书画培训交流】 组织参加第六届中国画节，“纪念中国工农红军长征胜利80周年全省群文优秀美术、书法作品展”，“翰墨青州·2016年中国农民画作品展”，荣宝斋中国画双年展，纪念中国共产党成立95周年全国美术作品展，中国精神—第四届中国油画展，美丽中国·七彩云南情—全国中国画作品展等书画展览活动350余次。与县书协、九州美术馆联合主办“翰墨临朐·美丽家园”书画展，与县美协、县书协、九州美术馆主办实力派青年艺术家邀请展，故乡情·刘浩书画汇报展，王启胜山水画作品展，“清风徐来”临朐县庆祝中国共产党成立95周年成扇展，中国书法之乡华夏行“山东临朐、河南孟津、海南文昌”三市县书画联展，“焕彩京华，不忘初心”北京临朐籍画家国画展等50余次。举办“山水相依”青州农民画—临朐手绘年画作品联展。临朐手绘年画综合性传习中心展馆长年开放，接待领导、专家、书画爱好者万余人。（夏立庆　王飞飞）

非遗保护

【概况】 2016年，全县共有国家级非遗项目1项，省级非遗项目7项，市级非遗项目19项。

● 2016年10月28日，临朐县首届传统工艺培训班举办（供稿：王飞飞）

化遗产代表性名录的市级代表性传承人。6月，县文化馆被潍坊市文广新局授予潍水文化生态保护实验区2015年度非物质文化遗产保护“六个一”建设先进单位。

【非遗培训】 10月，举办“匠人匠心·传承百年”临朐首届传统工艺培训班，38名学员参加培训，培训内容以雕塑类和刻绘类为主，旨在提高传统工艺制品的品质和效益，提高全县传统工艺从业人群传承水平。组织参加文化部“中国非物质文化遗产传承人群研修研习培训计划”—木板年画培训班、潍坊刺绣速成班等，提高非遗人才业务素质和水平。

省级代表性传承人2名，市级代表性传承人17名。

【非遗活动】 1月，组织“非物质文化遗产月”相关活动，特别是元宵节街头民间艺术表演和花灯展，让国家级非物质文化遗产—东镇沂山祭仪、省级非物质文化遗—洼子跑麒麟、市级非物质文化遗产—张兴马灯参与到民间艺术表演中。6月，周姑戏《淌水崖》巡演被潍坊市文广新局确定为非遗保护亮点工作。举办沂山端午民俗大会—“唱响山东”走进端午民俗展演、临朐手绘年画进校园、首届临朐县“孝老敬老”手绘年画展览等活动。11月，举办“山水相依”青州农民画—临朐手绘年画作品联展。11月25日—27日，组织全县十余幅优秀手绘年画作品参加第六届秀洲·中国农民画艺术节，3幅作品获奖，其中吴玉强的《舞动丝路》荣获优秀奖，郑成双的《一路清风》被本次艺术节永久性收藏。

【非遗保护】 5月，临朐县手绘年画综合性传习中心被评为潍坊市社会科学普及教育基地。6月，临朐手绘年画、洼子跑麒麟、临朐全羊制作工艺成功申报为第四批省级非遗项目。同月，市文广新局正式确定连恩平、郎丰旭、刘光宝、傅绍相、李春秀等10人为2015年潍坊市非物质文化遗产代表性名录的市级代表性传承人。

（夏立庆 王飞飞）

广播影视

【概况】 临朐人民广播电台设102.3兆赫和100.6兆赫两个频率。临朐电视台设新闻综合频道、经济生活频道、先锋频道3个频道。2016年，被评为“全省优秀播出机构”“全省广播电视宣传先进集体”。

【舆论宣传】 新闻宣传。先后开设两会专题报道、贯彻落实全县经济工作会议精神、脱贫攻坚在行动、转型发展一年间、进村入户解民忧、城市环境综合整治、美丽乡村等20余个新闻版块和专栏，对全县中心工作、重点工作进行集中深入报道。年内共完成内宣稿件2300余条，专题类新闻50期。

舆论监督。深入解读政策，挖掘典型，从就业、教育、医疗卫生、社保、住房、环保、旅游、反腐倡廉以及食品安全、饮水安全等群众最关心、最直接的方面，强化舆论监督，为群众解决问题80余件。

对外宣传。在中央电视台发稿1条；省电视台发稿14条；市电视台潍坊新闻发稿172条，直播潍坊191条，聚焦19条，新闻晚高峰529条；潍坊电视台都市频道发稿151条；齐鲁网发稿643条。2012年起，连续五年获得全省“广播电视宣传先进集体”，实现“五连冠”，在市电视台发稿总量连续五年位列前六名。

【品牌建设】 品牌栏目。将临朐电视台原有的新闻、生活、综艺、先锋、图文资讯、影视六个频道，整合优化为新闻综合、经济生活、先锋三个频道。对《临朐新闻》《周末报道》《新闻女生》《沂山先锋》进行创新改版，从选题方向、节目包装、主持播报、节目形态等方面深化提升，提高节目质量和品牌影响力。创办《一线》《惠生活》《鹊桥有约》三档民生服务类栏目；创办《经济报道》，打造“经济版的临朐新闻”；创办《开卷有益》《临朐记忆》，深入挖掘临朐文化资源，彰显临朐深厚的文化内涵。通过整合资源，创办新栏目，临朐电视台形成10档自办栏目新格局，日制作生产节目达120分钟，居全省县级台前列。

品牌活动。先后举办2016年临朐春晚、网络春晚、“大爱无疆·情满临朐”公益活动、建党95周年暨“两学一做”学习教育汇报演出、相亲大会、双十佳人物评选、临朐达人秀、辛寨镇“好婆婆、好媳妇”评选、九山好人评选、出彩蒋峪人等活动，吸引社会各界近40万人参与。利用流动舞台车送文化下乡近50场，组织农村公益电影放映1700余场次。

【媒体融合】 投资60多万元，开发风向标手机客户端，整合微信、临朐传媒网资源，创新采编机制，提高线上传播能力，加快传统媒体与新媒体的融合发展，打造全媒体平台。投资40多万元，配套采编直播设备、服务器等硬件设施，将临朐电视台三个频道的节目全部植入风向标手机客户端，实现直播和互动点播。

【高清播出】 筹资160万元，对临朐电视台新闻综合、经济生活、先锋三个频道的播出设备进行升级改造，购置高清播出设备六套、高清摄像机20余台、高清编辑机10台（套），采、编、播设备全部实现高清化、数字化，在全市率先实现高清播出。

【应急广播】 与山东广电网络公司战略合作，投资200万元，建设全县应急广播暨农村广播“村村响”工程，扩大临朐人民广播电台覆盖范围。

（刘建刚　陈子江）

体育

【概况】 2016年，共举办体育比赛、健身活动120多场次，参与人数达10万多人。被山东省体育局授予“山东省全民健身运动会先进单位”称号。

【群众体育】 先后举办“先锋杯”羽毛球比赛、全县中小学生越野长跑比赛、自行车公益骑行活动、第二届青年环弥河公益健康跑活动、2016中国·巴西青少年国际足球友谊赛、山东省万人登沂山活动、九山乡村游马拉松邀请赛、第三届“我是球王”乒乓球争霸赛、全国意拳交流大会暨武术推手王中王争霸赛、全县首届职工象棋比赛等活动。期间，县体育局组织举办篮球联赛、羽毛球联赛、乒乓球联赛等多项活动。组队参加潍坊市学生组七大联赛、成人组百千万比赛、中老年象棋比赛、乒乓球联赛、门球比赛、太极拳比赛等活动。

【体育设施】 编制《临朐县“十三五”体育事业发展规划》，开展《临朐县公共体育设施布局规划》编制工作。对于部分无法使用以及存在问题的器材及时进行更换与维修，维修器材200余件。

【服务体系】 全县在册体育协会12个、俱乐部18个，全年开展体育活动300多场次。对全县的75个体彩站点进行彻底的治理整顿，装修店面，培训人员，加强业务指导。全年完成体育彩票销售8000万元。

【扶贫工作】 为龙山产业园马家辛兴中心村修机耕路3.5公里，新打机井5眼，铺设管道1500米，新架接低压线路800米，新上变压器1台。利用国家30万元帮扶资金，建立“党支部+合作社+贫困户”扶贫模式，建大棚7亩，把21户贫困户纳入合作社。集中4次进驻8个精准扶贫包靠村，走访党员60名、群众320名，召开座谈会16次，帮扶粮、油等实物折款5000元。为48个贫困村新建或者完善提升体育健身设施。

【临朐县第四届全民运动会】 临朐县第四届全民运动会从2016年4月开始，历时6个月，9月底圆满结束，是临朐县四年一次举行的最大规模体育赛事。运动会分镇（街、园、区）组、行业组、学校组、老年组，设拔河、钓鱼、象棋、门球、乒乓球、篮球、排球、羽毛球、足球、田径、公路自行车、太极拳、广场舞等13个大项，400个小项，67个代表团参加比赛，参赛运动员、教练员、裁判员、工作人员等共计9000余人，观众达30000多人次。 （张淑娟 钟庆军）

临朐之最——农林水牧

临朐最早的初级农业生产合作社 —— 大峪农业社

临朐最早受国务院表彰的农村先进单位 —— 宋家王庄农业社

临朐农业利用外资最多的项目 —— 中德合作山东粮援项目

临朐最大规模的治山造林运动 —— 万名青年治沂山

临朐最早的工厂化育苗基地 —— 中国北方果树苗木繁育场

临朐最大的林区 —— 沂山林场

临朐县绿化工作最高荣誉 —— 全国绿化先进单位

临朐最早的水利灌溉工程 —— 老龙湾引泉渠

临朐最大的拦洪蓄水工程 —— 冶源水库（库容2.03亿立方米）

临朐最大的农业灌溉区 —— 冶源水库灌区（控制灌溉19.2万亩）

临朐最大的青石山区水库 —— 嵩山水库

临朐最大的水池 —— 冶源镇琴口水池（蓄水11.4万立方米）

临朐最有名的石拱坝水库 —— 淌水崖水库

临朐水土保持工作最高荣誉 —— 全国水土保持先进县

摘自《临朐县志（1988–2000）》

医疗卫生

综 述

【概况】 2016年，全县共有各类医疗机构990家，其中县级综合医院2处，县级中医医院1处，专科医院2处，妇幼保健院（妇幼保健和计划生育服务中心）1处，镇街卫生院（分院）15处，社区卫生服务中心2处，社区卫生服务站14处，设有床位的民营医疗机构5处，村卫生室874处（中心村卫生室369处），诊所（含事业单位卫生室）61处。卫生人员6065人，其中县直机构2644人，镇街基层机构1745人，乡村医生1676人。实际开放床位3965张。每千常住人口拥有医疗机构床位4.68张、执业（助理）医师2.41人、注册护士2.71人。医疗卫生机构房屋建筑面积32.15万平方米，共拥有万元以上设备1996台，总价值2.37亿元。

全县各级各类医疗机构年诊疗232.7万人次，出院病人12.89万人，病床使用率67.56%。全县无孕产妇死亡，婴儿死亡率和5岁以下儿童死亡率分别为3.61‰和4.15‰。全县新建城乡居民健康档案1.3万份，实施家庭医生签约60.6万人，免费为65岁及以上老年人健康查体6.6万人，更新建立规范化电子健康档案68万人份，开展老年人中医体质辨识和中医药保健指导4.1万人；登记管理高血压患者68383人、糖尿病患者26322人、重性精神疾病患者3392人。

推进3处县级公立医院综合改革试点，启动分级诊疗试点工作，制定实施以内引外联为主的医疗服务能力提升计划，加大卫生计生信息化建设投资，完成投资70万元的卫生计生信息化一期工程建设，启动195万元的二期建设项目。

先后被授予“全国计划生育优质服务先进单位”“全国基层中医药工作先进单位”等荣誉称号。辛寨、蒋峪2处中心卫生院顺利通过“2016年度全国群众满意的乡镇卫生院”复核。

【深化医改】 推进县级公立医院综合改革，督促相关职能部门全面加强县级公立医院取消药品加成政策后的政策配套和监督管理，探索医院管理体制、补偿机制、价格机制、药品采购、人事编制、收入分配、监管机制等改革措施落实。全面落实药品零差率销售政策，与县人民医院、县中医院、县海浮山医院3处公立医院签订目标管理责任书，持续开展月度监测分析，完成目标管理半年及年度考核。15处卫生院（分院）和369处中心村卫生室实施基本药物零差价销售，所有药品全部实行集中网上采购。制定印发工作方案和常见疾病分级诊疗指南，按照常见病、多发病和慢性病患者在基层医疗卫生机构诊疗为主，急危重症、疑难复杂疾病患者在二级以上医院诊疗，恢复期或康复期患者回基层医疗卫生机构的总体原则，确定32个病种开展分级诊疗试点，正式启动实施，进一步规范双向转诊管理和服务。

探索发展“互联网+医疗”服务。完成投资70万元的卫生计生信息化一期工程建设，为

15处卫生院（分院）免费安装基层系统，启动195万元的二期建设项目。对接中医药远程网络，依托县中医院中医药技术优势，建立国家中医同行计划视频网络中心县级分中心，与全县15处卫生院和369处中心村卫生室实现互联互通，开展中医适宜技术培训、学术交流和疑难症远程诊疗，缩短群众就诊时间和空间。

争取中央投资改造项目资金，加大重点项目建设力度。县中医院门诊病房楼、糖尿病医院综合楼、县妇幼保健院医疗综合楼、辛寨中心卫生院病房楼等建设项目进展顺利，卧龙医院与山东祺月童车合作的医养结合楼、山旺卫生院改扩建积极推进。

落实老年乡村医生生活补助发放身份认证工作。召开全县老年乡村医生生活补助发放身份认证工作会议，印发实施方案，启动并完成认证工作。

【卫生监督】 在县城城区、各镇街组成“打非”专业执法队伍，集中对辖区内的非法行医行为进行清理和打击，立案行政处罚非法行医案件28起。对全县辖区内448处医疗卫生单位使用管理第一、二类疫苗的情况进行拉网式监督检查。对在监督检查过程中发现的问题，下发卫生监督意见书，提出整改意见并督促落实整改；立案查处非法接种疫苗案件4起，全部依法给予警告和没收违法所得等行政处罚。

开展生活饮用水卫生安全放心行动，会同县水利局组织开展县城集中式供水单位，农村公共供水单位，学校自备井枯水期、丰水期水质监测工作，开展现场监督检查，加强水质质量控制，共采样检测水质样品342份。组织各供水单位和涉水产品生产、经营单位按照活动要求全面开展自查自纠，查找和整改问题。对全县6家集中式供水单位、23家涉水产品生产企业、5家涉水产品经营单位、5家现制现售饮用水自动售水机进行监督检查，对监督检查过程中发现的问题，及时出具卫生监督意见书，督促落实整改措施。

【妇幼保健】 4月，召开全县妇幼健康服务工作会议。8月，邀请市级专家对全县产科从业人员进行专业技术培训，同时举办全县疾危重症孕产妇救治技能竞赛。按照《山东省医疗保健机构产科建设标准》要求，对全县7处助产机构产科建设服务能力、机构规模、技术要求、装备标准等进行监督检查；设置县人民医院为全县危急重症产妇、新生儿救治中心；在全县医疗机构增设二胎备孕门诊和高龄孕产妇门诊。加强出生医学证明管理，确保证件合法性。委托临朐县妇幼保健计划生育服务中心为出生医学证明管理发放机构，启用“山东省出生医学证明管理及住院分娩直报系统”。

● 2016年3月20日，“海峡两岸 ·关怀血透”临朐县人民医院两岸合作血液净化中心启动暨临朐县肾友会成立仪式举行

（供稿：李正喜　刘兆顺）

【红十字会工作】 组织无偿献血活动。1月26日—27日共采血545人，献血量166600毫升；8月9日—10日在全县文明单位开展无偿献血活动，共献血176人，献血量达52800毫升；全年街头无偿献

血 6971 人次，献血量 2568500 毫升。及时向市红十字会上报遗体（角膜）、器官捐献者登记信息，协助做好造血干细胞志愿捐献及血样集中采集工作。年内有 3 名人员到县红十字会进行器官捐献登记；冶源中心卫生院马砚明配型成功，于 3 月 5 日—12 日到省立医院捐献造血干细胞。做好扶贫帮困工作。2016 年市红十字会拨给临朐县红十字会五灵止痛胶囊一箱（一箱 200 盒、价值 7200 元），旗帜婴儿奶粉 40 箱（价值 86400 元），全部发放到有迫切需要的困难群众手中。对全县 14 岁以下患有白血病的儿童及时统计上报，争取中国红十字基金救助。年内上报 5 例，每例可获 3 万—5 万元救助。

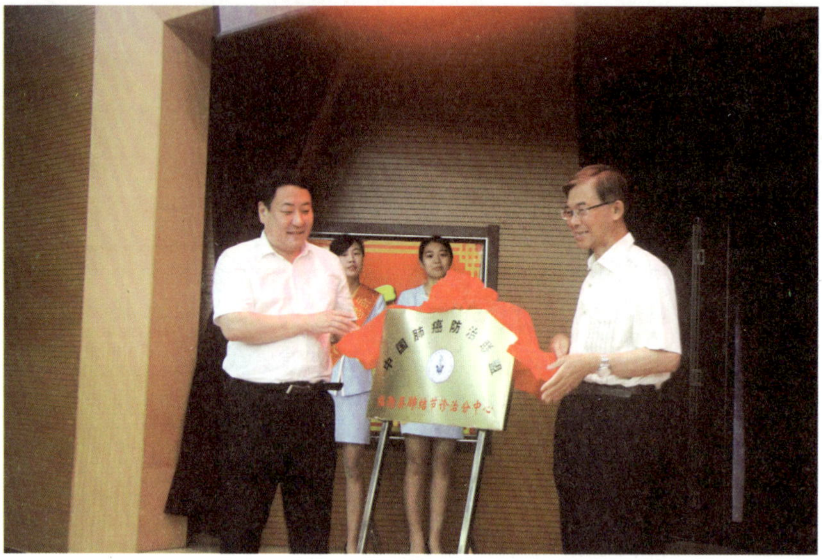

● 2016 年 7 月 12 日，“中国肺癌防治联盟临朐县肺结节诊治分中心”授牌仪式举行（供稿：李正喜　刘兆顺）

【公共卫生】 选派 45 名业务骨干赴济南、济宁、泰安等地参加公共卫生服务专题培训班。组织专业机构对全县基层卫生院、社区卫生服务中心公共卫生服务项目实施情况进行 4 次专项督导。全县新建城乡居民健康档案 1.3 万份，实施家庭医生签约 60.6 万人，免费为 65 岁及以上老年人健康查体 6.6 万人，更新建立规范化电子健康档案 68 万人份，开展老年人中医体质辨识和中医药保健指导 4.1 万人；登记管理高血压患者 68383 人、糖尿病患者 26322 人、重性精神疾病患者 3392 人；112 名结核病患者全部纳入健康管理。开展健康教育咨询活动 171 次，举办健康教育讲座 2706 场。开展农村妇女“两癌”筛查 18000 余人，共为 5097 名待孕妇女免费发放叶酸 28448 瓶，为 9878 名农村孕产妇免费发放补助，对符合条件的 24 名病残儿进行县级初鉴和市级鉴定。免费婚前医学检查、服用叶酸和孕前优生健康检查率均达到 90% 以上，免费唐氏综合症筛查率达到 85%，免费新生儿疾病筛查率和听力筛查率达到 98% 以上，孕产妇和儿童健康管理率均达到 85% 以上；出生缺陷发生率降至 3‰。开展根除幽门螺杆菌预防胃癌项目随访，完成 3008 例的免费胃镜项目，与县慈善总会联合对符合条件的 31 名上消化道癌病人发放救助基金 5.9 万元。

【中医中药】 加强中医基础建设。县人民医院 400 平方米“国医堂”和 300 平方米门诊康复中心建成并投入使用；县海浮山医院投资 50 万元建设中医病房区。县中医院老年病科、麻醉科申报潍坊市第六批重点中医专科（专病），针灸科申报山东省“十三五”中医药重点专科建设项目。县海浮山医院通过“潍坊市综合医院示范中医科验收”；五井、辛寨等 10 处卫生院（社区卫生服务中心）、村卫生室（社区卫生服务站）成功创建中医药特色单位，卧龙、杨善等 4 处卫生院、6 处村卫生室创建市级特色医疗卫生单位。推进冶源、九山等 10 处卫生院高标准建设“国医堂”， 8 处通过市级验收。打造蒋峪、五井 2 处卫生院中医药特色诊疗区（中医馆）服务能力精品项目。加强中医药人才队伍建设，年内全县共有 6 名省市县级指导老师、12 名继承人通过“山东省第四批五级师承教育”评审，33 名“西学中”人员参加市级培训，8 名中医药确有专长人员通过市级考核；推荐2名中医人员参加“山东名中医药专家”“山东基层名中医专家”评选，7名基层中医人员获得“潍坊市名中医”“ 潍坊市基层名中医”荣誉称号。

【医养结合】 引导具备条件的医疗机构探索医疗和养老服务结合工作模式，发展健康养老服务产业。先后有爱德医院、九山中心卫生院、辛寨中心卫生院卧龙分院3家医疗机构申报兴建健康养老机构（基督教爱德医院“阳光爱德老年健康城”、九山中心卫生院“九山镇养老护理服务中心”、辛寨中心卫生院卧龙分院与山东祺月童车有限公司合资举办的“景福养老护理院”）。截至2016年底，全县医养结合总床位数达2100张。

【预防保健】 以手足口病、霍乱、甲型H1N1流感、艾滋病、流行性出血热、埃博拉出血热、中东呼吸综合症、寨卡病毒等传染病防治为重点，落实综合性防治措施，加强疾病监测、疫情报告和处理等工作。年内全县共报告法定传染病19种1282例，其中乙类传染病同期下降4.56%，丙类传染病同期下降1.26%，无甲类传染病发生。一类规划疫苗实行免费接种，全县适龄儿童共接种220425人次；八苗全程接种率98.30%，全程及时接种率90.76%。对全县9500名小学二年级学生免费进行牙齿窝沟封闭防龋。组织食品、公共场所、药店等从业人员健康检查17700人次，公共用品抽样检验530份。对全县105所中小学校66470名在校学生和辖区内入托儿童、3800余名参加中考学生进行健康检查。先后开展“4·25”计划免疫宣传日、“5·15”碘缺乏病防治日、世界无烟日、职业病防治宣传周等11次大型现场宣传活动；组织以健康生活、慢性非传染性疾病、传染病以及性病艾滋病防治为主要内容的“文明之夏”“爱心绽放”文艺晚会，深入镇村巡回演出20余场。加强卫生应急体系建设，搞好应急知识培训演练和应急物资储备，完成“4·11”沂山林场火灾、高考等重大事项医疗保障工作。

县属医院

【概况】 2016年，全县共有县属综合医院2处（临朐县人民医院、临朐县海浮山医院），中医医院1处（临朐县中医院）。7月始，在县人民医院、中医院、海浮山医院实施核磁共振、CT等大型医疗设备检查大幅降价；三季度药占比同比下降3.73%，门、急诊次均费用同比下降9.16%。

【临朐县人民医院】 承担全县区域内医疗、教学、科研、预防保健、急诊急救、指导基层和社区卫生服务等功能任务。2016年，突出对外交流合作，以青大医疗集团合作平台为主，加深与北京肿瘤医院、齐鲁医院、省千佛山医院、潍坊人民医院和潍医附院的合作交流，开展业务对口帮扶和纵向合作。顺利与马应龙药业集团合作设立县人民医院肛肠病诊疗中心，与台湾杏泰医疗集团合作设立县人民医院“两岸合作血液净化中心”。重症医学科开通床边无线移动远程会诊系统，设立继山东省立医院之后全省第二家、潍坊市首家数字化重症监护病房。

【临朐县中医院】 承担全县区域内中医诊疗、康复保健，中医药教学科研，急诊急救等功能任务。2016年，重点打造针推康复、脑病科、骨科、心血管病科、老年病科、肾病、脾胃病等中医特色专科，初步形成防、治、康三位一体的县级中医院。10月，谭波被评为山东省首批中医药文化科普巡讲专家，陈士洲被推荐为山东省名中医药专家，刘兴忠、张瑞英被评为第四批潍坊名中医。10月底，完成门诊病房综合楼建设拆迁任务，12月底，完成负二、负一层及附楼筏板施工。

【临朐县海浮山医院】 由原潍坊市冶源干部疗养院和冶源中心卫生院合并组建而成。主要承担临朐县南部和中西部地区的医疗、预防保健、急诊急救及冶源镇的公共卫生服务职能。2016年，同北京三甲医院建立协作关系，先后成立远程眼科会诊基地、肝病远程会诊基地和脑卒中防治技术协作医院。通过合作项目，北京首都医科大学附属北京同仁医院、地坛医院、宣武医院以及解放军302医院、火箭军总医院专家来院坐诊32次，接诊患者近2000人次，并多次进行手术指导、业务查房和专题讲座。

基层医疗卫生机构

2016年，全县共有镇街卫生院（分院）15处、社区卫生服务中心2处、社区卫生服务站14处、村卫生室874处（中心村卫生室369处）、诊所（含事业单位卫生室）61处。

2016年社区卫生服务中心及卫生院规划设置一览表

表10

机构名称	地　址	2016年设置床位数
城关街道社区卫生服务中心（城关街道卫生院，含纸坊分院）	临朐县城关街道纸坊村	70
东城街道社区卫生服务中心（东城街道卫生院）	临朐县东城街道东五路25号	71
辛寨中心卫生院	临朐县辛寨镇政府驻地（府前街72号）	300
九山中心卫生院	临朐县九山镇政府驻地	60
五井中心卫生院	临朐县五井镇政府驻地57号	60
蒋峪中心卫生院	临朐县蒋峪镇沂山路35号	80
山旺中心卫生院	临朐县山旺镇政府驻地69号	36
柳山中心卫生院	临朐县柳山镇政府驻地65号	36
寺头镇卫生院	临朐县寺头镇政府驻地	60
寺头镇卫生院石家河分院	临朐县寺头镇石家河村	30
蒋峪中心卫生院大关分院	临朐县沂山风景区管委会北草山亭村	30
山旺中心卫生院龙东分院	临朐县山旺镇龙东村55号	36
冶源中心卫生院杨善分院	临朐县冶源镇杨善集村西付小路中段	51
东城街道卫生院七贤分院	临朐县东城街道初家庄村	40
辛寨中心卫生院卧龙分院	临朐县辛寨镇谢家营村南	45
合　计	—	1005

（李正喜　刘兆顺）

社会民生

人口和计划生育

【概况】 2016年，全县共出生15097人，比2015年增加5794人，增幅62.3%，其中二孩出生10208人，同比上升120.2%；人口出生率16.8‰，自然增长率11.1‰，出生人口性别比103.3。临朐县被授予“全国计划生育优质服务先进单位”称号。在6月召开的全市基层卫生计生工作会议上，临朐县作典型发言。在全市计划生育基层技术服务管理技能竞赛中取得第4名的好成绩。

【育龄妇女健康查体】 发挥机构整合后的优势，创新育龄妇女查体服务模式，在全市率先实行以乡镇卫生院查体服务为主的孕透查新机制，将原来以单纯查环查孕为主的育龄妇女透查活动与孕产妇保健、“两癌”筛查、15—49岁妇女保健咨询与健康指导、健康查体等公共卫生服务项目相结合。以镇街为单位，一年分春秋两次，由计生办组织已婚育龄妇女到所在卫生院接受健康查体服务，鼓励卫生院适当增加服务内容，拓展服务领域。2016年，共开展查体服务30.2万人次。

【妇幼健康服务】 高标准建设孕产妇和新生儿危急重症救治中心，增设床位400张，确保满足出生人口服务需求。实施出生缺陷干预工程，组织免费孕前优生健康检查、免费唐氏综合征筛查、免费婚前医学检查和免费叶酸发放等工作，提高出生人口素质。抓好出生人口性别比综合治理，落实孕情包保责任制，不断强化孕情监控和B超机管理。将流动人口纳入城镇基本公共卫生计生服务范围，确保流动人口在现居住地获得同等的基本公共卫生计生服务，全面提升流动人口健康水平和家庭发展能力；完善流动人口信息互通、服务互补、管理互动 “一盘棋”机制，推进网上信息核查和共享，为流动人口搞好生育登记服务。对育龄群众分类建立台帐，落实有针对性的服务管理措施。完善育龄妇女信息，搞好出生人口动态监测。对新婚夫妇和有生育二孩愿望的育龄夫妇搞好调查摸底，及时提供免费孕前优生服务，共发放《服务手册》1.5万份，为7649对育龄夫妻提供免费孕前优生健康检查。对符合条件申请生育第三个子女的，及时搞好再生育审批。2016年，共审批生育三孩夫妇139对，核对新生儿出生落户16467例、出生医学证明17223例、住院分娩13810例。

【计划生育宣传】 印发《关于做好当前计划生育工作的通知》，宣传、解读“全面两孩”政策。共发放明白纸10万余份，刷写固定标语5000余条，悬挂横幅1200多幅。组织各镇（街、园、区）计生办主任、统计员，卫生院分管院长等进行政策培训，共举办各类培训班65次，培训人员5600人。

【保障体系建设】 全面两孩政策实施以来，协调有关部门会商出台配套政策，充分保障女性就业、休假等合法权益，为群众按政策生育提供保障。按照“老人老办法”原则，落实各项奖励扶助政策。2016年，共对31763户独生子女家庭兑现独生子女父母奖励费381万元，对2601名奖励扶助和特别扶助对象发放扶助金315万元。深化“手牵手家连家万人结对帮扶大行动”，做好计划生育特殊家庭扶助关怀工作，对独生子女伤病残、“失独”以及生活困难的计生家庭进行救助，妥善解决他们的生活照料、养老保障、大病治疗和精神慰藉等问题。对21户失独家庭一次性发放救助金15.5万元，对240户计划生育困难家庭每户发放救助金300元，对50名独生子女贫困大学生每人发放救助金2000元。落实计生家庭新农合补助政策，推进企业退休职工独生子女父母一次性加发30%养老补助政策落实。开展关爱流动人口和留守人群活动，提高流动人口家庭发展能力。深化医养结合工作，加快促进健康服务业发展壮大，完成县福利中心建设和阳光爱德老年健康城、景福养老护理院、九山镇老年福利服务中心主体建设。（李正喜　刘兆顺）

劳动就业

【概况】 2016年，全县城镇新增就业6658人，城镇失业人员再就业3108人，就业困难人员就业466人，开发公益性岗位382人，城镇登记失业率控制在3.0%，开展就业创业培训5953人，发放创业担保贷款1100笔1.82亿元，举办人力资源市场招聘会51场，失业保险征缴3329.61万元，发放鸢都创业证3972个。

【公共就业创业服务】 就业援助工作。健全完善就业援助制度，推进各类用人单位按比例安排残疾人就业，扶持残疾人自主创业和灵活就业34人，实现城镇零就业家庭“动态清零”。通过政策引导，鼓励企业吸纳“4050”就业困难人员164人、就业困难高校毕业生37人，特困生就业率达到100%。积极落实农民工职业技能提升、权益保障、公共服务等三年行动计划，推进农村劳动力转移就业工作，农村劳动力转移就业16078人。

人力资源市场招聘工作。组织“春风行动”等主题招聘会、精准扶贫就业专场等招聘活动51场；成功召开民营企业招聘周专场系列招聘洽谈会，累计到场招聘企业995家，提供就业岗位16680个，达成就业意向1683人。搭建沟通交流平台，组织华建集团、伊利乳业等19家大型企业到山东理工、山东科技大学等6所高校开设毕业生专场招聘会，100多名临朐籍高校毕业生到华建铝业、伊利乳业等公司现场参观。

失业保险金稳定就业工作。为134家符合稳岗补贴条件的企业发放稳岗补贴8786人135.06万元。累计发放失业保险金122568人次2179.85万元。为失业人员缴纳医疗保险22538人次 552.09万元。

创业载体建设工作。截至2016年底，建有各类创业孵化器及园区10处。其中，临朐县大学生创业孵化基地，入驻创业实体163户，带动就业600余人；临朐县全民创业园，入驻创业实体275户，带动就业2010人；临朐县跨境电子商务产业园，入驻创业实体82户，安置就业639人；临朐县电子商务产业园，入驻电商企业88户，带动就业475人；临朐县大学生创业九山电商孵化中心，入驻孵化企业8家，带动创业60多人；临朐县奇石市场创业孵化基地，入驻创业实体68户，实现销售收入5000万元。临朐县大学生创业孵化基地、临朐县全民创业园分别被评为市级、省级大学生创业孵化基地和创业园区。冶源镇被评为“市级创业型乡镇”，九山镇沂山社区、柳山镇后疃社区被评为“市级创业型社区”，冶源镇傅家李召社区被评为“省级创业型社区”。

【人力资源职业培训】 2016年11月24日成立潍坊创业大学临朐学院，配齐学校管理团队，充实教师队伍，按照要求设立相应的功能教室和实训教室。

开展特色培训。组织育婴师家政培训班8期，培训400人。在九山镇、辛寨镇组织开展农村电商创业培训班2期，培训200人。在九山、五井等6个镇街开展“培训大篷车下乡”活动，举办月嫂培训班9期，培训1244人。开展“送培训到企业”活动，组织8次集中培训服务，培训520人。

【就业精准扶贫】 开展“岗位援助”。2016年，在九山、寺头两镇举办 “精准扶贫·就业帮扶”春风招聘会，县内外52家企业提供就业岗位2050个，吸引求职者2800余人，达成初步就业意向560余人。在辛寨、柳山等8个镇举办“精准扶贫·就业招聘会”8场，入场企业130多家，提供岗位2200个，发放宣传单6000多张，吸引1800多人到场咨询，达成初步就业意向373人。对全县3807名具备劳动能力贫困人员进行登记造册，在全县13处镇（街、园、区）落实社区保洁、保绿等公益性岗位，安置贫困人口200名，每人每月发放岗位补贴460元。

开展“技能援助”。结合精准扶贫工作，将课堂设到镇（街、园、区）和社区（村），先后在九山、五井、嵩山、柳山、寺头、辛寨开展月嫂培训班9期，培训1244人；在五井镇大楼村、天井村两个省级贫困村组织月嫂培训班2期，培训110人。

打造乡村“扶贫车间”。在11处镇（园、区）打造11处“乡村车间”扶贫点，建立“就业扶贫车间”。山东方盾电子科技、金晔食品、祺月童车、华庆制衣、天茗纺织、双利制衣、新旭电子、秀山服饰等县内劳动密集型企业到寺头、辛寨、九山、柳山等镇设立“扶贫车间”和扶贫加工点，接收吸纳贫困户实现就业89人。

【就业精准扶贫工作得到推广】 2016年7月28日，全市就业创业工作暨就业与社会保障精准扶贫工作现场会在临朐召开，现场观摩学习临朐县就业与社会保障精准扶贫工作、省级创业孵化基地（园区）创建工作，临朐县作为典型在会上发言。2016年11月，县人社局在全省人社系统加快推进精准扶贫工作视频会议上作题为《开展三项援助 助力精准扶贫》的交流发言。

【人事代理服务工作有所创新】 对代理缴费软件进行系统升级，为正常缴费人员统一制定缴费计划，缴费人员可凭身份证件直接到全县范围55处农村商业银行网点进行缴费。集中缴费期间，利用10天时间，共收取11796人、11648万元的社会保险费，全面完成2016年度社会保险费征缴任务。

【举办首届“临朐农商银行杯”创业大赛】 6月3日，“临朐农商银行杯”创业大赛决赛在临朐广电演播大厅举行，14个创业企业组、6个初创项目组进入决赛，涉及农业种植、旅游开发、餐饮服务、电商营销等多个领域。临朐立众汽车服务有限公司旗下车友社群平台“立众车友汇”项目获得企业组第一名，临朐县丝洁桑蚕养殖专业合作社“纯手工蚕丝被项目”获得项目组第一名。 （叶 森）

社会保障体系建设

【全民参保登记】 2016年，总参保登记人员89.03万人，占全县总人口数的99.93%，处于全省领先水平。2016年，人社部社保中心巡视员陈蔚一行对全民参保登记工作进行督导调研时，对临朐县的做法和成果给予高度肯定。在全省全民参保登记推进会议上，临朐县作经验介绍。

【扩面征缴】 通过宣传发动、政策驱动、职责促动等措施，临朐县社会保险参保人数不断增加，覆盖范围不断扩大。截至2016年底，新增企业参保职工5832人，完成县政府下达任务的233.3%；企业养老保险、城镇职工医疗保险、工伤保险、生育保险参保人数分别达到68186人、98713人、80778人、49636人；征缴各项社会保险费14.92亿元；城乡居民养老保险收缴金额、收缴率居全市前列。在全市科学发展综合考核中，临朐县社会保险综合覆盖率达到93.8%的目标值。

【社保待遇】 严格落实政策，及时调整各项社会保险待遇标准。2016年，拨付各项社会保险待遇16.04亿元，拨付率均为100%。连续12次为企业离退休人员调整待遇，人均养老金达到2012元；根据新补缴政策，为3992人办理社保补缴，其中1499人已享受养老金领取待遇；职工医疗保险报销待遇不断提高，报销医疗费用计7543万元；做好长期护理保险工作，全年新审批85人享受居家护理保险待遇；进行工伤费率调整，调整后有183家执行下浮后费率，为企业节约资金463万元；城乡居民社会养老保险养老金提高到每人每月100元，严格贯彻落实重度残疾人保费代缴和提前五年领取养老金待遇政策，共为2558名重度残疾人代缴保费，为179名符合提前待遇领取条件的重度残疾人办理提前待遇领取手续。

【机关事业单位养老保险制度改革】 2016年1月，按照新的养老保险制度改革对缴费基数进行调整、核定。总计调整255个单位、15861人缴费基数8736万元，人均缴费基数5508元。9月，将2014年10月至2016年8月期间从社保基金发放的加发退休费扣回，共涉及600余退休人员。对暂未纳入机关事业单位养老保险制度改革的91个单位1869人继续按老办法执行。1月、6月，分别对全县机关事业单位退休人员退休补贴进行调整，人均补贴共计300元。8月，对2014年10月至2016年8月期间符合加发退休费条件人员重新核定其临时退休费和一次性退休补贴，并调整发放到位。9月，对2015年底之前退休的机关事业单位退休人员进行工资调整，补充发放1790.80万元，人均月增资260元，12月全部补发到位。

【待遇领取资格认证】 2016年认证企业退休人员1.98万人、城乡居民养老保险待遇领取人员15.3万人。共核查出死亡冒领及重复领取居民养老待遇人员218人，追缴基础养老金33.6余万元。

【定点医药机构协议管理】 对全县163家新申报定点药店、定点门诊组织开展评估，97家药店、门诊符合定点药店、门诊标准，经社会公示无异议后，与定点药店、门诊签订服务协议，纳入协议管理。

【社会化服务】 2016年，寄送2015年企业参保人员个人权益记录73773份；社会保障卡开户制卡15724人；收集归档2015年档案1275卷；为358名退役军人办理养老保险金转移手续，为272名企业退休军转干部申请大额医疗保险；为1117户企业办理缴费工资申报及调差补退工作；城关街道谭马庄社区被评为2A级社区。截至2016年底，全县共有1家3A级社区、2家2A级社区为企业离退休人员提供社会化管理服务。

【荣誉】 2016年，县社会保险事业管理中心被山东省人力资源和社会保障厅、省公务员局授予“全省人力资源社会保障系统先进集体”称号，被山东省人力资源和社会保障厅授予“山东省基金财务报表工作先进单位”称号，被潍坊市全民参保领导小组、潍坊市社会保险事业管理中心授予“全民参保登记试点工作先进单位”称号，被山东省社会保险事业管理局授予“2015年度社会保险基金报表先进单位”“2015年度社会保险统计工作先进单位”“2015年度城乡居民基本养老保险统计报表先进单位”，被潍坊市委授予“先进基层党组织”称号。（王　娜）

老龄工作

【老龄优待】 为全县2316名高龄老年人发放高龄补贴200万元。县级领导连续8年开展百岁老人走访慰问活动。65周岁以上老年人享受每年一次免费体检。全年免费办理老年优待证10000余份。

【老龄保障】 争取市、县内财政资金60余万元，为全县贫困、残疾、低保及80周岁以上老年人赠送意外伤害保险。争创“山东省老年人公益维权服务示范站”1处，加大老年人权益保障力度。创建9处标准化基层老年协会，带动基层老龄事业开展。

【老年节活动】 先后举办临朐县老年人京剧演唱会、老年门球赛、老干部钓鱼比赛、“喜迎十九大”老年书画展、千寿宴、“颂歌喜庆十九大 九九重阳敬老情”文艺晚会等老年文化活动。

【老龄宣传】 加大“孝老、敬老、爱老”公益广告播放频次，在临朐电视台黄金时段播放习近平总书记关于加强老龄工作的重要讲话精神，借助县内出租车车载LED屏宣传人口老龄化形势，在全县开展人口老龄化国情、老龄政策法规为主要内容的宣传活动。 （张 磊）

民 政

【救灾】 2016年，全县共发生4次自然灾害，其中2次风雹灾害、2次洪涝灾害，受灾人口49969人，农作物受灾面积44246.25亩，成灾面积32181.6亩，绝收面积7302.45亩，倒损房屋64户153间，直接经济损失6321.46万元。为解决受灾群众的基本生活困难，省财政下达救灾资金29万元、市财政11.6万元、市慈善总会10万元、县慈善总会配套25万元，共计75.6万元。年初，根据潍财社指〔2015〕100号文件要求，将上级下达的冬春救助资金179.48万元，通过社会化发放的方式及时发到2714户6529名需救助人员手中。9月底，组织镇街对2016年冬2017年春全县受灾困难群众进行调查，需救助人口1965人。

【防灾减灾】 以“减少灾害风险，建设安全城市”为主题，开展“5·12”防灾减灾日系列活动。开展创建“山东省综合减灾示范社区”活动，五井镇花园河社区和蒋峪镇吕庄社区被评为“山东省综合减灾示范社区”。根据潍坊市民政局、潍坊市财政局《关于印发〈潍坊市民生综合保险实施方案（试行）〉的通知》要求，通过政府购买服务形式，全面推进民生综合保险工作，增强居民灾害损失保障能力，建立更为全面的灾害保障体系。自7月1日起，由政府出资227.5万元为全县居民统一购买民生综合保险，保险期限为1年。

【五保供养】 2016年12月1日起，全县集中供养标准由原来的每人每年5600元提高到每人每年6100元，分散供养标准由原来的每人每年4200元提高到每人每年4500元。截至2016年底，全县共有符合条件的五保对象1426人。其中，集中供养327人，分散供养1099人，全年共发放农村五保供养资金652.89万元。

【养老服务体系建设】 年内争取上级资金600万元，对全县10处敬老院“4室”“2房”“1厅”“1气”“1卫”进行改造。按照“村级（社区）主办、互助服务、群众参与、政府支持”原则，整合、利用现有资源建设农村幸福院51处；支持有条件的镇街和社会力量兴办老年公寓、养老院等设施，九山镇老年福利服务中心项目一期工程投入使用，寺头镇老年福利服务中心项目一期工程主体完工，阳光爱德老年健康城项目老年医疗保健楼和办公楼主体完工，老年护理医疗保健楼等项目积极推进；城关街道李家庄村老年公寓项目完成前期立项工作，临朐景福养老护理院项目六座楼主体完工。成立临朐县居家养老服务中心，设立“12349”养老服务热线，依托养老服务信息平台及网络，为老年人提供紧急救援和生活帮助，让老年人“足不出户”就享受到专业化居家养老服务。

【城乡居民最低生活保障】 自2016年10月1日起，临朐县城市低保标准由原来的每人每月480元提高到每人每月500元，补助水平由原来的每人每月315元提高到每人每月331元；农村低保标准由原来的每人每年3300元提高到每人每年3700元，补助水平由原来的每人每月195元提高到每人每月211元。12月1日起，农村低保标准再次提高到每人每年3800元。截至2016年底，全县共有城市低保335户、624人，农村低保4598户、8106人。全年共发放城市低保金247.3万元，农村低保金2088.45万元。

【城乡医疗救助】 9月，县民政局、县财政局、县人力资源和社会保障局、县卫生和计划生育局联合下发《临朐县城乡医疗救助实施细则》，为1263名医疗救助对象发放医疗救助资金419万元。根据市民政局《城乡医疗救助暨抚恤定补优抚对象医疗补助即时结算服务办法》，依托潍坊市医疗救助“一站式”即时结算平台，全年共救助低保、五保、孤儿249人次，救助金额15.98万元。

【临时救助】 2016年，共为961名临时救助对象发放临时救助金238.831万元。

【高龄津贴】 截至2016年底，全县共有80至89周岁低保高龄老人437人，90至99周岁低保高龄老人57人，全年共发放低保高龄津贴80.53万元。

【优抚安置】 烈士、牺牲、病故抚恤。2016年，全县享受烈士、因公牺牲、病故抚恤待遇的家属153人，共发放“三属”抚恤金229.1万元。伤残抚恤。2016年，全县共有残疾军人668人，其中1至4级39人，共发放伤残抚恤金1201.2万元。在乡复员军人补助。2016年，全县共有领取定期生活补助金在乡复员军人403人，带病回乡退伍军人1744人，参战退役人员530人，参加核试验退役人员146人，部分烈士子女202人，60周岁以上农村籍退役士兵4655人，共发放补助款2399.7万元。义务兵家庭优待。2016年，享受义务兵家庭优待金的有570户，共发放835.4万元。

退伍义务兵及复员士官安置。2016年，全县共安置退伍义务兵132人，复员士官201人，共计发放自主就业一次性经济补助金972.5万元。符合政府安排工作条件的退役士兵，采取文化考试与档案考核相结合的安置方式，根据考试考核成绩由退役士兵自主选择单位。2016年，共安置符合政府安排工作条件的退役士兵8人，其中安置到事业单位的2人，中央、省属企业单位2人，4名退役士兵选择自谋职业，共发放自谋职业金28.3万元，发放待安置期间最低生活保障金3.7万元。

【殡葬公益化改革】 开展规范殡葬服务整治行动，参与全市殡葬用品集中阳光订购会，严格按照物价部门核发的收费项目和标准收费，全面落实基本殡葬服务费用免除政策，为6000多户逝者亲属减免基本殡葬服务费430余万元。

【区划地名管理】 截至2016年底，临朐县第二次全国地名普查完成调查工作，共编制地名普查目录4728条，填写地名调查登记表6625份，修正工作草图26幅。开展平安边界建设和创建“边界和谐走廊”活动，分别与青州市和昌乐县完成边界线联合检查工作。对北环路、兴隆西路等12条新扩建道路进行实地考察，结合收集意见，制定道路命名方案。

【福利慈善事业】 落实孤儿、困境儿童、城镇“三无”人员基本费以及生活长期不能自理经济困难老年人护理补贴、困难残疾人生活补贴和重度残疾人护理补贴政策。2016年，社会散居孤儿基本生活费标准为每人每月720元，集中供养孤儿基本生活费标准为每人每月1200元，全县共有符合条件的孤儿102人（社会散居孤儿101人、集中供养孤儿1人）；困境儿童基本生活费标准为每人每月300元；对于已享受城乡低保救助和重度残疾人生活补贴的困境儿童，采取补差的方法，落实基本生活费，全县共有符合条件的困境儿童26人；从2016年10月起，城镇“三无”人员补助标准提高到每人每月750元，全县共有符合条件的城镇“三无”人员3人；生活长期不能自理经济困难老年人护理补贴标准为每人每月60元，全县共有符合条件的生活长期不能自理经济困难老年人67人。根据《山东省人民政府关于贯彻国发〔2015〕52号文件全面建立困难残疾人生活补助和重度残疾人护理补贴制度的实施意见》，自2016年1月1日起，为困难残疾人发放生活补贴、重度残疾人发放护理补贴，两项补贴标准均为每人每月80元。2016年，全县共有符合条件的困难残疾人2103人，重度残疾人4635人，发放生活补贴197.312万元，发放护理补贴401.598万元。截至2016年底，全县共有福利企业10家，从业人员789人，其中残疾职工264人。 （刘世忠 王光芹）

住房公积金管理

【公积金宣传】 重新编辑各项惠民政策，录制《住房公积金宣传片》和《住房公积金优惠政策解读》，通过临朐电视台《金桥》《民生在线》《关注》等栏目滚动播出，在《临朐传媒网》实现电视台宣传片的网络同步播放。录制《住房公积金新政策解读》访谈录并在临朐县政府门户网站滚动播出。利用《潍坊日报·临朐新闻》和《中小企业会刊》宣传平台，通过开辟专栏和“你问我答”等形式，宣传住房公积金优惠政策。

【公积金归集】 实施委托银行参与归集扩面工作，落实归集扩面小组和全员归集制度，挖掘全县纳税过百万元企业归集扩面工作潜力；提高住房公积金覆盖率，重点做好民营、“三资”等非公有制企业住房公积金建缴工作；开展灵活就业人员缴存制度，落实“五进”“两包”等包靠制度，对有意向建缴的企业和单位，开展“上门服务”和“一包到底”服务制度，确保归集额度跨越式增长。全年共归集住房公积金1.43亿元，比2015年增长9.4%。

【公积金提取】 对全体业务人员和外派人员进行业务培训，完善业务操作流程，确保资金安全运营。严格按照市中心规定要求和范围认真审核把关，对不符合文件规定的，做好沟通解释工作。全年共办理各类提取7950万元。

【公积金贷款】 与碧桂园、鲁伟公司等13家企业的17个楼盘签订期房合作协议，合作楼盘由县城拓展到冶源、辛寨和五井等重点小城镇，推动贷款业务的快速增长。开展“商转公”业务，降低贷款人利息支出，共办理“商转公”贷款100多笔、2400余万元，按照贷款15年计算，可为贷款户节省利息支出300余万元。全年共办理各类公积金贷款812笔、2.4亿元。

（张汉川 宗 军）

居民生活

【概况】 据国家统计局临朐调查队抽样调查，2016年，临朐县全体居民人均可支配收入21465元，比2015年增长9.0%；人均消费支出13683元，比2015年增长10.2%。

【城区居民生活】 2016年，临朐县城镇居民人均可支配收入29356元，比2015年增长8.0%。

收入四项构成中，工资性收入仍是临朐城镇居民的主要收入来源，转移性收入成为城镇居民收入的重要补充。2016年，城镇居民人均工资性收入为17733元，占可支配收入的60.4%；城镇居民人均经营净收入为3428元，占可支配收入的11.7%；城镇居民人均财产性净收入为4441元，占可支配收入的15.1%；城镇居民人均转移净收入为3755元，占可支配收入的12.8%。

城镇居民人均消费支出18525元，比2015年增长8.2%。八项消费支出中，食品烟酒支出总量居首位。城镇居民人均食品烟酒支出4816元，占消费支出的26.0%；人均衣着支出1093元，占消费支出的5.9%；人均居住支出4119元，占消费支出的22.2%；人均生活用品及服务支出963元，占消费支出的5.2%；人均交通通信支出2405元，占消费支出的13.0%；人均教育文化娱乐支出2294元，占消费支出的12.4%；人均医疗保健支出2479元，占消费支出的13.4%；人均其他用品和服务支出357元，占消费支出的1.9%。

【农村居民生活】 2016年，临朐县农村居民人均可支配收入14700元，比2015年增长8.0%。

收入四项构成中，工资性收入仍是临朐农村居民的主要收入来源。2016年，农村居民人均工资性收入为9686元，占可支配收入的65.9%；农村居民人均经营净收入为3535元，占可支配收入的24.0%；农村居民人均财产性净收入为346元，占可支配收入的2.4%；农村居民人均转移净收入为1132元，占可支配收入的7.7%。

全年农村居民人均消费支出9532元，比2015年增长11.2%。八项消费支出中，食品烟酒支出总量居首位。农村居民人均食品烟酒支出2676元，占消费支出的28.1%；人均衣着支出445元，占消费支出的4.7%；人均居住支出2554元，占消费支出的26.8%；人均生活用品及服务支出645元，占消费支出的6.8%；人均交通通信支出1198元，占消费支出的12.6%；人均教育文化娱乐支出822元，占消费支出的8.6%；人均医疗保健支出1061元，占消费支出的11.1%；人均其他用品和服务支出132元，占消费支出的1.4%。

（马海利）

民族宗教

【民族工作】 2016年，全县共有少数民族26个，少数民族群众726人，其中回族284人，主要分布在冶源镇冶源南村和九山镇青平峪村。少数民族流动人口399人。

3月6日，印发《临朐县落实省委、省政府〈关于加强和改进新形势下民族工作的实施意见〉职责分工方案》。按规定为1名少数民族考生出具升学优惠证明。完成寺头小学、寺头初中、冶源镇冶源西村3处民族团结进步示范点创建工作。山东红叶地毯有限公司被评为省级民族团结进步创建示范点，获6万元省级民族事业发展资金；冶源初级中学被评为市级民族团结进步创建示范点，获2万元创建奖励资金。为九山镇青平峪少数民族聚居村争取省、市少数民族发展专项资金20万元。落实民品企业贴息贷款优惠政策，协调做好山东红叶地毯有限公司1.9亿元贴息贷款相关服务工作。春节期间，为100户穆斯林群众发放牛羊肉补贴3万元。调处涉及少数民族群众的矛盾纠纷3起。

【宗教工作】 截至2016年底，全县有佛教、道教、伊斯兰教、天主教、基督教五种宗教。宗教活动场所53处，其中，佛教2处，道教1处，天主教8处，基督教42处。信教群众1.8万余人。

协调县公安、国保、治安、交警等部门，做好5月8日县天主教在东城街道北石庙村天主教堂及圣母山举行的益都教区（潍坊各辖区）“圣母月”朝圣活动。配合沂山风景区做好第四届中国（临朐）沂山文化节开幕式暨丙申年东镇沂山祀山大典和东镇庙庙会服务等相关工作。

（赵玉霞　王丽丽　徐　鹏）

镇（街、园、区）概况

城关街道

【概况】 城关街道地处临朐县中心城区，面积90平方公里，辖32个中心村，14.9万人，耕地面积2100公顷。2016年，完成财政总收入3.71亿元，公共预算收入2.37亿元。

【党建工作】 2016年，街道共有基层党组织98个，党员5838名，其中农村党员4372名。加强领导班子建设。完善理论中心组学习制度，开设机关干部大讲堂，强化政治理论和业务学习，领导干部综合素质进一步提升；认真落实党政联席会议制度，不断完善民主生活会制度，严格党内政治生活，班子凝聚力、向心力进一步增强。强化村级干部队伍建设。全面推进农村党组织书记“四诺履职”管理，严格落实“四议两公开一监督”等制度。完成西坦村两委换届及分工工作，彻底解决该村十几年未换届难题。按期完成田村、柳家圈、殷家河3个后进村转化任务。突出党员教育管理。在街道32个中心村、67个建制村率先推行党员积分制管理，组织党员干部大规模集中培训2次；利用支部活动日组织党员学习培训536场、2.4万人次。狠抓为民服务体系建设。投资1300余万元，建成8个社区党群服务中心、67个村党群服务站，新建三元、倪家庄、教场3个村级办公场所。进一步深化“两托管一代办”为民服务机制，严格落实“三调联动”矛盾调解机制、村事民决社区监管等制度，为广大群众提供多元化、一站式服务。

【农业】 2016年，成功举办第一届樱桃节。全街道有效认证“三品一标”6个，其中绿色品牌3个、无公害品牌2个、地理标志产品1个。以月庄大樱桃示范基地为龙头，做大做强大樱桃产业。“月华”牌、“樱冠”牌商标先后通过农业部绿色食品A级认证，产品畅销北京、天津、上海等国内大中城市。2016年，实现大樱桃销售收入6.5亿元，带动周边2000多户农民发家致富，315名贫困人口脱贫。以华良种业为龙头，做大做强良种培育产业。“华良”商标、“华良”系列产品先后被评为山东省著名商标、山东省名牌产品。公司年产销大白菜、玉米、小麦等农作物良种1000万公斤，实现销售收入1.4亿元。聘请山东农业大学、青岛农业大学、山东农科院、潍坊农科院的17名专家为技术顾问，成立山东华良农业科学研究院、华中农业大学玉米分子育种中心，在山东、海南、河南等地建设研究所、良种科研基地。先后育成抗病优质、高产稳产的“华良”系列大白菜新品种40多个。华良2000、华良夏秋、华良春冠等6个品种先后通过山东省品种委员会审定，获得国家科技进步三等奖、省星火计划科技一等奖。以寨子崮旅游度假区为示范，做大做强生态观光农业。2016年，街道结合美丽乡村建设，按照“徽派”建筑风格，高标准打造“青砖黛瓦白墙”独具风貌的寨子崮美丽乡村。投资800万元，完成全村居民院落的改造提升；完成村内所有大街小巷的硬化。新安装路灯120盏，新建停车场3处。完成村内道路绿化1.2万平方米，栽植连翘、月季、梅花等花卉苗木30余万株；新栽植格桑花100亩；新建高标准农家乐12家，为游客精心设置农事农具展览、豆腐坊、山果酒坊、石碾、石磨等农事体验项目。将寨子崮村纳入石门坊景区统一开发，鼓励农民依托良好的原生态环境，发展乡村旅游，兴办农家乐，增加收入。寨子崮村先后获“乡村旅游示范村”、“发现山东最美乡村”、省级“传统村落”、省级“宜居村庄”、全国“休闲农业与乡村旅游示范点”等称号。

【工业】 企业效益明显提升。将“工业立街”“工业强街”放在突出位置，坚定不移地实施大项目带动战略，工业整体实力不断壮大，对经济发展支撑作用不断增强。2016年，49家规模以上企业实现工业总产值93.8亿元，同比增长11.2%；实现利税3.96亿元，同比增长14.1%。大项目建设取得新突破。总投资13亿元的伊利二期项目16条液态奶生产线正式生产，实现主营业务收入24亿元，税收8200万元。总投资5亿元的鑫珂海洋生物材料项目，10条生产线投产，建筑面积1.2万平方米的卫生护理一号车间建成投入使用。全力推进总投资16亿元的博创重工PC构件、万豪汽车滤芯纸、力德电器、山东德雅高端建材等大项目建设，带动产业集群大规模扩张。做大做强食品加工、机械装备、生物新材料等九大产业集群，打造新的经济增长点和发展隆起带。企业融资平台建设不断完善。鑫珂海洋生物、博创重工等企业开展挂牌准备工作，实现与资本市场直接对接。成功举办银企联姻会，通过政府牵线搭桥，为企业新增融资6.2亿元。

【基础设施建设】 总投资6亿元、建筑面积13万平方米的隆达商业广场项目，综合楼、住宅楼、公寓楼主体完工。总投资1.2亿元，建筑面积3.4万平方米的兴隆大厦全部完工。总投资15亿元、占地245亩的北江·鲁中农副产品批发交易市场项目完成签约、立项等相关手续办理。兴隆、李家庄2处城市社区示范点建设扎实推进，居民信息采集已完成。其他社区按照农村社区转城市社区的模式，投资800多万元，全部建成一厅一校十室，66名机关干部下沉到社区办公。东朱封、兴隆村累计投资230万元，完成村内道路硬化绿化等工程。小陡沟村投资213万元，完成小区内绿化硬化、治安防控体系建设、智慧社区建设等。谭马村投资280余万元，完成电网改造、街巷硬化、路灯安装、节水灌溉工程管道埋设等项目。投资200余万元，完成寨子崮全村居民院落改造提升，高标准打造独具风貌的美丽乡村。魏家庄（连家庄）一期、二期棚改项目共511户，共兑付地上附属物补偿款1400余万元，安置楼工程开工建设。大成房地产太平地块、三友置业后楼地块、信诚置业地块等15宗、304亩土地已挂牌成交，成交金额2.9亿元。对城区交通主干道两侧各类占道经营摊点进行全面整治，依法取缔跨门经营摊点180余个，沿街600余家经营门店全部实现店内经营。总建筑面积2万平方米的县农贸综合批发市场、建筑面积8000平方米的张家亭子便民服务市场建成并投入使用。投资1.2亿元，加快推进滑雪场、千亩薰衣草园等项目建设，提升石门坊知名度和美誉度；成功举办2016中国·山东（临朐）石门坊红叶文化节。总投资15亿元、占地面积3600亩的中华文化雕塑产业园项目，园区道路硬化和环山路整修已完成，安置各类雕塑300余尊，雕塑面开始施工。

【社会事业】 总投资2600万元的朱封小学及幼儿园项目，完成工程主体。投资4500万元的魏家庄小学及幼儿园和投资2700万元的陡沟小学项目开工建设。投资4000万元的纸坊小学及幼儿园和投资8000万元的碧桂园高档幼儿园项目完成规划设计。

【精准扶贫】 通过合作社带动脱贫、乡村旅游助力脱贫、电子商务推进脱贫等多种形式，全力推进脱贫攻坚工作。全街道255户、573人已完成脱贫，脱贫率82%。（常敬伟　贯兴超）

东城街道

【概况】　东城街道位于临朐县城以东，面积144平方公里，辖43个中心村（社区），3.1万户，11.5万人，耕地面积3536公顷。工业园区建成面积达33平方公里，园区内落户企业600余家，涵盖铝型材、机械、电子、化工、纺织、商贸物流等十多个门类。其中铝型材生产加工企业53家，关联配套企业264家，产业集群年产值200多亿元。2016年，全街道完成地区生产总值109亿元，比2015年增长9%；实现工业销售收入258亿元、利税13.5亿元；辖区内纳税过千万元企业达9家，过500万元企业27家，过百万元企业86家，全年完成财政总收入5.95亿元、地方财政收入3.5亿元。第三产业增加值达到33.89亿元，增长9.8%；农民人均纯收入15606元，增长9.6%。

【党建工作】　抓好村级组织治理，推进村级财务第三方审计，审计完成40个村。建立“五访制度”和“三调联动”机制，逐一化解信访积案，全年未出现进京到省上市非访案件。抓好村集体经济增收，4个集体经济薄弱村的村集体收入突破3万元。严格党员队伍教育管理，重点抓好“两学一做”学习教育活动，3月对全体党员进行集中轮训，坚持机关干部周五学习日制度，创建“五学”体系、流动党员微信群“东城e家人”，保证学习教育全覆盖；推行村党组织书记“四诺履职”管理，细化党员积分制管理，为3924名农村党员挂牌亮证、设岗定责。深化服务型党组织建设，投资1000多万元，12个社区全部建成“一厅一校十室”，改造提升滨河、吴家庙2个城市社区，新建朱位、孔村2个社区服务场所；建成8个智能化社区党群服务中心，创建掌上党群服务中心“东城e社区”，开辟手机在线远程审批，实现即审即办。抓好非公企业党建，开展“建组织扩覆盖”活动，非公企业党组织调整优化到67个，对非公企业党组织实行分类定级、动态管理，华建铝业集团党总支被评为市级党建工作示范点。

【农业】　农民合作社、家庭农场等新型农业经营主体快速发展，沙崖元宝金秋红蜜桃专业合作社新晋升为市级农民合作社示范社。全街道合作社发展到170家，其中省级示范社1家，市级示范社8家；家庭农场6家，其中省级家庭农场1家。加大投入，提升农田水利基础设施，总投资350万元，建成西黄埠店土地开发项目，对韩家庄、吴家后门、王虎沟、小北店四座水库进行除险加固，完成孔村、陈家焦窦等6个村水利设施维护。

【工业】　突出大项目建设，强化发展核心支撑。重点推进六大重点在建项目建设进度，投资10亿元的跨境电商产业园项目、投资10亿元的米兰之窗项目、投资3亿元的宏铝科技高端型材表面处理项目、投资2亿元的居之宝门窗幕墙加工项目、投资1.3亿元的鑫顺风光伏发电项目、投资1.2亿元的法米恩系统门窗等项目全部投产达效；新引进落户总投资20亿元的中欧节能门窗产业园项目、投资10亿元的华建集团铝模板项目、投资5亿元的电气金具项目、投资3.6亿元的圣鸿高档门业项目、投资3.6亿元的戴科优铝合金表面处理设备加工项目、投资3亿元的兆冠新材料项目、投资3亿元的志佳今桂胶类包装项目等投资过3亿元的大项目7个。

健全完善经济转型升级机制，对企业实施精准服务，推动企业持续健康转型发展。搞好企业改制，完成飞度胶业、伟盛铝业、信泰消防科技等35家企业改制。支持华建组建工业材加工中心，加快房车、轻轨等工业材研发生产；以广华、中豪等企业为主，加大家居装饰型材和日用生活材研发推广力度，提高市场占有率等。统筹抓好易欧思、法米恩、博菲克等系统门窗项目，建设中国节能门窗基地；发展壮大蓝玻科技LOE镀膜玻璃、泰来钢构轻钢结构房屋等项目，带动上下游关联产业高端转型、特色发展。

铝型材产业转型升级成效明显，新能源、新材料产业进一步膨胀壮大，工业经济实现总量扩大、质量提升。华建铝业荣获“中国房地产竞争力十强供应商”荣誉称号，纳税1.25亿元，同比增长6%，居全县工业企业首位。雷奥新能源与日照钢铁集团签订月供10万吨焦炭长期战略协议，投资2000余万元，新上无烟装煤、余热回收锅炉、低水分熄焦改造等项目。联科新材料脱硫脱硝环保项目和外供蒸汽项目建成运营。卡尔迪克投资250万元，新上蒸发结晶设备。雷奥新能源、联科新材料、蓝帆新材料、卡尔迪克白炭黑分别纳税1785万元、1311万元、8292万元、515万元，同比增长163%、182%、24%、126%。卡尔迪克被认定为省级高新技术企业，易欧斯门窗荣获“最具创新力门窗幕墙系统大奖”，居之宝门窗入选中国“门窗工匠楷模”百强企业。华星铸造、华新机电、九昌重工、信泰节能科技等4家企业5个产品获得“山东名牌产品”称号。

【基础设施建设】 园区载体建设持续提升。投资1000多万元，对兴蔡路、粟北东路、高速路出口等道路进行组团式绿化，栽植各类绿化苗木20多种，新增绿化面积11万平方米，补植缺损苗木8万平方米；对夏西路、榆东路、干渠路、东镇路、咸西路等20多条道路的破损路段进行挖补罩油，全面完成新一轮道路改造提升工程。投资2250万元，在汽车4S店集中发展区修建24米宽、总长4公里的青山路、盘龙路、嵩山路，插起“两纵一横”路网框架。

社区建设取得积极进展。重点打造滨河、吴家庙2个城市社区。投资800余万元，改造提升滨河社区、吴家庙社区综合服务中心，“一厅一校十室”全部建成启用，新建朱位、孔村社区服务场所。成立2个城市社区大党委，组建网格党支部18个，拨付社区工作服务经费25.2万元。依托广播网、平安监控网、三务公开网，创建智慧社区服务平台，开辟平安监控、应急指挥、三务公开、在线教育、视频接访、视频会议等6大功能，实现服务群众智能化、信息化。

农村硬化道路实现互联互通。投资900余万元，新修复修农村道路19条36公里。

美丽乡村建设扎实推进。128个原建制村全部完成大街小巷硬化，高标准建成6个美丽乡村示范村、12个生态文明乡村示范村和49个环境整洁乡村示范村。投资600余万元，对营子河进行生态治理，修建桥梁2座，拓宽清障下游河道，修建沿河道路500米。

建成全域覆盖社会治安防控体系。总投资800余万元，在全街道安装摄像头949个，统一更换安装喇叭700个，依托广电网络将所有摄像头、喇叭实现互联互通，建设街道、社区、村三级监控平台，开通“东城之声”广播，开辟专用电视频道，将党务、村务、财务信息定期发送到群众家中电视终端，在全县率先建成全域覆盖的平安监控网、农村广播网、三务公开网，构建起立体化社会治安防控体系。

【社会事业】 截至2016年底，街道有义务教育学校7处（小学5处，初中1处，九年一贯制学校1处），在校生10112人（初中2451人，小学7661人），教职工663人；幼儿园22处，在岗幼儿教师215人，在园幼儿4223人，3—5周岁儿童入园率达到99%。2016年，围绕“让东城孩子接受最好教育”总目标，启动新一轮中小学、幼儿园建设工程。总投资6000余万元，建成文昌小学、第二中心幼儿园和第三中心幼儿园，扩建双语初中，新增初中学位1200个、小学学位2160个、幼儿园学位900个。创建数字化校园7处，建成视频互动、直播、点播教室7处，投资77万元为七贤中学和七贤小学安装教学一体机和电子白板，筹建双语学校录播教室。2016年中考全街道录取501人，录取率60.73%，居全县镇街第一名。组建各类学校社团达122个，参与学生6000余人，取得各种艺术类展演奖项32项。成功举办2016“中国梦·校园情”山东省中小学生校园艺术节走进临朐展演活动。

棚户区改造顺利推进。完成皇山片区赵家庄、善家庵2个村800余户拆迁任务，启动烟冢铺村441户棚改工程。吴家庙、颜家洼、泥沟子、袁家庄子、安家林等5个村的安置楼交付使用。

民本民生稳步发展。投资800万元，推进村卫生室改造和村级幸福院建设，开展“讲文明树新风”等精神文明创建活动，新建文化活动广场11处，粉刷墙面4.9万平方米。计生人口工作保持持续健康发展的良好态势，2016年，出生2108人，其中：男孩1088人，女孩1020人，一孩605人，二孩1503人；合法生育率达99.7%，出生人口性别比106.7，人口出生率为17.8‰。

【精准扶贫】 针对508户贫困户“插花式”分布实际，精准实施稳定就业脱贫、“合作社+贫困户”脱贫、兜底脱贫等措施，做到精准到户，精确到人。通过街道财政出资和社会、个人捐赠等多种方式募集资金，成立街道脱贫基金，提高兜底保障能力，扶持合作社发展壮大，提高带动能力。2016年，共有454户、1183人实现脱贫，完成脱贫攻坚任务的92.5%。

【现代服务业】 做大做强会展经济。成功举办第三届窗博会和首届中国（临朐）秋季家居门窗展销会，共吸引1000余家国内外行业龙头企业参会，8万多人参观交流，100多家企业现场签单，先后组织大型产品展销、技术交流、高峰论坛等活动数十场。

现代物流业活力显现。江北物流城已落户钢材商户211家，入住建材、仓储业户198家；汽车贸易城内大众、别克等13个品牌4S店建成运营。

旅游服务业高端发展。揽翠湖（天沐）温泉度假村全年接待游客30余万人；与山东电视台合作举办“快乐向前冲”大型赛事。

（陈传安　曾昭磊）

五井镇

【概况】 五井镇位于临朐县西南部，面积102平方公里。辖20个中心村，1.7万户，5.2万人，耕地面积2340公顷。2016年，实现财政总收入10257万元，地方财政收入6076万元。

【党建工作】 全镇共有基层党支部61个，总支委员会7个。其中，农村党支部20个，机关企事业党支部41个，总支委员会7个，党员2425人。制定《基层服务型党组织建设三年行动计划》，按照“镇、社区、村”建站布网，镇村干部、党员参与服务原则，抓好党群服务体系建设，强化为民载体。6个社区建成党群服务中心，33个原建制村全部建成党群服务站，形成镇、社区、村三级党群服务网络。在全镇全面推行“四议两公开一监督”“阳光议事日”“支部生活日”等各项制度建设，实现村级决策科学化、民主化、制度化。

以党建工作为统领，把党建工作与企业工作有效对接，加大对“两新”组织党建管理力度和培训力度，提升企业抓党建意识，提高企业党建整体水平，打造山水、赛银两个党建工作示范点。以“两学一做”学习教育为契机，从严加强党员教育管理。将党员义工制度与“两学一做”学习教育相结合，全镇20个中心村全部推开党员义工制度，1158名农村党员争当党员义工。建立“智慧五井”信息平台，接入电视信号频道，设立“党的建设”“智慧教育”等版块，1100户群众家中接入信号。积极开展“进千村、入万户、察民情、解民忧”活动，全镇班子成员共走访1592户，收集问题1718件，协调解决1223件。

【农业】 抓好以小麦、玉米为主产品的粮食生产；以肉鸭、奶牛、生猪、蛋鸡为重点的养殖业生产；以山楂、牛心柿子、大樱桃为重点的果品生产以及黄烟、药材等特色农业生产。2016年，全镇粮食播种面积44600亩，总产量1400万公斤。果园总面积15128亩，果品总产量1200万公斤。奶牛存栏量840头，牛奶总产量21万公斤。肉鸭存养量62万只，年出棚450万只。蛋鸡存养量15万只，鸡蛋产量207万公斤。生猪存栏量1.2万头，出栏2.4万头。柿子总产量420万公斤，山楂总产量460万公斤。黄烟种植面积1205亩，总产19万公斤。种植瓜菜1500亩，总产量390万公斤。全镇共有塑料大棚370个，面积400亩。肉类总产量934万公斤。农村用电总量2393.125兆瓦时。

加快农业园区建设。建成1600亩县级现代农业示范园，投资700万元，建设磨砚池8000亩高标准农田项目，打造集中连片、设施配套、生态良好农田高产区。突出农业品牌创建。创建五井大樱桃绿色食品认证和“利生源”牌有机核桃认证，打响五井黑山羊、五井山柿国家地理证明商标品牌。突出合作社培育。成立太平崮建勋果蔬合作社等66家农业专业合作社，采取“基地+合作社+农户”模式，在农民技术培训、转移农村剩余劳动力等方面搭建平台，共流转土地2500亩，带动群众513户，转移农村剩余劳动力654人，人均增收近万元。

【工业】 大项目建设取得新成效。山水水泥两条日产5000吨熟料生产线全部运转，全年共生产水泥51万吨，熟料223万吨，山水骨料项目被列为潍坊市循环经济再利用示范点。高速设备材料有限公司海外市场逐步扩大，出口阿根廷等7个国家轨枕30余万根。投资10亿元占地300亩高铁轨道大板一期项目投产达效。投资1.3亿元占地2万平方米二期项目初步建成投产。招商引资进程实现新突破。引进八岐山泉水业、金谊纺织二期等大项目4个，在谈项目6个。原五井煤矿矿兴钙业和水泥厂招商工作完成投资意向，金谊纺织、汇滨胶业、白石新材料等企业完成转型升级。

【基础设施建设】 投资200余万元新建上五井社区，投资100余万元提升改造其他社区，新建上五井、付家庄等4处群众文化广场。拓展社区服务，打通服务群众“最后一公里”。开展“两托管一代办”，落实服务“三清单”，拓展社会化服务，结合社区实际，设立农资超市、农商银行便民代办点、乡邻小站网上销售店、四点半学校、养老服务中心等系列暖心工程，最大限度方便群众，解决群众需求。2016年，共办理为民服务事项3500余件，解决矛盾纠纷70多起。

农村生态环境提升工程。实行随机现场调度机制和月观摩展评机制，制定每平方米补助一袋水泥的街巷硬化补助惠民政策，激发群众参与热情。农村新型社区建设工程。对全镇新型社区详细规划，配套社区综合服务设施，确保 “三位一体”服务平台运转高效。农民创业增收推进工程。成立专业合作社66家，贫困户加入合作社，让群众富在产业链上。乡风文明培育工程。修订完善村规民约，健全群众服务组织，扎实开展“星级文明户”创评，粉刷墙面7.8万平米，新建文化墙68处、文化广场20处，安装健身器材246件套。农村社会和谐推进工程。以深入实施“基层服务型党组织建设三年行动计划”为契机，探索实施党员义工制，为1400名党员提供服务载体。智慧村庄建设工程。投资200余万元建设以智慧村庄、村村通应急广播、监控全覆盖的“三位一体”智慧村庄工程。全镇硬化大街小巷39万平方米，老道路硬化39.8万平方米，新挖排水沟渠近7公里，安装路灯960盏，铺装路沿石6.7万米，栽植绿化苗木12.68万株。

围绕“逛石林、赏红叶、游隐士、登八歧山”乡村旅游线路，挖掘乡村特色，加大官护山旅游景区基础设施建设力度，开发建设池塘垂钓等项目，成功举办第二届官护山旅游节，2016年共接待游客10万余人。加快隐士生态旅游度假村建设，聘请山东泰山旅游规划设计院编制《隐士村旅游发展规划》，推进“一环一带两心五片区”基础设施配套建设，投资1000余万元，对基础设施进行改造提升，硬化道路3公里，建成游客服务中心、停车场，修筑隐士河拦水坝、导流墙等工程，修复5家民宿古院落，不断提升农家乐、民宿档次和接待水平，打响“隐士人家”品牌。

【社会事业】 截至2016年底，全镇有1处初中，9处小学，2处幼儿园，在校中小学生4057人，在园幼儿1087人。以“将相情怀，百姓足迹”为办学目标，创立“和易教育”，引领全镇学校特色建设，让文化成为学校发展名片。规划建设总投资6000万元、占地150亩的五井镇教育园区工程，新建36个班小学1处、11个班幼儿园1处，塑胶操场2个，投资600万元的四中教学楼加固工程、宿舍楼1.1万平方米改造项目已完工；创新实施校车管理工作，建成全市首家校车守候室，《潍坊新闻》《临朐新闻》等媒体进行宣传推介。创建五井智慧教育频道和五井教育微信网站两个平台。创新督导机制。4月21日，临朐县三级督学现场会在五井镇召开，五井镇教管办做典型发言，创新成果在全县推广。五井小学“希望乐园”和“四点半学校”被确定为潍坊市红旗希望乐园。

以繁荣群众文化为主线，以发展特色文化产业为重点，推进文化创新，激发文化创造活力，打造“小戏、书画、观赏石”文化。新建上五井、付家庄等4处群众文化广场，打造文化墙68处。开展群众性文化活动，成立五井镇书协、五井镇风景石协会，构建系统化文化服务体系。发展社区文化、村镇文化、企业文化、校园文化和家庭文化。加强镇文化中心建设和村文化大院建设，全镇20个中心村全部建成文化大院。开展丰富多彩的文体活动，组建民间文艺特色队伍24支。

2016年，全镇累计住院总人数5643人次，门诊诊疗6.4万人次，完成各种手术471台。全年居民医疗保险门诊报销24162人次，报销总额184.3万元，住院报销4455人次，报销总额631.3万元，村卫生室门诊报销93105人次，报销总额136.6万元。对辖区65岁以上老年人进行免费健康查体，免费健康查体共计5350人。投资69.2万元，引进医疗设备10余台。在潍坊市第一届院前急救技能大赛中，取得个人二等奖、三等奖，团体三等奖。在与北京宣武医院联合成立疼痛诊疗中心示范基地的基础上，积极开展中医药特色服务，先后被授予“全市中医药特色建设单位”、全市第一批达标建设“国医堂”，被确定为全省基层医疗卫生机构中医药特色诊疗区（中医馆）服务能力建设项目单位。举行山东中医药大学“三下乡”医疗服务暨对口帮扶五井医院活动，全县各医疗卫生单位120余名业务骨干参加康复理疗培训班。免费发放健康卡2190张，对343名患病贫困人口落实“八个一”工程，完成分类救治180人次。设立惠民门诊、惠民病房，建立患病贫困人口就医绿色通道，对患病贫困人口实行“先诊疗、后结算”和首诊负责制等工作机制。

2016年，全镇共出生726人，其中一胎249人，二胎477人。全年共办理生育登记证987人次，其中生育一孩登记230人，生育二孩登记750人，生育三孩准生证7人。为符合农村奖励扶助条件的老人办理奖励扶助21人，发放奖励扶助金20160元。为全镇1808户独生子女家庭父母发放独生子女父母奖励费143630元。严格执行《孕产妇、0—6岁儿童健康管理服务规范》，免费为辖区儿童提供家庭访视、健康体检等保健服务。系统管理0—6岁儿童3900人，计划生育孕情跟踪服务1664人，孕情检查4200余人次，产后访视420人，新生儿疾病、听力筛查479人，发放分娩补助727人。免费为辖区儿童提供家庭访视、健康体检等保健服务，接种疫苗15419人次，八苗全程接种率98.45%。

2016年，全镇共有五保老人39户41人，敬老院供养20人。2016年投资140万元，对敬老院进行了维修改造。享受低保人数786人，农村困难残疾人补贴595人，9764位60岁以上老人领取补贴。

【精准扶贫】 加大贫困村道路、水利、电力等基础设施配套，铺设水利管道9千米，新修生产道路12千米、蓄水池2个。发挥“党支部+合作社”扶贫带头作用，成立群发、毓顺、万星、建勋等66家果蔬专业合作社，通过技术指导、统购代销等措施，帮助困难群众增收。成立隐士人家乡村旅游合作社，发展民宿和特色种植，年增加村集体收入30万元。利用天能光伏发电项目带动作用，通过土地流转、项目带动、就业驱动、发展分布式光伏项目让贫困户借助光伏实现脱贫。天井、石峪流转土地600亩，村级集体经济增收20余万元。临朐顺民光伏设备维护有限公司为贫困群众提供就业岗位，实现人均年收益2万元。探索电商扶贫模式，构建镇、社区、村三级电商服务体系，扩大农产品销售额。2016年，实现脱贫1205人。

【企业选介】 高铁轨道大板项目 又名高铁轨道板场，总投资10亿元，占地300亩，由山东高速轨道设备材料有限公司和中铁二十三局合资兴建，总建筑面积6万平方米，现有台位法生产线两条，流水线生产线一条，可年产CRTS Ⅲ型高铁轨道大板10余万块。该项目被列为2016年山东省重点建设项目、战略性投资项目。2016年6月1日固定台位法生产线投入试产。CRTS Ⅲ型高铁轨道大板由中国铁道科学院研发，其技术超越德国、日本，是目前世界上最先进的轨道板。每块大板重量7.5吨，各种数据的误差要求不超过1毫米，具有良好的结构耐久性。大板生产于2016年8月25日通过铁路产品质量监督检验中心认证审查。截至2016年底，已生产5.3万块，价值5亿元。

临朐山水建材骨料有限公司 该公司是山水集团下属的骨干企业，成立于2012年12月，2014年7月建成投产。公司拥有自备矿山，石灰石储量9000万吨，骨料生产能力日产1万吨，是山东东部最大的正规骨料生产线。公司生产设备、工艺先进，技术力量雄厚，产品质量优良。主导产品10—25毫米骨料、10—20毫米骨料、5—10毫米骨料、机制砂品质优良，采用优质青石，经颚式破碎机、反击式破碎机两级破碎、两级振动筛生产分级制成，骨料现状规范，无片状、针状颗粒，为最佳混凝土骨料。可以满足客户不同工程的要求。产品广泛应用高速铁路、高速公路、桥梁、高层建筑等重点工程，是商混站生产高标号混凝土的首选骨料。

（胡德峰　李　健）

冶源镇

【概况】 冶源镇位于临朐县城以南，面积153.2平方公里，辖39个中心村，3.5万户，10.7万人，耕地面积4393公顷。2016年，全镇实现地方财政收入4467万元；实现工业销售收入27.7亿元、利税6665万元，分别比2015年增长12.1%和13.2%。

【党建工作】 强化管党意识，落实党建责任。把党建工作摆在首要位置，每月召开1次会议专题研究党群服务体系建设、软弱涣散班子治理等党建重点工作，每季度开展1次基层党建工作调研；充实党建工作力量，镇党建办专职工作人员7名，落实党建专管员69名；加大党建工作经费投入，社区运转经费月支出4.2万元，制作公开栏42个，印制学习资料、党课记录本等3万多本，制作党员户牌4500块；加强党建工作调度，先后4次召开会议专题研究部署严肃换届纪律工作，组织开展村级财务管理、三务公开检查2次，发现并整改问题19个。健全治理机制，夯实基层基础。落实“四议两公开一监督”“阳光议事日”“民主理财日”“支部生活日”等制度。2016年，通过以上程序票决村级重大事项336件；推行村党组织书记“四诺制”，79名建制村负责人作出承诺并完成事项558项；加强村党组织书记后备队伍建设，选拔推荐党组织书记后备人选52名；针对村级矛盾突出问题，成立重点信访案件化解小组，采取警民联调、信访听证等办法，化解西朱阳村等重点案件3起；强化村级财务管理，完成79个建制村财务专项审计工作。倡树为民理念，提升服务水平。针对社区建设标准不高、服务群众不到位等问题，落实农村社区服务中心建设三年行动计划，按照“一厅一校十室”标准，投资400万元高标准打造傅家李召、龙湾2处农村社区，规范提升朱阳、潘家埠、平安、宋庄等4处农村社区。健全完善社区例会、社村集中议事、村事民决社区监管等规章制度，60名社区干部常驻社区办公，面对面为群众提供服务。建成6个农村社区党群服务中心、37个村级党群服务站，服务网络进一步健全。规范提升“两托管一代办”为民服务机制，推行代办员“网格化上门服务”，变“找我办”为“找着办”，为民服务水平进一步提升。坚持从严管理，转变干部作风。扎实开展“两学一做”学习教育，领导班子成员共查摆、整改问题54个。创新学习教育载体，领导干部每月开展一次集中学习、每季度上一次党课，增强学习教育的针对性和实效性。扎实搞好党员教育培训，分6期对全镇党员进行轮训；认真做好发展党员工作，新培养入党积极分子403名，发展党员35名。针对干部作风不扎实问题，强化机关干部教育管理，坚持周五集中学习制度，2016年共组织机关干部集中学习27次。严肃查处党员违法违纪案件，给予党纪处分26人。深入开展“进千村、入万户，察民情、解民忧”活动，走访群众1380户，解决问题78件。

【农业】 加快农业产业结构调整，发展农村经济、增加农民收入，全镇培育起大棚西瓜、葡萄、肉鸭、淡水鱼养殖等农业支柱产业，成立龙湾淡水鱼养殖、惠农瓜菜等174个农业专业合作组织；奶牛养殖场发展到7处。农产品质量安全提升工程加快实施，全镇农字号注册商标达到26个，12家农产品加工企业产品通过无公害农产品产地认证和产品认证，“杨善牌”西瓜等7种农产品通过绿色食品认证。全镇大棚西瓜种植面积达5600亩，葡萄面积达2400余亩；冷水鱼养殖214户，养殖水面600亩，品种发展到金鳟、中华鲟、西伯利亚鲟、哲鲑、细鳞鱼、观赏鱼等。农业龙头企业不断发展壮大，省级农业龙头企业达到3家，市级农业龙头企业达到10家。

【工业】 截至2016年底，全镇共有工业企业376家，其中规模以上企业20家，形成瓶盖、肉鸭、机械、电子、塑料制品、汽车配件、纺织、包装等行业布局，瓶盖、肉鸭、汽车配件成为支柱产业。2016年，全镇规模以上工业企业实现产值28.6亿元，主营业务收入27.7亿元，利税6665万元，利润3234万元。加快产业集聚发展。依托现有产业基础，拉长壮大汽车配件、机械电子等主导产业，改造提升食品加工、瓶盖包装等传统产业，培强发展机电磁电等新兴产业，省级高新技术企业2家，省著名商标和名牌产品3个。搭建园区载体平台。配套完善杨善、洼子、冶泉和宝山综合园区，四大园区成为全镇招商引资、产业转型发展主阵地。加大项目招引力度。依托资源优势，集中攻坚成长性好、科技含量高的补链、强链项目，拉长加宽增厚全镇产业链条。2016年，共落实招商引资项目8个，其中投资过3亿元项目1个。

【旅游开发】 加大景区建设投入力度，推进海浮山、老龙湾、弥河一体化开发建设工程，投资350万元，完成老龙湾景区东大门拆迁、建设。对老龙湾下游进行定期巡查，制止非法取水；对上下游范围内的农业生产及生活用水，根据深井范围及需要，进行调时取水，建立起泉域保护长效机制。完善吃、住、行、游、购、娱等配套设施，全镇先后建成特色商贸服务街4条，落户大型超市4处。组建专职旅游市场营销队伍，面向重点客源市场，实行点对点推介；

主动与旅行社对接，逐步拓展中远途客源市场；2016年，重点搞好“三月三海浮山庙会”“老龙湾泼水节”等活动，游客人数和旅游收入大幅提高。

【城镇建设】 投资600万元，完成李豹路大修改造；新建、续建浮顺园、浮山花园、兰亭园等住宅小区7个。实施临九路李召、洼子、冶源、宫家坡等5处沿路市场综合整治，对沿街门店经营秩序、路面车辆停放、户外广告牌等进行全面治理；深入推进城乡环卫一体化，极大改善村居环境；狠抓美丽乡村建设，对全镇美丽乡村工作编制规划，以冶北、福山坡等6个村为试点，先行实施。2016年，全镇共硬化道路12公里，栽植绿化苗木2.2万棵，安装路灯260盏。投资6000万元，建成全县第一个投入运行的镇级污水处理厂。

【教育教学】 截至2016年底，全镇有中小学14处、在校生7545人、教师630人，其中初中2处，在校生1789人；小学12处，在校生5756人；县以上注册幼儿园10处，在园幼儿1609名。2016年，确立“二一二三四”教育总体工作思路，即：把特色发展、抱团发展作为推进镇域教育均衡的“双向助推器”，围绕教育教学质量“一个核心”，瞄准教师素质提高、学生素养提升“两个目标”，强化教育品质、内涵和满意度“三个着力点”，构建教师幸福、学生快乐、课堂高效、家长满意“四个体系”，探索镇域教育均衡发展新路子。加大教育基础建设投入，总投资6800万元，完成冶源教育园区一期（小学、幼儿园部四座教学楼、宿舍楼）、杨善教育园区初中部餐厅楼及塑胶操场、冶源初中塑胶操场、红光幼儿园等教育基础建设，全部完成中小学幼儿园三年行动计划2016年度任务。

【文化事业】 配套完善镇文化中心。建成书画室、书画展览室、图书阅览室、游艺室、文艺排练室和多媒体教室，新上图书1.5万册。加快文化活动阵地建设，投资400多万元，建成3000余平方米文化广场、1万余平方米文化公园，实施高标准绿化、硬化、美化、亮化。改造提升村文化大院。全镇共有39处文化大院，26处农家书屋。2016年，新建赵家楼、河南两村文化广场共3000平方米，对傅家李召、赵家楼、潘家埠、巩家桥四村文化大院进行改造提升，顺利通过市政府验收。深入开展系列文化活动。组织开展“和谐家庭”“赞我们美丽乡村”等主题文化活动，培育、践行、弘扬社会主义核心价值观，不断提升群众文明素质和社会文明程度。以冶源成为首届中国名镇志文化工程获评单位为契机，组织文化爱好者，通过整理书籍、编写地方小戏等多种形式，创作一批影响广泛、特色鲜明的文艺精品。组织开展“金秋笔会”、书画联谊会、书画展等活动46场次，收集书画作品3000余幅；邀请东镇诗社到冶源采风，以诗词、散文等多种形式展现冶源发展新变化。依托艺术培训中心、文艺创作室、书画家联谊会等组织，通过邀请文化名人辅导、讲课等多种形式开展文化培训，年内培训1000多人次。2016年，全镇文艺演出队、庄户剧团、老年剧团、秧歌队、太极表演队、腰鼓队、书画社等专业和业余文艺团体达12个。

【精准扶贫】 2016年，9个省定重点贫困村全部“摘帽”，737户、1521人达到脱贫条件，脱贫率达到86.3%。安排帮扶小组14个，对50户贫困户进行帮扶；组成关爱小组122个，对809户贫困户进行关爱；组织全镇17个镇直部门、59家优秀企业、104名先进党员对全镇273户非低保户进行双重帮扶，结对帮扶实现全覆盖。2016年，落实扶贫资金334万元，安排扶贫项目12个，包括白塔莲藕、巩家桥鹦鹉、三阳山冷风库、白塔特色产业扶贫基金4个产业扶贫项目，平安峪、界首、河南、米山、李家庄、赵家楼、巩家桥、福山集8个村光伏发电项目。支持引导各村发展山楂加工、经济鱼类养殖、黑猪养

殖等自主产业项目。（窦玉江 陈 磊）

寺头镇

【概况】 寺头镇位于临朐县西南部，面积276平方公里。辖34个中心村，7.5万人，耕地面积5735公顷。2016年，实现财政总收入3229.35万元，地方财政收入1917万元，分别比2015年增长5.1%和6.76%。

【党建工作】 健全党群服务体系。建成6个党群服务中心和34个党群服务站，配套完善社区“一厅一校十室”，认真执行为民全程代办服务承诺、村干部定期集中办公、轮流坐班、预约服务等制度，不断引进拓展社会化服务事项，进一步深化“两托管一代办”工作，提高为民服务水平。先后投资300余万元，对季家庄、福泉、洛庄、黄山、宫家庄等服务站进行改扩建，建成寺头社区县、镇两级公共服务联网办理示范点。强化党员干部队伍建设。结合“两学一做”学习教育，分4期对全镇2702名农村党员进行集中培训。通过组织到淌水崖水库纪念馆、先进镇街学习参观等形式，激发党员干部干事创业的激情。持续推进党员“积分制”管理，引导党员参与美丽乡村建设、精准扶贫等工作，进一步发挥先锋模范作用。全面推行党组织书记“四诺履职”，切实提高村干部干事创业的自觉性。完善村级治理机制。对排查出的后进村，采取班子成员包靠、工作组进驻等方式，全面开展治理整顿，切实把突出问题解决好。严格落实“四议两公开一监督”“阳光议事日”及“三务”公开等制度，指导各村每月28日集中议事、民主决策，进一步规范村级工作。认真推进“两清理两规范”工作，引入第三方社会机构对村集体经济进行审计，发现问题，及早解决。将如何发展集体经济纳入议事主题，集体研讨符合镇村实际的方案，通过土地流转、项目引进、资产回收等措施壮大集体经济。探索“党建+扶贫”模式助力脱贫攻坚。坚持以产业为基础，以行业为纽带，产业链延伸到哪里，党组织就建到哪里，党员作用就发挥到哪里，实现党建工作与精准脱贫工作的深度融合。在福泉村、山河食品，由党支部领办合作社，指导贫困户就近入社，通过保底收购、入股分红、土地流转等方式，增加收入，实现脱贫致富。

【农业】 培育农业企业、农民合作社、家庭农场和专业大户四类新型农业经营主体，强化职业农民培育工作，建立起一支综合素质高、生产经营能力强、主体作用发挥明显的新型职业农民队伍。进一步加强农民合作社示范社和家庭农场建设，提高其经营管理水平和市场竞争能力，截至2016年底，全镇共注册成立农民专业合作社140家，家庭农场12家。加大农村“一转两同步三集中”综合改革力度。“一转”，即加快土地流转；“两同步”，即土地整理与土地流转同步推进，项目建设与政策整合同步安排；“三集中”，即加快土地向规模经营集中、产业向园区集中、商贸向市场集中。2016年，共流转土地582亩。推进产村一体化发展机制。将新农村建设与农业产业发展紧密结合起来，采取土地流转、出租、入股等方式，建立生产原料或休闲观光基地，通过龙头企业+合作社+农户等形式，形成产加销或产游销等产业链发展模式。

【工业】 依托丰富的石材资源，引进新世纪石材公司，总投资1.5亿元，项目建成后年可实现利税1300余万元；依托优质山楂资源，支持金晔食品二期项目；依托当地劳动力资源，引进华源纺织项目，新建3000平方米车间，可解决300余人就业，实现外贸出口额1亿元。山河食品利用当地红香椿资源，从事香椿酱菜、香椿茶、香椿油加工，项目投产后可消化全镇红香椿总产量的40%。取缔小铸造企业，引导其整合资源，抱团发展，产品由单一铸造护栏产品升级为精密铸件产品，生产设备由冲天炉升级为2吨以上电炉并安装除尘设备，企业由粗放式无序式发展向精细化规范化发展。发展壮大农村电商经济，成立寺头镇电商服务中心，与阿里、百度等授权的网络科技公司合作，近距离为企业提供服务。2016 年，完成固定资产投入 20.4 亿元，规模以上工业企业 8 个，主营业务收入 10.2 亿元，比 2015 年增长 12.4%。

【基础设施建设】 2016 年，投资 600 万元，完成寺头镇老年福利服务中心配套设施建设；投资 800 万元完善寺头、石佛、吕匣、石家河社区基础设施配套、绿化、亮化等提升改造工程；聘请省规划设计院对寺头镇总体规划进行修编，对寺头镇社区进行总体布局规划，投资 1200 万元大力发展美丽乡村建设；投资 200 万元进行黄山社区改造提升。投资 272 万元完成吕鲍路箕子山至金山的建设，投资 280 万元建设黄山至辛寨的道路大修工程，投资 750 万元完成铁寨、吕匣、老庄子、宝畔台 25 公里道路建设任务。投资 240 万元，完成农村危房改造 39 户。

2016 年，涉及中福泉、赵家北坡、东福泉、上洋河、下洋河 5 个建制村的市级村级公益事业建设一事一议财政奖补“美丽乡村”试点项目，完成全部工程任务，累计硬化道路 13949.5 平方米，铺设青石板路 8382.5 平方米，安装石地笼路缘石 432 米，埋设管道排水设施 90 米，河道整修 935 米，河坝砌石 670 立方米，安装路灯 52 盏，栽植樱花、紫叶李、金叶女贞、小黄杨、冬青、小龙柏等绿化苗木 7899 棵，喷涂墙面 20700 平方米，绘制文化墙 210 平方米，新建文化广场 6 处。

把“中国睡谷”作为乡村旅游突破点，建成北大门、生态停车场、游客中心、水库塘坝、环山路、温室花棚等基础设施，以及空中花园、林下花海等景观，栽植薰衣草 500 余亩，加快对集装箱酒店、悬崖餐厅、台湾商品一条街、休闲帐篷区、宝岛主题餐厅等工程的建设，积极申报 AAA 级旅游景区。悬泉寺建成 3 座大殿、2600 平方米居士楼、2500 平方米停车场，整修硬化上山道路 8 公里。加快禅堂崮维修扩建工程，新建玉皇殿、文昌殿、龙王庙老子雕塑等景点，完成 1000 米高压线路、300 米深机井等基础设施建设。

【社会事业】 落实义务教育全面改薄任务，投资 4000 万元的寺头小学和寺头中心幼儿园异地新建项目和寺头镇教师周转房宿舍楼完成地面清理工作。投入 20 余万元为各学校新购置图书、计算机、多媒体、音体美卫生安全器材等教育教学设备。积极引进捐资助学，2016 年，共争取社会资助金和资助物品价值 40 余万元。

开展“寺头好人”评选活动，利用镇文化广场集中宣传展示，引领社会风尚。开展“好媳妇”“好婆婆”“最美家庭”“美德少年”和各类先进个人评选活动 10 多次。加强民间文艺队伍建设，镇民间文艺队伍达到 34 支，开展各种群众性文化娱乐活动 80 余次，参与群众 1.2 万人次。

2016 年，镇村先后投入 240 余万元，修建垃圾池 30 个，新配备垃圾桶 1020 个，配备保洁员 282 人，管理员 12 人，保洁车辆 14 辆，各中心村集中出动 1600 工日，上阵机械 36 台次，清理陈年垃圾 70 多吨，清运日常垃圾 2.16 万吨。

2016 年，寺头卫生院业务收入 1061 万元，比 2015 年增长 24%；全面落实公共卫生服务项目，重新建立居民健康档案 1242 人，为全镇 65 岁以上老人免费查体 3298 人，全年完成孕产妇建档管理 537 人，建档率 90% 以上，完成 0-36 月龄儿童建档 1424 人，系统管理率 90%，产后访视率 100%，接种各类人群 2.4 万余人，接种率 98%。审批发放生育服务手册 724 人，安排再生育计划 17 人，为 1743 名计划安排人员定期提供随访服务和优生指导。足额落实各项计生优生优惠政策。落实计划生育家庭奖励扶助政策 20 人，特别扶助政策 2 人。

【精准扶贫】 坚持把“党支部+合作社+贫困户”作为脱贫主要模式，调动全社会力量参与扶贫。

对精准再识别后的591户贫困户、1254口人落实303名县、镇、村干部组建帮扶、关爱小组98个，与贫困户逐一结成对子，逐村到户了解情况，建立脱贫台账。2016年，全镇实现脱贫445户932人。（袁海涛　刘万鹏）

九山镇

【概况】 九山镇位于临朐县最南部，距县城52公里，地处沂山西麓、弥河源头，潍坊、临沂、淄博（临朐、沂水、沂源）三市（县）交界处，面积254平方公里，辖26个中心村，1.7万户，5.3万人，耕地面积3046.8公顷。全镇山地丘陵面积占85%，有林面积24.7万亩，森林覆盖率达70%。2016年，全镇完成地区生产总值10.94亿元，比2015年增长7.1%；地方财政收入1669.3万元，比2015年增长8.8%。

【党建工作】 依托农村新型社区“一厅两室”，成立4处党群服务中心、64处党群服务站，村村建立网上党支部和党员微信群，实现党员管理零距离。严格落实阳光议事日、村级事务决策执行监管办法等制度，理顺村级运行管理机制，提升基层党建水平。依托党支部引领，发展壮大村集体经济，采取合作社微利服务、鼓励种植大户流转土地、规模经营等方式增加村集体收入，集体经济薄弱村数量同比减少15.7%。成功转化沂山、南店、涝洼3个软弱涣散基层党组织。深入开展“两学一做”学习教育，精心设计“学淌水崖水库精神，看牛寨村精准扶贫”教育路线，6月被潍坊市委组织部、市直机关党工委列入潍坊市“两学一做”学习教育现场教学基地，接待省市县内外多地前来参观学习党员干部2.6万多人次。牛寨村党支部“犟支部”先进事迹被大众日报、新华社要情参考、人民日报内部参阅、山东新闻联播等多家媒体进行报道，被评为全省先进基层党支部，临朐县委作出全县向牛寨村党支部学习的决定。

【农业】 2016年，完成青杨峪板栗基地一、二期工程，新修、复修道路66公里，新建抽水站1座、大口井19眼，全面提升水电路配套条件，补植板栗8万株。新引进燕山红栗、小黄蓬等优良品种6个，培育出九山1号、2号两个板栗新品种。完成聚粮流域土地整理，在牛寨、土崮堆村实施水肥一体滴灌项目，农业生产条件全面提升。大力实施新技术推广应用和品种改良更新，调整种植结构。新发展三优富士苹果4000亩，九山1号、2号板栗5000亩，中药材8000亩。与山东财经大学合作，率先建成临朐县首家镇级农村电商创业园，在10个省定贫困村率先设立电商扶贫服务站，引导群众通过电商平台线上销售农产品，解决线下卖难问题。截至2016年底，引进山东户户达、沂蒙山胖子、沂蒙庄户货等5家电商企业入住，组织电商知识培训500多人次，培育淘宝卖家、微商120户。

【工业】 坚持走绿色发展道路，培植金阳座椅、紫藤园酒业等传统企业发展，重点抓好以青杨峪板栗专业生产合作社、沂农杂粮商贸有限公司为主的农产品加工企业发展，增加农产品附加值，带动农民增收，在全镇形成了以农产品加工、座椅等为主的主导产业。进一步优化镇内投资环境，发挥矿产、林果、生态、旅游等资源优势，加大招商引资力度。新引进新旭电子加工项目落户镇区，项目投资2000万元，年可实现销售收入6000万元、利税200万元，解决300名劳动力就业。紧抓项目、信息、资源三个有效载体，利用“飞地”政策，重点抓好“一区四园”项目的落户和推进，引进海福尔铝材项目落户东城工业园。在谈的龙响店子光伏发电、国电临朐淌水崖风电场工程和国华临朐北沟风电场工程，已达成投资意向。

【基础设施建设】 突出乡村文脉、乡村风情、乡村记忆三大主题，因村施策，投资3500万元高标准打造出美丽乡村5个、生态文明村7个、环境整洁村26个，共硬化大街小巷18万平方米，铺设排水管道3万米，砌筑排水沟2.05万米，整修河道1.2万平方米，新建文化广场10处1.1万平方米，栽植绿化苗木20万株，安装景石850吨，美化墙面4.5万平方米。高度重视社区建设，整合学校、医院、养老院等资源，建成镇电子阅览室、图书室，进一步完善社区服务功能。投资200多万元重点抓好沂山社区提升改造，新建600平方米服务大厅1处。抓好村干部集中办公、轮流坐班、老弱病残家庭上门服务等制度，为群众提供优质服务。按照县委“三山两园一谷”乡村旅游工作思路，加大黑松林、神牛谷、林海大道等旅游资源的整合开发，配套完善旅游服务设施，加快乡村旅游发展，培育全新经济增长极，建成“神牛山寨”特色农家乐、精品民宿57处，能同时容纳150人住宿，500人就餐；实施神牛谷提升工程，高标准建成村史馆、农家书屋、亲子乐园，新上牛车和羊车特色游览工具，建设A级旅游厕所1处、旅游商品购物店1处，成功举办第二届槐花旅游节、牛寨首届牛神节暨水蜜桃采摘节、九山第二届乡村游马拉松邀请赛。2016年，共接待游客12万人次，实现旅游收入1200余万元。

【社会事业】 截至2016年底，全镇共有初中1处，完全小学5处，小学教学点1处，幼儿园9处，有在职在编教师283人，在校（在园）生4391名。深入实施中小学幼儿园重点工作三年行动计划，启动付兴小学功能室建设和白沙幼儿园改扩建工程，高标准配套付兴幼儿园户外文化墙、活动场地、玩教具等设施设备。制定《关于全面推进镇域教育特色发展的实施意见》，开展生态、源润、趣真、农耕等具有浓郁乡土气息的特色教育。九山小学被授予“全国青少年校园足球特色学校”。

完成九山镇综合文化站标准化建设，配备图书室、活动室、信息资源共享服务点等，实行免费开放。建成26个村和4个社区文化活动室，建成16个村和4个社区农家书屋，建成文化广场32处，建设村村通文化广播，实现64个建制村全部覆盖。

九山医院始建于1953年，是一级甲等综合性医院。2016年，有开放床位120张，员工118人，其中在职高级职称5名，中级职称31名；收治住院病人4165人次。投资130万元，新建血液净化中心、国医馆，新上全自动化学发光仪、便沉渣分析仪等设备并投入使用。开展“八个一工程”签约服务，先后为2461人进行免费查体、免费健康教育，完成186人重大疾病分类救治方案，建立专家会诊单和治疗方案，为65岁以上老年人免费健康查体3861人次。与山东大学齐鲁医院合作，建成远程网络医学门诊和心脏远程移动监护站，与省级医院专家接轨，提高群众就医水平。全镇设置26处中心村卫生室，有乡村医生114人，牛寨村乡村医生高玉祥、周家庄村乡村医生周世栋被评为临朐县“最美乡村医生”，九山医院被授予“潍坊市文明单位”。

投资3000万元，新建九山镇老年福利服务中心，总占地面积48亩，一期工程建筑面积3500平方米。6月26日，40名五保老人已搬迁入住。

开展集中清理清查活动，严格落实计划生育政策，控制违法生育，全镇低生育水平保持稳定，被县委、县政府授予“计划生育工作优秀奖”。

【精准扶贫】 2016年，新发展苹果、板栗、中药材1.7万亩，流转山地3800亩，发展优质桃、黄烟、黑小米种植。成立农村电商创业园，各贫困村设立电商扶贫服务站，发展电商60户、微商120户。新建成精品民宿5家，农家乐57户。青杨峪板栗合作社争取金融贴息贷款200万元，新上板栗深加工项目，是全市首个金融扶贫项目。完成花龙潭村易地搬迁项目，将18户贫困群众搬出大山。发挥党支部引领带动作用，总结探索出“党支部+合作社+农户”扶贫模式，综合运用政策扶持、资金帮扶、电商营销、技术培训等多种形式，帮助贫困户找到致富门路。牛寨村果品产业、乡村旅游和扶贫互助3个合作社，通过提供小额贷款、扶持果品发展、土地房屋流转、就近务工等方式，帮助贫困户增收脱贫。《山东新闻联播》和《大众日报》分别对牛寨村精准扶贫做法进行报道。6月1日，全市精准扶贫现场观摩会在九山镇召开。（刘晓黎）

辛寨镇

【概况】 辛寨镇位于临朐县中部，面积230平方公里，辖49个中心村，3.71万户，12.8万人，耕地面6953.3公顷。2016年，实现一般公共预算收入7287万元。

【党建工作】 截至2016年底，全镇共有党组织87个。其中，农村党组织49个，镇直部门党支部17个，“两新”组织21个。共有党员5061名。其中，农村党员4247名。增强管党意识，履职尽责做表率。镇党委书记切实履行第一责任人职责，先后组织8次党建专题调度会，召开7次现场推进会，同步调优配强党建工作力量，充实5名优秀干部到党建办公室，为87个基层党组织配备专职党建管理员，与各基层党组织签订工作责任书，将责任层层落实到人，压力传导到位；认真落实班子成员例会制度，一周一调度、一月一专题，调度推进党建重点工作落实。强化载体建设，常态服务求实效。加大投入，加强载体建设，围绕“面积达标、功能完善、运转正常”的建设标准，重点实施“两新建六提升”工程，投资490万元，新建辛寨社区服务中心和建筑面积1500平方米的盘阳社区服务中心，并投入使用。改扩建白沙、杨家河等6个社区服务中心，8个农村社区均达到“一厅一校十室+N”标准。投资30万元，在辛寨社区服务中心高标准改造建设镇人大代表活动中心，辛寨镇人大被省人大研究室确立为联系点；改扩建提升白沙、杨家河、卧龙、兴寺、大峪、牛山等6个社区。建成镇、社区党群服务中心9处，村级党群服务站143处，搭建镇、社区、村“三级服务平台”。拓展“两托管一代办”为民服务机制。推行村党组织书记“四诺履职”管理，全年完成承诺事项372件；实行“党员中心户—党员—群众”三级联动模式，推进党员干部联系服务群众常态化，解决群众困难事项12类800余件，满意率达98%以上。大力推广大高家庄村土地流转，增加村集体收入做法，指导村级组织通过农户间自由流转、股份合作流转、租赁流转等形式，为村级集体经济发展开拓新渠道。强化作风建设，干事创业聚合力。加强镇机关干部队伍建设，开展“大学习、找差距，再创新业绩”活动，分类成立11个对口学习讨论协调小组，深入推进交流研讨、目标制定、措施落实等，整改事项373件；为群众办实事、解难题529件；坚持周五学习例会制度，组织26名优秀机关工作者到浙江大学专题培训，成立镇“机关干部学习研究会”；推行企业党员积分制管理，激发党组织和党员活力，党员完成技改项目153个，帮扶困难职工和学生412人。

【农业】 坚持以发展生态、高效农业为着力点，促进现代农业发展。先后做好下峪村土地治理项目、杨家河流域高标准农田项目、双山小流域治理项目、三山峪小流域土地治理项目、大峪水保项目等。加快农业示范园区建设，坚持走“规模化种植、产业化经营、品牌化发展”之路，建成蒋市苹果基地、三山峪山楂、曹家庄优质桃、古河山枣、辛中葡萄等八大农业示范园区。2016年，收购烟叶336万公斤，实现税收182万元。全镇注册农民专业合作社196家、家庭农场20家。

【工业】 2016年，确定“一五五五四”工业发展思路，发挥大项目支撑和带动作用，全力推进工业经济发展。重点打造提升辛寨、卧龙、凤凰山“三大工业园区”。突出抓好凤凰山工业园配套建设。投资2600万元，改造提升5000余米的凤凰路、园区二路等道路4条，园区水、电、网络、燃气、污水管网等基础设施配套得到进一步完善，承载能力进一步增强。园区共落户工业企业26家，建成投产企业12家。以大项目建设为主线，工业经济在培强增效上实现新突破。精翔机电、鸿嘉不锈钢、浩志光电科技等新建项目全部投产，并实现税收过百万元；杰高非织材料、多晶硅、卡乐数码、平祥电子等新落户项目全部开工建设，部分项目实现投产达效。全镇规模以上企业36家，形成橡胶、童车、硬质合金、汽车配件、铝型材、机械、陶瓷、食品、纺织等优势产业。老企业转调创迈出新步伐，祺月童车、横滨橡胶、硬质合金、万宝乳业、瑞星塑胶等企业通过技术改造，开发新产品26个，改造生产线137条。2016年7月10日，祺月童车公司举办中国童车行业论坛暨山东祺月成立30周年庆典活动。2016年，规模以上企业实现产值39.76亿元，实现主营业务收入41.09亿元、利润3927万元、利税1.44亿元，同比分别增长9.6%、9.3%、9.4%、11.6%。辛寨镇被评为“市级汽车配件特色产业镇”。

【基础设施建设】 2016年，多方筹措资金，加快城镇建设和基础设施建设，新型化城镇体系初具规模。打造精品安居工程，目前，全镇住宅小区达到13个，楼盘101栋，可容纳居民3600户。积极推进美丽乡村建设，聘请潍坊市田园城市规划有限公司，高标准制定全镇的美丽乡村总体建设规划。镇级层面：投资5600万元，抓好长深高速辛寨段两侧绿化、府前街改造提升、柳五路绿化等重点工程。镇村两级总投资2000余万元，重点打造完成梨花埠村、河北村、谢家营村、段家庄村、王梨花庄子、大峪、皇泉店等9个村的美丽乡村建设。

【社会事业】 医疗养老事业加快发展，投资8000万元的辛寨中心卫生院综合楼竣工，辛寨中心卫生院被推荐为“全国2015—2016年度群众满意的乡镇卫生院”。居民医疗保险参保10.87万人，职工医疗1.15万人，参保率98%以上。投资9600万元，集养老、康复、医疗为一体的景福养老护理院项目完成主体工程。积极推进教育事业，投资260万元，新建盘阳小学。投资35万元，改扩建白沙小学。投资150万元，改扩建杨家河幼儿园。各项抚恤、优待金等补助按时按标准落实到位。精神文明建设成效显著，大力开展善行义举“四德榜”和“星级文明户”创评、广场舞大赛、文明之夏演出等活动，倡导文明新风，营造和谐氛围。评选出“最美家庭”245户，好婆婆210人、好媳妇350人，举办各类演出活动39场、新建文化广场31处。

【精准扶贫】 以“产业扶贫”为突破口，全面抓好精准扶贫工作，对全镇9个重点贫困村，因村制宜，分类施治，积极推行“党支部+合作社+产业+贫困户”的扶贫模式，成立12家合作社，入社1411户、贫困户239户。健全“一人一档、一人一策、一人一账”工作机制。抓好大高家庄村党支部创建的“高家庄土地股份合作社”扶贫；孟家村党支部建立的“扶贫责任田”；乐丰、王老五等农场建立的“扶贫农场”；杨家河村党支部联合祺月童车公司在杨家河社区建立“扶贫车间”，帮助贫困户脱贫增收。收尾完成2015年度23个省、市扶贫开发项目，新组织实施扶贫开发项目12个，其中光伏扶贫项目9个。全镇脱贫率达到86.4%，贫困发生率控制在0.25%以内，为全市扶贫开发工作会议提供观摩现场。辛寨镇被评为“全县脱贫攻坚工作先进单位”。

（高玉松）

蒋峪镇

【概况】 蒋峪镇位于临朐县东南部，面积178平方公里，辖29个中心村，1.6万户，6.1万人，耕地面积4500公顷。2016年，完成固定资产投资12.5亿元，同比增长11.9%；实现财政总收入2458万元，其中一般公共预算收入1807

万元，同比分别增长13%和18%。

在全县2016年科学发展综合考核群众电话满意度测评中取得第一名；被评为“2016年度潍坊市农产品质量安全示范镇”，沂峰丹参茶制品有限公司被评为“2016年度潍坊市农产品质量安全示范园”；小品《三个条件》获得“中华颂”第六届全国小戏小品曲艺大展银奖；莲湖公园被评为“省级湿地公园”。

【党建工作】 强化主业意识，全面落实管党治党责任。制定以“党建+”引领的“1731”党建工作思路，先后18次召开班子成员会研究基层组织建设、壮大村集体经济、党群服务体系建设等工作。推行阳光村务，扎实开展“两清理两规范”，将2016年8月定为党建工作提升月，集中对村级活动场所、档案材料进行提升，这一做法在全县推广。

创新管理模式，打造“出彩蒋峪”党建品牌。扎实开展“两学一做”学习教育，统一印制学习材料1500余份，组织专题学习520多次，开展专题讨论7次，15名科级以上领导干部带头到联系点讲党课。创新党员管理方式，结合纪念建党95周年暨出彩蒋峪人才艺大赛、出彩蒋峪报、出彩蒋峪人公众号等平台灵活运用演员唱红歌、支部书记讲党课，先进典型出彩展示等形式，提高党员学习教育的吸引力和实效性。成立“出彩蒋峪”志愿服务队30支，设置政策宣传岗、三务监督岗、环卫监督岗、致富引领岗等8个岗位，790名党员统一着装开展志愿服务、化解矛盾纠纷，为党员发挥先锋模范作用开拓空间。

坚持为民导向，健全完善党群服务体系。对接群众需求，打造“线上”“线下”立体党群服务体系。“线上”，投资500余万元打造全覆盖“智慧蒋峪”网络服务平台，开设党群服务、三务公开、党员教育等九大板块，群众在家即可查询服务信息，监督镇村工作；“线下”，抓好镇、社区、村三级平台建设，建成镇党群服务中心1处、社区党群服务中心7处、村党群服务站21个。立体化党群服务体系建成以来，开展群众服务2300多次，满意率100%。

突出问题导向，拉长基层党建工作短板。对2015年查摆的村集体经济薄弱、村级规范运行有待加强、村委换届后遗留问题，制定具体措施，发展壮大集体经济，流转土地3700亩，领办农民专业合作社2个，盘活闲置土地40亩、闲置烤烟房120个，纠正村级合同80多份，涉及土地1600多亩。新增集体收入190万元，3万元以下村减少80%，基本消灭空壳村。大力发展油牡丹、黄桃、芝麻、食用菌“四大产业”，新发展油牡丹2000亩、黄桃2000亩、芝麻2000亩、食用菌种植户1000户。落实村级阳光议事日制度，每月28日定期召开村级议事会议，以党支部为核心的村级议事机制初步建立；成立村级矛盾化解小组，召开协调会议70余次。

【农业】 以“四大产业”为引领，大力发展农民专业合作社、家庭农场等新型经营组织，在全镇共发展合作社102家，家庭农场27家。推进山东华唐农业高标准油牡丹示范园项目二期工程建设，在一期栽植油牡丹2000亩、450余万株的基础上，新流转土地1500亩。加强农业基础设施建设，重点维护“小农水”项目7处。搞好农产品基地建设，打响农产品品牌，建成市级以上农产品质量安全示范园2个，农产品抽检合格率达到100%。

【工业】 2016年，全镇规模以上工业企业主营业务收入、利税、利润，同比分别增长11.93%、14.13%、14.08%。完成工业技改及新上项目固定资产投入5000万元，主营业务收入过亿元企业3家以上。盛安食品、华一服饰等重点企业完成转型升级。

【基础设施建设】 统筹推进城乡建设，提升城镇化发展水平。围绕打造特色城镇，立足蒋峪水环境、商贸和历史人文等优势，统筹推进镇区和社区建设，加快新型城镇化进程。推进汶河、蒋峪河综合治理开发，为全县面上工作的开展提供样板，莲湖公园被评为省级湿地公园。按照“一厅一校十室”的标准，高标准改造提升8个社区，配齐硬件设施，落实村集中议事、周工作例会等各项规章制度，按时发放运行经费，实现工作人员吃住、办公、服务在社区。加快莲湖片区基础设施和重点项目建设，城镇承载能力和综合服务水平不断提升。总投资4.5亿元、占地210亩、建筑面积20万平方米的湖光山色居民集中居住区全面开工建设。

注重因地制宜打造，美丽乡村建设实现新突破。启动“美丽乡村建设三年行动”计划，落实“三化、四好、五美”标准，实行环境整洁村、生态文明村、美丽乡村“三村”梯次推进、统筹安排。建成美丽乡村建设示范点4个，生态文明村8个，环境整洁村30个。通过政府购买服务、财政补助、产权改革等多种形式，建立健全村庄道路养护、卫生保洁、绿化美化亮化等管理机制，保证公共服务设施正常维护、维修和日常运转。

立足“千年商埠、古镇蒋峪”发展定位，传承一个“古”字，做活一个“商”字。蒋峪大集综合体部分已建成。积极加快农村物流行业发展，2016年新上快递网点14个，实现物流网络全覆盖。镇区新上祥和汽贸汽车销售网点1家，经营业户发展到700多家。规范发展现代金融业，各类金融机构发展到3家，各金融机构存、贷款余额分别达到13亿元、2.8亿元。

【社会事业】 坚持教育优先投入、优先发展理念，投入2000万元，建成总建筑面积5000平方米、可容纳450名幼儿入学的镇中心幼儿园。加快推进农村卫生服务体系建设，着力提升居民医疗保障水平，蒋峪中心卫生院被国家卫计委评为“2016年度群众满意的乡镇卫生院”。积极推进新型农村养老保险、农村合作医疗等制度建设，优化社会救助工作机制，大力发展慈善事业，社会保障水平大幅提升。

注重“三位一体”创新，群众文明程度显著提升。实施“一三六三”乡村文明培育工程，构建“三位一体”群众文化惠民新格局。在活动中增设“出彩展示”环节，评选出“十大出彩蒋峪人”。引导群众开展“星级文明户”“好媳妇”“好婆婆”等创评活动，“星级文明户”创评村达到100%。繁荣发展文化事业，建成村文化墙200余处、文体广场76处，配套文体设施100余套。在2016年全省乡村文明、移风易俗群众满意度调查中，蒋峪镇获全县第二名。

深入开展城乡环卫一体化建设，建立健全环境卫生长效保洁机制，形成“镇—社区—村—网格”四级保洁体系，做到生活垃圾日产日清。推进汶河生态湿地建设，加快河岸两侧绿化进度，新种植草皮30余万平米。全力推进点源污染治理，关停污染企业2家，投资100余万元建成镇污水处理厂，日处理污水500吨。加快农业面源污染防治，建成标准化养殖场10处，新建农村沼气池30处。加快推进改厕工程建设，镇区改厕率达到100%。

【精准扶贫】 创新实施“6+2”模式对贫困户进行精准再识别，对精准再识别后的430户贫困户、882口人落实330名县、镇、村干部组建帮扶、关爱小组110个，与贫困户逐一结成对子，逐村到户了解情况，针对致贫原因落实帮扶措施，建立脱贫台账。确定把“党支部＋合作社＋贫困户”作为脱贫主要模式，调动全社会力量参与扶贫。

（苏召波　魏文彬）

柳山镇

【概况】 柳山镇位于临朐县东部，面积97.1平方公里，辖7个社区、21个中心村，1.1万户，4.2万人，耕地面积4247公顷。2016年，全镇财政总收入1739.5万元，比2015年增长15.1%；一般公共预算收入1362.4万元，比2015年增长17.3%。

【党建工作】 狠抓党群服务体系建设。实施“一二三四”工作法，围绕强化基层党组织作用“一个核心”，抓好镇村“两支队伍”建设，落实“三项服务”清单，实施标准化、网格化、规范化、数字化“四化模式”，构建起镇、社区、村三级党群服务体系。在镇区、7个社区，21个村建立党群服务中心（站），下沉服务事项63项，办理事项2000余件，受益群众5000余人次。强化党员干部作风建设。在农村，实施“星级党员创评”、党员积分制管理，激发党员干部干事创业热情。在机关干部中，实行“工作之星”考评办法，以能干事、会干事、干成事为标准，评选“季度工作之星”和“年度工作之星”，年内评选“季度之星”22人。创新党员教育模式，提升扩容“柳山党员之家”手机报，创办“走近柳山”微信平台，每月向全体党员发送10—20期“微型”党课。规范村级事务管理。开展“两清理、两规范”，实施“四议两公开一监督”，村级重大事项决策63项，公开党务、村务、财务方面内容1100余项，纠正村级事务不规范行为31项。落实村党组织书记“四诺制”，年内村干部共公开承诺事项582项，履职践诺480项，为群众办实事1200项。

【农业】 加快推进重点项目建设。投资558万元的2014年度高标准基本农田建设项目（柳山片区）通过市国土局验收，建成高标准农田9000亩，涉及石椇牛、小庵子、庙山等8个建制村；投资699万元，建设完成临朐县2015年度高标准基本农田建设项目（柳山片区），建成高标准农田1.4万亩，涉及马庄、侯家河、范家河等11个建制村；总投资632万元，开工建设柳山土地整理项目，整理土地4000亩，涉及孙庄、刘庄2个建制村。不断扩大品牌效应。大力发展现代农业示范园、奶牛养殖基地、生态农场、黄烟生产等特色农业项目，依托柳山镇农业综合服务网、手机平台等载体，加大酱菜、芹菜、奶牛等9个“三品一标”宣传推介力度，借助“互联网+”，推行“农户+合作社+超市”模式，加大电子商务培训力度，拓宽农产品销售渠道。加强农产品质量安全监管。推动农业标准化生产，鼓励各生产主体实施农业标准化示范园建设，并服务指导其制订技术操作规程及模式图，作为组织生产、经营或行业自律依据，不断提高农业标准化应用覆盖率；健全农产品可追溯制度，实现农产品“生产有记录、流向可追踪、质量可追溯、责任可界定、违者可追究”，镇农产品质量安全监管站定期对各村农产品进行抽样速测，并把速测结果及时通报，为农产品质量安全追溯提供依据；狠抓示范园区建设管理，实行“五统一”，即统一供应农业投入品，统一技术指导，统一组织生产，统一质量检测，统一组织销售，全部建立管理档案，要求严格执行生产过程记录，镇农产品质量监管办公室不定期进行监督检查，并建立质量抽检公示制度。2016年，全镇销售各类瓜菜4300多万公斤，实现销售收入近1.3亿元。奶牛存栏量800余头，年产鲜奶1000吨左右，实现销售收入360余万元。收购烟叶64万公斤，实现烟叶税收264万元。

【工业】 国华风电二期项目总投资4.16亿元，共吊装风机25处， 2016年8月1日实现并网发电。投资1.5亿元的台湾美食休闲娱乐广场项目，落户全福元中央商务区。新洽谈投资3亿元的切割金钢线项目。出台《柳山镇招商引资工作实施办法》，鼓励各社区、村引进劳动密集型的加工类项目。截至2016年底，在谈项目4个，其中投资600万元的恒美箱包项目已建成投产。重点扶持、包靠新旭电子、顺兴塑料、兴旺包装三个项目，新旭电子连续两年税收过百万元，新增顺兴塑料、兴旺包装两家纳税过百万元企业。

【基础设施建设】 按照“一厅一校十室”要求，改造提升后疃、朱家沟社区，开工建设了500平方米的社区服务中心各1处，配套社区警务、医疗卫生、计划生育、文化广场等服务设施。50%

机关干部下沉到社区，开通“365”服务热线，落实24小时服务机制，依托“亮牌服务”，推行“两托管一代办”，提高社区服务能力和水平。

以后疃、魏家、东翠飞等6个村作为首批美丽乡村示范点，同步建设环境整洁村23个，生态文明村6个。实行“政府投入引导、农民筹资筹劳、集体经济补充、社会捐赠赞助”多元化投入模式，充分发动群众，鼓励和引导村内能人、在外人员筹资筹劳、积极参与。根据21个中心村不同历史文化，在各主要街道，绘制主题鲜明、形象生动、各具特色“文化墙”3600平方米，评选“星级文明户”1060户，推出“孝老爱亲”模范187名和最美家庭50个，在各村“四德榜”进行宣传和表彰。

【社会事业】 投资2000余万元，新建辛山小学，建设教学楼、实验楼、餐厅及标准化操场；投资780万元，新建柳山小学餐厅、辛山幼儿园，改造提升朱家沟、侯家河幼儿园；投资1200余万元，实施柳高路大修工程，10月30日实现全线通车。

在各村绘制文化墙340余幅，开展四德榜、星级文明户、最美家庭评选等活动。举办第二届流苏文化节、庆七一文艺会演、广场舞大赛等活动，编排一大批具有柳山特色的文艺节目，柳山文化品牌的影响力不断增强。

狠抓社会治安。2016年，共侦破刑事案件16起，刑事拘留15人，逮捕5人。对辖区各企业、加油站、烟花爆竹经营点执法检查31次，下达责令整改书21份，整改事故隐患26处，取缔违法加工点2处。组织镇领导班子、机关干部定期进村入户走访，征集意见建议132条，落实道路、水利等项目6个。

【精准扶贫】 2016年初，经过精准再识别，全镇贫困户308户、653人，对其中无劳动能力的218户，采取扶贫项目分红、土地入股、兜底保障等方式，实现稳定脱贫；对可从事简单生产的90户贫困户，通过实施畜牧养殖、安置公益性岗位等方式脱贫。截至2016年底，全镇有229户、506名贫困人口实现稳定脱贫，脱贫率77%。

通过基层党组织引领脱贫。采取“党支部+合作社+贫困户”的经营发展模式，实施产业扶贫，各贫困村党支部创办领办洋河奶牛、辛山西瓜、马庄蜜桃等26个合作社，引导贫困户进行土地流转、苗木入股，落实山楂、蜜桃、樱桃等果品栽植2192亩，中药材、白菜种种植1200亩，大棚瓜菜600亩，参与贫困户年均增收2100元。

改善基础设施促进脱贫。投资505.8万元，实施扶贫专项资金项目42个，累计硬化、维修生产路15公里，连接农田6700亩；新建扬水站8座，铺设输水管道8000米，增加灌溉面积4000亩。

实现就业稳定脱贫。鼓励新旭电子、兴旺包装、童宝玩具等镇内企业扩大生产规模，设立“扶贫车间”、扶贫岗位，130名贫困人口实现镇内就业，月均收入达到1800元。积极与市、县两级用工单位进行对接，帮助农村剩余劳动力外出就业。2016年，全镇320名剩余劳动力与县内外企业签订用工协议，其中贫困户42人。在鼓励贫困户自主发展种植、养殖的基础上，抓住当前“互联网+”发展机遇，成立电子商务服务站3处，社区、村电子商务服务点21个，组织业务培训440多人次。2016年，新增家庭农场21户，新建高温大棚14个，落实富民农户贷5笔，发展农村电商30多家，惠及100多名贫困户人口。

（王晓雨　刘朝军）

山旺镇

【概况】 山旺镇位于临朐县东北部，面积108平方公里，辖16个中心村，9578户，3.7万人，耕地面积3600公顷。2016年，全镇实现规模以上工业总产值7.3亿元、固定资产投资13.4亿元，实现财政总收入2136万元、地方财政收入1474万元。

【党建工作】 全面落实党建工作责任制。树牢“抓好党建是最大政绩”理念，召开20多次会议研究部署党建工作，理清问题清单、任务清单、责任清单“三个清单”，明确五大问题、12项任务和13项责任。出台村党组织书记“四诺履职”、村集体经济增收、党建规范月等7个指导性文件，以季度考核促进党建工作任务落实。深入开展“两学一做”学习教育，实行党员积分制管理，做好党组织关系排查等工作。切实提高党群服务水平。投资500万元，新建2200平方米镇党群服务中心，与县政务服务中心实现联网；投资300余万元，新建800平方米齐家庄社区、1000平方米凰山社区党群服务中心，改造提升解家河、上林东2个社区党群服务中心，配套农资门市、社区超市等；投资100多万元，新建改建村级党群服务站57个，按照“五有”标准，对办公场所、办理事项、轮流坐班、环境卫生等进行全面规范。创新推进党员干部管理。推行农村干部“四诺履职”管理，57名村党组织书记承诺事项1141条，7个村完成美丽乡村建设，24个村达到“五化”标准，累计硬化道路52公里，安装路灯186盏，栽植绿化苗木5.7万株。探索线上、线下党员教育管理，1291名党员参与党员积分制，501名党员参加“党建云平台”学习。规范党员管理，处理2名“失联党员”，814名党员补缴党费155850.7元。充分发挥示范带动作用。通过盘活资产、兴办三产等方式促进村集体经济增收，推行凰山村“党支部+合作社”、棚户区改造、精准扶贫、发展产业的“四位一体”壮大村集体经济模式，16个中心村集体经济收入全部超过3万元，转化3个“空壳村”。紧抓“两新组织”党建建设，通过党员亮身份、设立“党员先锋岗”等方式，激励党员职工发挥示范带动作用，实行组织联设、队伍联建、阵地联用、非公企业党建规范化的“三联一化”模式，提升“两新组织”党建，产业园联合党支部被评为市级先进基层党组织。着力夯实党支部换届基础。成立软弱涣散党组织整顿小组，通过撤换首席代表、化解信访矛盾等途径完成乜家河和闫家吾两个软弱涣散党组织转化。加强党风廉政建设，举行干部廉政教育专题讲座2期，开展各项惠农政策、干部作风等专项督查28次，诫勉谈话8人次，给予2名村干部党纪处分。

【工业】 以中小企业创业产业园为平台载体，突出全民招商、以商招商、环境招商。2016年，共引进投资过亿元项目6个，园区产业集群规模不断扩大。其中，占地140亩，年组装3000台套的宏拓重工大型农业机械项目开工投产；总投资5亿元，占地面积200亩的富达新型防火保温建材项目，完成土地整平；总投资1.2亿元，占地50亩的贝能迪工业铝材深加工项目开工建设。在成立全市第一家中小企业科技创新联盟基础上，积极与潍坊蓝色智谷对接，在中小企业创业产业园成立分中心，切实解决企业科技服务需求，实现产业结构转型升级，增强园区承载力和发展后劲。截至2016年底，园区内共落户企业21家，其中投资过3亿元3家，过亿元15家。

【农业】 以加快结构调整为重点，以增加群众收入为目的，立足大樱桃、大棚瓜菜种植发展优势，积极引导、鼓励发展特色产业，强化服务，筑牢基础，培强优势，实现农业产业化增效，农民增收。逐步推进农业标准化生产，不断增强农产品品牌意识，2016年荣获农产品质量安全示范镇，金龙果蔬合作社获得农产品质量安全示范园的荣誉称号。加大投入，进一步加强基础设施建设。投资650万元，完成西上林和和庄片区配套基础设施建设，维修水井150眼，铺设管道15万米，新建生产路20公里，全面完成大樱桃基地小农水节水灌溉项目建设并投入使用。

【精准扶贫】 通过劳动就业、产业发展、电子商务、异地搬迁等多种扶贫模式，力促全镇421户、848名贫困人口如期脱贫。四大就业工程助力脱贫。实施新型经营主体就业、工业企业就业、公益岗位就业、灵活形式就业“四大就业工程”，真正实现“一人就业、全家脱贫，当年就业、当年脱贫”目标。截至2016年底，共帮助62名贫困劳动力实现就业。实施扶贫项目助力脱贫。投入扶贫资金140万元，完成8个省定贫困村的16个省、市级扶贫项目的建设，共硬化改造生产路7300米，深打机井7眼，配套管道6300米，安装水泵10台，建设石砌坝、小桥共计1300方；完成席家河、龙泉沟片区建设项目，制定《山旺镇光伏扶贫实施方案》，8个省定贫困村各建设50千瓦的光伏发电站1处，增强脱贫“造血”功能。发展新兴产业助力脱贫。成立土地流转工作办公室，全年流转土地800亩，新注册家庭农场和农业专业合作社6家，吸收37名贫困群众实现就业；在8个省定贫困村推行“党支部+合作社+贫困户”扶贫模式，把所有贫困户都纳入产业化经营链条；成立镇电子商务服务中心。

【美丽乡村建设】 2016年，按照“规划引领、乡村特色、群众主体、示范带动”总体思路，高标准规划，大力推进“美丽乡村”建设，着力打好三张牌。特色牌。从保护一棵古树、整修一个碾棚、治理一条河道等细节入手，因地制宜，因村施策，量力而行，其中，和庄村以打造山旺最美乡村为目标，清泉村突出绿色生态特色，解家河村把古韵水乡作为美丽乡村建设重点，赵家庙村突出古韵宜居特色，王家寨和周家庄村注重地域文化山旺民俗保护，凰山村重点打造新型农村社区。群众牌。充分发挥群众主体作用，美丽乡村建设的确立和村庄规划编制、工程项目实施、村庄长效管理等重大事项，都通过层层召开村“两委”、全体党员、村民代表大会深入征求意见并研究通过，有效激发党员群众主动参与美丽乡村建设热情。美丽乡村建设开展以来，召开各类村级会议163次，征求意见建议374条，筹集群众捐款860万元。典型牌。2016年，全镇重点打造7个美丽乡村试点，示范带动24个村新农村“五化”建设。累计硬化道路52公里，整修排水沟2.9万米，安装太阳能路灯186盏，栽植绿化苗木3.6万株，栽植葡萄2100棵、竹子2.1万棵，搭建葡萄架1.3万平方米、喷涂墙面10万平方米。

【社会事业】 着力改善教育教学条件。扩展教育园区规模，投资1400万元，新建7400平方米镇中心幼儿园和初中图书实验楼，9月正式投入使用；10月，开工建设栫林教育次中心，扩建栫林小学和附设幼儿园；投资105万元，提升村办幼儿园办学条件。全面推进城乡一体融合发展。总投资1.54亿元，实施席家河、龙泉沟棚户区改造工程，建设11幢住宅楼、2栋商贸楼、1处幼儿园及配套社区服务中心、卫生室等公共服务设施，规划建设面积6.94万平方米，涉及380户拆迁户，拆迁安置工作全部完成。不断完善镇域公共服务设施建设。总投资2000万元，规划建设总用地面积20亩的镇中心卫生院，完成场地整平；6月，与临沂环卫集团有限公司签订保洁合同，全面推行城乡环卫一体化工作专业化、市场化运行机制。 （高学华 张伟星）

沂山风景区

【概况】 沂山风景区位于县境东南部，面积148平方公里，核心景区65平方公里，为国家AAAAA级旅游景区、国家森林公园、国家水利风景区、山东省地质公园、山东省风景名胜区，2016年获“中国森林氧吧”称号。沂山风景区管委会辖14个中心村、大关水库管理局、沂山水库管理局、国有沂山林场、沂山生态旅游有限公司和东镇庙管理所，总人口29256人。2016年，沂山风景区规模以上企业主营业务收入1.34亿元；实现财政总收入1450.5万元，地方财政收入1018.2万元，同比分别增长8%、7%。

【党建工作】 2016年，重点抓好党员积分制管理，加强农村党员教育管理；推行阳光议事日、“四议两公开一监督”，让权力在阳光下运作；

实行农村党组织书记“四诺履职”管理，激发农村干部比学赶超的热情；加强社区实体化和党群服务体系建设，改造提升4处农村新型社区，在全区建成5处党群服务中心、10处党群服务站，努力打造服务型基层党组织，切实解决服务群众“最后一公里”问题；强化党建日常监督检查力度，通过随机抽查、月底检查等方式，抓严抓实各项党内制度落实；严守政治纪律，严明政治规矩，下发督查通报16次，约谈、处理违纪违规人员37名。

【农业开发】 2016年，争取到投资392万元的3000亩（石砬一带）小流域综合治理项目和投资553万元的4000亩（砚峪一带）小流域综合治理项目及投资820万元的砚峪一带水保项目。

【旅游开发】 投资2700万元、全长1600米的空中森林漂流项目投入运营，增加游客参与性；投资1600万元的南门至法云寺山水景观栈道和南门游客中心建成投入使用，增加新的旅游环线；成功争取风景区总体规划获得省政府批复的基础上，投资1亿元的东镇御苑至歪头崮索道建设项目前期测绘、土地调整已完成；总投资1.5亿元的滨湖养生苑一期项目，完成招拍挂，土地调整到位。在大力开发建设主景区的同时，对周边村庄按照“旅游景区+特色农庄”发展模式，着力发展沂山特色乡村游，力争用3—5年的时间实现周边村庄的转型发展，达到“农村庄园化、田园景观化、全区景区化”的目标。搞好生态农业游、乡村采摘游、农家乐体验游，扩大官庄小米、西洞子村绿茶、伏峪蚂蚱等种养殖面积，探索开发“一村一品”项目。

【旅游管理】 在优质服务上下功夫。成立服务督查科，每天对景区服务管理工作进行巡视，发现问题及时处理，提升景区服务水平；导服科率先实行旅游绩效考核办法，激励导服人员提升服务水平，调动积极性和主动性，游客参与性、满意率提高；利用入冬旅游淡季时节，组织对全部工作人员进行业务培训，提升从业人员业务素质和服务理念。在旅游安全上下功夫。景交公司规范提升精细化管理，在重要节假日，及时增派景交车辆，保障游客及时乘车，在各个主要路段，增设安全调度人员，确保车辆安全通行；对旅游道路施划交通标线、安装道路反光镜、防撞栏等，消除安全隐患；加大对山顶滑道、木栈道等旅游设施安全检查，确保游客旅游安全。在旅游秩序维护上下功夫。详细制定节假日应急预案，实行全员联动机制，充分利用景区的高清监控广播系统，及时分流、疏导游客，保证各景点有序运行；严格控制游客自驾车辆进山，营造安全的旅游环境。在调整运营机制上下功夫。在调研基础上，采纳游客建议，合理调整景交车辆运行区间，由东大门到玉皇顶之间运行，调整为东大门至法云寺、玉皇顶至歪头崮之间运行，让游客从法云寺沿新建高标准木栈道攀爬到玉皇顶，体验森林穿越，呼吸清新空气，欣赏丛林美景。

【旅游营销】 投入800万元，在巩固与潍坊日报社合作关系的基础上，与《齐鲁晚报》建立战略合作关系；在山东卫视、山东综艺等频道插播沂山专题广告；继续冠名临朐广播电台FM100.6沂山调频；在景区周边的长深高速、青兰高速沿线设置16块宣传牌；在济南、青岛、东营、潍坊45辆公交车投放流动车体广告；邀请1000余家旅行社到景区踩线，组织参加30余场推介会；组建13人专职营销队伍，在巩固潍坊、临沂、淄博、东营等市场基础上，主攻济南、青岛两大关键重点市场，打通天津、连云港等省外区域市场，通过推出“游沂山+农产品采摘、篝火晚会、拓展训练”等多种旅游产品，叫响沂山旅游品牌，打造全市旅游战略高地。

【生态建设】 投入280万元、近万人工次进行日本松干蚧、松材线虫和松毛虫的防治，有效控制松林病虫害蔓延；打击乱采乱挖、破坏森林、偷盗矿产资源等违法行为，全年共关闭洗砂点7个；投入资金50万元，对百丈崖周边植被进行抚育和补植；通过制定应急处置预案、完善防火设施、更新防火物资、严查进山火种等多种方式，抓好森林防火工作。

【基础设施建设】 投资7000万元的七幢、270户西草山亭村安置楼工程全部完成，11月中旬完成村民回迁。投资700余万元的大关至东镇庙改线新建、北草山亭至毕家砚峪的两条乡道建成通车。为东镇庙、上寺院两村重建蓄水池、铺装自来水管道。结合城乡环卫一体化，深入推进镇域综合治理工作，年内组织开展四次大规模集中清理整治活动，印发《沂山环卫在我身边》宣传彩页1万份，新配备垃圾箱120个，所辖50个建制村村容村貌和镇区面貌得以彻底改变。

【社会事业】 开展涉及农业生产、社会保障、教育文化、医疗卫生、住房保障、就业创业等七大类、55项支农惠农政策落实情况集中整治活动，切实做好各项支农惠农政策落实。努力推动基本公共教育服务均等化，投资700万元建设的大关初中学生宿舍楼投入使用；投资3000万元的泛海希望小学异地新建项目开工建设。

【精准扶贫】 对精准再识别确认的406户贫困户、695名贫困群众，通过75个帮扶关爱小组实现联系全覆盖，依托沂山AAAAA级景区旅游资源优势，成立上寺院旅游合作社、伏峪蚂蚱专业合作社2个扶贫合作组织，建立王家庄子养殖场、祝家店子鱼塘2个产业扶贫基地，以及光伏发电、“党支部＋合作社＋贫困户”等先进扶贫模式，帮助348户、578人实现自主脱贫，实现7个省定贫困村全部摘帽、83.2%的贫困人口脱贫。

【节庆活动】 成功举办第五届中国沂山文化节暨乙未年沂山祀山大典，策划推出学汉礼活动、东镇祭仪表演活动、“我为沂山代言”微信自拍活动；成功举办第三届蓝莓采摘节。（刘明银）

龙山高新技术产业园

【概况】 龙山高新技术产业园位于临朐县北部，面积67平方公里，辖16个中心村，3.5万人，耕地面积2866公顷。2016年，规模以上工业企业完成工业总产值6.31亿元，实现主营业务收入6.29亿元，同比分别增长10.08%和11.55%；完成一般公共预算收入1883万元，同比增长17.1%。实现利税2349万元，同比增长13.61%，利润888万元，同比增长13.81%，实缴税金648.14万元，同比上升69.7%。规模以上工业企业用电量为2126万千瓦时，同比增长11.55%。完成固定资产投资21.78亿元，同比增长15.8%。

【党建工作】 2016年，产业园以“打造服务型党组织建设”为目标，全面落实党建工作重点任务。围绕“一个中心”，科学谋划和推动党建工作。将基层党建作为推动产业园中心工作的首要工作来抓，严格履行抓党建第一责任人职责，把党建放在议事决策的重要位置，每周工作例会上研究部署党建工作。先后制定《基层服务型党组织建设三年行动计划》《2016年度基层服务型党组织建设计划》，组织党工委及领导班子成员制定2016年抓基层党建工作任务3个清单，并抓好落实。突出“两个重点”，巩固基础党建。建立产业园、社区、村三级党群服务体系，建成党群服务中心（站）42处，为群众提供服务6300余件次。李家山村、马家辛兴村两个软弱涣散党组织完成转化，两个村先后投资17万元完成道路整修、环境卫生整治等工作。开展“两清理两规范”活动，投资31万元对各中心村、建制村公开栏进行统一更换，清理、更换制度牌匾217块，形成办公场所、公开栏、党群服务中心（站）三本台账。对非公有制企业党组织实行分类管理，采取“保强带中抓后进”办法，提升

“两新”党组织党建水平。抓实“两学一做”学习教育，加强党员教育管理。按照学习教育工作要求，抓实各支部积极开展学习讨论活动，组织党员参与到产业园各项事业发展和“两托管一代办”为民服务机制中。集中开展党员组织关系排查工作，对1584名党员逐一登记造册。开展“四项活动”，提升干部工作作风。在党员干部中实行“三问四查三公开”工作机制，保证社区建设、精准扶贫、美丽乡村、机关作风整顿等14项重点工作任务顺利进行。梳理出机关干部、村干部“负面言行清单”54条，开展“负面言行整改”主题教育活动，进一步规范干部工作言行。

【现代高效农业】 充分发挥农业基础良好、特色农业突出、劳动力资源丰富的优势，引导农民打破传统农业思路，发展现代农业。花卉苗木种植面积1.2万亩，500多个品种，分布在张佩环、宫家老庄、十字路、安家庄等12村，从业人员1.2万人，产品远销陕、甘、京、津、疆、藏等20多个省市地区，为江北苗木主产区之一。截至2016年底，成立绿化苗木专业合作社13个，实现交易额2亿元。大棚果树种植面积1.43万亩，主要分布在产业园东、北部，覆盖周边23个村。包括设施栽培8000亩（高温棚6500亩，阳棚1500亩），露天栽培6300余亩，大棚油桃和大棚樱桃种植比例占到90%。主要集中在武家夏庄、孙家庄、樊家庙、陈家楼、官庄、肖家庄、两县、双埠等10个村，80%以上果品销往北京、上海、天津、南京、济南、青岛等大中型城市。樱桃种植面积400亩，实现销售收入2.8亿元。生态经济林种植面积2000亩，以种植薄皮核桃为主，主要分布在园区西南部以董家沟、李家山为主，拥有“汇龙山”核桃等品牌3个，3家专业生产合作社。大棚蔬菜种植面积4500亩，包括宿家庄、樊家庙等7个村，建有2个大型交易市场，总收入8000万元。截至2016年底，建成花卉苗木、果品、瓜菜3个“农业示范基地”，各类交易市场15个，专业合作社140多家，3家省级示范合作社，林果家庭农场8家，年可实现经济收入6亿元。

【工业经济建设】 按照集群布局、集成创新、集中突破、集约服务“四集”思路和“大项目—产业链—税收链”工作主线，树立“引资”与“引税源型项目”并重理念，持续加大招商引资力度。成立招商小组，聚焦国内外先进企业和行业领军企业，大力开展精准招商，着力抓好新材料、铝型材深加工、高档汽车配件等项目洽谈引进。坚持招才引智、招院引所与招商引资并重，加大人才引进和创新研发力度。东临新材料公司投资2000万元建立创新研发中心，聘请浙江大学高分子材料研究所张效全博士任主任，现拥有高精尖人才22人，公司23%的股份由引进的高层人才和核心员工持有。配备英国、德国进口设备和仪器200余台，成功突破MBS树脂核心技术。与美国麦迪森公司结成战略合作伙伴，共同投资兴建年产2万吨MBS项目。宝龙达集团与教育部、山东大学、国家胶体材料中心等单位合作，建立宝龙达科技研发中心，聘请山东大学化工学院博士后张洁教授为负责人，重点攻关硅酮胶系列产品研发，被国家国防武器保密评审部门确定为“三级保密资格单位”。截至2016年底，园区成立研发中心5家，拥有高新技术人才72人。

【基础设施配套建设】 进一步提升社区服务中心水平。按照“一校一厅十室”标准要求，十字路社区投资30万元，新建阅览室、文化活动室等29间，铺设硬化地面1000平方米；武家夏庄社区投资20万元，新建150平方米的综合办公区已投入使用，投资110余万元，整修硬化道路15000平方米；吴家辛兴社区投资20余万元，新建便民蔬菜交易市场1处，补植栽植绿化苗木1200平方米，社区人工湖防渗1800平方米；安家庄社区投资100万元，整修社区雨污排水沟5000多米，对全村房后边坡硬化1万米，配套安装文体设施8件。推进社区规范运行。严格落实好村干部集中坐班、社村集中议事、村事民决社区监管等制度，45名机关干部全部吃住在社区、服务在社区，打通服务群众“最后一公里”。按照“试点先行、量力而为、分批实施、逐年推进”思路，对各村建设规划进行了科学编制，做到先规划后建设。对确定的吴兴、张兴、安家庄、董家沟等4个美丽乡村建设示范村，武夏、潘家庄、卜家庄、十字路等4个生态文明村，龙东、龙西、孟家庄、宫家庄、宿家庄等16个环境整洁村，实行分类别、分层次有序推进。截至2016年底，园区41个村建设工程全部铺开，共投入资金1000余万元，整修硬化连村路、村内道路30多公里，安装路灯800多盏，栽植补植绿化面积15万平方米，绘制文化墙400余幅。将美丽乡村建设与城镇建设相结合，加快龙湖公园建设，建设4800平方米的休闲活动广场1处，3000平方米娱乐文化广场1处，景观桥1座，亲水平台1处，放置太湖石2500余吨，景观石7处，栽植雪松、垂柳、银杏、法桐等各类绿化乔木，栽植花灌木植物2.5万平方米，绿化率达到80%。对镇区南段老旧建筑进行集中拆迁，共搬迁养殖、种植棚200个，房屋147间，清理树木2000余棵，开工建设沿街商贸楼4.5万平方米，全力打造龙山商贸中心。坚持“高起点规划、高标准建设、高水平经营、高效能管理”理念，完成总体发展规划和园区区域环评。加大基础设施建设力度，营龙路、龙高路、龙涧路、蟠龙山路、汇龙山路、新龙路、龙园路、龙阳路等“四纵四横”8条道路，总长度近40公里的道路框架基本形成。其中，营龙路、龙高路设计宽度120米，双向8车道，为全县标准最高的城市道路。同时，敷设雨、污、水、电、暖、气、讯等管线，达到“七通一平”标准。

【社会事业】 截至2016年底，园区建有初中1所，小学5所，幼儿园5所，在职教师248名，在校生2140名。教育园区规划设计占地120亩，总建筑面积3.4万平方米，按照省级规范化学校（示范园）标准进行建设，总投资8000万元。其中包括初中、小学、幼儿园教学楼各1栋，总建筑面积1.78万平方米，分别可容纳学生1200人、900人、600人；1栋2层餐厅，建筑面积3400平方米，可同时容纳2000名师生就餐；2栋4层宿舍楼，建筑面积7700平方米，可容纳1200学生住宿；1栋4层实验楼，建筑面积4900平方米等教育设施。教育园区外的4所小学、4所幼儿园完成改扩建，维修、新建面积10239平方米，总投入575万元。持续抓好城乡环卫一体化工作，建立长效运行机制，加大资金投入，在群众满意度测评中，取得全县第三名的位次。高度重视居民基本养老保险工作，参保率达到98%。坚持计划生育基本国策，全面落实“两孩”政策，合法生育率达到100%。深入实施乡村文明工程，16个中心村全部高标准建成文明一条街、文化墙和文化广场。

【扶贫工作】 坚持物质扶贫、精神扶贫两手抓，探索形成明确一个实施责任主体、设定一个扶贫专项基金、成立一个帮扶互助社、引办一个扶贫项目、搭建一个贫困户信息平台、建立一套考核机制的“六个一” 长效扶贫机制，通过党支部+（合作社、基地、市场、电商）+贫困户的模式，实现贫困户全覆盖。规范提升合作社省级联合社4家、农民专业合作社114家，率先实施“扶贫示范带动工程”，建设瓜菜交易市场15个、绿化苗木示范基地7处。2016年，共有217户573人实现脱贫。 （郎海涛）

嵩山生态旅游区

【概况】 嵩山生态旅游区位于临朐县西部，南接沂源县，西邻淄川市，北靠青州市，面积89平方公里，辖11个中心村，6493户，2.1万人，耕地面积870公顷。2016年，全区实现财政总收入781.64万元，同比增长19%；地方财政收入708万元，同比增长17.8%。可用财力

3952.53万元，其中一般服务支出318.05万元、教育支出20.87万元、社会保障支出68.18万元、农林水事务支出291.35万元、医疗卫生支出72.67万元，被评为“山东乡村治理十佳案例”。

【党建工作】 嵩山生态旅游区共有基层党支部14个，其中农村支部11个、机关党支部1个、国有嵩山林场党支部1个、嵩山水库管理局党支部1个，党员896人。2016年，坚持以党的建设统领工作全局，以开展五好家庭、五好党员、五好支部、五美村庄为重点的“四五创建”活动为抓手，把公共服务、社会服务和基层治理“2+1”模式融入基层党组织建设。依托社区大力实施网格化、精细化管理，及时解决群众诉求、化解矛盾纠纷，强化基层社会治理。扎实推进“两清理两规范”、农村财务审计工作，抓好“四议两公开一监督”、村级议事决策执行监管办法、“阳光议事日”、三务公开等制度落实，规范基层组织运行。丰富学习教育形式，拓宽平台载体，抓好党员集中培训和“两学一做”学习教育。以“五好党员”创评、“党员积分制管理”为抓手，强化党员管理，处置不合格党员2名、处理违纪党员2名，表彰优秀党员47名。以“四诺履职”为依托，对“两委”干部定岗定责，狠抓村“两委”班子建设，提升村级整体工作水平。

【农业】 制定下发《加快蜜桃发展的意见》，出台资金扶持、土地流转、品牌建设等系列政策措施，推行“合作社+党支部+农户”发展模式，成立鑫泉果蔬、宝芸苗木、盛世果蔬等38家合作社，在合作社上建支部，发挥党支部引领作用，引导群众加入合作社，利用合作社资金、技术、管理、销售等优势，开展技术指导、统防统治，合作社大力实施标准化、专业化生产，打响嵩山农产品有机绿色品牌。引导盛世果蔬、九杰寨核桃合作社注册“嵩源”“云边天”“九杰寨”“淇宝山”等商标。蜜桃、核桃等各类农产品共取得三项绿色食品认证、三项有机食品认证。通过产地证明、条形码、二维码等加强外地商家对本地产品质量和品牌认可。2016年，新发展蜜桃1万亩，全区蜜桃发展到4万亩，山楂3000亩，柿子5000亩，杏600亩，核桃3000亩，黑小米1200亩，芸豆4000亩，佛手瓜5000亩，各类农产品年产量达30万吨。

【教育卫生】 截至2016年底，全区有嵩山小学、九杰小学2处，小学教师65人，在校学生870人。幼儿园2处，幼儿教师19人，接收学前教育儿童270人。不断加大教育投入，大力实施“雨露行动”，2016年投资13余万元，为全区贫困家庭学生解决午餐、校服、校车等费用。投资1829万元，启动嵩山小学建设项目，建设1栋4层综合教学楼及附属两层的多功能厅和餐厅，总面积7175平方米。项目完成后可容纳18个小学班、900名学生。

全区共设标准化村卫生室12处，乡村医生40人，统一实行三证、三制、四统一管理模式。31个原建制村全部推行新型农村合作医疗制度，广泛发动群众参保。邀请县中医院专家开展义诊活动，先后诊治群众700多名。

【文化事业】 开展乡村文明行动，推行“四位一体”文化工作模式，抓好“文化嵩山”建设。制作孝德文化和乡村旅游墙画1000余幅，在11个中心村全部设立善行义举四德榜；深入开展“五好家庭、五美村庄、好媳妇、好婆婆”评选活动。制作“嵩山之声”广播节目，广播内容每周进行更新，拓宽群众获取知识的渠道。打造“书香社区”，在朱家坡等11个社区设立图书阅览室、儿童乐园，为每个社区配备1万元书籍以及体育器材等设施。抓好文体培训，邀请县文化馆的老师，对15支村级文艺宣传队进行培训，为文艺队配备服装、音响等设备。2016年，开展农村文艺演出20余场次。

【计划生育】 2016年，全区合法生育率达

100%，晚婚、晚育率分别达到87.2%和95.1%，人口自然增长率0.87‰，出生人口性别比86.2，计划生育率、晚婚、晚育率、人口出生率，均达到《人口和计划生育管理责任书》规定的责任目标。

【镇区建设】 开工建设暖水河村安置楼建设项目，工程总投资6000万元、建筑面积4.5万平方米，7月16日完成交房；投资3000万元、建筑面积2万平方米的商业街主体完成；投资2亿元、占地80亩的旅游度假公寓项目启动；投资1829万元、占地45亩的嵩山小学开工建设；启动镇区路网规划建设，配套镇区完善路网、水网等基础设施，两纵三横5条道路开工建设。

【生态旅游】 发展以蜜桃为重点的特色农业。2016年，新发展蜜桃1万亩，蜜桃发展到4万亩；发展高山樱桃和猕猴桃产业；佛手瓜、芸豆、西红柿等高山蔬菜发展到2万亩，成功创建全国水果（蜜桃）示范基地。盛世果蔬专业合作社被认定为山东省农业标准化生产基地、潍坊市农产品质量安全示范园区。坚持全景化打造、全资源整合、全领域互动、全社会参与，高效整合“山水林岭村”等旅游资源，加快发展全域旅游。制定出台发展意见和扶持政策，大力发展农家乐和乡村旅游，已发展农家乐39家，住宿床位达到400张。加大宣传推介力度，先后举办“杏花节”、“桃花节”等20多场节庆活动，成功举办第三届山东省乡村旅游节系列活动。2016年，接待游客突破20万人次。

开展荒山造林绿化。2016年，完成春季造林4000亩、雨季造林6000亩，栽植各类绿化苗木50余万株，实施崔木、嵩山寺景区绿化，栽植水杉2000棵、杏树600余株，全县首家引种新兴特色经济林榛子2000余棵，发展元宝枫种植基地1000亩，栽植侧柏70余万株。投资140余万元，购进森林防火专用摩托车19辆、防火运兵车1辆、无人机1架、消防多功能车1辆等防火设施，建成远程视频监控系统3处，配备70部GPS防火定位手机，组建15人专业防火突击巡逻队和30人应急救援队。为全市以水灭火能力建设会议提供观摩现场，并在全市推广。

【美丽乡村建设】 坚持“政府引导、村为主体、群众参与”工作模式，扎实推进美丽乡村建设，逐村制定《美丽乡村建设实施方案》，全区31个原建制村全部铺开美丽乡村建设。对农村“三大堆”进行集中清理，新建垃圾池96个，垃圾箱450个，配备保洁员80人。开展畜禽养殖专项整治，全面实施禁牧禁养，累计拆除养殖棚圈800余处。31个原建制村道路硬化全部完成，村庄绿化、美化、亮化和农村家庭改厕加快推进，硬化道路6.8万米、17.9万平方米，安装路灯1000多盏，新建文化广场15处、2.8万平方米。

【项目建设和招商引资】 组织实施黄谷片区土地整理、高标准农田治理、黄谷流域烟草水源、崔木小流域综合治理、西部环山路建设等项目，新修环山、环湖道路60公里，建小型水库一座，新建蓄水池92个，铺设输水主管网254千米，支管网750千米，建拦水坝20个、泵站8处。总投资76亿元的潍坊抽水蓄能电站项目正式签约；加快推进投资1.2亿元的淹子岭高山房车露营地和揽月岛旅游度假项目；抓好总投资1.5亿元的嵩阳书院项目和总投资1亿元的鲁中干鲜果蔬冷储物流基地项目。

【社会保障】 2016年，全区农村最低生活保障人数231人，五保户43人，及时足额发放低保资金551628元、五保资金191000元，对辖区内38户分散全保户实行村镇两级包靠责任制，入户走访并发放棉衣被81套，免费安装有线电视机顶盒20户，为困难群众发放面粉180袋。全区共有优抚对象82名，及时足额发放优抚资金735490元，14名优抚对象发放住院补助43000元。农村60周岁以上退役士兵106人，烈士子女2人，抚恤金和生活补助等各项经费均及时足额发放。对10户家庭申请大病救助，救助金额共计24000元。对58户家庭实施临时救助，救助金额共计37000元。开展“慈心一日捐”活动，共捐款12050元。对辖区内2名低保家庭贫困大学生进行救助以及2户特困家庭进行慈善救助。对辖区内98名困难残疾人的生活补助及123名重度残疾人护理补贴人员进行信息统计并按月及时提报申报材料。对市直单位选派第一书记包村帮扶贫困残疾人58户进行调查统计，发放帮扶资金104400元。足额发放9名残疾学生、11名残疾人子女助学金；发放轮椅三辆。

（谭小萍　王金良）

临朐之最——名优特产

临朐历史最悠久的种养业 -- 桑蚕

临朐最负盛名的石砚 -- 红丝砚

临朐最有声誉的药用和食用动物 -- 全蝎

临朐产量最大的蜂蜜产品 -- 槐花蜜

临朐最有名的中药材 -- 丹参和半夏

临朐历史上最主要的传统食品 -- 煎饼

临朐最有名的风味特吃 -- 临朐全羊

临朐引进并人工繁殖成功的最名贵鱼种 -- 虹鳟鱼

临朐最有名的酱菜 -- 柳山包瓜菜

摘自《临朐县志（1988-2000）》

人物

新任县级领导

田元君，男，1969年8月生，青州庙子人，1992年7月参加工作，大学学历，工程硕士，中共党员，现任临朐县委副书记。

简历：

1992.7—1994.10	临朐县冶源镇生产助理、党委秘书
1994.10—1998.3	潍坊市奎文区委组织部科员、电教中心副主任
1998.3—2000.7	潍坊市奎文区委组织部组织员办副主任、干部科科长
2000.7—2001.12	寿光市政府党组成员、市长助理（正科级）
2001.12—2003.11	寿光市政府党组成员、市长助理，市外经局局长、党组书记、招商局（办）局长（主任）
2003.11—2007.10	寿光经济开发区管委会主任
2007.10—2011.11	寿光经济开发区党工委书记、古城街道党工委书记
2011.11—2016.1	昌乐县委常委、县纪委书记
2016.1—	临朐县委副书记

李志为，男，1980年10月生，潍坊潍城人，2002年7月参加工作，省委党校研究生，工程硕士，中共党员，现任临朐县委常委、办公室主任、改革办主任。

简历：

2002.7—2006.1	潍城区符山镇镇长助理
2006.1—2006.8	潍坊市委老干部局办公室科员
2006.8—2008.1	潍坊市委组织部干部一科科员
2008.1—2009.1	共青团潍坊市委宣传部主任科员
2009.1—2011.1	共青团潍坊市委组织部部长
2011.1—2015.11	共青团潍坊市委副书记
2015.11—2016.12	昌邑市委常委、宣传部部长
2016.12—	临朐县委常委、办公室主任、改革办主任

桑海强，男，1977年10月生，寿光文家人，1999年10月参加工作，大学学历，工程硕士，中共党员，现任临朐县委常委、组织部部长。

简历：

1999.10—2002.11	寿光市委办公室干部
2002.11—2003.6	寿光市直机关党工委干部

2003.6—2003.9　寿光市古城乡党委副书记
2003.9—2006.12　寿光市古城街道党工委副书记
2006.12—2009.1　共青团寿光市委书记、党组书记
2009.1—2011.1　寿光市田柳镇党委副书记、镇长（2009.01-2010.11 陕西省安塞县挂职）
2011.1—2011.12　寿光市洛城街道党工委副书记、办事处主任
2011.12—2015.2　寿光市洛城街道党工委副书记、办事处主任、政协工作室主任
2015.2—2015.4　寿光市化龙镇党委书记、人大主席
2015.4—2016.12　寿光市化龙镇党委书记
2016.12—　临朐县委常委、组织部部长

2016年任免人员

县委任免人员

沈明新同志任辛寨镇党委书记，不再担任城关街道党工委书记、临朐经济开发区党工委副书记职务；

白文玉同志任城关街道党工委书记，不再担任辛寨镇党委书记职务；

齐宝金同志任县民政局党组书记，不再担任县林业局党委书记职务；

师俊刚同志任县科学技术局党组书记；

叶东生同志任县卫生和计划生育局党工委书记，不再担任县人大常委会党组成员职务；

赵憬同志任县人大常委会党组成员，不再担任县县级机关事务管理局党总支书记职务；

史太白同志任县科学技术协会党组书记；

王保利同志任县委办公室副主任、县扶贫开发领导小组办公室主任，不再担任县农民专业合作社党工委书记职务；

李华培同志任县扶贫开发领导小组办公室副主任（保留正科级）；

辛伟同志任县扶贫开发领导小组办公室副主任；

王炳涛同志任县农民专业合作社党工委书记，不再担任五井镇党委副书记职务；

白星超同志不再担任县民政局党组书记职务；

尹秀荣同志不再担任县科学技术局党组书记职务；

苏现利同志不再担任县卫生和计划生育局党工委书记职务；

马勇同志不再担任县科学技术协会党组书记职务；

苏现利、尹秀荣、赵憬同志任县人大常委会委员；

叶东生同志不再担任县人大常委会委员、县人大常委会办公室主任职务；

赵憬同志任县人大常委会办公室主任；

白星超同志任县政协常委会委员；

倪若强同志任县科学技术协会主席；

马勇同志不再担任县科学技术协会主席职务；

王炳涛同志不再担任五井镇镇长职务；

黄芳同志任临朐经济开发区党工委书记；

王晓东同志任县纪委派驻第五纪检组书记（试用期一年），不再担任县纪委正科级纪律检查员、第一纪检监察室主任职务；

窦振海同志任县纪委办公室主任（试用期一年），不再担任县纪委副科级纪律检查员职务；

宗敏同志任县纪委党风政风监督室主任（试用期一年），不再担任县纪委副科级纪律检查员职务；

刘兆鹏同志任县扶贫开发领导小组办公室副主任，不再担任九山镇党委委员职务；

冯建花同志任东城街道党工委委员；

董树华同志任五井镇党委副书记，不再担任辛寨镇党委副书记、主任科员职务；

吴艳同志任五井镇纪委书记；

马云斌同志任五井镇党委委员；

马晓伟同志任冶源镇党委副书记，不再担任五井镇党委委员、纪委书记职务；

张在皎同志任冶源镇党委委员；

王士法同志任寺头镇主任科员；

周希成同志任寺头镇党委委员；

王德军同志任九山镇党委委员；

王兆民同志任辛寨镇党委副书记，不再担任冶源镇党委副书记职务；

林庆华同志任辛寨镇党委委员；

林青同志任蒋峪镇党委委员；

魏长金同志任柳山镇党委委员；

赵春东同志任山旺镇党委委员；

蒋发永同志任县沂山生态林场党委副书记（试用期一年）；

秦好奎同志不再担任县纪委派驻第三纪检组副书记职务；

张召发同志不再担任五井镇党委委员职务；

井小娟同志不再担任冶源镇党委委员职务；

李明同志不再担任柳山镇党委委员职务；

张海宁同志不再担任山旺镇党委委员职务；

王树军同志不再担任县沂山生态林场党委副书记职务；

秦好奎同志为县执法和效能监察中心、县经济发展软环境投诉中心主任；

张亮同志为县执法和效能监察中心、县经济发展软环境投诉中心副主任；

朱宏同志不再担任县执法和效能监察中心、县经济发展软环境投诉中心主任职务；

董树华同志为五井镇镇长候选人；

马云斌、张召发同志为五井镇副镇长候选人；

吴艳、王德军同志不再担任五井镇副镇长职务；

程振建同志为冶源镇副镇长；

井小娟同志不再担任冶源镇副镇长职务；

王树军同志为寺头镇人大主席候选人；

王立志同志不再担任寺头镇人大主席职务；

王德军、张建永同志为九山镇副镇长候选人；

刘兆鹏、程振建同志不再担任九山镇副镇长职务；

刘瑞永同志任县人大常委会委员；

赵文洪同志任县纪委常委（试用期一年），不再担任县纪委正科级纪律检查员、第二纪检监察室主任职务；

马建平同志任县交通运输局党工委书记，不再担任五井镇党委书记职务；

孙秉明同志任县广播影视中心党委书记，不再担任县文化广电新闻出版局党委书记职务；

杨维政同志任县文化广电新闻出版局党委书记，不再担任县委办公室常务副主任职务；

吕学志同志任五井镇党委书记，不再担任山旺镇党委副书记职务；

朱宏同志任县纪委案件审理室主任；

李兴国同志任县纪委组织部部长；

徐伟同志任县纪委案件监督管理室主任；

赵文洪同志任县纪委第一纪检监察室主任；

冯英梓同志任县纪委派驻第三纪检组书记（试用期一年），不再担任县纪委第三纪检监察室主任职务；

刘学智同志任县纪委派驻第六纪检组书记（试用期一年），不再担任县纪委案件审理室主任职务；

高向东同志任县纪委第二纪检监察室主任；

韩冬同志任县纪委第三纪检监察室主任，不再担任县纪委信访室主任职务；

李春辉同志任县纪委宣传部部长；

徐亭同志任县纪委信访室主任，不再担任县纪委派驻第五纪检组副书记职务；

王志军同志任县人力资源和社会保障局主任科员，不再担任县纪委派驻第三纪检组书记职务；

高连文同志任县农业局主任科员，不再担任县纪委派驻第六纪检组书记职务；

杨先凯同志任县委办公室副主任；

杜先涛同志任县委全面深化改革领导小组办公室专职副主任（试用期一年），不再担任县委办公室副主任科员职务；

衣学强同志任县精神文明建设委员会办公室主任（试用期一年）；

侯秋玲同志任县委统战部副部长（保留正科级），不再担任县委统战部主任科员职务；

马光华同志任县政府办公室主任科员；

王鹏同志任县基层财政管理处党支部书记（试用期一年）；

刘新华同志任县城市管理行政执法大队副主任科员；

窦学华同志任县交通运输局主任科员；

张有峰同志任县水利局副主任科员；

祝建熙同志任县安全生产监督管理局主任科员；

王兆华同志任县畜牧局党委副书记；

朱有德同志任县人民防空办公室党支部书记（试用期一年）；

马玉彬同志任县供销合作社党委副书记（试用期一年）；

刘瑞永同志不再担任县交通运输局党工委书记职务；

卢勇同志不再担任县委办公室副主任职务；

张林同志不再担任县委全面深化改革领导小组办公室专职副主任职务；

祝洪刚同志不再担任县委统战部副主任科员职务；

刘海、窦乐元同志不再担任县机构编制委员会办公室主任科员职务；

王学新同志不再担任县人力资源和社会保障局副主任科员职务；

王兆民同志不再担任辛寨镇党委副书记职务；

林召江同志挂职担任城关街道党工委副书记；

窦文纲同志挂职担任东城街道党工委副书记；

吴洪富同志挂职担任五井镇党委副书记；

马世波同志挂职担任冶源镇党委副书记；

卢凯之同志挂职担任九山镇党委副书记；

陈树山同志挂职担任辛寨镇党委副书记；

王晓东同志挂职担任蒋峪镇党委副书记；

杨洪法同志挂职担任山旺镇党委副书记；

冯江华同志挂职担任县龙山高新技术产业园党工委副书记；

吕学志同志不再担任山旺镇镇长职务；

秦好奎同志为县廉政教育中心主任；

张亮同志为县廉政教育中心副主任；

陈德利同志为县接待处主任；

曾真同志为县接待处副主任；

窦乐元同志为县事业单位监督管理局局长；

焦玉刚同志为县事业单位监督管理局副局长；

瞿志敏同志不再担任寺头镇党委书记职务；

张炜同志不再担任县水利局党委书记职务；

刘兴堂同志不再担任县供销合作社副主任科员职务；

马光亮同志任城关街道党工委副书记；

尹德忠、王立志、翟慎宝同志任城关街道党工委委员；

张新伟同志任城关街道党工委委员、纪工委书记；

高辉同志任东城街道党工委委员、纪工委书记；

刘宝臣、李勇、王静、扈涛同志任东城街道党工委委员；

鞠光明同志任蒋峪镇主任科员；

马立文同志任柳山镇主任科员；

顾廷政同志任县农业局主任科员；

王树军同志任县卫生和计划生育局主任科员；

傅廷国同志任县住房和城乡建设局主任科员；

赵洪军同志任县水利局党委书记；

窦圣健同志任县委办公室副主任、县扶贫开发领导小组办公室主任，不再担任城关街道党工委副书记职务；

王成龙同志不再担任城关街道党工委委员、纪工委书记职务；

王兆波同志不再担任城关街道党工委委员职务；

臧纪升同志不再担任东城街道党工委委员职务；

于安泽同志不再担任冶源镇副主任科员职务；

王士法同志不再担任寺头镇主任科员职务；

史红霞同志不再担任九山镇主任科员职务；

李霞同志不再担任柳山镇主任科员职务；

蒋发永同志不再担任县沂山生态林场党委副书记、县沂山风景区党工委副书记职务；

吴小伟同志不再担任县嵩山生态旅游区纪工委书记职务；

王保利同志不再担任县委办公室副主任、县扶贫开发领导小组办公室主任职务；

王楷同志不再担任共青团临朐县委党组书记职务；

袁海涛同志不再担任县委组织员办公室主任职务；

刘国强同志不再担任县委机要局局长职务；

马连芝同志不再担任县公安局政委、党委副书记职务；

刘晓霞同志不再担任县信访局副主任科员职务；

张亮同志不再担任县廉政教育中心副主任职务；

王兆波同志任城关街道人大工作室主任；

段连刚同志任城关街道人大工作室副主任；

范文友同志任东城街道人大工作室主任；

顾廷政同志不再担任城关街道人大工作室主任职务；

傅廷国同志不再担任东城街道人大工作室主任职务；

李刚同志不再担任县人大常委会人事代表工作室副主任职务；

王楷同志不再担任共青团临朐县委书记职务；

冯海霞、吕学志、刘静、刘瑞芹、李峰、张顺、张召发、郭守平、郭保永、董树华、温娜娜同志（11名，实选9名，按姓氏笔画排序）为中共五井镇第十七届委员会委员候选人；

吕学志同志为中共五井镇第十七届委员会书记候选人；

董树华、郭守平同志为中共五井镇第十七届委员会副书记候选人；

刘静同志为中共五井镇纪律检查委员会书记候选人；

马晓伟、王军、王保利、冯晓涵、刘玉姣、刘世民、李斌、范玉海、聂飞、程洁、曾宪凯同志（11名，实选9名，按姓氏笔画排序）为中共冶源镇第十七届委员会委员候选人；

王保利同志为中共冶源镇第十七届委员会书记候选人；

李斌、马晓伟同志为中共冶源镇第十七届委员会副书记候选人；

刘世民同志为中共冶源镇纪律检查委员会书记候选人；

马金泉、付志鹏、刘红、刘万军、刘国强、李昌敬、张召福、周希成、赵勇翔、袁海涛、徐太永同志（11名，实选9名，按姓氏笔画排序）为中共寺头镇第十七届委员会委员候选人；

刘万军同志为中共寺头镇第十七届委员会书记候选人；

袁海涛、刘国强同志为中共寺头镇第十七届委员会副书记候选人；

徐太永同志为中共寺头镇纪律检查委员会书记候选人；

王楷、王德军、冯新艳、吕营、刘永鑫、孙伟、李兴政、李磊、张建永、贺志健、聂振亮同志（11名，实选9名，按姓氏笔画排序）为中共九山镇第十七届委员会委员候选人；

贺志健同志为中共九山镇第十七届委员会书记候选人；

王楷、刘永鑫同志为中共九山镇第十七届委员会副书记候选人；

冯新艳同志为中共九山镇纪律检查委员会

书记候选人；

马振海、王洪磊、井洪波、刘晓翠、吴小伟、沈明新、宋健、张萍、张兆三、黄坤、蒋发永同志（11名，实选9名，按姓氏笔画排序）为中共辛寨镇第十七届委员会委员候选人；

沈明新同志为中共辛寨镇第十七届委员会书记候选人；

蒋发永、马振海同志为中共辛寨镇第十七届委员会副书记候选人；

吴小伟同志为中共辛寨镇纪律检查委员会书记候选人；

王延良、刘进、刘晓霞、许致林、苏召波、李霞、张忠刚、林庆华、高萌、高文亮、曾现华同志（11名，实选9名，按姓氏笔画排序）为中共蒋峪镇第十六届委员会委员候选人；

张忠刚同志为中共蒋峪镇第十六届委员会书记候选人；

李霞、苏召波同志为中共蒋峪镇第十六届委员会副书记候选人；

林庆华同志为中共蒋峪镇纪律检查委员会书记候选人；

马永进、王晓雨、石立林、刘洪科、杨文博、陈文奇、高瑞志、窦海燕、臧纪升同志（9名，实选7名，按姓氏笔画排序）为中共柳山镇第十七届委员会委员候选人；

窦海燕同志为中共柳山镇第十七届委员会书记候选人；

刘洪科、王晓雨同志为中共柳山镇第十七届委员会副书记候选人；

臧纪升同志为中共柳山镇纪律检查委员会书记候选人；

朱洪亮、刘胜山、刘桂燕、李守成、张亮、赵兴勇、赵春东、高明学、潘连法同志（9名，实选7名，按姓氏笔画排序）为中共山旺镇第一届委员会委员候选人；

李守成同志为中共山旺镇第一届委员会书记候选人；

刘胜山、赵兴勇同志为中共山旺镇第一届委员会副书记候选人；

张亮同志为中共山旺镇纪律检查委员会书记候选人；

吴艳同志为五井镇人大主席候选人；

周善文同志为五井镇人大副主席候选人；

董树华同志为五井镇镇长候选人；

刘瑞芹、孟庆宝、郑成军、孔范芬同志为五井镇副镇长候选人；

王立强同志为冶源镇人大主席候选人；

于安泽同志为冶源镇人大副主席候选人；

李斌同志为冶源镇镇长候选人；

范玉海、李丁丁、窦玉江、谭斌同志为冶源镇副镇长候选人；

王士法同志为寺头镇人大主席候选人；

袁海涛同志为寺头镇镇长候选人；

周希成、吴振、付瑞芹、于志秀同志为寺头镇副镇长候选人；

王春喜同志为九山镇人大主席候选人；

王楷同志为九山镇镇长候选人；

王德军、毕义东、祝介贵、申福玲同志为九山镇副镇长候选人；

王成龙同志为辛寨镇人大主席候选人；

苏明同志为辛寨镇人大副主席候选人；

蒋发永同志为辛寨镇镇长候选人；

井洪波、梁德宾、王亮、张继波同志为辛寨镇副镇长候选人；

李刚同志为蒋峪镇人大主席候选人；

李霞同志为蒋峪镇镇长候选人；

刘晓霞、田乐琴、王利、马惠昌同志为蒋峪镇副镇长候选人；

李福田同志为柳山镇人大主席候选人；

刘洪科同志为柳山镇镇长候选人；

石立林、刘珍玉、贾圣洁、尹梅同志为柳山镇副镇长候选人；

瞿涛同志为山旺镇人大主席候选人；

刘胜山同志为山旺镇镇长候选人；

赵春东、张春红、张姗姗、刘光华同志为山旺镇副镇长候选人；

李志为同志任县委办公室主任、县委全面深化改革领导小组办公室主任；

王锡利、张守兵同志任县政府党组成员；

毕义忠同志任县民政局党组书记；

马庆荣同志任县商务局党委书记，不再担任县委政法委常务副书记职务；

李贤军同志任县科学技术局党组书记，不再担任县残疾人联合会党组书记职务；

陈强同志任县残疾人联合会党组书记，不再担任县委统战部常务副部长职务；

许忠良同志任县委统战部副部长、县工商业联合会党组书记，不再担任县中小企业办公室党支部书记职务；

王祖阳同志任县司法局党组书记，不再担任县砂资源管理行政执法局党组书记职务；

李法军同志任县砂资源管理行政执法局党组书记；

宋洪福同志任县直机关党工委书记，不再担任县供销合作社党委书记职务；

王金栋同志任县供销合作社党委书记，不再担任县畜牧局党委书记职务；

马立军同志任县畜牧局党委书记，不再担任县安全生产监督管理局党组书记职务；

窦超同志任县安全生产监督管理局党组书记，不再担任县直机关党工委书记职务；

赵玉国同志任县委统战部常务副部长；

史红霞同志任县委政法委副书记；

王守友同志任县委农村工作领导小组办公室副主任，不再担任县商务局党委副书记职务；

王振华同志任县商务局党委副书记；

王波同志任县委巡察工作领导小组办公室副主任；

刘世海同志不再担任县委办公室主任、县委全面深化改革领导小组办公室主任职务；

周书坤同志不再担任县委统战部部长职务；

陈安和同志不再担任县委办公室副主任、县信访局局长职务；

齐宝金同志不再担任县民政局党组书记职务；

师俊刚同志不再担任县科学技术局党组书记职务；

薛光利同志不再担任县商务局党委书记职务；

谭宝良同志不再担任县司法局党组书记职务；

陈仁增同志不再担任县委统战部副部长、县工商业联合会党组书记职务；

郝德权同志不再担任县委农村工作领导小组办公室副主任职务；

张继祥同志不再担任东城街道党工委委员、纪工委书记职务；

郝德权同志为县委党史研究室副主任；

陈安和同志不再担任县委群众工作委员会办公室主任职务；

刘建国同志任县政协经济科技委主任；

林绍海同志任县政协研究室主任，不再担任县政协经济科技委主任职务；

赵玉国同志不再担任县政协研究室主任职务；

陈强同志任县残疾人联合会理事长；

李贤军同志不再担任县残疾人联合会理事长职务；

许忠良同志任县工商业联合会常务副主席；

陈仁增同志不再担任县工商业联合会第一副主席职务；

唐江然同志任县委办公室常务副主任，不再担任县委督查室主任职务；

王艾元同志任县委办公室副主任；

朱宏同志任县委巡察工作领导小组办公室主任，不再担任县纪委常委、案件审理室主任职务；

徐伟同志任县委办公室副主任、县信访局局长，不再担任县纪委常委、案件监督管理室主任职务；

王者岭同志任县委组织部副部长；

魏淑娟同志任县中小企业办公室党支部书记，不再担任县委宣传部副部长职务；

马世波同志任县委宣传部副部长；

张佃平同志任县委政法委常务副书记，不再担任县社会治安综合治理委员会办公室主任职务；

杨维护同志任县公安局政委；

高帅同志任共青团临朐县委党组书记（试用期一年）；

徐伟同志为县委群众工作委员会办公室主任；

马世波同志不再担任县网络文化管理办公室主任职务；

高帅同志任共青团临朐县委书记。

提请县政府任免人员

提名：

周世德同志为县林业局局长；

马勇同志为县县级机关事务管理局局长；

王炳涛同志为县农村经济管理办公室主任；

齐宝金同志不再担任县林业局局长职务；

师俊刚同志不再担任县物价局局长职务；

赵憬同志不再担任县县级机关事务管理局局长职务；

史太白同志不再担任县文化市场综合执法局局长职务；

王保利同志不再担任县农村经济管理办公室主任职务；

辛伟同志不再担任县沂山风景区管委会副主任职务。

提名：

倪若强同志不再担任县监察局副局长职务；

沈明新同志不再担任临朐经济开发区管委会副主任职务；

周世德同志不再担任县政府应急管理办公室主任职务。

提名：

齐宝金同志任县民政局局长；

师俊刚同志任县科学技术局局长；

叶东生同志任县卫生和计划生育局局长；

白星超同志不再担任县民政局局长职务；

尹秀荣同志不再担任县科学技术局局长职务；

苏现利同志不再担任县卫生和计划生育局局长职务。

提名：

白文玉同志任临朐经济开发区管委会主任（试用期一年）；

陈军同志不再担任临朐经济开发区管委会主任，保留原职级。

提名：

王晓东同志任县监察局派驻第五监察室主任，不再担任县监察局副局长职务；

王立志同志任临朐经济开发区管委会副主任；

井小娟同志任临朐经济开发区管委会经济发展处主任；

翟慎宝同志任城关街道办事处副主任，不再担任临朐经济开发区管委会经济发展处主任职务；

秦好奎同志不再担任县监察局派驻第三监察室副主任职务；

李丹阳同志不再担任临朐经济开发区管委会副主任职务；

马云斌同志不再担任城关街道办事处副主任职务。

提名：

衣光国同志为县沂山风景区管委会副主任。

提名：

马建平同志任县交通运输局局长；

杨维政同志任县文化广电新闻出版局局长；

刘瑞永同志不再担任县交通运输局局长职务；

孙秉明同志不再担任县文化广电新闻出版局局长职务。

提名：

孙秉明同志为县广播影视中心主任；

朱占花同志为县智慧城市建设管理中心主任；

王兆剑同志为县文化市场综合执法局局长；

董志军同志为县林业局副局长（保留正科级，列郎益钦同志之后），不再担任县畜牧局副局长职务；

林兴亭同志为县农村经济管理办公室副主任；

王兴刚同志为县基层财政管理处主任；

王学新同志为县老龄工作委员会办公室副主任；

郭中华同志为县劳动监察大队大队长；

冯学海同志为县技工学校副校长；

李同军同志为县城市管理行政执法大队副大队长；

陈天武同志为县农村公共供水管理办公室副主任；

李燕同志为潍坊日报社临朐分社副社长，不再担任县广播影视中心副主任职务；

李艳同志为县智慧城市建设管理中心副主任；

高庆良同志不再担任县广播影视中心主任职务；

刘新华同志不再担任县城市管理行政执法大队副大队长职务；

张效庆同志不再担任县农村公共供水管理办公室副主任职务；

陈大伟同志不再担任县黑山生态林场管委会副主任职务。

提名：

冯英梓同志任县监察局派驻第三监察室主任（试用期一年）；

张林同志任县政务服务中心管理办公室副主任；

祝洪刚同志任县民族宗教事务局副局长（试用期一年）；

刘海同志任县政府行政审批制度改革办公室主任（试用期一年）；

林召江同志任县政府应急管理办公室主任，不再担任县政府办公室副主任职务；

李延彬同志任县政府督查室主任（试用期一年）；

许美新同志任县政府办公室副主任；

吕学原同志任县干部保健办公室主任（试用期一年）；

王志军同志不再担任县监察局派驻第三监察室主任职务；

徐亭同志不再担任县监察局派驻第五监察室副主任职务；

侯秋玲同志不再担任县民族宗教事务局副局长职务；

朱占花同志不再担任县政府督查室主任职务。

提名：

瞿志敏同志任县国土资源局局长；

王强同志不再担任县国土资源局局长职务。

提名：

张炜同志不再担任县水利局局长职务。

提名：

赵洪军同志任县水利局局长；

齐宝金同志不再担任县民政局局长职务；

师俊刚同志不再担任县科学技术局局长职务；

薛光利同志不再担任县商务局局长职务；

谭宝良同志不再担任县司法局局长职务。

提名：

丛湘泉同志为县石门坊风景区管理服务中心主任；

张强同志为县国有沂山林场场长；

马光亮同志不再担任县石门坊风景区管理服务中心主任职务；

刘宝臣同志不再担任县拆迁安置工作办公室副主任职务；

范玉海同志不再担任县旅游局副局长职务；

苏明、刘瑞芹同志不再担任县龙山高新技术产业园管委会副主任职务。

提名：

马光亮同志任城关街道办事处主任，不再担任临朐经济开发区管委会副主任职务；

尹德忠同志任临朐经济开发区管委会副主任；

杜伟、刘艳华、王大成同志任城关街道办事处副主任；

蒋涛、高鑫、孙凯同志任东城街道办事处副主任；

窦圣健同志不再担任城关街道办事处主任职务；

王兆波、翟慎宝同志不再担任城关街道办事处副主任职务；

臧纪升、李勇同志不再担任东城街道办事处副主任职务。

提名：

毕义忠同志任县民政局局长，不再担任县监察局局长职务；

马庆荣同志任县商务局局长；

李贤军同志任县科学技术局局长；

王祖阳同志任县司法局局长；

窦超同志任县安全生产监督管理局局长；

陈安和同志任县监察局局长；

马立军同志不再担任县安全生产监督管理局局长职务。

提名：

王金栋同志为县供销合作社主任，不再担任县畜牧局局长职务；

马立军同志为县畜牧局局长；

李法军同志为县砂资源管理行政执法局局长；

张孝友同志为县史志办公室主任；

周元刚同志为县文化市场综合执法局副局长；

张在皎、林青同志为县沂山风景区管委会副主任；

魏长金同志为县龙山高新技术产业园管委会副主任；

孙德军、高芳同志为县嵩山生态旅游区管委会副主任；

宋洪福同志不再担任县供销合作社主任职务；

王祖阳同志不再担任县砂资源管理行政执法局局长职务；

许忠良同志不再担任县中小企业办公室主任职务；

刘建国同志不再担任县史志办公室主任职务；

张孝友、李刚同志不再担任县沂山生态林场管委会副主任职务；

马洪学同志不再担任县沂山风景区管委会副主任职务；

王兴波、魏立明同志不再担任县嵩山生态旅游区管委会副主任职务。

提名：

王国明同志为县沂山生态林场管委会副主任，不再担任县沂山风景区管委会副主任职务；

高明贵同志为县龙山高新技术产业园管委会副主任。

提名：

杨维护同志不再担任县公安局副局长职务。

提名：

魏淑娟同志为县中小企业办公室主任。

（县委组织部）

山东省富民兴鲁劳动奖章

（1人）

夏传志　山东万豪纸业集团股份有限公司工程师

（王承学　赵立新）

潍坊市劳动模范

（15人）

胡道军　临朐县兴隆建安有限公司施工员

孙岳峰　山东鸿明铝业有限公司安全员

赵文东　山东祺月童车有限公司车间副主任

曾宪领　临朐县外国语学校教师

赵成英　临朐县城关街道北苑中学教师
谭　焱　临朐供电公司城区供电所农电工
刘序林　山东雷奥新能源有限公司工会主席
侯法平　临朐县知艺红木家具有限公司经理
蒋文俊　临朐县汇洋肉鸭养殖专业合作社理事长
纪仁松　临朐县柳山镇辛庄村党支部书记
张怀忠　临朐县九山镇九山村党支部书记
聂孝世　临朐县盛世果蔬专业合作社理事长
王新昌　临朐金龙果蔬专业合作社理事长
李乐江　临朐乐江家庭农场场长
马利新　临朐县寺头镇相亮山楂合作社党支部书记

（王承学　赵立新）

临朐县“五一”劳动奖章

（39 人）

张海吉　中共临朐县委办公室车队队长
申　美　临朐县国土资源局柳山国土资源所所长
张　晴　临朐县经济责任审计办公室科长
聂　升　临朐县第一中学教师
衣明艳　临朐中学幼儿园园长
衣同娟　山东临朐山旺古生物化石博物馆馆长
王兴建　中国移动通信集团山东有限公司临朐分公司主任
西玉玲　山东秦池酒业有限公司处长
王守友　临朐县商务局副书记
韩学进　临朐广潍汽车销售服务有限公司总经理
陈万兴　山东潍坊烟草有限公司临朐分公司嵩山烟叶工作站站长
张红霞　临朐县农业综合开发办公室科长
马　明　临朐县公安局刑警大队中队长
潘维志　临朐县人民检察院副检察长
王　超　潍坊银行股份有限公司临朐支行总经理
周　勇　山东东沂勘察设计有限公司基础工程公司职员
王世芳　临朐县粮食局科长
马洪娟　临朐县城关街道北苑中学教师
王吉学　临朐县城关街道办事处城管中队
李守富　山东临朐富民汽车贸易有限公司总经理
马春玉　山东博创重工有限公司董事长总经理
王　情　山东三义实业股份有限公司技术员
安　欣　临朐县东城街道卫生院院长助理
贾　磊　潍坊金发铝业有限公司董事长总经理
丁大宏　山东飞度胶业科技股份有限公司总经理
冯　杰　临朐县冶源镇人民政府社区主任
史成友　临朐县华元汽车饰件有限公司总经理
尹兆英　临朐山水水泥有限公司主任
陈　浩　山东省潍坊市临朐第四中学 教师
王　明　山东横滨橡胶工业制品有限公司班长
陈世胜　临朐县辛寨中心卫生院卧龙分院
王金梅　临朐县寺头镇石佛小学教师
赵本海　临朐县九山镇农业综合服务中心办公室主任
张立民　临朐县蒋峪镇蒋峪初中教师
刘光华　临朐县柳山政府片长
赵临华　临朐县山旺镇齐家庄社区村主任
刘永祥　临朐县龙山高新技术产业园主任
张在航　临朐县沂山风景区管委会副科长
衣晓菲　临朐县嵩山水库管理局党支部委员

（王承学　赵立新）

附录

2016年县委重要文件目录

表11

序号	文件编号	文件名称
1	临发〔2016〕1号	关于印发《县委常委班子“三严三实”专题教育整改工作方案》的通知
2	临发〔2016〕3号	关于坚持精准扶贫精准脱贫基本方略坚决打赢脱贫攻坚战的实施意见
3	临发〔2016〕4号	关于印发《中共临朐县委2016年工作要点》的通知
4	临发〔2016〕5号	关于进一步加强战略性科学投资及财源建设的实施意见
5	临发〔2016〕8号	关于加快全县供给侧结构性改革的意见
6	临发〔2016〕10号	关于深化“三八六”环保行动实施“十大工程”加快绿色发展的意见
7	临发〔2016〕12号	关于贯彻《中国共产党地方委员会工作条例》进一步加强县委常委会自身建设提高工作效能和领导水平的意见
8	临发〔2016〕13号	关于加强和改进机关党建工作的意见
9	临发〔2016〕14号	关于开展向牛寨村党支部学习的决定
10	临发〔2016〕16号	印发《关于中央巡视组巡视“回头看”反馈意见持续整改落实工作实施方案》的通知
11	临发〔2016〕18号	关于进一步扶持农民合作社规范发展的实施意见
12	临发〔2016〕19号	关于构建新体制培育新优势加快全县开放发展的意见
13	临发〔2016〕21号	关于深入实施“旅游+”三年行动计划推动全域旅游创建工作的实施意见
14	临发〔2016〕26号	印发《关于激励改革创新干事创业建立容错纠错尽职免责机制的实施意见（试行）》的通知
15	临发〔2016〕28号	关于印发《临朐县2016—2020年依法治县规划》的通知
16	临发〔2016〕30号	关于建立县委巡察制度的实施意见
17	临办发〔2016〕1号	关于印发《2016年度镇（街、园、区）科学发展综合考核办法》的通知
18	临办发〔2016〕2号	关于印发《2016年县直部门（单位）工作绩效考核办法》的通知
19	临办发〔2016〕3号	印发《关于开展“学先进、找差距，转作风、抓落实”主题教育活动的实施方案》的通知

续表 11

序号	文件编号	文 件 名 称
20	临办发〔2016〕4 号	关于印发《临朐县 2016 年基层党建工作重点任务推进落实实施方案》的通知
21	临办发〔2016〕5 号	关于印发《2016 年工业工作实施意见》的通知
22	临办发〔2016〕6 号	关于印发《2016 年招商工作实施意见》的通知
23	临办发〔2016〕7 号	印发《关于开展美丽乡村建设的实施意见》《临朐县美丽乡村建设三年行动计划（2016—2018 年）》《临朐县美丽乡村建设考核办法》的通知
24	临办发〔2016〕10 号	关于加快棚户区改造工作的意见
25	临办发〔2016〕11 号	印发《关于进一步深化千名干部“进千村、入万户、察民情、解民忧”活动的意见》的通知
26	临办发〔2016〕12 号	关于印发《临朐县事业单位绩效工资实施意见》的通知
27	临办发〔2016〕13 号	印发《关于在全县党员中开展“学党章党规、学系列讲话，做合格党员”学习教育实施方案》的通知
28	临办发〔2016〕15 号	关于印发《临朐县中小学幼儿园重点工作三年行动实施方案（2016—2018 年）》的通知
39	临办发〔2016〕18 号	印发《关于加强人民政协协商民主建设的实施意见》的通知
30	临办发〔2016〕20 号	关于印发《临朐县党政机关公务用车制度改革实施方案》的通知
31	临办发〔2016〕21 号	印发《关于推进城市区域化党建工作的实施意见（试行）》的通知
32	临办发〔2016〕22 号	印发《关于加强和创新立体化社会治安防控体系建设的实施意见》的通知
33	临办发〔2016〕25 号	转发县委宣传部、县司法局《关于在全县公民中开展法治宣传教育的第七个五年规划（2016—2020 年）》的通知
34	临办发〔2016〕26 号	印发《关于加强基层党员干部作风建设切实维护群众利益的实施意见》的通知
35	临办发〔2016〕27 号	关于实施全面两孩政策改革完善计划生育服务管理工作的通知
36	临办字〔2016〕8 号	关于贯彻中央八项规定精神，严格落实省、市、县委有关规定要求的通知

（陈　波）

2016 年县政府重要文件目录

表 12

序　号	文件编号	文 件 名 称
1	临政发〔2016〕1 号	关于下达 2016 年城市建设任务的通知
2	临政发〔2016〕2 号	关于创建山东省国土资源执法模范县和节约集约模范县工作的实施意见
3	临政发〔2016〕3 号	关于印发临朐县 2016 年度住房用地供应计划的通知

续表 12

序 号	文件编号	文 件 名 称
4	临政发〔2016〕4 号	关于印发临朐县国民经济和社会发展第十三个五年规划纲要的通知
5	临政发〔2016〕5 号	关于印发临朐县 2016 年度国有建设用地供应计划的通知
6	临政发〔2016〕6 号	关于支持新兴农村合作金融试点工作的意见
7	临政发〔2016〕7 号	关于印发临朐县国有土地上房屋征收与补偿办法的通知
8	临政发〔2016〕8 号	关于调整污水处理费征收标准的通知
9	临政发〔2016〕9 号	关于印发临朐县降低企业成本促进实体经济健康发展的若干政策措施的通知
10	临政发〔2016〕10 号	关于为县教育局记集体三等功的决定
11	临政发〔2016〕11 号	关于公布第八届县政府教学成果奖的通报
12	临政发〔2016〕12 号	关于表彰 2016 年度临朐县优秀教师优秀教育工作者和十佳班主任的决定
13	临政发〔2016〕13 号	关于表彰学前教育工作先进单位的决定
14	临政发〔2016〕14 号	关于表彰捐资助学先进单位先进个人的决定
15	临政发〔2016〕15 号	关于印发临朐县城区建筑垃圾处置管理办法的通知
16	临政发〔2016〕16 号	关于修改部分规范性文件的决定
17	临政发〔2016〕17 号	关于加快推进企业对接资本市场的意见
18	临政发〔2016〕18 号	关于印发临朐县国有林场改革实施方案的通知
19	临政发〔2016〕19 号	关于做好 2016 年退役士兵接收安置工作的通知
20	临政发〔2016〕20 号	关于印发临朐县全民健身实施计划（2016-2020 年）的通知
21	临政发〔2016〕21 号	关于全面推进质量和品牌建设的意见
22	临政发〔2016〕22 号	关于改进行政执法强化行政执法监督工作的意见
23	临政发〔2016〕23 号	关于表彰第四届全民运动会组织工作先进单位和先进个人的决定

（张龙震）

2016 年规范性文件选录

表 13

序 号	文件编号	文 件 名 称
1	临政发〔2016〕7 号	关于印发临朐县国有土地上房屋征收与补偿办法的通知
2	临政发〔2016〕15 号	关于印发临朐县城区建筑垃圾处置管理办法的通知
3	临政办发〔2016〕6 号	关于印发临朐县政府投资项目审计监督办法的通知

续表 13

序号	文件编号	文件名称
4	临政办发〔2016〕9 号	关于印发临朐县非制造业建设工程项目告知承诺制实施办法的通知
5	临政办发〔2016〕10 号	关于印发临朐县企业过桥还贷基金管理暂行办法和临朐县金财融资担保有限公司担保管理暂行办法的通知
6	临政办发〔2016〕13 号	关于印发临朐县鼓励社会力量捐资助学管理办法的通知
7	临政办发〔2016〕20 号	关于印发临朐县行政事业单位国有资产管理暂行办法的通知
8	临政办发〔2016〕26 号	关于印发临朐县公共租赁住房管理办法的通知

（杨佃锁）

2016 年新增著名商标

表 14

商标注册人	商标（图样）	核定使用商品 / 服务
潍坊国一铝材有限公司		普通金属合金

（吕学聪　赵晓东）

2016 年山东名牌产品企业名单

表 15

序号	企业名称	产品名称	年度
1	山东信泰节能科技工程有限公司	外墙保温装饰一体板	2016
2	潍坊华星铸造机械有限公司	高效脉冲除尘器	2016
3		高铬耐磨护板	
4	山东华新机电科技有限公司	新型高效节能防堵细碎机	2016
5	山东九昌重工科技有限公司	双辊破碎机	2016

（吕学聪　赵晓东）

精品旅游线路、乡村游（农家乐）

表 16

旅游项目	推荐线路
魅力临朐一日游	沂山—揽翠湖（天沐）温泉度假村—中国奇石城
	石门坊—五井北方石林—老龙湾—中国奇石城
	老龙湾—揽翠湖（天沐）温泉度假村—中国奇石城—华艺雕塑园—山旺国家地质公园
	老龙湾（石门坊）—嵩山生态旅游区—华艺雕塑园
魅力临朐二日游	从北济青及淄博方向来临朐：D1 山旺国家地质公园—老龙湾—五井北方石林—石门坊（嵩山生态旅游区）—宿揽翠湖（天沐）温泉度假村 D2 中国奇石城—沂山
	从南济青及东南方向来临朐：D1 沂山—老龙湾—中国奇石城—宿揽翠湖（天沐）温泉度假村 D2 嵩山生态旅游区（石门坊）—五井北方石林—临朐县农民专业合作社产品展销中心—山旺国家地质公园
	从东边潍坊方向来临朐：D1 山旺国家地质公园—临朐县农民专业合作社产品展销中心—五井北方石林—石门坊—宿揽翠湖（天沐）温泉度假村 D2 中国奇石城—老龙湾—沂山
沂山周末精品二日游	D1 博物馆—华艺雕塑园—石门坊—中国奇石城—山旺国家地质公园—宿揽翠湖（天沐）温泉度假村 D2 老龙湾—沂山—返程
	D1 老龙湾—中国奇石城—华艺雕塑园—石门坊—宿揽翠湖（天沐）温泉度假村 D2 博物馆—沂山—返程
	D1 博物馆—华艺雕塑园—嵩山生态旅游区—中国奇石城—山旺国家地质公园—宿揽翠湖（天沐）温泉度假村 D2 老龙湾—沂山—返程
乡村旅游精品一日游	寨子崮景区—五井北方石林—嵩山生态旅游区
	老龙湾—宋香园生态世界—九山镇牛寨村、黑松林景区
乡村旅游精品二日游	D1 老龙湾—宋香园生态世界—九山镇牛寨村、黑松林景区—宿揽翠湖（天沐）温泉度假村或寨子崮农家乐 D2 老龙湾—沂山—返程
	D1 华艺雕塑—五井北方石林—龙虎山居真人 CS—淹子岭—北黄谷 D2 嵩山景区—河沟村—蜜桃、蔬菜基地采摘
婚纱摄影	宋香园生态世界—老龙湾—石门坊—宿揽翠湖（天沐）温泉度假村

（刘景海　王　鹏）

星级酒店、餐馆、农家乐、潍水人家品牌示范户

表 17

类　别	名　称
三星级饭店	伟成大酒店、临朐大酒店
二星级饭店	九福来商务酒店
三星级旅游餐馆	五井供销宾馆、沂山观云台
二星级旅游餐馆	冶源鱼宴中心
四星级“好客人家”农家乐	沂山沂盛山庄农家乐
三星级“好客人家”农家乐	冶源鱼宴中心，山旺凤凰庄苑酒店，城关街道寨子崮金岭山庄，东城街道东山田园山庄林兆红经营户，九山镇牛寨村神牛谷二号院、三号院、神牛谷山庄、兴元山庄
二星级“好客人家”农家乐	山旺镇清泉山庄农家乐，辛寨大峪羊肉馆农家乐、唐泉湖农家乐、凤凰山庄、怡香园，沂山风景区沂山人家、沂山茅舍、可心饭庄、国富山庄，嵩山生态旅游区世明饭庄，九山镇牛寨人家、轩辕氏农家乐
市级“潍水人家”品牌示范户	嵩山生态旅游区沟河村公茂华，常家溜村陈亮，马王村聂乾彦、聂孝禹，马家溜村魏小兰；沂山风景区上寺院旅游开发公司张国爱、倪忠实、张国宝；九山镇牛寨村李信忠、宋代伟、刘瑞亮、赵世军、张贵金、于兴堂、沈祥水、沈喜信、宋代强、宋文学、宋文生、高付营、高付生、王世华、张锡国、刘发安、赵世国、张继会、刘文法、张贵亮、张贵春、刘富来、沈祥强、刘发全、赵世东、鞠海祥、刘富全、鞠学明、刘发增、张继学、沈祥国、于兴元、于兴平；桃花峪旅游开发有限公司杨振、张立明、赵传杰、高学文、牛金岭、刘富全、沈树宝、高成利、高玉财、常子成、于德全、于德海、牛赞民宿、牛寨乡村旅游专业合作社 1 号院（神牛府）、牛寨乡村旅游专业合作社 2 号院（龙潭居）、孙建成之 2 号院（牛妞客栈）、孙建成之 3 号院（牛大姐饭庄）、临朐县嵩山生态旅游区新合村 1 号院（大食堂）、瑞头韩克锋农家乐经营户、城关街道寨子崮村高学文经营户、寨子崮 1 号院。

（刘景海　王　鹏）

临朐县公交线路一览表

表 18

线　路	站　点
1 路	**上行站点：** 刘家河—小周家庄—王家楼村—周家庄—永昌铝业—东方怡和教育中心—正源塑胶—润建商砼—威王电池—山东富山集团—东鸿包装—鸿明铝材—滨河花园—曾家洼—创业大厦—风筝集团—鸿瑞不锈钢—华新磁电—瑞丰电子—窗博城—华建集团—旺佳商贸城—赵家庄路口—通力国际商贸城—汽车站—陈家上庄—华铭工程公司—伟华玻璃公司—南环路口北—骨科医院—朐山国际—朐山医院—朐山公园—焦化宾馆—县医院—华兴超市—亿佰家购物中心—工商银行—华兴购物中心—伟成百货—佳乐家购物中心—中医院—质量技术监督局—石门小区—实验二小—北京花园—民政局—裕林纺织—北马家庄—秦池集团—泰昌电磁—北苑名都—茂德皮革—供电公司—中国银行—步行街

续表 18

线路	站点
	下行站点： 伟成百货—工商银行—鲁艺商城—亿佰家购物中心—华兴超市—医院—鼎基国际城市广场 —朐山公园—朐山医院—朐山国际—骨科医院—伟华玻璃公司—华铭工程公司—陈家上庄—汽车站—通力国际商贸城—赵家庄路口—旺佳商贸城—华建集团—窗博城—瑞丰电子—华新磁电—鸿瑞不锈钢—风筝集团—创业大厦—曾家洼—滨河花园—鸿明铝材—东鸿包装—山东富山集团—威王电池—润建商砼—正源塑胶—东方怡和教育中心—永昌铝业—周家庄—王家楼村—小周家庄—刘家河
3 路	**上行站点：** 实验中学—沂山嘉苑—水磨村—天安保险—农信大厦—工商局—万豪集团—中国人寿保险—临朐奇石城—质量技术监督局—中医院—佳乐家购物中心—伟成百货—大观园商场—中国工商银行—鲁艺商城—亿佰家购物中心—华兴超市—县医院—鼎基国际城市广场—爱德医院—丝绸公司—东苑小学—兴隆弥河大桥—体育中心—东苑小区—广电大厦—东城双语学校—顺达铝业—交通运输局—三和铝业—吉林北站—吉林—北安家河—山东博康蜂业—蓝帆新材料—鑫光钢构—正信商砼—营子—营子五中 下行站点： 水沟超市—三和铝业—交通运输局—顺达铝业—东城双语学校—广电大厦—东苑小区—体育中心—兴隆弥河大桥—东苑小学—丝绸公司—爱德医院—焦化宾馆—县医院—华兴超市—亿佰家购物中心—中国工商银行—华兴购物中心—伟成百货—佳乐家购物中心—中医院—质量技术监督局—临朐奇石城—中国人寿保险—万豪集团—工商局—农信大厦—天安保险—水磨村—沂山嘉苑—实验中学
6 路	新汽车站—赵家庄路口—窦家庄—型材市场—华建铝业—郎家洼—型材市场—朐山医院—朐山公园—老车站—县医院—华兴超市—亿佰家—大观园—中国银行—北苑中学—茂德皮革—兴福花园—鲁艺红木—临朐中学—教场—教场北站—宽惠红木—五里庄—竹器市场—鲍庄—利民机械—华特磁电—小陡沟—后楼—锦绣园小区—奇石市场—科委—财政局—东郡小区—龙泉小区—沂山嘉苑—龙苑新村—卢家庄—田村路口—丁家路口—文化城—恩诚棉织—南环路口—新汽车站
7 路	**上行站点：** 汽车站—陈家上庄—华铭工程公司—伟华玻璃公司—钢材市场—中国临朐文化城—丁家路口—农资市场—金地商城—田村路口东—王家楼村—水磨村—天安保险—农信大厦—工商局—爱玛电动车商城—巨龙集团—缸套厂家属院—临朐一中—电影院—华兴超市—亿佰家购物中心—中国工商银行—华兴购物中心—兴隆村委—农机公司—北苑名都—鲁艺红木—临朐中学—教场—北环路口东—陈家庄—刘家庄—广威消毒—健美铝业—东城铝业—康地铝业—山东华联—黄龙木业—东城热电—中坤石油—万利电子—泰昌电磁—华建工业园—三义实业—宝龙达胶业—鑫瑞磁电—永富铝业—榆林店 **下行站点：** 万利电子—中坤石油—东城热电—黄龙木业—山东华联—康地铝业—东城铝业—健美铝业—广威消毒—刘家庄—陈家庄—北环路口东—鲁艺红木—北苑名都—茂德皮革—农机公司—兴隆村委—三联家电—大观园商场—中国工商银行—鲁艺商城—亿佰家购物中心—华兴超市—电影院—临朐一中—缸套厂家属院—巨龙集团—福瑞达家私城—工商局—农信大厦—天安保险—水磨村—王家楼—田村路口东—金地商城—农资市场—丁家路口—中国临朐文化城—钢材市场—伟华玻璃公司—华铭工程公司—陈家上庄—汽车站

续表 18

线　路	站　点
8 路	**上行站点：** 汽车站—陈家上庄—华铭工程公司—伟华玻璃公司—南环路口北—骨科医院—朐山国际—朐山医院—朐山公园—焦化宾馆—县医院—电影院—临朐一中—博物馆—糖尿病医院—城里派出所—财政局路口西—东郡村—西郡村—临朐六中—平安庄—华杰电子—太和聚食品厂—鲁润宝石城—河崖村—开元钛业—狮子口村—揹门村—红叶塑胶—南环路口—岩头村—纸坊工业园—李家庄—李家庄北站—伊利乳业—上石埠村—金声电子—下石埠村 **下行站点：** 华杰电子—平安庄—临朐六中—西郡村—东郡村—财政局路口西—城里派出所—糖尿病医院—博物馆—临朐一中—电影院—县医院—鼎基国际城市广场　—朐山公园—朐山医院—朐山国际—骨科医院—伟华玻璃公司—华铭工程公司—陈家上庄—汽车站—通力国际商贸城—赵家庄路口—华铝股份—华铝股份南站—消防队—长运公司—江北物流园—供水管理中心—贾家庄—吴家后门村—高家庄—谷家沟—宋家沟—物流园区—长运南门—长运公司—消防队—华铝股份南站—华铝股份—赵家庄路口—通力国际商贸城—汽车站
10 路	新汽车站—南环路口—恩诚棉织—文化城—丁家路口—田村路口—卢家庄—龙苑新村—沂山嘉苑—龙泉小区—东郡小区—财政局—科委—奇石市场—锦绣园小区—后楼—小陡沟—华特磁电—利民机械—鲍庄—竹器市场—五里庄—宽惠红木—教场北站—教场—临朐中学—鲁艺红木—兴福花园—茂德皮革—北苑中学—中国银行—大观园—亿佰家—华兴超市—县医院—老车站—朐山公园—朐山医院—型材市场—郎家洼—华建铝业—型材市场—窦家庄—赵家庄路口—新汽车站
26 路	**上行站点：** 北亭子—亭子—河头庄—教场—宽惠红木—北五里庄—鲍庄—大陡沟—双利制衣—万豪集团—兆杰食府—秦池酒厂—泰昌电磁—兴福花园—茂德皮革—北苑中学—中国银行—全福元—工商银行—亿佰家—万福金店—潍坊银行—南关派出所—富瑞达家私—龙泉小区—张家亭子—西马家庄子—好日子酒店—文泰苑—伊利集团—城关教育园区—李家庄北—李家庄—纸坊工业园路口—纸坊小区—纸坊村—城关街道—永昌门业—石门坊牌坊—东朱堡村—西朱堡西村—西环路口—谭马村—谭马西—石门坊水库—石门坊风景区 **下行站点：** 石门坊风景区—石门坊水库—谭马西—谭马村—西环路口—西朱堡西村—东朱堡村—石门坊牌坊—永昌门业—城关街道—纸坊村—纸坊小区—纸坊工业园路口—李家庄—李家庄北—城关教育园区—伊利集团—文泰苑—好日子酒店—西马家庄子—张家亭子—龙泉小区—富瑞达家私—南关派出所—潍坊银行—万福金店—亿佰家—工商银行—全福元—中国银行—北苑中学—茂德皮革—兴福花园—泰昌电磁—秦池酒厂—兆杰食府—万豪集团—双利制衣—大陡沟—鲍庄—北五里庄—宽惠红木—教场—河头庄—亭子—北亭子
101 路	**上行站点：** 教育园区—鲁艺红木—北苑名都—茂德皮革—农机公司—丝绸公司—爱德医院—焦化宾馆—县医院—电影院—临朐一中—博物馆—糖尿病医院—城里派出所—财政局—工商局—天安保险—水磨村—王家楼村—田村路口—田村集社区—田村南站—驾考中心—泰丰塑料—付家李召村—杨善路口—临朐一棉—茂森红木—白家李召路口—长丰座椅—大刘家李召—后洼子—洼子超市—大广尧路口—大广尧南站—北店桥南头—沂山啤酒厂—冶五路口—缫丝厂路口—华兴超市—冶源中队—海浮山小区—海浮山医院—冶源镇政府—樱花商务宾馆—志成磁电—恒昌化工—宫家坡村—宫家坡水泥厂

续表 18

线路	站点
101 路	**下行站点：** 宫家坡水泥厂—宫家坡村—恒昌化工—志成磁电—樱花商务宾馆—冶源镇政府—海浮山医院—海浮山小区—冶源中队—华兴超市—缫丝厂路口—冶五路口—沂山啤酒厂—北店桥南头—大广尧南站—大广尧路口—洼子超市—后洼子—大刘家李召—长丰座椅—白家李召路口—茂森红木—临朐一棉—杨善路口—付家李召村—泰丰塑料—驾考中心—田村南站—田村集社区——田村路口—水磨村—王家楼村—天安保险—农信大厦—工商局—万豪集团 —城里派出所—糖尿病医院—博物馆—临朐一中—电影院—县医院—鼎基国际城市广场—爱德医院—丝绸公司—农机公司—北苑名都—鲁艺红木—教育园区
102 路	**上行站点：** 汽车站—陈家上庄—华铭工程公司—伟华玻璃公司—钢材市场—奇石城—丁家路口—农资市场—金地商城—田村路东—田村路口—田村集社区—田村南站—驾考中心—泰丰塑料—付家李召村—杨善路口—临朐一棉—茂森红木—白家李召路口—长丰座椅—大刘家李召—后洼子—洼子超市—大广尧路口—大广尧南站—北店桥南头—沂山啤酒厂—冶五路口—缫丝厂路口—华兴超市—冶源中队—海浮山小区—海浮山医院—冶源镇政府—樱花商务宾馆—志成磁电—恒昌化工——宫家坡村—宫家坡水泥厂 **下行站点：** 宫家坡水泥厂—宫家坡村—恒昌化工—志成磁电—樱花商务宾馆—冶源镇政府—海浮山医院—海浮山小区—冶源中队—华兴超市—缫丝厂路口—冶五路口—沂山啤酒厂—北店桥南头—大广尧南站—大广尧路口—洼子超市—后洼子—刘家李召—长丰座椅—白家李召路口—茂森红木—临朐一棉—杨善路口—付家李召村—泰丰塑料—驾考中心—田村南站—田村社区—田村路口—田村路口东—金地商城—农资市场—丁家路口—奇石城—钢材市场—伟华玻璃公司—华铭工程公司—陈家上庄—汽车站

（刘相永　张　琨）

临朐汽车站班次对应表（一）

表 19

线路	班次	发车时间	线路	班次	发车时间
潍坊	101	流水	西池	217	7:50
	102			218	10:00
柳山	103			219	11:00
九山	201			220	14:30
五井	202			221	17:00
嵩山	203		黄山	222	7:40
李季	205			223	9:40
石家河（西）	206			225	12:00
洛庄	207			226	14:10

续表 19

线　路	班　次	发车时间	线　路	班　次	发车时间
新　汶	208	流水		227	17:00
大　关	301		花园河	228	8:00
石家河（东）	302			229	17:00
临　沂	303		李家庄	230	6:50
蒲　沟	305			231	9:05
徐家河	306			232	11:20
杨家河	307			233	14:00
沂　山	308			235	16:20
赵家沟	309		平安峪	236	7:30
济　南	401			237	9:30
青　州	402			238	12:00
淄　博	403			239	15:00
东　营	405			240	17:00
临　淄	406		铜　峪	241	8:20
寿　光	407			242	11:00
龙　岗	110	7:00		243	14:00
	111	8:00		245	16:50
	112	9:00	赵家楼	246	8:00
	113	10:00		247	10:00
	115	11:30		248	12:00
	116	13:00		249	14:30
	117	15:00		250	17:00
	118	17:00	大　楼	251	7:30
后　疃	120	7:30		252	9:30
	121	10:30		253	12:10
	122	14:30		255	14:40
	123	17:00	梨花埠	310	7:30
英山河	130	7:50		311	9:30
	131	9:30		312	11:30
	132	11:30		313	14:40
	133	14:30		315	17:00
	135	16:00		316	9:10

续表 19

线　路	班　次	发车时间	线　路	班　次	发车时间
	136	17:00	三山峪	317	13:00
国家峪	211	7:40		318	17:00
	212	10:00			
	213	12:10			
	215	14:50			
	216	17:00			

（刘相永　张　琨）

临朐汽车站班次对应表（二）

表 20

线 路	班 次	发车时间	线 路	班 次	发车时间
南京（过）	1002	9:30	苍山（过）	1330	10:00（隔）
天津（隔）	1006	7:20		1442	11:30（隔）
北京	1008	9:00	宁波（过）	1332	9:30
泰安	1102	7:00	常熟（过）	1336	9:30
	1108	8:05	温州（过）	1342	11:40
	1112	13:30	杭州（过）	1346	13:30
济宁	1116	5:50	尧峪	1383	12:40
沂源	1118	6:40	抬头	1385	12:30
	1168	12:00	赣榆（过）	1398	8:30
沂源（过）	1194	8:40	上海（过）	1350	9:30
	1140	9:30	上海（过）	1352	16:00
	1124	10:10	南通（过）	1356	16:20
	1170	10:40	东里店	1402	13:20
	1174	13:20	淮安（过）	1412	8:30
	1176	14:50	郯城（过）	1428	10:20
	1172	16:20	上流庄	1429	13:40
	1178	18:10	野坊	1430	12:40
			盐城（过）	1432	10:00
聊城	1192	7:20	枣庄（过）	1436	9:40
莱芜（过）	1182	8:25	沂南（过）	1544	9:30
	1196	9:05		1506	7:00

续表 20

线 路	班 次	发车时间	线 路	班 次	发车时间
烟台	1210	6:50	滨州	1508	8:10
	1216	8:10		1510	13:00
	1218	12:30		1512	14:00
烟台（过）	1240	9:10（隔）	高密	2202	7:40
	1242	9:10（隔）		2206	14:30
青岛	1220	6:50	诸城	2302	6:50
	1222	7:30		2306	13:20
	1236	13:00	安丘	2308	10:40
	1228	13:40		2310	16:00
威海	1226	7:30	滨海	2502	7:10
黄岛	1230	6:55		2506	8:25
	1232	13:40		2510	13:55
日照	1302	7:20	昌乐	2208	7:40
	1306	13:30		2210	8:30
临沂	1308	6:10		2212	9:30
	1310	6:50		2214	10:30
	1316	8:20		2216	13:30
	1122	12:40		2218	14:30
连云港（过）	1318	9:10		2220	15:30
	1360	9:40		2222	16:30

（刘相永　张　琨）

临朐县公共自行车站点一览表

表 21

站点号	站点名称	位　置
5001	东城医院	东城医院路口北侧
5002	临朐交通运输局	交通局正门前
5003	大观园小区	大观园小区东镇路口西侧
5004	国土局南门	（国土局）滨河花园南门西侧
5005	东环路口公园	东环路与兴隆路交叉路口东北
5006	创业大厦西	创业大厦出口西侧
5007	集贤村	集贤村路口西侧
5008	体育中心	体育中心西侧

续表 21

站点号	站点名称	位　置
5009	东苑小学	东苑小学西侧（公交站牌东）
5010	全福元	全福元东侧（兴隆村西门对面）
5011	临朐佳乐家	佳乐家前东侧
5012	临朐中医院	县中医院对面路南
5013	凤凰新城	凤凰新城南门东侧
5014	锦绣园	锦绣园小区西门口南侧
5015	防疫站	防疫站南小区（顺风肥牛对面）
5016	龙泉小区西扩区	临朐县体育公园北
5017	临朐县卫生局	卫生局大门西（龙泉中学对面）
5018	沂山家园	站前路交沂山路口北侧
5019	龙泉小区南扩区	龙泉南扩区西门口南侧
5020	机关加油站	加油站东侧沿南北人行道
5021	第二加油站	弥河路交骈邑路西北角
5022	颐顺园小区	颐顺园小区西门北侧
5023	商业街东口	全福元商业街东门北侧
5024	丝绸公司家属院	兴隆路口西南角拐弯处
5025	阳光水岸西门	阳光水岸小区西门北侧
5026	爱德医院	爱德医院门口北侧
5027	文化公园中心	临朐文化公园标志北侧
5028	鲁艺轩	莱茵名都北门西侧
5029	朐山滨河公园	政法委对面，骈邑路东侧
5030	朐山国际	朐山国际东门南侧
5031	朐山华兴超市	朐山华兴超市西出口
5032	东方丽景	东方丽景售楼处西侧
5033	民主路南首	民主路交沂山路东北角
5034	盛世家园西门	盛世家园西门对面
5035	金城大酒店	金城大酒店西
5036	水岸泓庭北门	水岸泓庭北门东
5037	同心湿地公园	湿地公园西北角，碧桂园北门
5038	城建开发公司	县法院北侧
5039	惠中园西出口	惠中园西出口北，环城食府对面
5040	城关行政审批中心	城关行政审批中心前

续表 21

站点号	站点名称	位　置
5041	龙泉新汇园	龙泉新汇园门口北侧，检察院北
5042	县委党校	县委党校门口北侧
5043	县教育局	县教育局门口南侧
5044	县环卫处	县环卫处门口北侧
5045	和德乐家具大世界	家具大世界北门，原纸厂路口
5046	华兴龙泉店	华兴龙泉店东门
5047	晨辉丽都城东	晨辉丽都城东北门对面
5048	县财政局	县财政局门口南侧
5049	龙泉小区	龙泉小区东门北侧，水务南
5050	临朐县交警大队	交警大队门口南侧
5051	临朐联通公司	联通公司门口北侧
5052	赋海花园	赋海花园南门西侧
5053	富瑞达家俬城	富瑞达家俬城
5054	文博苑东区	文博苑东区门口南侧
5055	老干局	老干局门口南侧
5056	县纪委	县纪委门口北侧
5057	三联大酒店	三连酒店南侧
5058	建筑质监站	建筑质监站门口北，二小东
5059	三友丽锦苑	城关法庭对面，龙泉路西侧
5060	劳动就业办	劳动就业办北，民政局对面
5061	富华家园东	富华家园东门北侧，民主路花园对面
5062	中国银行	中国银行门口南侧
5063	全福元商业街西口	商业街西出口北侧
5064	临朐邮政局	县邮政局门口南侧
5065	华兴购物广场	华兴购物广场门口北侧
5066	临朐县公安局	县公安局门口南侧
5067	亿佰家	亿佰家中心门南侧
5068	水利局	水利局门口南侧
5069	铁路大厦	铁路大厦门口
5070	东华花园	东华花园西门南侧
5071	山水文苑	山水文苑大门北侧
5072	小陡沟	小陡沟社区西

续表 21

站点号	站点名称	位　置
5073	龙韵绿地西	文化城南绿地，景观桥北
5074	龙苑新村北	龙苑新村门口北
5075	临朐汽车站	汽车站进站口西路沿石上
5076	卜家小河社区	骈邑路交沂山路口西南角
5077	御景花园	大桥街东头
5078	电脑科技城	电脑城西，山水文苑南门东
5079	临朐潍坊银行	银行前，朐山交民主路东北
5080	龙韵文化城	龙韵文化城北门东侧
5081	二建路口	二建公司路口东侧
5082	组织部	组织部东，人事局家属院南
5083	新天地北门	大门西侧，南关派出所对面
5084	亿佰家龙泉购物	广场前
5085	富元家居	家居城西，南关安置楼东
5086	城关供电所	供电所门东，华兴超市南门
5087	龙泉小区北门	龙泉小区北门西，畜牧局东
5088	临朐一中	临朐一中南大门西
5089	临朐建设银行	建行营业大厅前
5090	县人民医院	县人民医院大门西
5091	临朐县总工会	工会门口东，行道树中间
5092	文化公园南侧	顺河路交骈邑路东南角
5093	烟草公司北门	烟草公司北门东，移动对面
5094	兴隆社区南门	社区南门东，县文化馆对面
5095	一建公司	一建大门东侧，国税局对面
5096	物价局	物价局大门东侧
5097	新华中学	新华中学大门西侧
5098	食品药品监督局	监督局门口西，聋哑学校东
5099	华茂集团	华茂集团大门东侧
5100	实验二小	二小西侧，石门小区北出口
5101	临朐供电公司	县供电公司门口东侧
5102	秦池酒厂	秦池酒厂大门西侧
5103	大连商务会馆	大连商务会馆对面，技校西
5104	创业大厦东	创业大厦东侧

续表 21

站点号	站点名称	位置
5105	县政府	县府门口北侧
5106	沂山大桥南	
5107	华艺弥河大桥东	
5108	东朱封东	
5109	西朱村西	
5110	胡梅涧桥东	
5111	孔村桥东	
5112	冯家营	
5113	水库大坝东	
5114	冶东村	
5115	孔村桥西	
5116	胡梅涧桥西	
5117	西朱封西	
5118	红光村	
5119	东朱封	
5120	华艺弥河大桥西	

（刘相永　张　琨）

国内媒体对临朐的重点报道

1. 新华社通稿：《山东临朐：让贫困户聚在合作社富在产业链》。

2. 新华每日电讯：《山东临朐脱贫攻坚出实招—让贫困户聚在合作社富在产业链》。

3. 新华社山东要情动态第 9 期：《一个将“光棍村”变作全县“领头羊”的党支部—临朐县牛寨村党支部带领穷村奔富路调查》。

4. 人民日报：《山东临朐“阳光”照亮贫困户》。

5. 中央电视台：“我有传家宝”栏目播放《临朐冯氏家族传家宝》、“远方的家”栏目播放《沂蒙脚下的穆陵关》等。

6. 农民日报：《山东临朐：中草药加工拓宽村民致富路》《临朐：机耕道代替了羊肠小道》《山乡上演“四美”大片—山东省临朐县美丽乡村建设见闻》《临朐　“犟支书”开山致富记》等。

7. 科技日报：头条稿件《摘掉“贫困”帽，他们做对了三件事》。

8. 大众日报：《临朐获选首批创建“国家全域旅游示范区”》《修建文化广场便民惠民》、《“合作社 +”精准帮扶贫困户脱贫》《牛寨有个“犟支部”》《临朐：一场美丽乡村的深度变革》、《没想到能过上这样的好日子—临朐东朱封村美丽乡村建设纪实》《淌水崖水库：石砌连拱第一坝创世界奇迹》《沂山两巡线工诠释“中国好人”》《临朐组建广场公园老年文化社团党支部》《秀出“文化临朐”精气神》《临朐“阳光扶贫”照亮千余贫困户脱贫路》《临朐：“数字化”让群众尽享“云服务”》《临朐：创新强企释放后发之力》等。

9. 山东电视台：“山东新闻联播”播放《“炕头经济”也能贷款了》《打赢脱贫攻坚战：牛寨村的脱贫路》《临朐：园区循环经济助推县域经济发展》《第三届山东省乡村旅游节在临朐开幕》等新闻；“早安山东”播放《第四届中国沂山文化节暨东镇沂山祀山大典举行》《全省砚雕大赛在临朐举行》等新闻。

10. 农村大众：头条稿件《贫困户享受“私人定制”脱贫路》《临朐：美丽乡村让百姓乐居其中》《农旅共舞成就乡村“美丽产业”》；以及《以“文明新风沐千村”活动为抓手 大力推进农村精神文明建设》《“输血”“造血”荡起双桨精准发力—临朐把贫困户聚在合作社、富在产业链上的脱贫探索》等专版。

11. 山东人民广播电台：“直播山东”播放《临朐文化惠民全覆盖 点亮百姓新生活》《临朐县1162名干部进村入户解民忧》《第三届中国（临朐）国际门窗幕墙博览会成功举办》《临朐县被正式命名为“中国书法之乡”》《临朐县纳入国家重点生态功能区》等；“山东新闻联播”播放《临朐“赏石艺术”被列入“国家级非物质文化遗产代表性项目名录”》《央视“春节说吧”山东省唯一农村选定地落户临朐县九山镇》《“第三届中国（临朐）国际门窗幕墙博览会成功举办”》《中国梦·泱泱中华五千年在临朐创作》《临朐县荣膺“全省双拥模范县”称号 实现五连冠》《潍坊（临朐）抽水蓄能电站项目签约》等。

（沈汝虎 刘文纲）

临朐之最——名树名木

临朐境内数量最多的古树种 -- 国槐

临朐最有名气的珍稀古树 -- 古银杏树

临朐最大的奇树群 -- 沂山法云寺奇松

临朐最奇特的槐朴同株树 -- 宋家王庄村“槐中朴”

临朐最大的流苏树 -- 庙山“四月雪”

临朐最大的核桃树 -- 桥头村核桃树

临朐最有名的古桑树 -- 殷家河明朝鲁桑

临朐山楂树王 -- 大傅家庄山楂树

临朐之最——其他

临朐境内最早的封国 -- 朱虚侯国

临朐最大的村庄 -- 茹家庄(1612户，6034人)

临朐海拔最高的村庄 -- 淹子岭村(海拔867米)

震惊中外史无前例的悲惨景象 -- 临朐“无人区”

摘自《临朐县志（1988–2000）》

索引

A

B

C

D

E

F

G

H

J

K

L

M

N

P

Q

R

S

T

W

X

Y

Z